中国商事争议解决年度观察

2022

Commercial Dispute Resolution in China:
An Annual Review and Preview (2022)

编辑部

主　　编：林志炜

执行主编：陈福勇

成　　员：张皓亮　林晨曦　马骁潇　尹　通　杨雨菲
沈韵秋　王晓鑫　李娴姝　付翔宇　程逸婷

中国法制出版社
CHINA LEGAL PUBLISHING HOUSE

前　言

2021年，新冠肺炎疫情仍然持续地影响着经济的发展，加之国际形势日趋变化，国际竞争日益激烈。在百年变局叠加世纪疫情的形势下，中国商事争议解决面临新的挑战、出现新的变革、迎来新的发展。

在商事仲裁领域，《仲裁法（修订）（征求意见稿）》对外公布，对我国现行仲裁制度提出了较多的改革，引起了业内广泛关注和讨论，助推仲裁法制和仲裁研究跃上新台阶。包括北京仲裁委员会/北京国际仲裁中心（以下简称北仲）在内的仲裁机构适时根据疫情防控和案件办理需求发布新规则，指引新的仲裁实践。在此之外，我国仲裁司法监督、仲裁对外开放等方面亦亮点纷呈、引人关注。

在商事调解领域，最高人民法院持续推进"一站式"多元解纷体系建设，支持国际商事调解组织在自贸区开展调解业务；深圳中院创新性引入第三方调解组织参与破产和解工作；仲调对接实践不断丰富。商事调解在我国多元调解中扮演着越来越重要的角色。

在重点专业领域，积极应对疫情影响，着力复工复产的同时，法治建设和争议解决亦不断发展。在建设工程领域，配合《民法典》的施行，新的施工合同司法解释正式实施。新的《建设项目工程总承包合同（示范文本）》正式执行，助推我国建设工程"放管服"持续深化，更大激发市场主体活力。在房地产领域，企业持续面临市场压力，大型房企违约事件频发。妥善解决相关市场主体之间的争议，推动行业转型升级成为社会关注的热点问题。在能源领域，全球性能源危机与气候问题和化石能源转型热潮并存，新能源消费稳步提升，全国统一的碳交易市场正式形成。在金融领域，北京金融法院成立，提升金融裁判专业化水平，财产抵押担保登记制度不断完善，证券投资者保护机制持续完善升级。涉众型案件平稳有序处理，资管类合同的争议解决规则不断完善。在投资领域，《公司法（修订草案）》对外征求意见，《外商投资安全审查办法》等外商投资法律规则不断健全，个人破产制度取得突破性进展，率先在深圳落地。在国际贸易领域，《区域全面经济伙伴关系协定》正式生效，《反外国制裁法》及相关出口管制法律法规等应对国际争端的法律不断出台。在知识产权领域，新修正的《专利法》和《著作权法》正式施行，我国法院通过标准必要专利纠纷、禁诉令等多种方式更深入地参与国际知识产权争议解决，产生了更大的影响力。在民用航空领域，《民用航空法》进行了修正，通用航空相关管理规范出台，完善了我国民用航空法律体系。同时，受疫情影响而产生的争议亦成为行业内关注的热点问题。在影视娱乐领域，行业监管保持高压，对劣迹艺人的惩戒不断强化，影视娱乐行业数字化转型持续深入，进而产生的新型争议亦推动着影视娱乐行业争议解决的发展。

2022 年是北仲自 2013 年起连续第十年组织行业资深专家撰写《中国商事争议解决年度观察》（以下简称年度观察），并以中英双语面向全球发布。年度观察及以其为基础的年度高峰论坛已经成为境内外各界人士了解中国商事争议解决发展状况的重要窗口，搭建了境内外争议解决业内人士交流互动的重要平台。

2022 年，年度观察项目第三次完成撰稿人公开招标工作，共计收到 15 名申报人 19 份申请书，有 8 篇报告均确定由新的撰稿人撰写，其中有 5 位撰稿人系首次参与年度观察项目，为年度观察项目注入了新的血液。同时，最终确定的撰稿人来源多样化，既有律师也有公司法务，既有来自北京的撰稿人亦有京外的撰稿人，既有北仲仲裁员亦有非北仲仲裁员参与，体现了北仲搭建行业共建、共享平台的初心。

《中国商事争议解决年度观察（2022）》继续传承年度观察立足实践，服务实践的理念，通过对行业概览、重点法规政策、典型案例分析、热点问题观察和来年行业展望等方面进行系统梳理，为市场主体进行商业决策、增强风险防范和纠纷化解能力提供助力。

年度观察十年的发展和积淀离不开历年来参与年度观察的行业专家的辛勤付出，更离不开广大读者的持续支持。北仲对所有关注并支持年度观察的朋友致以诚挚的感谢！北仲期待继续和业界同仁及读者朋友一道，继续推进年度观察持续发展，影响力持续扩大，推动中国商事争议解决的知识分享和行业交流更进一步！

《中国商事争议解决年度观察》编委会

二〇二二年四月

作者简介

《中国商事仲裁年度观察（2022）》

师　虹

上海市方达（北京）律师事务所主任 、合伙人、国际商会（ICC）仲裁院副主席、曾任国际律师协会亚太区仲裁小组的联席主席、香港国际仲裁中心程序委员会委员，现兼任中国国际经济贸易仲裁委员会（CIETAC）等多家仲裁机构的仲裁员。被钱伯斯誉为“代理仲裁业务的标杆”，代理过上百件涉及股权并购、石油天然气开采合作、酒店管理、建筑工程等领域具有影响力的纠纷案件，并成功代表多家跨国公司及大型中国企业处理在中国法院的诉讼案件及在国际商会（ICC）仲裁院、新加坡国际仲裁中心（SIAC）、香港国际仲裁中心（HKIAC）、中国国际经济贸易仲裁委员会（CIETAC）进行的仲裁案件，及依据《联合国国际贸易法委员会仲裁规则》进行的临时仲裁案件。师虹律师有中国和纽约州律师资格。

亓培冰

上海市方达（北京）律师事务所争议解决团队合伙人，法学博士。在 2017 年加入方达律师事务所之前，亓博士曾在北京法院系统工作 18 年，历任北京市高级人民法院审判长、高级法官、审管办副主任，以及北京市第三中级人民法院民一庭庭长、审判委员会委员。亓博士精通民商事争议解决，曾作为法官及仲裁员审理案件上千件，多起案例入选《北京法院指导案例》及《中国审判案例要览》。他曾参与北京市高级人民法院多项指导意见的起草工作，并多次获调研成果一等奖。亓博士曾获北京市法院“审判业务专家”称号（首批共 15 人），入选“十百千人才工程”，并被诉讼基准杂志（Benchmark Litigation）评为“诉讼之星”。除作为律师外，亓博士亦担任中国国际经济贸易仲裁委员会（CIETAC）、北京仲裁委员会/

北京国际仲裁中心（BAC/BIAC）、深圳国际仲裁院（SCIA）等仲裁机构的仲裁员。

林彦华

上海市方达（北京）律师事务所争议解决团队合伙人，主要执业领域为争议解决，包括诉讼仲裁和合规及政府执法等事项。林彦华律师在仲裁领域具有极为丰富的实务经验，代表各类客户处理过国际商会仲裁院、香港国际仲裁中心、中国国际经济贸易仲裁委员会（CIETAC）及北京仲裁委员会/北京国际仲裁中心（BAC/BIAC）等各大主要仲裁机构的案件。林律师曾于2017—2019年担任国际商会青年仲裁员论坛北亚地区委员会委员，并于2019年至今担任香港国际仲裁中心旗下HK45中国区大使。林律师近年连续被法律500强（Legal 500），诉讼基准杂志（Benchmark Litigation），以及亚洲法律名录（Asialaw Leading Lawyer）评为上榜律师。林律师曾在一家顶级英国律师事务所和一家领先的美国律师事务所工作。

《中国商事调解年度观察（2022）》

费 宁

北京汇仲律师事务所管理合伙人，国际商会"'一带一路'委员会"副主席，中国国际经济贸易仲裁委员会（CIETAC）、深圳国际仲裁院（SCIA）、上海仲裁委员会（SHAC）、国际商会仲裁院（ICC）、香港国际仲裁中心（HKIAC）、新加坡国际仲裁中心（SIAC）和大韩商事仲裁院（KCAB）仲裁员，第一位出任HKIAC理事的内地律师，环太平洋律师协会（IPBA）争议解决委员会副主席。曾在最高人民法院等各级人民法院、国内外各大仲裁机构以律师、仲裁员和专家证人身份处理数百起商事仲裁案件，多次代表投资者与东道国政府进行投资仲裁/磋商。自2006年以来，长期被钱伯斯列为中国争议解决领域的第一等级（Band 1）律师。钱伯斯评价"费宁律师是仲裁领域的权威"。

赵 芳

北京汇仲律师事务所上海办公室管理合伙人，中国国际经济贸易仲裁委员会（CIETAC）、香港国际仲裁中心（HKIAC）、北京仲裁委员会/北京国际仲裁中心（BAC/BIAC）、上海国际经济贸易仲裁委员会（SHIAC）、深圳国际仲裁院（SCIA）和廊坊仲裁委员会（LAC）仲裁员，伦敦ADR-ODR国际调解中心调解员，英国伦敦内殿律师学院终身成员。于2017年由伦敦内殿律师学院和英格兰大律师协会授予英格兰及威尔士开庭大律师资格。执业逾二十年，曾代表客户在最高人民法院、其他各级法院及诸多境内外知名仲裁机构处理数百起诉讼案件和国际商事仲裁案件。凭借在涉外诉讼仲裁领域的丰富经验，位列钱伯斯争议解决仲裁业务领域领先律师。钱伯斯评价她“获得市场评论人士很多赞誉；一位印象深刻的受访者强调：她对细节的关注首屈一指，对案件了如指掌，反应灵敏，能极为迅速地掌握案件的关键方面”。

陈菁菁

北京汇仲律师事务所上海办公室合伙人，上海国际经济贸易仲裁委员会（SHIAC）仲裁员。执业逾十六年，长期精研产品质量、汽车制造、知识产权和药业经销等领域，曾代表客户在各级人民法院及境内外知名仲裁机构处理诉讼案件和涉外商事仲裁案件。钱伯斯在争议解决仲裁业务领域评价其为“潜质律师”。

《中国建设工程争议解决年度观察（2022）》

崔　军

北京大学法学学士、法学硕士，北京海外君合工程咨询有限公司董事长，中国国际经济贸易仲裁委员会、中国海事仲裁委员会、北京仲裁委员会 / 北京国际仲裁中心、中非联合仲裁中心等仲裁机构仲裁员和英国土木工程测量师学会资深会员。自 1989 年起，长期在国外从事国际工程承包项目工作，先后在中东、非洲、亚洲、欧洲工作 21 年。目前主要从事国际工程项目合同谈判、工程索赔、国际工程争议裁决（DAB、DB）、国内和国际工程仲裁。主要著作有《FIDIC 合同原理与实务》《FIDIC 分包合同原理与实务》，译著《施工合同索赔》等 13 本著作，发表论文和文章 80 多篇。

李志永

英国雷丁大学工程管理专业硕士，天津大学工程管理 & 法学双学士。国际工程承包与投融资从业十八年（海外常驻七年），致力于国际工程合同管理、投资融资法律实操、风险管控、索赔及争端解决等专业及一线实操。现任中建国际建设有限公司总法律顾问，争端解决委员会基金（DRBF) 中国区代表，北京仲裁委员会 / 北京国际仲裁中心、中国国际经济贸易仲裁委员会、深圳国际仲裁院、上海仲裁委员会、上海国际经济贸易仲裁委员会（上海国际仲裁中心）等仲裁机构仲裁员，国际商会仲裁与ADR委员会替代性争议解决与仲裁工作组中方专家，中国仲裁法学会理事，新加坡国际调解中心调解员，对外工程承包商会专家。主要著作包括《国际工程风险管理》《国际工程项目管理实操》《国际工程投标报价》《国际工程总承包项目合同管理导则》《国际工程索赔及争端解决》等多本专业书籍。

赵 杭

北京通商律师事务所高级顾问，中国国际经济贸易仲裁委员会、北京仲裁委员会/北京国际仲裁中心、上海国际经济贸易仲裁委员会（上海国际仲裁中心）、深圳国际仲裁院、香港国际仲裁中心仲裁员，作为首席或独任仲裁员审理结案了数百起仲裁案件。凭借在仲裁领域的丰富经验，被钱伯斯列为大中华地区“最受欢迎的仲裁员”。钱伯斯评价“赵杭律师具有长期执业经历并专注于与建设工程相关的仲裁事务，经常在案件中担任独任或首席仲裁员”“他对具有跨境元素的案件的熟练处理同样值得注意”。

《中国房地产争议解决年度观察（2022）》

马志成

北京金诚同达律师事务所高级合伙人，房地产与建设工程业务组负责人，中国仲裁法学会房地产专业委员会研究员，中国银行间市场交易商协会法律委员会委员。在房地产及金融领域拥有超过二十五年的执业经历，对土地综合开发、项目投资与清算、并购重组、合作开发、地产运营、房地产金融等业务有着丰富的实践经验与娴熟的把握能力，服务的项目涵盖了住宅、商办、旅游、养老及主题公园等诸多细分领域。曾长期担任自然资源部法律顾问，多次参与自然资源部的立法工作。同时，基于对金融行业的深度理解与风险控制的精准把握，在资产管理、证券投资与金融争议解决方面积累了丰富且良好的业绩。多次参与中国证券投资基金业协会、银行间市场交易商协会组织的课题研究，作为授课讲师提供培训课程。

马靖宇

北京金诚同达律师事务所合伙人，拥有十年以上的执业经验，主要从事商业地产、私募基金领域的法律服务工作。曾担任正大集团旗下零售商业板块的法务负责人，参与了多家知名地产商的数十起投资并购项目，处理了大量商业地产与私募基金领域的争议解决案件，积累了丰富的法律实务经验。

冯宇明

北京金诚同达律师事务所律师，主要从事房地产投资、开发、运营与资产管理方面的争议解决业务，曾代理多家国有金融机构及大型民营企业的诉讼、仲裁案件。同时担任多家大型商管企业的常年法律顾问，在商业物业运营及不动产处置方面具有丰富的经验。

《中国能源争议解决年度观察（2022）》

张伟华

联合能源集团总法律顾问兼副总裁，曾任中国海洋石油总公司法律部项目管理处处长，参与过诸多世界级跨境并购交易。国务院国资委特聘“海外并购法律专家”。多次被 Legal 500 及汤姆森路透 ALB 评为最佳总法律顾问。国际石油者谈判协会（AIPN）全球董事会成员及标准合同起草委员会委员，被中国政法大学、北京外国语大学法学院等多家大学及研究机构聘为教授及研究员，在 A 股上市公司任独立董事。目前是北京仲裁委员会 / 北京国际仲裁中心、上海国际经济贸易仲裁委员会（上海国际仲裁中心）、武汉仲裁委员会仲裁员。在跨境并购投资、国际能源油气方面有丰富经验。有专著《海外并购交易全程实务指南与案例评析》《并购大时代：资本的谋略与实战》《跨境并购交易的十堂必修课》《跨境并购交易的十堂进阶课》《国际油气跨境并购全程实务指南》《并购之道：赢家的 65 个商业逻辑与实战》。合著三部国际油气实务英文著作。

《中国投资争议解决年度观察（2022）》

朱华芳

北京市天同律师事务所合伙人，多家仲裁机构仲裁员，拥有近 20 年的法律风险管控、处理境内及涉外商事诉讼和仲裁案件的经验，连续被《商法》评为年度 100 位中国业务优秀律师，连续入选钱伯斯“争议解决（仲裁）领先律师”，并被《亚洲法律杂志》评选为 2022 ALB China 十五佳诉讼律师。代理了诸多央企和金融机构在各主要仲裁机构、最高人民法院及地方各级法院的仲裁和诉讼案件并取得良好效果。曾任职世界 500 强企业中化集团，熟悉能源、化工、地产、金融和农业等多个领域的业务运作和法律工作，能迅速精准地理解和响应客户的具体需求和关注焦点，从外部律师和内部法务两个角度出发，制订适宜的争议解决方案。主笔和主持天同诉讼圈“仲裁圈”栏目，撰写及发表了50余篇实务研究文章，并连续数年牵头完成中国仲裁司法审查实践观察报告。

蒋　弘

北京市天同律师事务所合伙人，中国仲裁法学研究会常务理事，专注于仲裁领域工作、研究、实践25年，拥有丰富境内外仲裁经验，精通仲裁相关法律和规则，处理过大量商事仲裁案件，对疑难复杂案件富有经验。曾长期任职于中国国际经济贸易仲裁委员会及中国海事仲裁委员会。目前为中国国际经济贸易仲裁委员会、中国海事仲裁委员会、上海国际经济贸易仲裁委员会（上海国际仲裁中心）、深圳国际仲裁院、香港国际仲裁中心、亚洲国际仲裁中心、上海仲裁委员会、广州仲裁委员会、重庆仲裁委员会、海南国际仲裁院等境内外多家仲裁机构仲裁员。

吴　颖

北京市天同律师事务所合伙人。具有丰富的跨境争议解决经验，擅长处理国内涉外诉讼和仲裁案件、国际仲裁以及境外诉讼程序管理。曾在两家知名外所工作多年，与多家境外律师事务所保持常年合作关系。曾代表国内外客户处理多种类型案件，包括金融借贷纠纷、国际贸易纠纷、合资经营纠纷、独立保函纠纷、工程建设纠纷等。目前担任2021—2023年度国际商会青年仲裁员论坛北亚地区委员会代表和南宁仲裁委员会仲裁员。

《中国国际贸易争议解决年度观察（2022）》

廖　鸣

泰和泰（北京）律师事务所合伙人，主要执业领域为国际贸易、争议解决，主办或者参与办理了近百起代理中外客户应诉国际贸易调查、解决国际贸易与投资纠纷案件。目前是北京仲裁委员会/北京国际仲裁中心、中国—非洲联合仲裁中心、香港国际仲裁中心、大韩商事仲裁院、新加坡国际调解中心、亚洲国际仲裁中心、上海国际经济贸易仲裁委员会（上海国际仲裁中心）、上海仲裁委员会、海南国际仲裁院、天津仲裁委员会、重庆仲裁委员会等国内外多家仲裁机构仲裁员/调解员。

于治国

北京市中伦律师事务所合伙人。曾在商务部从事对外经贸法律相关工作，包括国际经贸法律和规则谈判，多双边自由贸易区协定谈判，国际贸易投资争端解决，以及我国贸易救济执法等工作。作为资深贸易调查官员，参与了中国入世以来众多重点和焦点案件的处理工作；作为政府专家参与国际经贸规则有关论坛以及对外经贸规则谈判；作为法律顾问参加世贸组织国际贸易争端解决案件和世界银行国际投资争端解决中心国际投资争端解决案件相关工作。先后就读于对外经济贸易大学和美国乔治城大学，曾任清华大学国际争端解决研究院专家组成员、美国乔治城大学国际经济法研究中心研究员，以及天津仲裁委员会仲裁员等职。

周娅睿

泰和泰（北京）律师事务所合伙人，主要执业领域为跨境争议解决，包括境内外仲裁、跨境诉讼和执行。擅长处理投融资纠纷、公司控制权纠纷、国际贸易纠纷，以及仲裁裁决和法院判决在全球范围内的承认和执行。周律师曾代表境内外客户参与在中国国际经济贸易仲裁委员会、香港国际仲裁中心、新加坡国际仲裁中心、北京仲裁委员会 / 北京国际仲裁中心等进行的仲裁案件，并取得客户满意的结果。曾为德国戴姆勒股份有限公司、马来西亚 Berjaya 集团、安波福（中国）、OPPO、中国华融、成达集团等多家单位提供法律服务。周娅睿律师硕士毕业于英国牛津大学，本科毕业于中国政法大学，同时具备中国和英格兰及威尔士律师执业资格。目前担任中国国际贸易促进委员会四川调解中心（四川自贸试验区调解中心）调解员、中国政法大学法律硕士学院兼职导师。

《中国金融争议解决年度观察（2022）》

吕　琦

简法（海南）法律服务公司首席顾问，中国人民大学法律硕士，美国天普大学法律硕士，在金融机构从事法律工作 22 年，中英双语工作，熟悉金融创新研发、金融法律争议解决和银行法律风险管理等。北京仲裁委员会 / 北京国际仲裁中心、海南仲裁委员会、中国海事仲裁委员会仲裁员，全国“六五”普法先进个人，首届银行业协议法律专家库成员，中国银行法学研究会副秘书长，中国案例法学研究会理事。多次应邀为北京大学法学院、中国国际经济贸易仲裁委员会、中国银行业协会、中国银行保险监督管理委员会北京监管局、世界银行就供应链金融、资管业务、金融创新、互联网金融、知识产权质押等做主题讲座与培训。曾有《浅析资管业务中有限合伙保底安排结构设计与裁判思路》《中国信贷资产证券化法律问题辨析》等多篇论文发表或获奖。

宋少源

简法（海南）法律服务有限公司特邀法律顾问，中国人民大学法学硕士，13年法律从业经验，主要从事银行、信托、资产管理等金融领域法律服务工作。曾在北京市某中级法院工作7年，一级法官，审理各类民商事案件1000余件。有近5年大型商业银行总行法律事务部工作经验，从事重大项目重组、重大风险事件处置等工作。

《中国知识产权争议解决年度观察（2022）》

谢冠斌

北京市立方律师事务所创始合伙人。主要业务领域为知识产权纠纷、反垄断与竞争法、高科技公司法律顾问等。凭借深厚的理论基础、政府经验及敬业精神，高超的业务能力，在执业领域取得了良好的业绩，赢得了极高的声誉。曾先后就职于国家科委和国务院知识产权办公会议办公室，参与国家知识产权及科技立法与政策的起草与修订，并参与对美国、日本、欧盟等外国政府的知识产权谈判；从1999年开始担任司法部批准设立的华科知识产权司法鉴定中心主任；2002年创办北京市立方律师事务所。目前担任最高人民法院知识产权案例指导研究（北京）基地专家咨询委员会专家、中共北京市委法律专家库成员、世界知识产权组织（WIPO）仲裁员、香港国际仲裁中心(HKIAC)/亚洲域名争议解决中心专家、北京仲裁委员会/北京国际仲裁中心仲裁员、武汉仲裁委员会仲裁员、南京仲裁委员会仲裁员、重庆仲裁委员会仲裁员、珠海仲裁委员会仲裁员、中国国际经济贸易仲裁委员会域名争议解决中心专家等。

李凤凤

北京市立方律师事务所合伙人。主要业务领域为知识产权与竞争法、民商事争议解决。曾先后任职于北京市两家中级人民法院，从事审判工作近十年，办理各类民商事、知识产权案件千余件。加入立方后，办理过一批重要的知识产权、反不正当竞争和反垄断诉讼及仲裁案件，服务过多家知名央企或外企客户，并担任多家企业的知识产权法律顾问，具有丰富的诉讼和仲裁案件经验。凭借深厚的法律功底、扎实的业务能力及敬业精神，在执业领域取得了良好的业绩。目前还担任北京多元调解发展促进会调解员、北京阳光知识产权调解中心调解员、北海仲裁委员会 / 北海国际仲裁院仲裁员。

邵渝棋

北京市立方律师事务所专职律师。主要业务领域为知识产权与数据合规。自加入立方以来，服务过大量国内外知名企业或组织。知识产权方面，曾协助众多国内外知名企业处理涉及计算机软件、文学艺术作品等方面的重要知识产权纠纷；为大型知识产权合作项目的商务谈判等提供法律支持；并为多家科研、媒体、出版、教育等类型企业、单位提供常年法律顾问服务。合规方面，曾为国家级科研机构、知名跨国企业、国内知名互联网巨头、高新技术企业等提供以数据合规为主的企业合规相关法律服务。

《中国影视娱乐行业争议解决年度观察（2022）》

田集耕

北京威诺律师事务所高级顾问。在跨国公司从事公司法务工作二十余年，并担任跨国公司中国区的总法律顾问。目前是北京仲裁委员会 / 北京国际仲裁中心和青岛仲裁委员会仲裁员、中国政法大学仲裁研究院研究员。曾任新加坡国际调解中心的中国专家调解员、中国国际商会调解中心调解员以及中国集团公司促进会理事。主持和参与处理国际和国内仲裁、调解案件百余件。

徐智省

北京威诺律师事务所合伙人。中国电视剧制作产业协会法务工作委员会委员，北京市文化娱乐法学会委员。他曾任职风行网、太和音乐集团等国内知名公司的法律顾问，深耕文化娱乐互联网行业近十年，具有丰富而扎实的法律和文化产业的经验。曾受邀中国传媒大学音乐和录音艺术学院等机构担任客座讲师。

张剑豪

北京威诺律师事务所合伙人。在多家民营500强企业包括文化传媒公司担任常年法律顾问。在公司法、文化娱乐方面具有丰富的经验。尤其在影视剧投融资业务提供过专项的法律服务，曾代理几十起涉及影视娱乐和传媒的诉讼和仲裁案件。

《中国民用航空争议解决年度观察（2022）》

高　峰

北京仲裁委员会/北京国际仲裁中心的独立仲裁员，中国国际经济贸易仲裁委员会、中国海事仲裁委员会、上海国际经济贸易仲裁委员会（上海国际仲裁中心）、上海仲裁委员会、南京仲裁委员会、沈阳仲裁委员会、海南国际仲裁院以及广州仲裁委员会等国内仲裁机构仲裁员，中国法学会航空法学研究会常务理事，中国政法大学航空法研究中心研究员，中国民航管理干部学院客座教授，中国民航大学以及对外经济贸易大学的校外硕士生导师。

金　喆

国浩律师（北京）事务所合伙人，航空业务团队负责人。英国伦敦玛丽女王大学、中国人民大学法学硕士，从事民航领域相关工作十八年。目前是上海国际经济贸易仲裁委员会（上海国际仲裁中心）、中国海事仲裁委员会仲裁员。

金律师充分了解航空公司、通用航空、公务机、民航机场、航空维修企业、航空制造企业的业务运行和法律风险防范，擅长航空租赁/买卖、航空争议解决、航空并购重组、航空保险、航空合规等领域。服务的客户包括中国民用航空局、中国航协、国航、国货航、东航、东航物流、中货航、山东航空、厦门航空、深圳航空、中国商飞、马来西亚航空、新加坡航空等国内外航空企业。其航空业务团队被《商法》评为卓越律所。

李志宏

北京仁人德赛（上海）律师事务所合伙人、航空团队负责人。受聘担任上海国际经济贸易仲裁委员会（上海国际仲裁中心）仲裁员、中国法学会航空法学研究会理事、上海市法学会航空法研究会理事、华东政法大学兼职硕士生指导教师、中国民航大学兼职研究员、滨州学院兼职研究员。

李律师是原民航总局与北京大学联合定向培养的首批航空法学员，先后就职于航空公司、飞机制造企业，担任法律顾问、飞机销售合同主管等职务。

李律师的主要业务领域为航空制造、公共航空运输、通用航空及延伸法律服务，目前担任多家大型航空制造企业、航空公司、机场、通用航空企业的法律顾问，与国内外航空界有着紧密的联系。

目录

中国商事仲裁年度观察（2022）

师　虹　亓培冰　林彦华[①]

一、概述

2021 年是新冠肺炎疫情在全球暴发的第二年。全球在努力抗击疫情的同时，全球经济贸易发展也遭遇严峻的考验，世界各国均面临着巨大的经济压力。在疫情持续肆虐全球和百年变局的大背景下，国际关系也日趋复杂。在全球经济发展遇到严重挑战的历史时刻，以解决国际商事纠纷为服务内容的仲裁机构也普遍经历了案件数量下降的情况。然而，得益于我国的立法、司法、行政机关“良法善治”的法治理念和立改废释的各项举措，得益于我国各大仲裁机构的开拓进取和全体仲裁从业者的共同努力，中国的商事仲裁在 2021 年并未停止前进的步伐。回首 2021 年，我国商事仲裁在立法、规则修订、创新仲裁方式以适应疫情等诸多方面均取得了相当的成就，我国法院也继续支持着仲裁事业的发展，为商事仲裁的持续发展打下了坚实的基础。

2021 年，中国商事仲裁在立法层面实现了质的飞跃。司法部在 2021 年 7 月 30 日公布了《中华人民共和国仲裁法（修订）（征求意见稿）》（以下简称《仲裁法修订草案》）。现行《中华人民共和国仲裁法》（以下简称《仲裁法》）颁布于 1994 年，已难以匹配中国经济的发展和现代仲裁实践的要求。《仲裁法修订草案》广泛借鉴和吸收了《联合国国际贸易法委员会国际商事仲裁示范法》（以下简称《示范法》）等国际上的立法经验以及过去近三十年来的司法实践，大致上敲定了《仲裁

---

① 师虹、亓培冰、林彦华，方达律师事务所合伙人。同时，作者感谢方达律师事务所争议解决团队的其他成员康明（合伙人）、高娜（合伙人）、彭竹（合伙人）、刘洋（资深律师）、李思佳（资深律师）、郭雨飞（律师）、邵明潇（律师）、冯堃（律师）、熊丽媛（实习律师）、戴兴懋（实习律师）对本报告的贡献。

法》的改革方向和内容，对中国仲裁的发展具有里程碑式的意义，是中国完善仲裁立法努力的重要成果之一。2021年也是《中华人民共和国民法典》(以下简称《民法典》）开始实施的第一年，关于《民法典》对于仲裁的影响，在之前发布的年度报告（2021）中有详细的总结，我们在此不再赘述。

除《仲裁法修订草案》以外，我国也在国际仲裁机构市场准入和仲裁实践方面发力促进商事仲裁的国际化发展：第一，从中央到地方都纷纷出台规范性文件，允许境外仲裁机构在北京、上海、海南、川渝地区、大湾区等各大自由贸易试点区域设立业务机构并且制定了一系列的有关境外仲裁机构在当地司法行政部门登记备案的程序细则。第二，越来越多的仲裁机构积极接轨国际商事仲裁实践。比如，北京仲裁委员会/北京国际仲裁中心（以下简称北仲）于2021年修订了仲裁规则，明确了诸如电子送达效力等问题，同时也发布了仲裁员小时计费的操作指引。第三，在仲裁司法审查案件中，各级法院继续秉持司法谦抑、支持仲裁的原则，为仲裁事业发展保驾护航。

在本报告中，笔者将从仲裁相关法规、仲裁规则、仲裁案件司法审查的最新实践以及理论、实务界广泛讨论的热点话题几个角度，总结2021年度我国商事仲裁领域的最新动向。

二、2021年新法律法规、规范性文件、仲裁规则及其他商事仲裁新动向评述

（一）新法律法规及规范性文件

1.《仲裁法修订草案》彰显了中国仲裁的国际化发展趋势

现行《仲裁法》颁布于1994年[①]，距今已有二十多年。随着中国经济发展和对外开放，《仲裁法》的规定与中国、国际仲裁实践不相匹配的问题日益凸显。《仲裁法修订草案》中所提议的各项修订总结了二十多年来的仲裁实践经验、积极回应实务关切，对现行《仲裁法》作出了诸多制度性的调整，相信将助力中国仲裁朝着高质量、高水平、国际化的方向发展。

从整体上看，《仲裁法修订草案》保留了原仲裁法的章节设置，但借鉴了《示范法》和其他国家立法经验，积极与国际通行惯例接轨，删去了部分不适应仲

---

① 1994年颁布的《仲裁法》仅在2009年、2017年对个别条款进行了微调。

裁实践的落后规定，同时也创设了适应中国实践的规则。具体规则修订涵盖总则、仲裁协议、仲裁程序、仲裁执行、仲裁机构管理以及与其他法律衔接等多个方面。本次修订内容丰富、涉及面广，笔者仅列出以下几个需要特别关注的方面：

第一，《仲裁法修订草案》完善了仲裁制度的总则规定，明确仲裁法“促进国际经济交往”的立法宗旨和“支持仲裁”的法律原则，并为未来进一步完善立法留出空间。《仲裁法修订草案》第1条将“促进国际经济交往”明确作为立法宗旨，体现了我国仲裁立法助力对外开放、加强涉外法治建设的决心。同时，《仲裁法修订草案》第10条明确将“法院支持仲裁”这一惯例和实践写入法律条文，为将来的法律发展和适用提供了宏观原则指导和依据。此外，为适应仲裁实践多样性的需要，如投资仲裁、体育仲裁等，《仲裁法修订草案》第2条也删去了此前仲裁适用于“平等主体”之间纠纷的表述、增设了“其他法律有特别规定的，从其规定”的规定，为将来其他法律对仲裁作出特别规定留出空间。

第二，明确以当事人仲裁合意为核心判断仲裁协议效力。根据现行《仲裁法》第16条，未明确仲裁机构的仲裁协议无效，这一规定会导致未约定仲裁机构或约定仲裁机构不明的仲裁协议面临效力上的挑战。《仲裁法修订草案》删除了仲裁协议需约定明确仲裁机构的硬性要求，将当事人“仲裁”的合意作为判断仲裁协议效力的核心，并于第35条规定了一系列在当事人约定不明时确定仲裁机构的规则：（1）通过仲裁规则确定仲裁机构，即若仲裁协议约定适用的仲裁规则能够确定仲裁机构的，由该仲裁机构受理；（2）通过补充协议确定仲裁机构，即若仲裁协议对仲裁规则也没有约定的，当事人可以达成补充协议确定仲裁机构；（3）通过最先立案的仲裁机构确定，即若当事人达不成补充协议，则由最先立案的仲裁机构受理。对可受理的仲裁机构的范围，《仲裁法修订草案》第35条也给出了具体指引，即当事人可以向当事人共同住所地的仲裁机构提起仲裁；若当事人没有共同住所地，则由当事人住所地以外最先立案的第三地仲裁机构受理。

第三，明确支持仲裁庭自裁管辖原则。仲裁庭自裁管辖原则是支撑仲裁的最根本原则之一，也是国际上仲裁立法实践的普遍共识。但由于《仲裁法》立法时间较早，中国实际上一直没有明确将仲裁庭有权决定其自身的管辖权列入法律规定；相反，当事人可以直接向法院提起确认仲裁协议效力之诉，要求法院对仲裁协议的效力作出决定，实践中不乏有当事人以此作为工具故意拖延仲裁程序。此次《仲裁法修订草案》接受了以《示范法》为代表的国际通行惯例，引入了仲裁庭自裁管辖原则，将决定管辖权问题的权力明确交由仲裁庭。根据该条，当事人对“仲裁协议是否存在、有效等效力问题或者仲裁案件的管辖权有异议的，应由仲裁庭作出决定”；未经仲裁庭决定而直接向法院提出管辖权异议的，法院将不予受理。同时，《仲裁法修订草案》也仿照《示范法》，规定当事人可以要求法院审查仲裁庭作出的“仲裁协议效力或管辖权决定”。此外，《仲裁法修订草案》还纳入了一系列额外保障仲裁庭自裁管辖原则的规定，彰显了中国立法支持仲裁的态度。

第四，赋予仲裁庭作出临时措施的权力。在中国现行法律框架下，境内仲裁过程中采取临时措施的权力由法院行使，而非仲裁庭。一方当事人若想针对另一方申请临时措施，只能向仲裁机构申请并由仲裁机构向法院转递，最终由法院决定。这一制度限制了仲裁高效解决纠纷的功能，削弱了我国作为仲裁地的吸引力。《仲裁法修订草案》增加了“临时措施”一节，在第 43 条中明确赋予了仲裁庭作出临时措施的权力，并将临时措施的内容拓展到财产保全、证据保全、行为保全和其他形式的临时措施。不过，《仲裁法修订草案》并未明确法院应如何审查和执行仲裁庭作出的临时措施决定，因此这一机制如何落地、如何运转，还有待进一步观察和明确。

第五，提升对外开放水平，明确外国仲裁机构可以在中国设立业务机构，也允许涉外案件当事人选择专设仲裁庭仲裁。《仲裁法修订草案》第 12 条明确外国仲裁机构经登记备案后，可在中国领域内设立业务机构、办理涉外仲裁业务。此外，《仲裁法修订草案》还对涉外案件当事人选择专设仲裁庭（“临时仲裁，英文为 ad hoc arbitration”）开了“绿灯”。尽管外国临时仲裁裁决能够依据《纽约公约》在中国境内承认和执行，但在中国境内，临时仲裁却一直未得到《仲裁法》的承认。此次《仲裁法修订草案》增设了“临时仲裁”制度，本着平等对待内外仲裁的原则，结合我国国情作出一定限制，正式允许涉外商事纠纷当事人选择临时仲裁，并对临时仲裁的组庭、监督等事项作出了相应规定。

第六，吸收司法实践，完善仲裁裁决执行制度。《仲裁法修订草案》对现行《仲裁法》的执行机制作出了较大调整，主要集中在以下几个方面：一是在允许当事人申请撤销仲裁裁决的同时删除了当事人在执行程序阶段可以提出不予执行申请的规定；二是授权执行法院审查裁决是否符合社会公共利益，并将“违背社会公共利益”作为不予执行国内和涉外案件裁决的唯一事由；三是明确了案外人的救济路径，例如第 84 条、第 85 条明确规定案外人有权对执行标的提出异议或在裁决有错误的情况下提起侵权之诉，且案外人起诉并提供担保的情况下裁决将中止执行；四是吸收《中华人民共和国民事诉讼法》（以下简称《民事诉讼法》）及相关司法解释的规定，增加承认和执行外国仲裁裁决的条款。

2.《内地与香港特别行政区相互执行仲裁裁决的补充安排》

2020 年 11 月 27 日，内地与香港特别行政区签署了《最高人民法院关于内地与香港特别行政区相互执行仲裁裁决的补充安排》(以下简称《补充安排》)，其中第 1 条、第 4 条自签署之日起开始施行；2021 年 5 月 19 日，《补充安排》中的第 2 条、第 3 条已经在香港特别行政区完成了有关程序并开始全面施行。根据上述两条规定，内地人民法院执行按香港特区《仲裁条例》作出的仲裁裁决，香港特区法院执行按《仲裁法》作出的仲裁裁决，适用《补充安排》。被申请人在内地和香港特区均有住所地或者可供执行财产的，申请人可以同时向两地法院申请执行。同时，应一地法院要求，另一地法院应当提供执行仲裁裁决的情况。两地法院执行财产的总额，不得超过裁决确定的数额。

3. 开展证券期货行业仲裁试点

随着经济和资本市场发展，证券期货交易产品、方式越发丰富，市场主体类型多元、交易数量也在不断增加，证券期货纠纷日益呈现出复杂化、专业化、主体众多的特点。而商事仲裁由于具备专业性强、一裁终局、程序灵活、注重保密性等特点，非常符合证券期货纠纷解决的现实需要。在此背景下，2021 年 10 月 15 日，证监会及司法部联合发布了《关于依法开展证券期货行业仲裁试点的意见》(以下简称《意见》)，要求证监会、证券登记结算机构、证券期货交易场所等机构积极支持引导证券期货争议当事人主动选择仲裁作为争议解决方式，在仲裁协议或仲裁条款中选择试点仲裁委员会作为仲裁机构（如无仲裁协议的，仍由法院依法审理），以提高证券期货提刀争议解决的专业性、公平性、公正性、高效性和权威性，保护市场主体的合法权益，防范化解金融风险，维护市场稳定。

证券期货纠纷仲裁最早出现于美国，原本是为证券交易所解决会员之间纠纷而创设，后逐渐扩展到与证券发行交易相关的纠纷。《意见》出台以前，中国也开展了一系列与证券期货纠纷仲裁相关的初步工作。1994 年，中国证券监督管理委员会印发《关于证券争议仲裁协议问题的通知》(现已废止)，指定中国国际经济贸易仲裁委员会作为解决证券经营机构之间以及证券经营机构与证券交易场所之间因股票的发行或者交易引起的争议的仲裁机构；2004 年 1 月，国务院法制办公室、中国证券监督管理委员会印发了《关于依法做好证券期货合同纠纷仲裁工作的通知》，明确了证券、期货合同纠纷的仲裁范围，涵盖发行人、中介机构、登记结算机构之间的证券期货合同纠纷，但并未对上市公司与投资者之间纠纷的仲裁作出规定。本次《意见》规定则更为全面和系统，并明确提出开展证券期货行业仲裁试点，迈出了建设证券期货行业仲裁试点机制的第一步。

《意见》一共十条，重点可关注三个方面：

第一，支持设立专业的证券期货仲裁中心。《意见》明确，先由证券期货业务活跃的北京、上海、深圳三地开展试点，在依法组建的仲裁委员会内部设立证券期货仲裁院（中心），适用专门的仲裁规则，专门处理我国资本市场产生的证券期货纠纷。目前，上海、深圳两地已根据该意见设立了专门的仲裁中心：（1）上海证券期货金融国际仲裁中心①；（2）中国（深圳）证券仲裁中心②。

第二，明确证券期货纠纷仲裁范围。《意见》明确，在符合《仲裁法》规定的情况下，证券期货市场主体之间产生的证券期货类合同纠纷和其他财产权益纠纷均可在当事人订立了仲裁协议的前提下通过仲裁解决，包括违反证券期货法律、行政法规、规章和规范性文件、自律规则规定的义务引起的虚假陈述民事赔偿纠纷，以及市场主体从事操纵市场、内幕交易、损害客户利益等行为引起的民事赔偿纠纷。

第三，对仲裁员选聘、回避、管理等事项作出指引，打造专业、公正的仲裁员队伍。

4. 境外仲裁机构在华设立业务机构的管理

为进一步提升对外开放水平，优化营商环境，加强涉外法治建设，“允许境外机构在华开设业务机构”的相关实施细则于 2021 年在北京落地。2020 年 12 月 31 日，北京市司法局印发《境外仲裁机构在中国（北京）自由贸易试验区设立业务机构登记管理办法》（以下简称《境外仲裁机构管理办法》），该办法已于 2021 年 1 月 1 日实施。

《境外仲裁机构管理办法》系响应国务院于 2020 年 9 月 7 日发布的《国务院关于深化北京市新一轮服务业扩大开放综合试点建设国家服务业扩大开放综合示范区工作方案的批复》和 2020 年 9 月 21 日发布的《国务院关于印发北京、湖南、安徽自由贸易试验区总体方案及浙江自由贸易试验区扩展区域方案的通知》而出

① 2021 年 5 月 11 日，中国国际经济贸易仲裁委员会上海证券期货金融国际仲裁中心揭牌成立，并与上海市证券同业公会、上海市基金同业公会、上海市期货同业公会、上海上市公司协会四家自律组织签订了合作协议，载法治网，http://www.legaldaily.com.cn/index/content/2021-05/12/content_8503508.htm，访问时间：2022 年 2 月 7 日。

② 2021 年 11 月 1 日，中国（深圳）证券仲裁中心在深圳揭牌，该中心是全球第一个由国际仲裁机构（深圳国际仲裁院）与证券交易所（深交所）共建的证券仲裁平台。载深圳国际仲裁院网站，http://www.scia.com.cn/home/index/newsdetail/id/3010.html，访问时间：2022 年 2 月 7 日。

台的首个具体指引，该办法规定境外仲裁机构经登记可以在中国（北京）自由贸易试验区设立业务机构，就国际商事、投资等领域民商事争议开展涉外仲裁业务，并对境外仲裁机构在中国设立业务机构的条件、程序、仲裁机构的业务范围、相关管理要求等均作出了相应规定。

在管理方面，该办法要求业务机构应当在其官方网站或者本市公共法律服务网公开章程、仲裁规则等重要信息，并于每年 3 月 31 日前公布上一年度工作报告，主要内容包括：（1）开展仲裁业务情况；（2）发生裁决被法院裁定撤销或者不予执行、不予承认和执行的情况；（3）财务审计报告；（4）仲裁员 / 专家名册或者推荐的仲裁员 / 专家名册变化；（5）需要公开的其他情况。

5. 最高人民法院修改非涉外涉港澳台仲裁司法审查案件报核层级

2021 年 12 月 24 日，最高人民法院（以下简称最高院）公布了《最高人民法院关于修改〈最高人民法院关于仲裁司法审查案件报核问题的有关规定〉的决定》（以下简称 2021《报核规定》），修订了 2017 年公布的《最高人民法院关于仲裁司法审查案件报核问题的有关规定》（以下简称 2017《报核规定》）。2021《报核规定》的改动不多，仅涉及对于非涉外涉港澳台仲裁司法审查案件的报核制度的调整，主要体现如下：

第一，高级人民法院只有在拟以违背社会公共利益为由不予执行或撤销我国内地仲裁机构的仲裁裁决的情况下，才需报最高院审核。而根据 2017《报核规定》，对非涉外涉港澳台仲裁司法审查案件，只要当事人住所地跨省级行政区划，无论是以何种理由拟认定仲裁协议无效、不予执行或者撤销仲裁裁决，都需要上报至最高院。2021《报核规定》删除了该要求，案件当事人住所地跨省级行政区划不再是高级人民法院需上报最高院审核的法定情形，而只保留了“以违背社会公共利益为由不予执行或者撤销我国内地仲裁机构的仲裁裁决的”，才需上报最高院。这一改革其实是部分恢复了原先的只有涉外仲裁的司法审查案件拟作出仲裁协议无效、不予执行或者撤销仲裁裁决的决定时才需要上报最高院的制度，也与最高院近期的审级职能改革、审判力量下沉的精神相符。

第二，尽管取消了上述“上报”环节，但 2021《报核规定》增设了向最高院“报备”的制度，以继续强化最高院对高级人民法院的监督。2021《报核规定》增设了第 4 条，规定由高级人民法院审核的非涉外涉港澳台仲裁司法审查案件，高级人民法院应当在作出审核意见之日起十五日内向最高院报备。从性质上讲，报备不同于报核，具体报备的流程、所需材料还有待最高院进一步的通知。

（二）仲裁规则及仲裁机构动向

1.《北京仲裁委员会 / 北京国际仲裁中心仲裁规则》

2021 年 12 月 24 日，北仲发布《关于〈北京仲裁委员会 / 北京国际仲裁中心仲裁规则〉的修改说明》，对《北京仲裁委员会 / 北京国际仲裁中心仲裁规则》作出修订。新规则将于 2022 年 2 月 1 日施行。此次修订内容涉及网上开庭、电子送达、首席选定方式、调整机构收费等多个方面，积极回应了实践中的程序问题，有利于优化仲裁流程、提升仲裁效率。此次修订内容主要包括四个方面：

第一，明确开庭方式包括网上开庭，并规定仲裁庭有权根据案件情况确定开庭方式。该修订系对疫情期间网上开庭实践的总结。新规则实施后，北仲也将更新《关于网上开庭的工作指引》，为实践提供指导。

第二，明确规定电子送达方式，并规定仲裁委员会或仲裁庭有权根据案件情况采取适当的送达方式。传统上，中国仲裁机构的文件一般都采用纸质送达方式，不仅效率不高，而且在一些情况下可能会导致送达流程拖延甚至迟迟无法完成。北仲的新规则在 2019 年仲裁规则的基础上，进一步明确了电子送达的效力，并赋予机构和仲裁庭根据实际情况决定送达方式的权利，提高送达效率，更好地维护当事人权益。

第三，增加首席仲裁员的产生方式，在双方当事人未能共同选定首席仲裁员的情况下，北仲可决定由两位仲裁员共同选定首席仲裁员。根据北仲之前的仲裁规则，在当事人未能选定首席仲裁员时，首席仲裁员是由北仲直接指定的。新规则所确定的这种选定首席仲裁员的方式将有利于仲裁员相互合作共同完成案件审理工作，更有助于维护当事人的利益。同时，为了避免这一环节影响案件进展，新规则亦规定若两位仲裁员在收到北仲通知 10 日内未能共同选定的，则仍由仲裁委员会主任指定首席仲裁员。

第四，调低机构收费封顶金额。北仲将机构收费封顶金额调整为 700 万元人民币（此前为 876.1 万元人民币），即争议金额超过 39.64 亿元人民币的案件，机构费用不再增加。

2. 北仲《关于采用小时费率计收仲裁员报酬的操作指引》

2021 年 7 月 1 日，在征求意见稿发布近一年后，北仲正式发布《关于采用小时费率计收仲裁员报酬的操作指引》（以下简称《小时费率指引》），并对小时费率适用情形、确定方法、交费办法、计时方式、工时复核等五个方面作出具体说明。自此，北仲管理的仲裁案件，在当事人约定仲裁员报酬按小时计费的情况下，除非另有约定，《小时费率指引》将自动适用。正式版《小时费率指引》有五个方面值得关注：

第一，小时费率的适用尊重当事人意思自治：允许当事人在争议前后自由约定是否适用小时计费。

第二，小时费率的确定方法由当事人和仲裁员协商确定：首先应由当事人和仲裁员通过北仲协商，协商不成或在合理时间内未达成一致的则由北仲确定，且原则上不超过 5000 元人民币。

第三，采纳了国际仲裁实践中常见的预付金制度：《小时费率指引》规定北仲有权要求当事人在一定期限内预交一定数额的费用。通常由双方当事人按照各自 50% 的原则预交，一方未按期预交的则由另一方补足。若各方当事人均未在通知的期限内交纳预付款，仲裁庭可决定中止审理相关请求或程序；若预付款仍未在合理期限内交纳，仲裁庭有权决定终止整个仲裁程序。

第四，规范仲裁员计时方式：《小时费率指引》在设置合理诚信原则的基础上，列举了可计时的事项，包括阅卷、处理程序事项、开庭、合议、制作裁决等事项。

第五，为当事人提供仲裁员工作小时异议与复核救济：《小时费率指引》设置了复核环节及专门的仲裁员工作小时复核委员会以处理当事人可能的异议。

3.《中国海事仲裁委员会仲裁规则（2021 年版）》

2021 年 9 月 13 日，中国海事仲裁委员会通过了《中国海事仲裁委员会仲裁规则（2021 年版）》，对新国际形势影响下，特别是疫情影响下的国际经济贸易纠纷实践作出了积极回应。该规则自 2021 年 10 月 1 日起施行。此次规则修订涉及范围较广，既涵盖调整首席仲裁员指定规则、拓宽快速程序适用范围等对已有制度的修改，也包括系统规定电子送达、视频开庭、证据规则、区分机构案件经办人和仲裁庭秘书、专家咨询委员会制度、公开脱密裁决、引入仲裁人员责任限制条款等首次创新之举，极大地优化了仲裁程序，有利于仲裁机构提供优质高效的仲裁服务。

4.《国际商会仲裁院仲裁规则》（2021 年版）

2020 年 12 月 2 日国际商会仲裁院（以下简称 ICC）正式发布了《国际商会仲裁院仲裁规则》（以下简称《ICC 仲裁规则》）。该规则于 2021 年 1 月 1 日正式生效。

新版《ICC 仲裁规则》的修订内容，除了仲裁院内部机制改革等问题，主要涉及六个方面：第一，顺应信息技术在仲裁程序中的广泛应用的趋势，明确远程开庭和电子送达规则，赋予仲裁庭在决定开庭方式事项上更多的自由裁量权，为当事人通过电子邮件方式发送通知和文件的效力提供了明确的依据，实现了“无纸化送达”。第二，改进复杂仲裁的程序规则，增加了组庭后追加当事人的可能，赋予了仲裁庭在追加当事人事项上一定的自由裁量权。第三，进一步提升仲裁效率，拓宽了快速仲裁程序适用范围（快速仲裁程序的争议标的额门槛从 200 万美元增至 300 万美元）。第四，规制滥用仲裁程序权利的行为，在特定情况下限制组庭后的当事人代理人变更。第五，为进一步确保仲裁程序的透明度和公正性，增加了对当事人披露第三方资助事项的要求并允许当事人向 ICC 申请披露相关决定的理由。第六，排除紧急仲裁在投资仲裁中的适用和投资仲裁程序仲裁员国籍中立的强制性规定。

5.《联合国国际贸易法委员会快速仲裁规则》

2021 年 9 月 19 日，《联合国国际贸易法委员会快速仲裁规则》（以下简称《贸法会快速仲裁规则》）正式生效。《贸法会快速仲裁规则》的出台标志着快速仲裁程序（Expedited/Fast-Track Procedure）不再是专属于机构仲裁的创新实践，而是在临时 / 专设仲裁程序中也将得到推介和施行，具有重要意义。相较于普通仲裁程序，《贸法会快速仲裁规则》主要通过默认设置独任仲裁庭、规定审限、缩短期间、减少文书的交换轮数、书面审理等机制提供了更加高效和经济的快速仲裁程序。快速仲裁一般不超过 6 个月、最长不超过 9 个月的期限具有更高的效率和可预见性。

（三）其他值得关注的商事仲裁动向

1. 最高院设立“一站式”国际商事纠纷多元化解决平台

2021 年 7 月 21 日，最高院“一站式”国际商事纠纷多元化解决平台在国际商事法庭网站上线启动试运行。该平台为国际商事案件当事人提供了诉讼、仲裁、调解等多个纠纷解决的渠道，纳入了多家知名仲裁机构、调解中心为当事人提供一站式服务。该平台有利于便利当事人依据自身情况选择争议解决方式，高效、经济地解决纠纷。

2. 贸仲发布《“一带一路”仲裁机构北京联合宣言合作机制》，加强国际合作

2021 年 9 月 14 日，中国国际经济贸易仲裁委员会（以下简称贸仲）发布了《“一带一路”仲裁机构北京联合宣言合作机制》（以下简称《合作机制》）。该《合作机制》系基于 2019 年 11 月首届“一带一路”仲裁机构高端圆桌论坛上，40 余家国内外仲裁机构发布的《“一带一路”仲裁机构北京联合宣言》而形成。《合作机制》已吸引遍布亚洲、欧洲、美洲、非洲的 30 多家国际仲裁机构和争议解决组织，以及 10 多家国内仲裁机构加入。《合作机制》将以学术研究、人

才培养、互荐仲裁员等形式推进仲裁机构之间的交流合作，旨在加强全球仲裁机构之间的交流合作，共创全球未来仲裁合作新局面。

3. 中亚非法律协商组织在中国香港设立仲裁中心

2021 年 11 月 10 日，中国与亚洲—非洲法律协商组织签署《关于在中华人民共和国香港特别行政区设立区域仲裁中心的协定》（以下简称《中亚非仲裁协定》）。该协定于签字之日起生效。该协定旨在香港设立区域仲裁中心，推动区域内仲裁机构合作，为仲裁裁决的执行提供协助。《中亚非仲裁协定》将进一步扩大仲裁机构之间的交流合作，促进亚非国家在国际经济贸易、争端解决等方面的协作。

三、典型案例

【案例 1】对仲裁条款进行解释，应当适用“尽可能赋予其有效性，而不应使其成为冗余或毫无意义的条款”的合同解释原则[①]

【基本案情】

自然人 Z、S 公司、Q 公司、T 集团公司、T 控股公司、T 公司为买卖目标公司 86.2% 的有效权益签署了《经修订和重述的股份买卖协议》（以下简称《买卖协议》）。Z、S 公司、Q 公司合称“卖方”，T 公司为“买方”。

《买卖协议》约定将争议提交中国国际经济贸易仲裁委员会解决，并就仲裁员的选定事宜约定：“仲裁员应为三（3）名。申请人应指定一（1）名仲裁员，被申请人应指定一（1）名仲裁员。第三名仲裁员（担任首席仲裁员）应按照下列程序指定……”

双方后因履行《买卖协议》发生纠纷，申请人 T 公司基于上述仲裁协议向被申请人 Z、S 公司、Q 公司提起仲裁，并指定了申请人方的仲裁员。被申请人方收到仲裁通知以后表示无法共同选定仲裁员。贸仲两次通知催促，告知被申请人方，若其仍无法共同选定仲裁员，贸仲将依据其《仲裁规则》（2012）第 27.3 条由贸仲主任代被申请人方指定一名仲裁员。被申请方在保留异议权的前提下，共同指定了一名仲裁员。

《仲裁规则》第 27.3 条规定：如果申请人方及 / 或被申请人方未能在收到仲裁

① （2019）最高法民特 4 号民事裁定书。

通知后 15 天内各方共同选定或各方共同委托仲裁委员会主任指定一名仲裁员，则由仲裁委员会主任指定仲裁庭三名仲裁员，并从中确定一人担任首席仲裁员。

仲裁裁决出具后，最高院国际商事法庭受理了被申请人方提出的申请撤销仲裁裁决案件。被申请人方依赖的主要理由之一是仲裁庭的组成与仲裁规则不符。被申请人认为，根据《仲裁规则》第 27.3 条，如果多名被申请人无法就选定仲裁员达成一致，则贸仲应代两方指定仲裁员，而不应允许申请人选定己方仲裁员，又通知被申请人方若被申请人方无法选定其仲裁员，将由贸仲主任代被申请人方指定一名仲裁员，最终导致被申请人方不得不共同选定一名仲裁员。

【争议焦点】

案涉仲裁条款对仲裁庭组成方式（特别是当事人指定仲裁员的程序）的约定与贸仲《仲裁规则》第 27.3 条类似，当事人的约定应被认定为是对《仲裁规则》第 27.3 条的复述，还是应认为其是在强调双方均应拥有选择仲裁员的权利、而不受对方指定仲裁员情况的影响？

【裁判观点】

最高院国际商事法庭认为，案涉买卖协议对仲裁庭的组成方式特别是当事人各自指定仲裁员的程序作出了明确约定，该约定的内容虽然和《仲裁规则》27.3 条类似，但不能认为是对贸仲规则内容的复述，而应当认为是在强调各方拥有选择仲裁员的权利，主要原因可总结为：（1）解释合同条款，应当尽可能赋予其有效性，而不应使其成为冗余或毫无意义的条款；（2）案涉仲裁条款赋予了双方各自指定一名仲裁员的权利，该约定并非无法实施，也没有与任何强制性规定抵触，因此应当予以尊重。在双方依约定享有各自指定一名仲裁员的权利的情况下，贸仲不应适用《仲裁规则》第 27.3 条同时为仲裁双方当事人各指定一名仲裁员。

【纠纷观察】

在国际仲裁实践中，“有效性原则”（Validation Principle）一直是解释仲裁条款的重要原则之一。根据这一原则，裁判者在解释仲裁条款时，应尽可能按照使仲裁条款有效的方向对其进行解释。

据笔者检索，本案系首例最高院在解释仲裁条款时明确将有效性原则作为其解释依据的案例，体现了我国司法系统支持仲裁的坚定态度，具有重要意义。事实上，近年来我国在诸多方面均释放出了支持仲裁的信号。笔者相信在这样的政策环境之下，后续会有更多法院以有效性原则作为其解释仲裁条款的指导原则。

【案例2】“或裁或审”条款下如当事人选择仲裁，同一合同下的后续争议也不得再提交诉讼[1]

【基本案情】

2002年11月8日，M公司与B公司签订合作合同，合作合同第12条约定“对本合同各条款的执行与解释所引起的争执，合作双方应尽量通过友好协商解决，如争议调解不成，可提交当地仲裁机构仲裁或辖区人民法院诉讼”。

2009年11月26日，B公司依据约定向厦门仲裁委员会（以下简称厦仲）申请仲裁。2009年12月1日，M公司收到厦仲受理通知及相关材料，选定仲裁员，对厦仲受理本案及仲裁庭组成均没有异议，双方参加了仲裁审理活动，直至2018年10月30日仲裁委作出裁决书。之后，M公司向福建省厦门市中级人民法院申请撤销仲裁裁决，法院裁定驳回申请。

此后，M公司又向福建省高级人民法院另行起诉，但其诉讼请求仍是基于双方在履行2002年11月8日签订的合作合同提出的。福建省高级人民法院裁定驳回M公司的起诉，随后M公司上诉至最高院。

【争议焦点】

“或裁或审”条款下如当事人选择仲裁，同一合同下的后续争议是否还受到仲裁条款的约束？

【裁判观点】

二审法院最高院认为：《最高人民法院关于适用〈中华人民共和国仲裁法〉若干问题的解释》第7条规定：“当事人约定争议可以向仲裁机构申请仲裁也可以向人民法院起诉的，仲裁协议无效。但一方向仲裁机构申请仲裁，另一方未在仲裁法第二十条第二款规定期间内提出异议的除外。”M公司收到厦仲受理通知及相关材料，未对以仲裁方式解决纠纷以及仲裁机构提出异议，全程参与仲裁活动，直至厦仲作出裁决书。B公司、M公司的行为符合上述法律、司法解释规定的情形，案涉合作合同第12条关于仲裁协议的约定对双方具有法律约束力。依据《中华人民共和国仲裁法》第5条及《最高人民法院关于适用〈中华人民共和国民事诉讼法〉的解释》第215条的规定，双方就案涉合作合同产生的纠纷均应通过仲裁的方式解决，不能向人民法院提起诉讼。M公司关于参加仲裁仅视为其同意通过仲裁方式解决仲裁案件中请求和反请求部分涉及的内容，并不能推定其同意通过仲裁方

[1] （2021）最高法民终480号民事裁定书。

式解决案涉合作合同项下其他纠纷的主张不能成立，本院不予支持。

【纠纷观察】

根据上述所引的法律规定，“或裁或审”的仲裁条款一般被法院认定为无效的仲裁条款。但如一方依据无效仲裁条款提起仲裁，而另一方并未在法律规定的时限内提出异议，司法实践普遍认为应当视为双方另行达成了仲裁协议，未对仲裁提出异议的一方事后无权以仲裁条款无效为由申请撤销或者不予执行仲裁裁决。

在本案中，最高院进一步明确和确认了当事人未在法律规定的期限内对“或裁或审”条款效力提出异议的法律后果，也即双方不仅就仲裁程序所涉及的特定请求另行达成了仲裁协议，而且就整个合同达成了仲裁协议。如果将来双方就合同中的其他部分或条款产生争议，仍应当继续受到仲裁协议的约束。

【案例3】仲裁程序未予中止影响了最终的正确裁决，构成违反法定程序，裁决被撤销[①]

【基本案情】

H集团向北京市第四中级人民法院（以下简称北京四中院）申请撤销贸仲于2020年2月27日作出的裁决书，核心理由为H集团认为仲裁庭未依当事人申请中止仲裁程序，构成违反法定程序。

本案中，申请人方提起仲裁依据的主要事实为：依据吉林省自然资源厅发布的涉及探矿权废止的公告，案涉两个探矿权因未延续而灭失，仲裁庭亦以H集团未履行合同义务导致探矿权灭失为由支持了申请人方的请求。

然而，在仲裁程序过程中，就案涉探矿权是否灭失，中华人民共和国自然资源部（以下简称自然资源部）已经受理就两宗探矿权废止提起的行政复议并且在处理中。在此情况下，H集团认为仲裁庭应中止仲裁程序，等待行政复议结果，并多次提交中止申请，但仲裁庭最终仍然决定不中止程序、继续审理，并以“探矿权已灭失”为前提直接作出了仲裁裁决。仲裁裁决作出后，自然资源部作出《行政复议决定书》，撤销了吉林省自然资源厅作出的公告中涉及两宗探矿权废止的内容，也即认定案涉探矿权并未灭失。

【争议焦点】

仲裁庭未等待自然资源部的行政复议结果，决定不中止仲裁程序并继续审理进而作出裁决的行为，是否违反了法定程序？

---

① （2020）京04民特183号民事裁定书。

【裁判观点】

北京四中院认为，依据《最高人民法院关于适用〈中华人民共和国仲裁法〉若干问题的解释》第20条规定，《仲裁法》第58条规定的“违反法定程序”，是指违反仲裁法规定的仲裁程序和当事人选择的仲裁规则可能影响案件正确裁决的情形。根据贸仲《仲裁规则》第43条第1项规定，当事人请求中止仲裁程序，或出现其他需要中止仲裁程序的情形的，仲裁程序可以中止。据此，本案仲裁庭虽然有权自行决定是否中止仲裁程序，但该决定应当以尽量不影响案件正确裁决为限。

本案中，在自然资源部关于“探矿权是否灭失”的复议决定作出之前，探矿权是否灭失、申请人方是否因此产生损失等事实处于不确定状态，且可能对仲裁裁决产生实质影响，且H集团以此为由多次向仲裁庭申请中止审理并提交相应证据，而仲裁裁决作出后，自然资源部作出《行政复议决定书》也撤销了案涉探矿权废止的公告，仲裁裁决所依据的探矿权灭失的基础事实已经发生变化，案涉仲裁程序因未予中止影响了对案件最终的正确裁决，构成《最高人民法院关于适用〈中华人民共和国仲裁法〉若干问题的解释》第20条“违反法定程序”的情形。

【纠纷观察】

通常而言，仲裁庭对仲裁程序的开展（包括是否要中止仲裁程序）享有广泛的自由裁量权，但从本案可以看出，这种裁量权并非没有限制：仲裁庭的程序决定应当以不影响案件正确裁决为限，如果仲裁庭的程序决定实质上影响到了仲裁裁决的正确性，则很可能会被认定为违反法定程序。

当然，笔者认为不能从这一案例中简单地推导出只要仲裁裁决结果可能受到其他程序结果影响，仲裁庭就应当中止仲裁程序的结论。仲裁庭是否需要因另案程序而中止仲裁程序，仍需结合具体情况进行具体分析。在本案当中，首先，探矿权与一般财产权不同，其权属获得应以行政主管部门的准许作为赋权依据；而探矿权是否存续或灭失属于国家行政机关认定的问题，仲裁庭对此不享有主管权。倘若另案程序非行政程序，而是民事诉讼、仲裁，司法实践似持有更加宽容的态度，认为仲裁是否应当中止仲裁应由仲裁庭自主决定。[①] 其次，该案中探矿权存在与否是仲裁裁决依赖的核心事实之一，且事后行政机关作出的复议决定证明仲裁所依赖的前提确有错误。假设另案决定的事实并非裁决依赖的核

① （2021）京04民特299号民事裁定书。

心事实，或者在当事人申请撤销仲裁裁决时另案结果尚未作出，法院或许会作出不同的判断。无论如何，这一案例表明在仲裁裁决结果可能受到其他程序结果影响时，仲裁庭应更谨慎地考虑和对待仲裁程序的中止问题，以免将来裁决被撤销。

【案例4】受案仲裁机构的在册仲裁员担任受案机构受理案件的代理人，与该案仲裁员之间不构成回避情形中的“同一工作单位工作”①

【基本案情】

2015年8月19日，N公司与D公司签订了《咨询服务协议》，约定了仲裁条款。2020年1月9日，N公司根据该仲裁条款，以D公司为被申请人向贸仲提交仲裁申请。贸仲受理了该合同项下的争议案，适用2015年《仲裁规则》并按普通程序审理该案。三名仲裁员在签署《声明书》后组成仲裁庭，并于2021年1月12日作出仲裁裁决。

N公司后向北京四中院请求撤销上述贸仲裁决，核心理由是：本案仲裁程序中的三名仲裁员是上海仲裁委员会的仲裁员，且其中一名为上海仲裁委员会副秘书长，而D公司的仲裁代理人亦为上海仲裁委员会的仲裁员。据此，本案三位仲裁员与D公司的仲裁代理人之间存在明显的关联关系，应予回避而未回避，违反了《仲裁法》第34条及《仲裁规则》中关于仲裁庭组成的规定，构成《仲裁法》第58条第3项规定的裁决应予撤销的情形。

【争议焦点】

作为仲裁机构在册仲裁员的代理人律师与该仲裁机构的仲裁员之间是否构成贸仲《仲裁规则》规定的“在同一单位工作”或《仲裁法》第34条规定的仲裁员需要回避的情形？

【裁判观点】

北京四中院认为，当事人代理人与仲裁员同为该仲裁委员会的仲裁员不构成在同一单位工作的同事关系。

【纠纷观察】

仲裁员回避制度是保障仲裁员的独立性和中立性的重要机制。但实践中，也有一些当事人会利用回避制度对仲裁员提出缺乏依据的质疑，以达到拖延仲裁程

① （2021）京04民特544号民事裁定书。

序的目的。因此，如何正确识别仲裁员应当回避的情形，是从业人员、仲裁机构和司法审查法院需要额外关注的问题。

笔者认为，仲裁员与仲裁机构之间的聘用关系和传统意义上在同一家单位工作的关系是不同的，仲裁机构 / 司法审查法院不应仅凭此就认定同一机构在册仲裁员之间存在可能影响彼此独立性和中立性的特殊关系；仲裁机构的仲裁员应被允许作为代理人参与该仲裁机构审理的案件。该案也对今后仲裁机构在遇到当事人以另一方代理人系该机构仲裁员为由申请回避时的决策提供了更充分的参考。除该案外，如重庆市第一中级人民法院也在实践中对于仲裁机构聘请的仲裁员与仲裁机构之间的关系作出过与本案类似的认定，认为二者间“并不具有劳动关系或人身隶属关系，也不受其人事制度的管理和约束，彼此之间为松散的聘用关系”，因而不属于同一单位工作的情形，不构成仲裁员应当回避的情形。[①]

【案例 5】格式条款提供方未尽到合理提示义务，格式合同中的仲裁条款不成立[②]

【基本案情】

H 公司与自然人 L 就某游戏签订了《最终用户使用许可协议》，其中第 21 条约定了仲裁条款：“如双方就本协议内容或其执行发生任何争议，双方应尽量友好协商解决；如协商不成，任何与本服务协议有关的争议均由北京仲裁委员会管辖，其仲裁裁决为终局，对任何一方都具有约束力。”自然人 L 就其与 H 公司之间的网络服务合同纠纷向北京市互联网法院提起诉讼，H 公司基于上述仲裁条款提出管辖权异议，被北京市互联网法院一审裁定驳回，H 公司遂将上述管辖权裁定上诉至北京四中院。

【争议焦点】

提供格式合同的一方未就格式合同中的仲裁条款履行提示或者说明义务，格式合同中的仲裁条款是否对于当事人有约束力？

【裁判观点】

北京四中院认为，《民法典》第 496 条规定，提供格式条款的一方未履行提示或者说明义务，致使对方没有注意或者理解与其有重大利害关系的条款的，对方可以主张该条款不成为合同的内容。本案中，涉案的《最终用户使用许可协议》

① （2019）渝 01 民特 61 号民事裁定书。

② （2021）京 04 民辖终 5 号民事裁定书。

为采用格式条款订立的合同，其仲裁条款系与合同相对方有重大利害关系的条款，H公司作为格式合同提供方，未采取足以引起对方注意的文字、符号、字体等特别标识的方式提醒用户注意，系未尽到合理提示义务。依据自然人L的主张，本院认定涉案格式合同的仲裁条款未成立，且已经将该处理意见层报至最高院，最高院亦答复同意我院的处理意见。

【纠纷观察】

本案系《民法典》施行后首例由最高院批复确认的、适用《民法典》第496条的规定判断通过电子方式签署的格式合同中仲裁条款约束力的案例。

格式合同中的仲裁条款效力实际上并非新问题。《最高人民法院关于适用〈中华人民共和国民事诉讼法〉的解释》第31条即对消费者格式合同中的仲裁条款效力作出了规定，“经营者使用格式条款与消费者订立管辖协议，未采取合理方式提请消费者注意，消费者主张管辖协议无效的，人民法院应予支持”，也即消费者可因经营者未合理提示主张以格式条款签订的管辖协议（包括仲裁协议）无效。但从司法实践来看，法院以未尽到合理提示义务为由认定通过电子方式签署的格式合同中仲裁条款未成立或无效的案例仍是较为少见的。

随着互联网行业的快速发展，消费者通过网页、手机客户端勾选签署电子格式合同的方式在当今社会中非常常见，因此本案的判决对相关服务的提供者具有警示性意义。根据本案判决，如果服务提供者没有在格式合同中对仲裁条款的内容尽到合理提示的义务，则仲裁条款很有可能会被认定为不成立。因此，实践中格式合同的提供方，尤其是电子格式合同的提供方，应当注意要通过合理方式提示和说明重要的格式条款（比如仲裁条款）。尽管本案法院并未阐明服务提供者以何种方式向消费者提示仲裁条款能够被认定为尽到了合理的提示义务，从而使仲裁协议生效，笔者认为或可借鉴此前的司法判例中受到法院认可的提示和说明方式，通常包括注明“请阅读和勾选以下协议”等类似提示内容并提供勾选框，[①] 以红色等醒目色注明重要内容，[②] 以粗体下划线标识重要条款，[③] 等等。

---

① （2021）苏04民辖终325号民事裁定书。

② （2021）晋01民终3222号民事裁定书。

③ （2019）京04民特44号民事裁定书。

四、热点问题观察

（一）《仲裁法》修订背景下外国仲裁机构在中国仲裁的理论、实践及展望

1. 背景回顾与问题的提出

《仲裁法修订草案》第 12 条明确规定外国仲裁机构可在中国境内设立业务机构并进行登记备案，这再次将各界目光引向外国仲裁机构在中国仲裁这一热点问题。

对于这一问题，我国宏观政策与司法实践已经历了诸多变化与发展。政策方面，自 2015 年以来，国务院先后发布政策性文件，在北京和上海自贸区等试点片区明确允许境外仲裁机构在中国设立业务机构管理仲裁。司法实践方面，从 2013 年“龙利得案”中最高院首次认可当事人约定境外仲裁机构在中国内地仲裁的仲裁协议效力；再到 2020 年的“大成产业气体案”，上海一中院在认可仲裁协议效力的基础上同时明确外国仲裁机构可以在中国境内进行仲裁程序。此后的判例和 2021 年发布的《全国法院涉外商事海事审判工作座谈会会议纪要》（以下简称《座谈会会议纪要》）第 100 条进一步确认，境外仲裁机构以我国内地为仲裁地作出的仲裁裁决，应当视为我国内地的涉外仲裁裁决。至此，外国仲裁机构在中国仲裁的仲裁协议效力、合法性和裁决性质已经得到了明确。然而，与之相关的司法审查标准、保全与执行等问题仍有待进一步探讨。

在《仲裁法》重大修订的大背景下，本年度业界及学界对于外国仲裁机构在中国仲裁这一问题上又有了新的分析视角。基于此，本部分将结合 2021 年《仲裁法》的修订，进一步探讨以下问题：

第一，如何判断外国仲裁机构在中国仲裁的案件及裁决性质？此前存在争议的问题在《仲裁法修订草案》之下是否已经得到了回答？

第二，在现行法及《仲裁法修订草案》下，外国仲裁机构在中国仲裁的相应司法审查或者司法协助方面的规则是什么？面临哪些实践障碍？

第三，结合我国近年来立法、司法和行政的新动向，外国仲裁机构在华仲裁的前景如何？外国仲裁机构在中国设立分支机构可能面临哪些机遇和挑战？

2. 外国仲裁机构在中国仲裁的裁决性质

外国仲裁机构在中国仲裁所作出裁决的性质始终是备受学术界及实务界关注的话题，因为仲裁裁决的性质将直接影响到仲裁裁决后续的承认、执行与撤销。

就这一问题，理论与实务界曾经存在如下三种观点：（1）外国仲裁裁决，其执行应适用《纽约公约》，且中国法院不能撤销该仲裁裁决；（2）非内国裁决，但鉴于中国对《纽约公约》的保留，“非内国裁决”仍不能通过《纽约公约》得到承认与执行；（3）涉外仲裁裁决，其执行应适用《民事诉讼法》，且中国法院可以撤销该仲裁裁决。上述三种观点的争议主要在于判断仲裁裁决的性质是采用仲裁机构所在地标准还是裁决作出地标准。

尽管我国司法实践早期曾一度采用仲裁机构所在地标准（如2003年最高院针对旭普林案的复函及2004年最高院针对10334/AMW/BWD/TE案的复函），但我国现今的司法实践已转向仲裁地主义，即以仲裁裁决作出地作为判定仲裁裁决性质的标准。特别是，在2020年布兰特伍德案[①]中，广州中院明确以裁决作出地为判断标准，认定国际商会仲裁院仲裁庭在广州作出的仲裁裁决属于“中国涉外仲裁裁决”，应当按照《民事诉讼法》第273条而非《纽约公约》申请我国法院执行。该案系首起境外仲裁机构在中国进行仲裁后涉及裁决执行依据的案例，具有重大意义。《座谈会会议纪要》第100条进一步明确，境外仲裁机构以我国内地为仲裁地作出的仲裁裁决，应当视为我国内地的涉外仲裁裁决。

3.《仲裁法修订草案》对仲裁地主义的确认

《仲裁法修订草案》第27条首次正式在仲裁法中引入“仲裁地”“仲裁机构所在地”的概念，并明确了两者的差别。基于《仲裁法修订草案》中明确的仲裁地主义以及裁决视为在仲裁地作出的规则，外国仲裁机构在中国作出的仲裁裁决不应视为“非内国裁决”或“外国仲裁裁决”，其执行和司法审查应适用我国法律。

《仲裁法修订草案》明确采用了“仲裁地主义”，解决了外国仲裁机构在中国仲裁作出裁决性质的统一标准问题。此外，《仲裁法修订草案》规定了仲裁地法院对于仲裁协议效力、仲裁庭管辖权、临时措施申请、仲裁裁决撤销、协助组成临时仲裁庭、临时仲裁裁决书备案等相关事宜的管辖权，明确了外国仲裁机构在中国进行仲裁应受到中国法院的监督和审查、当事人也有权获得中国法院的协助，这些规定使得我国仲裁程序法与国际商事仲裁立法、国际公约的框架基本实现了统一，进一步推动了我国仲裁程序法体系的科学化。

4.《仲裁法修订草案》对仲裁机构制度的完善

《仲裁法修订草案》将“仲裁委员会”统一修改为“仲裁机构”，并在第12条明确规定了外国仲裁机构在我国设立业务机构的登记管理规定，在第13条明确了

---

① （2015）穗中法民四初字第62号民事裁定书。

仲裁机构是公益性非营利法人的法律性质。上述规则的修订从立法层面回应了实践中外国仲裁机构在中国设立业务机构的法律性质及合法性等问题，进一步完善了外国仲裁机构在中国仲裁的相关制度。

5. 外国仲裁机构在中国仲裁的司法协助与司法审查

除裁决执行外，现行法下外国仲裁机构在中国仲裁的司法审查或者司法协助方面仍面临不少的障碍，而这些障碍在《仲裁法修订草案》之下已在很大程度上得到了厘清与解决，具体而言：

（1）当事人向中国法院申请保全措施的法律依据得到明确

在现行法下，外国仲裁机构在中国仲裁缺乏申请保全措施的法律依据。现行《民事诉讼法》第279条和《仲裁法》第68条均规定该等保全措施需通过“中华人民共和国的涉外仲裁机构”或“涉外仲裁委员会”转交完成，故外国仲裁机构在中国仲裁时，当事人如希望进行保全则会面临法律上的障碍。

不过，这一障碍在《仲裁法修订草案》下已经消除。根据《仲裁法修订草案》第46条，仲裁案件的保全可以由当事人直接向有管辖权的法院或仲裁庭提出，而不必经过仲裁机构转递。因此，外国仲裁机构在中国仲裁的案件中，不会仅因外国仲裁机构的主体身份而遭遇法规层面的障碍。当然，未来实践中是否有其他需要进一步解决的问题（如外国仲裁机构与中国法院的协调和对接等），仍有待进一步观察。

（2）确认仲裁协议效力的管辖法院在一定程度上得到了确定

在现行法下，确认仲裁协议效力并没有以仲裁地作为连接点来决定哪个法院具有管辖权。《最高人民法院关于审理仲裁司法审查案件若干问题的规定》（以下简称《仲裁司法审查司法解释》）第2条第1款规定的管辖法院为“由仲裁协议约定的仲裁机构所在地、仲裁协议签订地、申请人住所地、被申请人住所地的中级人民法院或者专门人民法院”。由于该规定中缺乏仲裁地的概念，因此外国仲裁机构在中国仲裁不能仅以仲裁地来确定有管辖权的法院。

这一问题在《仲裁法修订草案》中已在很大程度上得以解决。《仲裁法修订草案》第28条明确了仲裁庭的自裁管辖权，并规定当事人如对仲裁庭决定有异议的，可向仲裁地中级人民法院提出。因此，只要仲裁协议中对仲裁地的约定明确，针对外国仲裁机构在中国仲裁的案件即可确定有管辖权的法院。当然，如当事人仲裁协议中对仲裁地约定不够具体（例如仅约定仲裁地为中国而未指明任何城市），则不排除极少数情况下仍难以确定“仲裁地中级人民法院”的具体所指。

（3）外国仲裁机构在华仲裁的撤裁案件的管辖法院也是“仲裁地”法院

现行《仲裁法》第 58 条规定撤销仲裁裁决的管辖法院为“仲裁委员会所在地的中级人民法院”。

根据《仲裁法修订草案》第 77 条，仲裁裁决的撤销由仲裁地中级人民法院管辖该等裁决的撤销，故只要仲裁协议中对仲裁地的约定明确，外国仲裁机构在中国仲裁作出的裁决撤销的管辖法院也将是以仲裁地为标准来确定。

总体而言，《仲裁法修订草案》已在很大程度上在制度规则层面为外国仲裁机构在中国仲裁的配套司法审查及司法协助扫清了障碍。但是，《仲裁法修订草案》确立的新制度在未来如何具体实施，仍有待进一步观察，仍有诸多实务问题例如外国仲裁机构能否与中国法院顺利地对接、法院对于外国仲裁机构的程序规则是否足够熟悉、“枉法裁决”是否适用于外国仲裁机构的仲裁员等有待未来实践厘清。

6. 外国仲裁机构在中国仲裁的前景与展望

2021 年，除了《仲裁法修订草案》，我国还颁布了一系列涉及外国仲裁机构在中国仲裁的中央或地方新规定及政策。中央方面，2021 年 1 月 6 日，司法部发布了《司法部办公厅关于做好全面深化服务贸易创新发展试点工作的通知》，其中明确允许“境外知名仲裁及争议解决机构在试点地区设立业务机构，开展仲裁业务”，且提出要“依法支持和保障中外当事人在仲裁前和仲裁中的财产保全、证据保全、行为保全等临时措施的申请和执行”。地方方面，包括北京、上海、海南、川渝地区、大湾区等各大自由贸易试点区域均出台相应规定，不仅明确允许外国仲裁机构在中国仲裁，同时在行政领域完善了该等外国仲裁机构在当地司法行政部门登记并备案的程序细则。

可以说，仲裁法的修订及上述相关政策规定的出台及后续实施将为中国仲裁市场和外国仲裁机构都带来新的机遇。但不能忽视的是，外国仲裁机构在华设立业务机构可能也将会给中国仲裁市场及外国仲裁机构提出更多新的挑战，包括境外仲裁机构在内地设立分支机构的组织形式、国内司法行政机关对仲裁机构的管理是否容易为外国仲裁机构所理解和接受、是否有完善的配套规则和司法实践支持、法院对于该等仲裁裁决司法审查的标准尺度是否足够清晰稳定、外籍仲裁员前往内地开庭的签证问题。值得注意的是，上述相关政策中包含“要求外国仲裁机构提供每年财务报表以备案”的内容，部分外国仲裁机构可能会对这一备案要求存有顾虑。

机会与挑战总是并存的，要进一步完善外国仲裁机构在中国仲裁的相关制度，需要我国立法、司法、行政及外国仲裁机构各方的共同努力。在立法层面，仍需进一步完善与新修仲裁法配套的其他规则。在司法层面，我国法院应当继续加大对仲裁的支持力度，提高在我国仲裁裁决司法审查的可预期性和稳定性。在行政层面，应继续营造公平开放的营商环境，为商事仲裁的发展创造良好的土壤和环境。与此同时，外国仲裁机构也应当采取更加契合中国当事人需求的本地化措施，增强外国仲裁机构对于中国当事人的吸引力。各方积极参与，协同配合，共同营造公开透明、公正稳定、互惠共赢的中国仲裁新环境。

（二）《仲裁法》修订背景下的仲裁裁决不予执行制度新发展

我国现行法中的仲裁裁决不予执行制度，依据申请主体，可分为"当事人申请不予执行制度"及"案外人申请不予执行制度"两类。其中，当事人申请不予执行制度主要规定于《仲裁法》，采用的是撤裁与不予执行审查双轨制，即针对同样的事由，当事人既可以申请撤销仲裁裁决，也可以在执行阶段申请不予执行。而对案外人而言，其一方面可以根据《民事诉讼法》第 234 条[①]提出执行标的异议，另一方面可根据 2018 年《最高人民法院关于人民法院办理仲裁裁决执行案件若干问题的规定》（以下简称《仲裁执行司法解释》）第 9 条、第 18 条[②]在仲裁裁决当事人存在恶意申请仲裁或者虚假仲裁的情形下向法院申请不予执行仲裁裁决。

在比较法中，对于是否设置与撤裁并行的不予执行制度以及不予执行的具体事由和规则，不同法域的做法不一。例如，在我国香港法下，撤销仲裁裁决的规则基本采纳了《示范法》的规定；而针对裁决的不予执行，《香港仲裁条例》则区分了《纽约公约》项下裁决、内地裁决、澳门裁决和其他裁决四类分别予以规定，但不予执行的理由基本相同且与《纽约公约》的规定类似。[③]在英国法下，尽管设置了撤裁与不予执行的双轨制，但不予执行的事由受到明显限缩，仅在仲裁庭明

---

① 《民事诉讼法》第 234 条规定："执行过程中，案外人对执行标的提出书面异议的，人民法院应当自收到书面异议之日起十五日内审查，理由成立的，裁定中止对该标的的执行；理由不成立的，裁定驳回。案外人、当事人对裁定不服，认为原判决、裁定错误的，依照审判监督程序办理；与原判决、裁定无关的，可以自裁定送达之日起十五日内向人民法院提起诉讼。"

② 《最高人民法院关于人民法院办理仲裁裁决执行案件若干问题的规定》第 18 条规定："案外人根据本规定第九条申请不予执行仲裁裁决或者仲裁调解书，符合下列条件的，人民法院应当支持：（一）案外人系权利或者利益的主体；（二）案外人主张的权利或者利益合法、真实；（三）仲裁案件当事人之间存在虚构法律关系，捏造案件事实的情形；（四）仲裁裁决主文或者仲裁调解书处理当事人民事权利义务的结果部分或者全部错误，损害案外人合法权益。"

③ 《香港仲裁条例》（Arbitration Ordinance）第 84—98D 条；《新〈仲裁法〉：初探取消不予执行制度之形而上》，载微信公众号"环中商事仲裁"，2021 年 8 月 30 日。

显无实体管辖权（lacks substantive jurisdiction）的情况下，英国法院才会拒绝执行国内仲裁裁决。[①] 而在法国 2011 年仲裁法中，则没有规定当事人申请不予执行仲裁裁决的权利，除非仲裁裁决明显违反公共政策时，法院将不予签发执行令。[②] 由此可见，各法域对不予执行仲裁裁决的制度设计均有其特色。

在此方面，《仲裁法修订草案》对于当事人申请不予执行仲裁裁决及案外人救济这两个制度均进行了重大改革。首先，《仲裁法修订草案》第 82 条删除了当事人申请不予执行的条款，并新增了如下表述“人民法院经审查认定执行该裁决不违背社会公共利益的，应当裁定确认执行；否则，裁定不予确认执行”。从字面理解，《仲裁法修订草案》所采取的机制与法国仲裁法下的机制较为相似，即不再授予当事人申请不予执行的权利，仅人民法院有权在受理当事人申请执行时主动审查仲裁裁决是否存在违背社会公共利益的情形，否则仲裁裁决书应得到人民法院的执行。其次，《仲裁法修订草案》在第 84 条[③]、第 85 条[④] 明确了案外人的两条救济路径：第一，规定案外人在执行程序中可以对执行标的提出异议。第二，明确案外人可以针对仲裁案件当事人提起侵权之诉。

对于上述修改，理论及实务界展开了讨论热烈、观点不一。最终这些制度能否真正落地，还有待于立法机关的最终决定。让我们拭目以待：

1. 有关取消当事人申请不予执行制度的探讨

针对当事人申请不予执行制度的修改，有观点认为，这一修改可以避免撤销程序和不予执行程序的重叠与冲突，有利于仲裁裁决的执行，防范当事人利用不予执行制度拖延裁决执行，进而提高仲裁的公信力。也有观点认为，该修改和《纽约公约》《示范法》以及大多数法域所采纳的撤销与不予执行审查双轨制不符，不利于中国仲裁与国际接轨，且在客观上会造成国内裁决与国外裁决被区别对待。

---

① 英国《1996 年仲裁法》（Arbitration Act 1996）第 66 条。

② 《新〈仲裁法〉：初探取消不予执行制度之形而上》，载微信公众号“环中商事仲裁”，2021 年 8 月 30 日。

③ 《仲裁法修订草案》第 84 条规定：“裁决执行过程中，案外人对执行标的提出书面异议的，人民法院应当自收到书面异议之日起十五日内审查，理由成立的，裁定中止对该标的的执行；理由不成立的，裁定驳回。案外人应当自知道或者应当知道人民法院对该标的采取执行措施之日起三十日内，且主张的合法权益所涉及的执行标的尚未执行终结前提出。”

④ 《仲裁法修订草案》第 85 条规定：“案外人有证据证明裁决的部分或者全部内容错误，损害其民事权益的，可以依法对当事人提起诉讼。案外人起诉且提供有效担保的，该裁决中止执行。裁决执行的恢复或者终结，由人民法院根据诉讼结果裁定。”

（1）支持取消当事人申请不予执行制度的观点

第一，将撤销程序作为司法监督仲裁裁决的主要程序，不再另行给予当事人申请不予执行的权利，能够避免仲裁司法监督尺度的不统一。[①]

第二，现行双轨制下，当事人可以不在6个月法定期限内申请撤销仲裁裁决，而是等待另一方当事人申请强制执行时再提出不予执行申请；而一旦裁决被法院裁定不予执行，则实质上便取得了与裁定撤销仲裁裁决相同的效果。双轨制使得败诉方可以借此拖延执行，而取消双轨制则有利于提高仲裁效率[②]。

第三，贯彻法院审执分离的要求。双轨制下，在审查不予执行申请时，执行法官需要审查仲裁协议、仲裁范围、仲裁程序、证据是否伪造等，无疑和执行法官的业务专长和工作职责是不符的[③]。

（2）反对取消当事人申请不予执行制度的观点

第一，《仲裁法修订草案》剥夺当事人申请不予执行的权利，限制了当事人挑战裁决可执行性的路径，减少了一道对一裁终审仲裁裁决的有效纠错程序，可能损害败诉当事人的合法权益。[④]

第二，有可能造成国内裁决和国外裁决在司法监督和救济上的差别待遇。在单轨制下，境外裁决的当事人可依照《纽约公约》和各类双边安排提出不予执行

① 《关于〈中华人民共和国仲裁法（修订）（征求意见稿）〉的说明》，载司法部网站，http://www.moj.gov.cn/pub/sfbgw/zlk/202107/t20210730_432965.html，访问时间：2022年2月7日；刘炯、汤旻利：《仲裁法修法特辑——第八话（撤销vs不予执行）》，载搜狐网，https://www.sohu.com/a/488009394_120677543，访问时间：2022年2月7日。

② 曹琪：《小议撤销和不予执行仲裁裁决的单双轨制》，载微信公众号“无锡仲裁委员会”，2021年8月20日。

③ 曹琪：《小议撤销和不予执行仲裁裁决的单双轨制》，载微信公众号“无锡仲裁委员会”，2021年8月20日。

④ 曹琪：《小议撤销和不予执行仲裁裁决的单双轨制》，载微信公众号“无锡仲裁委员会”，2021年8月20日；师虹、彭竹：《中国仲裁国际化的里程碑——对〈仲裁法（修订）（征求意见稿）〉的研读与思考》，载微信公众号“方达律师事务所”，2021年8月2日；陈学斌：《〈仲裁法〉的修订应当向仲裁国际化迈出重要一步》，载微信公众号“国浩律师事务所”，2021年8月16日；纪超一、迪丽热巴古丽、李笑聪：《〈仲裁法（修订）征求意见稿〉都做了哪些修订与调整？一文深度解读》，载微信公众号“天达共和法律观察”，2021年8月20日；吴英姿：《论仲裁救济制度之修正——针对〈仲裁法（修订）（征求意见稿）〉的讨论》，载《上海政法学院学报》2021年第6期，第127页。

裁决的申请，而国内裁决的当事人则仅可申请撤销裁决。①

第三，有可能限制国家司法权力。《仲裁法修订草案》仅保留“违背公共利益”一种法院可主动进行执行审查的情形，而该情形在实践中出现频率较低，实质上剥夺了法院根据其他实际情况决定是否赋予执行力的权力。②

2. 有关案外人申请不予执行制度的探讨

笔者认为，《仲裁法修订草案》第 84 条规定，案外人可在裁决执行过程中对执行标的提出书面异议，是案外人执行异议制度在仲裁立法层面的体现。而《仲裁法修订草案》第 85 条则意在以新创设的案外人另行起诉制度取代现行的《仲裁执行司法解释》下的案外人申请不予执行仲裁裁决制度。理论与实务界对于这一新设的另行起诉制度褒贬不一，支持者认为这一制度拓宽了案外人申请不予执行仲裁裁决的情形，有利于保障仲裁程序正当性和案外人的权益；然而同时也有观点认为，该修改可能存在成本过高、制度不清晰的问题，亟待进一步明确。

（1）案外人另行起诉制度总体而言有利于保护案外人的合法权益

第一，此修改填补了现行《仲裁执行司法解释》规则中的空白。《仲裁执行司法解释》虽然允许仲裁案外人申请不予执行裁决，但该规则的适用范围限于执行程序，不能从根本上保护受虚假仲裁损害的案外人合法权益，③ 比如不能针对无执行内容的仲裁裁决提起相应程序。此外，尽管《仲裁执行司法解释》中规定的案外人申请不予执行仲裁裁决的事由仅限于当事人恶意提起仲裁和虚假仲裁，因其他原因而权益受到损害的案外人缺乏救济途径。因此，《仲裁法修订草案》新设侵权诉讼这一救济途径，弥补了现行制度的不足。④

第二，此修改与《仲裁法修订草案》中其他执行相关规定综合来看，为仲裁

---

① 纪超一、迪丽热巴古丽、李笑聪：《〈仲裁法（修订）征求意见稿〉都做了哪些修订与调整？一文深度解读》，载微信公众号“天达共和法律观察”，2021 年 8 月 20 日；曹丽军、戴雯、李晶晶：《从国际仲裁视角谈中国仲裁法的修订》，载中伦律师事务所网站，http://www.zhonglun.com/Content/2021/11-18/1728286218.html，访问时间：2022 年 2 月 7 日；刘晓红、冯硕：《对〈仲裁法〉修订的“三点”思考——以〈仲裁法（修订）（征求意见稿）〉为参照》，载《社会科学文摘》2021 年第 11 期，第 66—68 页。

② 曹凤国：《〈一条腿〉走路的仲裁法能否撑起争议解决的正义之厦——揭开仲裁法征求意见稿隐藏的 BUG 真相》，载微信公众号“执行国语”，2021 年 8 月 31 日。

③ 刘贵祥等：《〈关于人民法院办理仲裁裁决执行案件若干问题的规定〉的理解与适用》，载《人民司法（应用）》2018 年第 3 期。

④ 吴英姿：《论仲裁救济制度之修正——针对〈仲裁法（修订）（征求意见稿）〉的讨论》，载《上海政法学院学报》2021 年第 6 期，第 127 页。

裁决的执行提供了更全面的制度保障。其对于保障仲裁程序正当性、发挥仲裁救济制度的作用、提高司法监督效能均具有积极意义[①]。

（2）案外人另行起诉制度细则仍需进一步明确和完善

《仲裁法修订草案》第 85 条规定，“案外人有证据证明裁决的部分或者全部内容错误，损害其民事权益的，可以依法对当事人提起诉讼”，并且进一步规定案外人提供担保的情况下法院可以中止裁决执行，最终是否恢复裁决执行取决于诉讼结果。但是这一制度具体如何执行，《仲裁法修订草案》并未给出明确的答案。例如，该条规定的“裁决的部分或者全部内容错误”具体指向何种情形尚待进一步明确，[②]仲裁庭的法律适用错误或事实认定错误是否足以被认定为仲裁当事人的侵权？案外人的诉讼请求应该如何提出，如果认为案外人可以提出终结仲裁裁决的请求，则该请求实质是指向法院的执行行为，亦非侵权诉讼所能涵盖。[③]第 84 条、第 85 条之间的关系，看似是《民事诉讼法》第 234 条在仲裁程序中如何保护案外人权利的移植，故其性质仅确定为“侵权诉讼”尚不全面。另外，侵权诉讼中如果案外人胜诉并取得损害赔偿，裁决是否仍然有效以及是否应继续执行，侵权诉讼与裁决执行程序之间的相互关系可能需进一步细化，否则可能导致当事各方之间的法律关系更加复杂。[④]这些问题仍有待立法或者司法机关进一步厘清。

五、总结与展望

经过近 30 年的发展，中国仲裁的国际影响力已经显著提升。据报告，在全球最受欢迎的十大仲裁地中，北京已和纽约并列全球最受欢迎十大仲裁地第六位，

---

① 吴英姿：《论仲裁救济制度之修正——针对〈仲裁法（修订）（征求意见稿）〉的讨论》，载《上海政法学院学报》2021 年第 6 期，第 127 页；叶俊彬：《中华人民共和国仲裁法（修订）草案：关键变化和观察》，载微信公众号“英国品诚梅森律师事务所”，2021 年 8 月 18 日。

② 邵长茂：《论〈仲裁法〉的修改完善》，载《中国审判》2021 年第 18 期；詹晖：《仲裁法修正中如何重构案外人救济机制》，载法治网，http://m.legaldaily.com.cn/Arbitration/content/2021-09/30/content_8606752.htm，访问时间：2022 年 2 月 7 日。

③ 朱华芳等：《2020 年度中国仲裁司法审查实践观察报告——主题三：仲裁裁决执行审查制度实践观察（下）》，载微信公众号“天同诉讼圈”，2021 年 10 月 15 日。

④ 邵长茂：《论〈仲裁法〉的修改完善》，载《中国审判》2021 年第 18 期；詹晖：《仲裁法修正中如何重构案外人救济机制》，载法治网，http://m.legaldaily.com.cn/Arbitration/content/2021-09/30/content_8606752.htm，访问时间：2022 年 2 月 7 日；谢湘辉：《〈仲裁法〉的修订与中国仲裁的国际化》，载微信公众号“国浩律师事务所”，2021 年 8 月 31 日。

而上海则跻身第七位，超越了斯德哥尔摩和迪拜[①]。2021年更是为中国仲裁史画上了浓墨重彩的一笔：万众期待的《仲裁法修订草案》得以与公众见面；外国仲裁机构在华登记注册的细则陆续出台；仲裁机构规则持续改进、完善，更加接轨国际实践和适应全球疫情要求；法院也继续延续了近年来支持仲裁的政策导向。最高院亦再次强调，中国法院将不断规范仲裁司法审查，统一司法审查标准，支持仲裁制度创新，促进中国仲裁事业法治化专业化国际化发展。

未来几年，中国商事仲裁大可乘势而为，巩固已有成果，持续深化仲裁制度改革和发展。笔者认为以下工作可能成为重点关注的领域：

第一，在《仲裁法》通过正式立法程序修订之后，我国还需要加快其他配套法律法规、司法解释的落地，以确保《仲裁法》在修订之后可以全面实施。例如，《民事诉讼法》等法律法规中的相关制度需根据修订之后的《仲裁法》进行相应的调整以确保仲裁庭作出的临时措施决定可以顺利得到审查和执行、案外人另行起诉制度得以有效地贯彻实施等。

第二，境外仲裁机构来华设立业务机构对于推动中国仲裁机构的国际化发展具有重要意义，也将助力中国建设成为国际商事仲裁中心，彰显中国加强法治建设和改善营商环境的软实力。尽管近年来上海、北京等地均出台了境外仲裁机构设立业务机构的细则，但截至目前，只有世界知识产权组织于2020年在上海设立了仲裁与调解上海中心，几大知名境外仲裁机构暂未在中国设立业务机构。有关部门应加大推进国际仲裁机构在中国设立业务机构的力度，并视情况和需要进一步优化境外仲裁机构业务注册登记细则，增强我国对于境外仲裁机构的吸引力。

第三，进一步提高仲裁司法审查水平。仲裁事业的发展有赖于法院的支持和监督，在《仲裁法》修订的背景之下更是如此。新旧法律法规的更替、仲裁司法审查标准的变化，可能会给法院的司法审查工作带来不小的挑战。在《仲裁法》通过正式立法程序完成修订之后，各项配套法律法规、司法解释得到完善之前，各级法院应当妥善把握仲裁司法审查案件的审理尺度，继续支持中国仲裁朝着更自由、更灵活、更尊重当事人意思自治的方向发展。

---

① The School of International Arbitration of Queen Mary University of London, *2021 International Arbitration Survey: Adapting Arbitration to a Changing World*, https://arbitration.qmul.ac.uk/media/arbitration/docs/LON0320037-QMUL-International-Arbitration-Survey-2021_19_WEB.pdf，访问时间：2022年2月7日。

中国商事调解年度观察（2022）

费　宁　赵　芳　陈菁菁[①]

一、概述

在百年未有之大变局中，2021 年是中国特色社会主义现代化建设史上一个重要的年份。2021 年 3 月 11 日，第十三届全国人民代表大会第四次会议通过了《关于国民经济和社会发展第十四个五年规划和 2035 年远景目标纲要》（以下简称“十四五规划”），明确了向第二个百年奋斗目标进军的第一个五年规划。“十四五规划”提出要继续推进国家治理体系和治理能力现代化，健全社会矛盾综合治理机制，其中包括：“健全矛盾纠纷多元化解机制，充分发挥调解、仲裁、行政裁决、行政复议、诉讼等防范化解社会矛盾的作用。”

作为排忧解纷的有效手段之一，调解在近年来备受青睐。“十三五规划”期间（2015—2020 年），调解被纳入国家治理体系的顶层设计之中，以人民调解、行政调解、司法调解联动工作为核心的大调解工作格局初步形成，其他非诉讼纠纷解决机制也受到高度重视。“十四五规划”强调要充分发挥调解在防范化解社会矛盾中的作用。司法部于 2021 年 12 月 22 日审议通过的《全国公共法律服务体系建设规划（2021—2025 年）》对调解工作做了如下部署安排：

“进一步完善以人民调解为基础，人民调解、行政调解、行业性专业性调解、司法调解优势互补、有机衔接、协调联动的大调解工作格局。整合行业性专业性调解资源，在市县两级建立综合性、一站式矛盾纠纷调解中心。研究推动调解立

---

① 费宁，汇仲律师事务所管理合伙人；赵芳和陈菁菁，汇仲律师事务所合伙人。同时，作者感谢汇仲律师事务所争议解决团队的其他成员王生长、吴霁霁、马汉、潘晓东、孙俊红、孙明玥、孙瑶洁、汪若文、姚若辰、詹仁海和郑小和为本报告作出的贡献。

法，建立健全人民调解、行政调解、商事调解相关法律制度。加强调解协会建设，拓展协会职能作用。研发推广全国智能移动调解系统。”

从司法部的上述建设规划可以看出，新时期“大调解”格局范围广大，包括了人民调解、行政调解、行业性专业性调解、仲裁调解、司法调解等各式各样的调解。散布于行业性专业性调解、仲裁调解、司法调解之中涉及商事活动主体（自然人、法人和其他经济组织）之间与财产权益纠纷有关的调解，又可统称为商事调解。本文所关注的调解，正是商事调解。

我国的人民调解和行政调解已经形成了庞大规模，其深度和广度渗透到社会各个角落。根据2021年度《最高人民法院工作报告》，人民法院坚持把非诉讼纠纷解决机制挺在前面，强化人民调解、行政调解等非诉讼手段和诉讼对接，与中央台办、全国总工会、中国侨联、全国工商联、国家发展改革委、人力资源社会保障部、中国人民银行、银保监会、证监会、国家知识产权局、中国中小企业协会等单位开展“总对总”诉调对接合作，提供包括调解、仲裁、审判在内的菜单式、集约式、一站式服务。到2021年底，仅在人民法院在线调解平台上入驻的调解组织就达6.3万个，调解员26万名，全国法院2021年在线调解纠纷突破1000万件，[①] 借助社会力量诉前调解成功案件达610.7万件。[②]

相比于人民调解和行政调解，行业性专业性的商事调解组织数量有限，其发展正处于稳步上升阶段。中国商事调解组织大体可分为三类：

一是商会、行业协会属下的调解组织。其典型代表是在中国国际贸易促进委员会/中国国际商会系统和全国工商联系统设立的调解机构。至2021年底，中国国际贸易促进委员会/中国国际商会系统在全国各省、市、自治区及一些重要城市设立分会调解中心有59家，年均受理调解案件2000余件；[③] 全国工商联系统商会调解组织有3001家，2018年以来调解各类纠纷13万件，[④] 年均受理调解案件32500件。

---

① 周强：《最高人民法院工作报告》，载最高人民法院网站，https://www.court.gov.cn/zixun-xiangqing-349601.html，访问时间：2022年3月31日。

② 周强：《推进中国特色一站式多元纠纷解决机制建设》，载最高人民法院网站，https://www.court.gov.cn/zixun-xiangqing-348221.html，访问时间：2022年3月31日。

③ 中国国际贸易促进委员会/中国国际商会调解中心简介，参见该调解中心官网，https://adr.ccpit.org/articles/25，访问时间：2022年3月31日。

④ 《〈全国工商联商会调解工作办法（试行）〉印发实施》，载中华全国工商业联合会网站，http://www.acfic.org.cn/yw/qlyw/202203/t20220314_277262.html，访问时间：2022年3月31日。

二是各地商事仲裁机构设立的调解中心，以及仲裁机构在办理仲裁案件过程中其自身及仲裁庭临时充任的调解组织。例如，北京仲裁委员会/北京国际仲裁中心（以下简称北仲）于2011年8月1日设立了北京仲裁委员会调解中心，2021年受理涉及投资金融、工程建设等领域调解案件10件，争议金额高达44.07亿元。[①]深圳仲裁委员会/深圳国际仲裁院（以下简称深国仲）成立了深圳国际仲裁院调解中心和深圳证券期货业纠纷调解中心，2021年受理资本市场调节1382件和展会调解1365件。[②]全国270家仲裁机构在仲裁过程中大力开展调解工作，由仲裁庭在仲裁过程中进行调解和仲裁机构协助调解取得了较高成功率。例如，北仲2021年结案数量7216件，其中裁决结案4434件，占比61.45%；调解结案1161件，占比16.09%，同比增长41.41%；撤案结案1621件，占比22.46%，同比增长28.14%。[③]深国仲2021年结案7438件，其中裁决结案5512件，占比74%；调解结案562件，占比7.6%；撤案结案1364件，占比18.3%。[④]上海国际经济贸易仲裁委员会（上海国际仲裁中心）（以下简称上国仲）2021年全年审结案件1473件，其中以裁决方式结案1095件，占比74%，其中含和解裁决193件，占比18%；以撤案方式结案378件，占比26%。[⑤]武汉仲裁委员会（以下简称武仲）截至2021年底共受理仲裁案件221005件，历年审结案件的总体调解和解率在60%以上。[⑥]从上述统计数据看，北仲、深国仲、上国仲和武仲办结仲裁案件的调撤率分别达到38.6%、25%、44%和60%，再加上调解未成功的案件，估计有50%以上的案件都经历过调解。2021年全国270家仲裁机构受理仲裁案件共计415889件，[⑦]以调解和解方式结案的案件数为93162件，占受案总数的35%。

---

① 《2021年度工作报告》，载北京仲裁委员会/北京国际仲裁中心网站，www.bjac.org.cn/news/view?id=4105，访问时间：2022年3月31日。

② 《2021年深圳国际仲裁院数据概览》，载深圳国际仲裁院网站，www.scia.com.cn/home/index/newsdetail/id/3028.html，访问时间：2022年3月31日。

③ 《2021年度工作报告》，载北京仲裁委员会/北京国际仲裁中心网站，www.bjac.org.cn/news/view?id=4105，访问时间：2022年3月31日。

④ 《2021年深圳国际仲裁院数据概览》，载深圳国际仲裁院网站，www.scia.com.cn/home/index/newsdetail/id/3028.html，访问时间：2022年3月31日。

⑤ 《2021年度仲裁业务报告》，载上海国际经济贸易仲裁委员会（上海国际仲裁中心）网站，www.shiac.org/SHIAC/news_detail.aspx?page=12022&id=1978，访问时间：2022年3月31日。

⑥ 《武汉仲裁委员会简介》，载武汉仲裁委员会网站，http://www.whac.org.cn/index.php/about/index/type/2.html，访问时间：2022年3月31日。

⑦ 《去年全国仲裁机构受案41.5万余件》，载法治网，http://www.legaldaily.com.cn/Arbitration/content/2022-03/24/content_8692874.htm，访问时间：2022年3月31日。

三是由社会力量合作成立的调解组织，例如在北京设立的国际商事争端预防与解决组织、一带一路国际商事调解中心，在上海设立的上海经贸商事调解中心、中国商事调解发展合作机制，在深圳设立的粤港澳仲裁调解联盟等。这些调解组织目前正处于萌芽发展时期。

商事调解在社会治理系统中具有其独特的价值。第一，商事调解适合于商业交易当事人在发生纠纷后采取双方自愿的自力救济，能合理化解纠纷，维护交易安全，节省司法资源，是诉源治理和社会稳定的“调节器”之一。有效使用商事调解将有助于打造法治化营商环境。第二，商事调解基于当事人自愿和中立第三方（调解员）居中促进，当事人与调解员没有利害冲突，此情形与当事人和法官、仲裁员之间的关系颇为相似，因此商事调解与仲裁、诉讼之间具有一定程度的包容性、可塑性。商事调解可与仲裁、诉讼相衔接，有利于打造调解与仲裁、诉讼相衔接的“一站式”纠纷解决机制，发挥各自的优势和长处，共同服务于定分止争。第三，商事调解蕴含和谐共生的商业文化，在世界范围内具有共通性，容易为不同地域、不同法律背景的商人们所接受，辅以国际层面调解公约和法律规则的成长，大力推广商事仲裁也有利于打造国际化营商环境。

2021 年，中国的商事调解顺应潮流，在许多方面不断演进，在变与不变中向好发展。下文将简述 2021 年中国新出台的法律法规或其他规范性文件，揭示商事调解行业整体发展情况；观察若干具有典型意义的商事调解案例，述评商事调解的社会热点问题，并对“十四五规划”期间商事调解的发展趋势进行展望。

二、新出台的法律法规或其他规范性文件

2021 年是商事调解相关立法工作蓬勃发展的一年，自 2021 年以来，从中央到地方各个层级的相关部门陆续出台了诸多与商事调解息息相关的法律法规、司法解释及其他规范性文件。在此，笔者选取其中具有代表性的一些法律法规及其他规范性文件与诸位分享。囿于篇幅限制，本章无法穷尽，故笔者筛选出了相对重要的全国及地方性立法和规范性文件，附在文末供各位读者参考。

（一）《民事诉讼法》修订对调解的规定及对调解的影响

十三届全国人民代表大会常务委员会第三十二次会议于 2021 年 12 月 24 日通过《全国人民代表大会常务委员会关于修改〈中华人民共和国民事诉讼法〉的决定》，本次修订自 2022 年 1 月 1 日起施行。

《民事诉讼法》本次修订扩大了司法确认调解协议中调解组织的范围和申请司法确认调解协议的受理法院范围（第 201 条）。具体来说，本次修订包括三个大的变化：

一是司法确认调解协议中调解组织的范围由修订前的“人民调解委员会”这一调解民间纠纷的群众性组织扩大到“经依法设立的调解组织”。这一修订为商事调解组织作出的调解协议申请司法确认提供了明确的法律依据，有利于进一步发挥商事调解组织在纠纷解决中的作用。

二是区分了调解程序的启动主体，包括人民法院邀请调解组织开展先行调解和调解组织自行开展调解两类。

三是扩大了司法确认调解协议法院的管辖范围。具体来说，本次修法前，司法确认调解协议相关的申请一律应向调解组织所在地的基层人民法院提出。修法后，司法确认调解协议被区分为两大类：第一类是“人民法院邀请调解组织开展先行调解的，申请司法确认调解协议向作出邀请的人民法院提出”；第二类为“调解组织自行开展调解的，申请司法确认调解协议向当事人住所地、标的物所在地、调解组织所在地的基层人民法院提出”，但是“调解协议所涉纠纷应当由中级人民法院管辖的，向相应的中级人民法院提出”。因此，可管辖司法确认调解协议的法院将不再仅限于调解组织所在地的基层人民法院。

本次修法放宽了司法与调解相衔接的渠道，为当事人选择通过调解解决争议提供了更多的便利和可能性，既有利于在诉讼程序中把调解等非诉讼纠纷解决机制挺在前面，实现人民法院案源分流和诉源治理，也有利于人民法院将司法强制执行力授予更多类型的调解结果，有利于我国多元化纠纷解决机制的建设。与此同时，也应看到，本次修法虽然解决了依法设立的调解组织调解协议的司法赋强，但未明确自然人调解员以其个人名义调解达成调解协议的司法确认问题。修订后的《民事诉讼法》第 201 条将一审修改稿提议的主体“经依法设立的调解组织或者依法任职的调解员”收窄为“经依法设立的调解组织”，表明立法机关对调解员以个人身份独立调解达成调解协议的司法确认问题，尚持谨慎和犹疑态度。这一问题，将留待后续修法解决。

（二）《中华人民共和国仲裁法（修订）（征求意见稿）》（以下简称《仲裁法征求意见稿》）公开征求意见

商事调解虽然是一种独立的争议解决方式，但其与仲裁的结合也在实践中得到广泛应用。作为复合式的争议解决方法，广义而言，“仲裁和调解相结合”

（以下简称“仲调结合”）泛指仲裁和调解的各种结合形式，包括“先调解后仲裁”“仲裁中调解”等。我国虽然没有关于商事调解的专门立法，但关于仲裁中调解的规定可以在《中华人民共和国仲裁法》（以下简称《仲裁法》）中找到依据。[①]

2021 年 7 月 30 日，司法部根据第十三届全国人大常委会立法规划和国务院 2021 年度立法工作计划，公布了《仲裁法征求意见稿》，拟对 1994 年颁布的现行《仲裁法》（2017 修正）作出重大修改。《仲裁法征求意见稿》中有关商事调解的规定如果被立法机关采纳，也将对我国商事调解的发展产生深远影响。

1.《仲裁法征求意见稿》关于“仲调结合”的亮点

首先，本次《仲裁法征求意见稿》有关商事调解的条文修改主要有两大亮点，均与“仲调结合”有关。在中国仲裁实践中，“仲调结合”的主要形式是“仲裁中调解”，即当事人为解决争议，先启动仲裁程序，在仲裁程序进行的过程中，由仲裁员对案件进行调解，调解不成后再恢复进行仲裁程序。《仲裁法征求意见稿》先在第 32 条重申“当事人在仲裁程序中可以通过调解方式解决纠纷”，于法律层面继续固定“仲调结合”的合法性，但该修订放宽了当事人在仲裁程序中选择调解的时间阶段，可使调解在仲裁程序中发挥更大作用。“仲裁中调解”的做法最早起源于中国国际经济贸易仲裁委员会（以下简称贸仲）在 20 世纪 50 年代开始的仲裁实践，是中国仲裁的一个重要特点。经过数十年发展，目前“仲调结合”的争议解决方式在实践中已得到了极为广泛的应用。北仲 2020 年仲裁结案类型数据统计显示，以调解结案的案件占比 15.57%，撤案结案的案件占比 23.99%。[②]2021 年仲裁结案类型统计数据显示，以调解方式结案的占比 16.09%；以撤案方式结案的占比 22.46%。[③] 根据《中国国际商事仲裁年度报告（2020—2021）》统计，2020 年，全国 270 多家仲裁机构受理仲裁案件共计 400711 件，以调解和解方式结案的案件数为 91981 件，占受案总数的 23%。[④] 可见，“仲调结合”在帮助当事人解决纠纷

---

① 《中华人民共和国仲裁法》第 51 条规定：“仲裁庭在作出裁决前，可以先行调解。当事人自愿调解的，仲裁庭应当调解。调解不成的，应当及时作出裁决。调解达成协议的，仲裁庭应当制作调解书或者根据协议的结果制作裁决书。调解书与裁决书具有同等法律效力。”

② 《北京仲裁委员会 / 北京国际仲裁中心 2020 年度工作总结》，载北京仲裁委员会 / 北京国际仲裁中心网站，https://www.bjac.org.cn/news/view?id=3920，访问时间：2022 年 1 月 30 日。

③ 《北京仲裁委员会 / 北京国际仲裁中心 2021 年度工作报告》，载微信公众号“北京仲裁委员会”，访问时间：2022 年 2 月 4 日。

④ 杜林：《〈中国仲裁再出发〉系列报道之一　走近中国仲裁》，载微信公众号“民主与法制周刊”，2021 年 12 月 14 日。

方面发挥着举足轻重的作用。此次《仲裁法征求意见稿》第32条继续支持沿用“仲调结合”这一成熟实践，是我国支持和发展仲裁调解相结合纠纷解决方式的鲜明例证。

其次，《仲裁法征求意见稿》在第69条和第70条增加“仲裁确认”制度，允许达成仲裁协议的当事人在仲裁程序外选择调解员安排调解，如调解成功并能达成和解协议，则经当事人申请并由仲裁庭依法审核后，可由仲裁庭作出调解书或裁决书。《仲裁法征求意见稿》中的“仲裁确认”制度与法院的“司法确认”异曲同工，都能通过对调解协议的审查确认，赋予调解协议法律强制执行力。[①] 与修正后的《民事诉讼法》第201条相比较而言，《仲裁法征求意见稿》提议的“仲裁确认”制度没有把仲裁程序之外的调解人局限于“经依法设立的调解组织”，因此通过独立调解员居中调解达成的调解协议也可被纳入“仲裁确认”的范围。值得一提的是，在本次修法草案出台之前，北仲与中国国际贸易促进委员会/中国国际商会调解中心（以下简称中国贸促会调解中心）已较早意识到当事人对于调解协议“仲裁确认”的现实需求，并于2018年7月签署战略合作协议，就调仲对接展开合作，率先实践了“仲裁确认”安排。在双方合作框架下，中国贸促会调解中心受理的调解案件，当事人如能就争议达成和解协议，中国贸促会调解中心可以帮助当事人针对和解部分达成仲裁条款，并选择北仲作为仲裁机构作出仲裁调解书或和解裁决。[②] 北仲与中国贸促会调解中心灵活应用上述机制，使得争议双方就争议达成调解协议后，能通过仲裁协议将争议相关的和解协议提交北仲。北仲在仲裁程序中可协助当事人细化和解协议安排，保证其执行性，进而作出仲裁调解书，实现赋予和解协议强制执行力的效果。《仲裁法征求意见稿》进一步在立法层面确立了“仲裁确认”的制度安排，明确了签署有仲裁协议的当事人，可以选择在仲裁程序中或在仲裁程序外，选择第三方调解以达成调解协议，并就调解协议获得具有强制力的仲裁文书。调仲对接的模式实际上能为当事人解决纠纷保驾护航，并有利于促进纠纷的高效解决。

2.《仲裁法征求意见稿》对仲裁调解规定不足之处

《仲裁法征求意见稿》对现行《仲裁法》下司法监督程序制度作出了许多修改，

---

① 姜丽丽：《商事调解立法困境与可行性路径分析》，载微信公众号“蓝海大湾区研究院”，2021年5月11日。

② 尹通：《“中国贸促会/中国国际商会调解中心与北京仲裁委员会/北京国际仲裁中心合作签约仪式暨多元化争议解决机制新动向研讨会”成功举办》，载北京仲裁委员会/北京国际仲裁中心网站，http://www.bjac.org.cn/news/view?id=3236，访问时间：2022年5月30日。

例如整合了撤销国内和涉外仲裁裁决的规定，增加了针对恶意串通、伪造证据等欺诈行为、涉及虚假仲裁的撤销情形等。但不论是《仲裁法征求意见稿》还是现行《仲裁法》，相应司法监督条款均仅涉及仲裁裁决，而对于当事人是否有权申请撤销仲裁调解书则未置一词。这一立法中的缺失事实上也引发了司法实践中的广泛争议。目前对于仲裁调解书是否可撤销，不仅各地法院意见不一，同一法院针对不同案件前后观点矛盾，甚至最高人民法院（以下简称最高院）不同部门下发的不同文件，针对该问题表明的观点也不尽相同。①

部分法院案例支持当事人有权申请撤销仲裁调解书的观点，主要理由在于仲裁调解书与裁决书具有同等法律效力。既然《仲裁法》允许当事人申请撤销裁决书，则仲裁调解书也应纳入司法审查的范围。② 最高院民四庭在《关于人民法院应否受理撤销仲裁调解书申请的复函》[（2013）民四他字第 39 号] 中也持同样观点。但与此同时，也有部分案例显示法院认为不应受理申请撤销仲裁调解书的案件，理由主要在于，法律未授权人民法院行使撤销仲裁调解书的权力，人民法院就不得超越法律规定行使监督权。③《最高人民法院研究室关于人民法院应否受理当事人提起的申请撤销仲裁调解书之诉问题的研究意见》也显示了最高院的上述立场，最高院强调在仲裁司法监督有限原则下，人民法院不应受理当事人提起的申请撤销仲裁调解书之诉。

上述情况显示这一热点话题在实践中矛盾较大，有必要立法规制或者出台明确的司法解释。2021 年 12 月 31 日，最高院发布了《全国法院涉外商事海事审判工作座谈会会议纪要》，其中第 99 项对“申请撤销仲裁调解书”提出如下司法指导意见：“仲裁调解书与仲裁裁决书具有同等法律效力。当事人申请撤销仲裁调解书的，人民法院应予受理。人民法院应当根据仲裁法第五十八条的规定，对当事人提出的撤销仲裁调解书的申请进行审查。当事人申请撤销涉外仲裁调解书的，根据仲裁法第七十条的规定进行审查。”④ 该意见将有利于统一人民法院的司法实践，减少同案不同判。

笔者认为，仲裁调解书属于具备终局性的特殊文书，并非一般的民事契约，

---

① 李海涛：《法院撤销仲裁调解书的实证分析——以 42 个案例为样本》，载《天津法学》2019 年第 4 期，第 16—17 页。

② 如（2018）粤民终 1868 号案。

③ 如（2017）鲁民终 659 号案。

④ 会议纪要全文公布于最高院国际商事法庭（CICC）网站，http://cicc.court.gov.cn/html/1/218/62/409/2172.html，访问时间：2022 年 2 月 4 日。

有必要由司法机构行使一定监督权。例如，对于确有错误的调解书，即仲裁协议中一方当事人签名系伪造，不允许撤销调解书会使无辜当事人合法权益受到损害，也将损害仲裁制度的公信力。因此，当事人申请撤销仲裁调解书的制度确有其存在必要性。但与此同时，该司法监督权又应谨慎行使不宜轻易扩大，否则将干涉当事人意思自治，同样将损害“仲调结合”制度的有效性。就制度而言，赋予当事人撤销仲裁调解书的权利虽可考虑直接适用撤销仲裁裁决的标准，但对撤销的事由应当考虑仲裁调解的特殊性。与仲裁裁决相比，调解书最首要的特征是合意性。调解书由争议当事方合意达成，并不依赖于仲裁庭对证据和事实的审理，争议的解决结果也并非由仲裁庭所决定。因此，如果将《仲裁法》第 58 条中规定的部分撤销仲裁裁决书的事由直接适用至审理撤销调解书的案件中，难言恰当，如“裁决所根据的证据是伪造的”“对方当事人隐瞒了足以影响公正裁决的证据的”等。这在司法实践中已有所体现，北京市第四中级人民法院（以下简称北京四中院）在审理某申请撤销仲裁调解书的案件中便认为，“涉案调解书中未对双方提交的任何证据材料予以认定，也未对案件的基本事实作出确认，故申请人提出被申请人隐瞒了足以影响仲裁庭公正裁决的证据，该理由欠缺事实依据”。[①] 在尊重意思自治、尽量支持当事人合理合法的调解和和解活动的原则下，撤销仲裁调解书的理由应当被严格限制。对此，笔者认为《联合国关于调解所产生的国际和解协议公约》（以下简称《新加坡公约》）中的“拒绝予以救济”制度可以为我国撤销仲裁调解书的条件提供有益参考。2018 年 12 月 20 日联合国大会通过的《新加坡公约》旨在解决跨境执行国际商事调解协议的相关问题，即当一方不遵守和解协议时，允许守约方向缔约国法院申请强制执行以获得救济。《新加坡公约》第 5 条规定了 8 种拒绝准予救济的理由，包括：（1）和解协议一方当事人处于某种无行为能力状况；（2）和解协议根据适用法律无效、失效或者无法履行，或根据和解协议条款不具约束力或者不是终局的，或随后被修改；（3）和解协议中的义务已经履行或不清楚、无法理解；（4）准予救济将有悖和解协议条款；（5）调解员严重违反适用于调解员或者调解的准则，若非此种违反，该当事人本不会订立和解协议；（6）调解员未向各方当事人披露可能对调解员公正性或者独立性产生正当怀疑的情形，并且此种未予披露对一方当事人有实质性影响或者不当影响，若非此种未予披露，该当事人本不会订立和解协议；（7）准予救济将违反公约该当事方的公共政策；（8）根据公约该当事方的法律，争议事项无法以调解方式解决。上

① （2018）京 04 民特 543 号。

述理由中的后两项可以由执行国司法机关主动审查后拒绝救济，无须依赖当事方的申请及提供证据。《新加坡公约》中的上述拒绝救济的理由秉承保护当事人意思自治的精神内核，对拒绝救济的理由进行了较为严格的限制，例如第（5）项、第（6）项，即如一方希望以调解员不当行为作为不执行调解协议的理由，那么该等不当行为必须足够严重和实质，以至于影响当事人是否订立和解协议的决策。如未来我国《仲裁法》增设适用于仲裁调解书的司法审查条款，则可以考虑参考《新加坡公约》第5条中的相应事由，以最大限度维护调解协议的意思自治，支持当事人以调解方式解决纠纷。

（三）最高院发布意见支持国际商事调解组织在自贸区开展商事调解业务

最高院于2021年1月8日和3月22日分别发布《最高人民法院关于人民法院为海南自由贸易港建设提供司法服务和保障的意见》（法发〔2021〕1号）和《最高人民法院关于人民法院为北京市国家服务业扩大开放综合示范区、中国（北京）自由贸易试验区建设提供司法服务和保障的意见》（法发〔2021〕11号），指出要推动国际商事纠纷一站式多元解纷中心建设，探索引入国内外知名国际商事调解组织，开展商事调解业务。尤其是在海南探索由海南涉外民商事审判机构集中受理和审查，在海南自由贸易港区域内设立的国际商事调解机构主持达成调解协议的司法确认案件。

自2013年9月29日中国（上海）自由贸易试验区成立以来，我国已设立了21个自由贸易试验区，形成了全方位、有梯度的开放格局。作为我国改革开放、构建开放型经济新体制的重要战略部署，自由贸易试验区同样是涉外商事调解的最佳“试验田”。近年来，最高院先后出台一系列司法文件，要求人民法院深刻认识建设自由贸易试验区的重大意义，坚持协同创新，健全国际商事纠纷多元化解机制，以更好服务推进更高水平对外开放，不仅旨在为自由贸易试验区的建设提供优质高效的司法保障，也为商事调解的发展探索宝贵的先行经验。作为阶段性成果，最高院于2022年2月28日发布“人民法院服务保障自由贸易试验区建设典型案例”。

（四）《最高人民法院关于深化人民法院一站式多元解纷机制建设推动矛盾纠纷源头化解的实施意见》

2021年9月28日，最高院发布《最高人民法院关于深化人民法院一站式多元解纷机制建设推动矛盾纠纷源头化解的实施意见》（法发〔2021〕25号）（以下简称《实施意见》）。该意见是最高院为深入贯彻落实《关于加强诉源治理推动矛盾纠纷源头化解的意见》，深化人民法院一站式多元解纷机制建设，推动矛盾纠纷源头化解工作而制定。

近年来，人民法院越来越重视诉源治理工作。最高院在《最高人民法院关于深化人民法院司法体制综合配套改革的意见——人民法院第五个五年改革纲要（2019—2023）》中首次提出了“诉源治理”概念，即从法院视角，要求全国各级法院从源头上减少诉讼增量并采取引领、分流等各项举措。2021年2月19日，中央全面深化改革委员会第十八次会议审议通过了《关于加强诉源治理推动矛盾纠纷源头化解的意见》。① 为贯彻落实《关于加强诉源治理推动矛盾纠纷源头化解的意见》，最高院印发了《实施意见》，并发出通知，要求各级人民法院结合实际认真贯彻落实。

《实施意见》的工作目标是推动人民法院一站式多元解纷向各方面延伸，并健全相关机制。最高院据此提出了众多创新、健全、完善人民法院源头化解矛盾纠纷工作、加强化解及强化重点领域矛盾纠纷源头治理配套措施的意见。

调解作为源头化解矛盾纠纷的重要内容，不可或缺。《实施意见》特别强调健全人民法院源头预防化解矛盾纠纷工作机制，将更多符合条件的组织或者人员纳入特邀调解名册，为群众提供“菜单式”解纷服务；要求建立健全虚假诉讼防范和惩治机制，完善诚信诉讼保障机制，加强对司法建议落实情况的跟踪指导和效果评估，从源头上减少矛盾纠纷产生，减少衍生诉讼案件发生。

此外，最高院还针对不同的调解工作方向提出了相应指导意见：在完善工作方面，提出强化人民法院调解平台的分流对接功能，发挥社会各界力量协同参与调解；在创新方法方面，提出推动人民法院调解平台进乡村、进社区、进网格，增强诉讼服务中心的多元解纷能力，深化“分调裁审”机制改革；在健全机制方面，提出以人民法院调解平台为依托，强化非诉讼与诉讼的平台对接，优化联动调解机制；在加强工作方面，提出加强金融、劳动争议等领域的矛盾纠纷源头化解工作；在强化配套保障方面，提出开展跨区域远程视频调解，加强调解平台建设。

① 《习近平主持召开中央全面深化改革委员会第十八次会议》，载新华网，http://www.xinhuanet.com/politics/2021-02/19/c_1127116445.htm，访问时间：2022年1月30日。

整体而言，最高院发布《实施意见》，将推动构建源头防控、排查梳理、纠纷化解、应急处置的社会矛盾综合治理机制，促进基层治理体系和治理能力现代化，对建设更高水平的平安中国提出了新的要求。《实施意见》也为调解在源头化解矛盾纠纷中发挥作用提供了新的思路及机制创新，将有助于商事调解制度的进一步完善。

（五）最高院办公厅、中国证券监督管理委员会办公厅《关于建立"总对总"证券期货纠纷在线诉调对接机制的通知》

2021年8月20日，最高院办公厅与中国证监会办公厅联合印发《关于建立"总对总"证券期货纠纷在线诉调对接机制的通知》（法办〔2021〕313号）（以下简称《总对总通知》），该通知旨在实现最高院"人民法院调解平台"（以下简称调解平台）[①] 与中国证监会"中国投资者网证券期货纠纷在线解决平台"（以下简称投资者平台）[②]"总对总"在线诉调对接，以向证券期货纠纷当事人提供多元调解、司法确认、登记立案等一站式、全流程在线解纷服务。[③]

《总对总通知》的发布，是最高院和中国证监会两部门继2016年5月和2018年11月两次联合发布《关于在全国部分地区开展证券期货纠纷多元化解机制试点工作的通知》（法〔2016〕149号）[④] 和《关于全面推进证券期货纠纷多元化解机制建设的意见》（法〔2018〕305号）[⑤] 之后，进一步落实和全面推进证券期货纠纷多元化解工作的具体举措。

《总对总通知》坚持把非诉讼纠纷解决机制挺在前面，要求充分发挥调解在化解证券期货领域矛盾纠纷中的重要作用，[⑥] 明确了"总对总"调解机制的参与主体和分工职责：最高院立案庭负责在线诉调对接工作的统筹推进；最高院民事审判第二庭负责在线诉调对接工作具体业务流程指导；中国证监会投资者保护局负责统

---

① 参见人民法院调解平台网站，http://tiaojie.court.gov.cn/，访问时间：2022年1月30日。

② 参见人民法院调解平台网站，https://www.investor.org.cn/，访问时间：2022年1月30日。

③《最高人民法院与中国证监会建立"总对总"在线诉调对接机制　全面推进证券期货纠纷多元化解工作》，载中国证券监督管理委员会网站，http://www.csrc.gov.cn/csrc/c100211/c1518776/content.shtml，访问时间：2022年1月30日。

④《关于在全国部分地区开展证券期货纠纷多元化解机制试点工作的通知》，载最高人民法院网站，http://www.court.gov.cn/fabu-xiangqing-37382.html，访问时间：2022年1月30日。

⑤《关于全面推进证券期货纠纷多元化解机制建设的意见》，载最高人民法院公报网站，http://gongbao.court.gov.cn/Details/22d5e9bae064bc7fc3f23607ffc8a6.html，访问时间：2022年1月30日。

⑥《关于建立"总对总"证券期货纠纷在线诉调对接机制的通知》"三、工作目标"，载最高人民法院网站，http://www.court.gov.cn/fabu-xiangqing-318391.html，访问时间：2022年1月30日。

筹证券期货纠纷调解机制建设；中证中小投资者服务中心有限责任公司负责投资者平台的日常运行等工作。①

同时，《总对总通知》明确了证券期货纠纷在线诉调对接工作具体业务流程（见下图）：证券期货纠纷当事人可以选择向法院提出调解申请，法院将通过调解平台发出委派、委托调解组织的指令；通过“总对总”对接方式，调解组织及调解员将登录投资者平台接受委派、委托，开展调解工作，并将调解结果录入投资者平台，并由投资者平台将案件信息回传到调解平台并告知相关法院。当事人也可以直接通过投资者平台向相关调解组织提交调解申请。双方当事人可就达成的调解协议共同申请通过调解平台在线司法确认或者出具调解书。②

此外，《总对总通知》要求进一步强化在线音视频调解工作，③对建立联席会议制度、建立健全评估激励体系、建立多层次联合培训机制、积极引导当事人选择调解方式解决证券期货纠纷等提出了具体工作要求。④

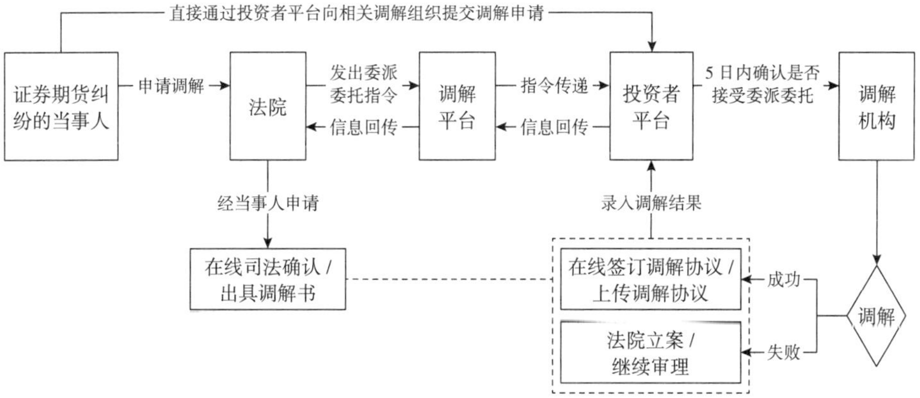

《总对总通知》的发布，将有效规范和引导投资者通过多元化纠纷解决机制解决

① 《关于建立“总对总”证券期货纠纷在线诉调对接机制的通知》“四、工作内容（二）职责分工”，载最高人民法院网站，http://www.court.gov.cn/fabu-xiangqing-318391.html，访问时间：2022年1月30日。

② 《关于建立“总对总”证券期货纠纷在线诉调对接机制的通知》“四、工作内容（五）在线诉调对接业务流程”，载最高人民法院网站，http://www.court.gov.cn/fabu-xiangqing-318391.html，访问时间：2022年1月30日。

③ 《最高人民法院与中国证监会建立“总对总”在线诉调对接机制 全面推进证券期货纠纷多元化解工作》，载中国证券监督管理委员会网站，http://www.csrc.gov.cn/csrc/c100211/c1518776/content.shtml，访问时间：2022年1月30日。

④ 《关于建立“总对总”证券期货纠纷在线诉调对接机制的通知》“五、工作要求”，载最高人民法院网站，http://www.court.gov.cn/fabu-xiangqing-318391.html，访问时间：2022年1月30日。

证券期货领域的相关纠纷，并将“总对总”在线诉调对接机制作为普通诉讼程序的前置环节。这种安排既可以极大程度地缓解法院审理案件以及行政部门处理纠纷的压力，更为广大投资者提供了一种更为灵活、便捷、高效、经济的纠纷解决机制，[①] 将有助于建设规范、透明、开放、有活力、有韧性的资本市场，维护投资者合法权益。[②]

（六）深圳市人大常委会公布《深圳经济特区矛盾纠纷多元化解条例（征求意见稿）》

2021 年 7 月 15 日，深圳市人大常委会公布《深圳经济特区矛盾纠纷多元化解条例（征求意见稿）》（以下简称《深圳条例》）。

《深圳条例》全文共八章八十八条，并设专章（第二章）对调解作出规定。条例将调解分为人民调解、商事调解和行政调解三类，并针对各类调解适用的依据、原则、调解员条件、调解员回避、调解期限、调解协议、调解终止、调解与仲裁诉讼的对接等事项作出规定。《深圳条例》在鼓励民商事仲裁及诉讼与调解相结合的同时，创造性地规定了民事案件仲裁诉讼相关费用杠杆机制，以此激励和引导当事人选择成本更低的调解方式化解纠纷。根据《深圳条例》的规定，当事人如无正当理由拒不参加调解或者在调解中恶意拖延等，仲裁机构、人民法院可以裁判一方当事人支出的仲裁或者诉讼相关费用由对方当事人承担。

商事调解方面，在国家尚无明确法律规定的情况下，《深圳条例》以地方性立法的方式率先作出如下规定：一是明确了商事调解适用范围；二是明确了司法行政部门为商事调解组织的主管部门，负责调解组织的设立登记及监管；三是明确了商事调解市场化收费制度、调解规则和调解员等信息公开制度，以及相关参与人员的保密义务；四是明确了商事调解行业组织的职责，推动行业自治，引导和促进商事调解的良性发展。[③]

可以预见，如未来《深圳条例》能通过立法并实施，将为深圳商事调解的发展提供有利的制度保障，促进及引导当事人合理通过调解解决商事纠纷，也将为全国商事调解工作的改进和完善提供可推广、可复制的有益经验。

---

① 《与你有关！证券期货纠纷多元化解决方案来了　最高法和证监会将联合服务！》，载金融界网站，http://futures.jrj.com.cn/2021/08/22092733292724.shtml，访问时间：2022 年 1 月 30 日。

② 《最高人民法院与中国证监会建立“总对总”在线诉调对接机制　全面推进证券期货纠纷多元化解工作》，载中国证券监督管理委员会网站，http://www.csrc.gov.cn/csrc/c100211/c1518776/content.shtml，访问时间：2022 年 1 月 30 日。

③ 《关于〈深圳经济特区矛盾纠纷多元化解条例（征求意见稿）的说明〉》，载深圳市人大常委会网站，http://www.szrd.gov.cn/rdyw/fgcayjzj/content/post_713242.html，访问时间：2022 年 1 月 30 日。

三、商事调解行业整体发展情况

（一）最高院发布《中国法院的多元化纠纷解决机制改革报告（2015—2020）》

2021年2月20日，最高院举行人民法院调解平台应用成效暨《中国法院的多元化纠纷解决机制改革报告（2015—2020）》发布会，并发布前述报告。最高院本次发布的报告主要就2015—2020年我国开展的多元化纠纷解决机制做总体成果介绍，回顾过去，展望未来，凸显我国法院在多元解纷方面取得的巨大成就。报告显示，中央全面深化改革领导小组于2015年10月13日第十七次会议审议通过《关于完善矛盾纠纷多元化解机制的意见》以来，国家在大政方针上坚持人民调解、行政调解、司法调解联动，鼓励通过先行调解等方式解决问题，着力于完善多元化纠纷解决机制，强化多平台联动、一站式纠纷解决。我国目前已将多元化纠纷解决机制改革上升至国家治理层面。①

此后，最高院陆续发布一系列与调解相关规定，从法规制度层面落实中央提出的多元解纷机制，并将新兴制度与现有制度合理对接，使整体争议解决制度顺畅运行。这些规定包括：《关于人民法院特邀调解的规定》《关于设立国际商事法庭若干问题的规定》②《关于建设一站式多元解纷机制一站式诉讼服务中心的意见》③等。

2018年2月28日，人民法院调解平台正式上线运行，标志着多元解纷在具体执行上更进一步。至2020年底，全国法院一站式多元解纷机制基本健全，一站式诉讼服务中心全面建成。④在此期间，各地由党委牵头建立综合性矛盾纠纷调处中心、非诉讼纠纷解决中心、行政争议多元调处中心等，各级法院积极主动配合，纷纷入驻本地区党委建立的调解中心。由于互联网技术日益成熟，通过技术推动，各调解中心积极开展调解指导、司法确认、诉非分流、重大案件联动化解等工作，最终实现多元化纠纷解决"一网通办"。三年来，调解组织、调解员数量和诉前调解案件量等均实现了逐年和大幅上升。具体态势详见下图。⑤

---

① 《中国法院的多元化纠纷解决机制改革报告（2015—2020）》，第5页。

② 《中国法院的多元化纠纷解决机制改革报告（2015—2020）》，第4页。

③ 《中国法院的多元化纠纷解决机制改革报告（2015—2020）》，第11页。

④ 《最高人民法院关于建设一站式多元解纷机制一站式诉讼服务中心的意见》，第1条第6款。

⑤ 中国法院网，https://www.chinacourt.org/chat/chat/2021/02/id/52754.shtml，访问时间：2022年1月30日。

近年来调解组织及调解员数量的变化趋势

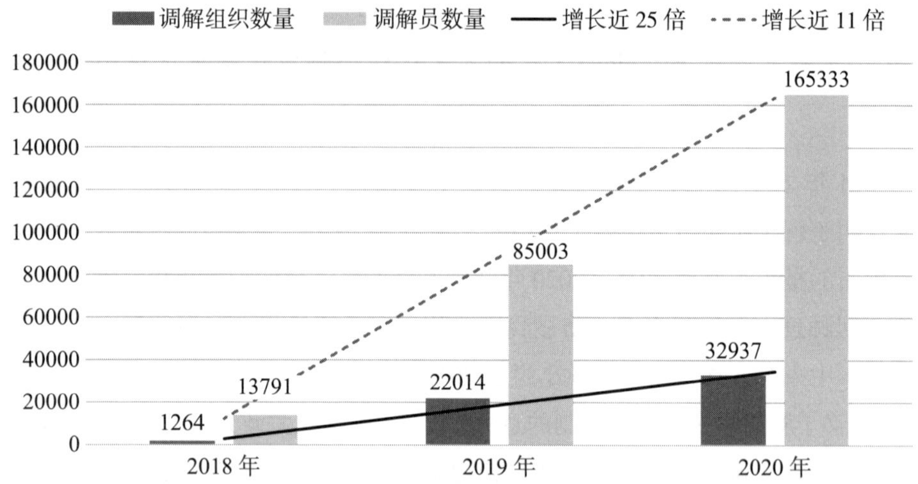

近年来适用诉前调解机制的趋势

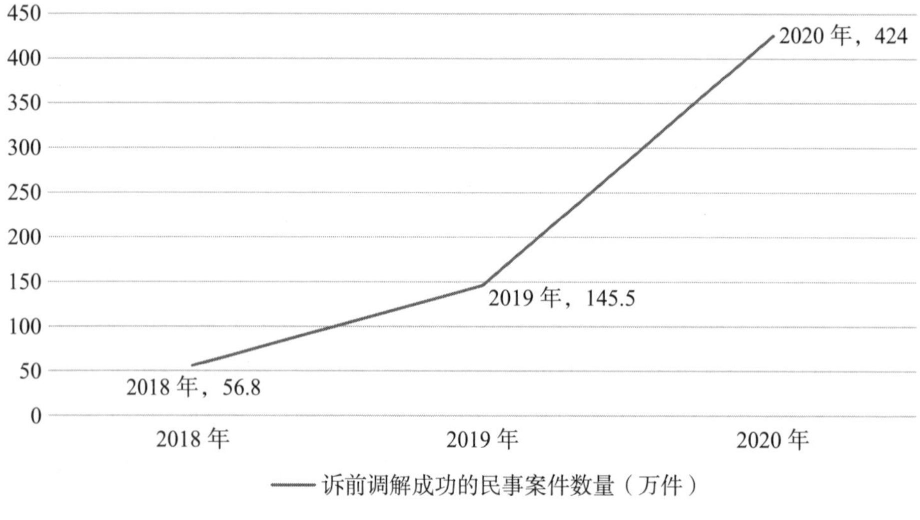

为实现上述机制有效运行，人民法院还建立了多方联动、诉调衔接的调解平台，运行至今，逐步展现出三个显著特色：一是加快平台对接，建立在线多元解纷“大超市”。全国总工会、中国侨联、国家发改委、中国银保监会、国家知识产权局等调解组织和调解员纷纷入驻平台，覆盖领域包含证券期货、金融、银行保险、劳动争议、涉侨、价格争议、知识产权等，专业程度较高的纠纷均已被纳入平台，并初步形成各领域的案例库。二是优化平台功能，形成一站式纠纷解决“供给链”。目前我国创设的多个纠纷解决平台之间能相互链接，打通关卡与信息壁垒，实现通过一个入口服务当事人和调解员，实现了一站式在线咨询评估、音视频调

解、司法确认、网上立案、一键归档等，让调解真正“掌上办”。三是强化平台管理，打造诉前调解智能监管“枢纽站”。例如，在明确30日调解时限情况下，各级法院通过导入诉前调解案件编号实现统一管理，规定时限内调解不成，且当事人不同意继续的，直接转入立案系统，坚决防止“伪造调解”“久调不立”等问题。①

考虑到法院内部运行多元调解机制程序复杂，且涵盖众多具体细化规则，为方便读者理解，笔者在本文中将通过以下图表予以形象化介绍。法院办案平台与调解平台之间、各多元纠纷解决平台之间的具体衔接亦可参见下图。②

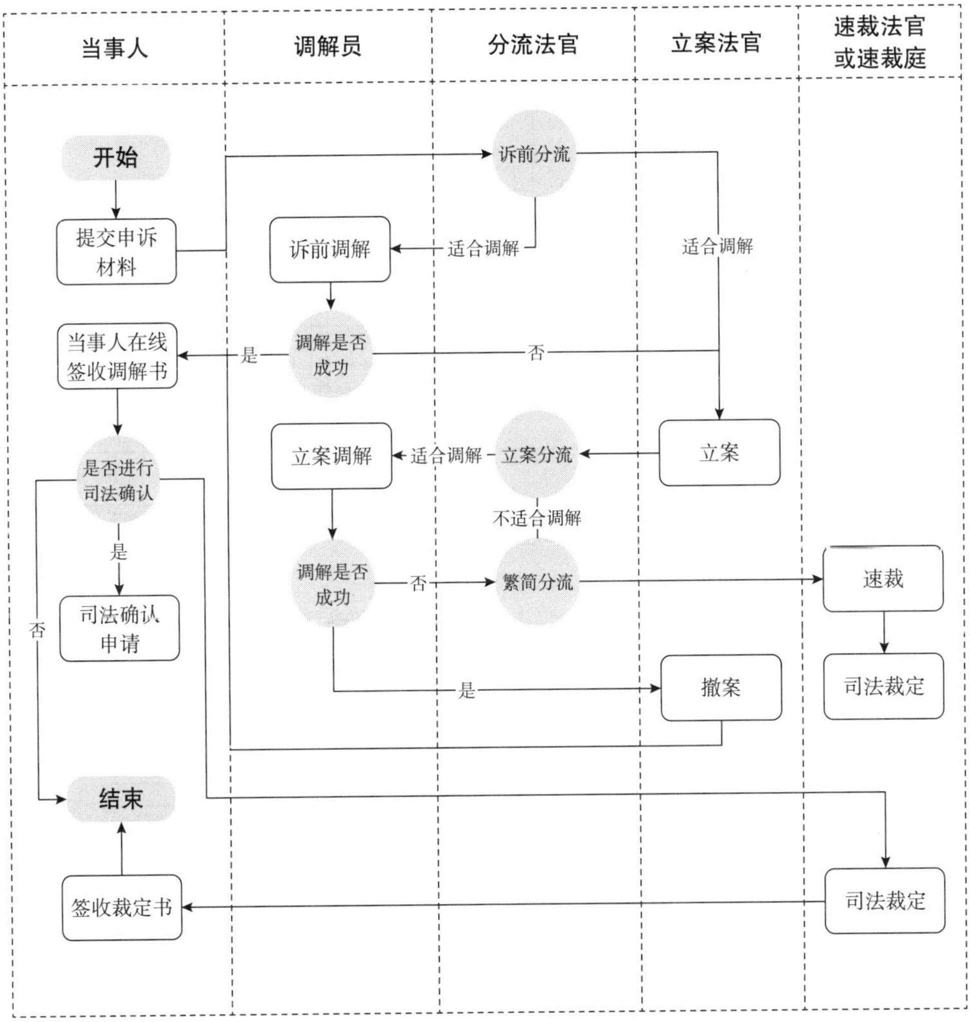

① 中国法院网，https://www.chinacourt.org/chat/chat/2021/02/id/52754.shtml，访问时间：2022年1月30日。

②《中国法院的多元化纠纷解决机制改革报告（2015—2020）》，第19页。

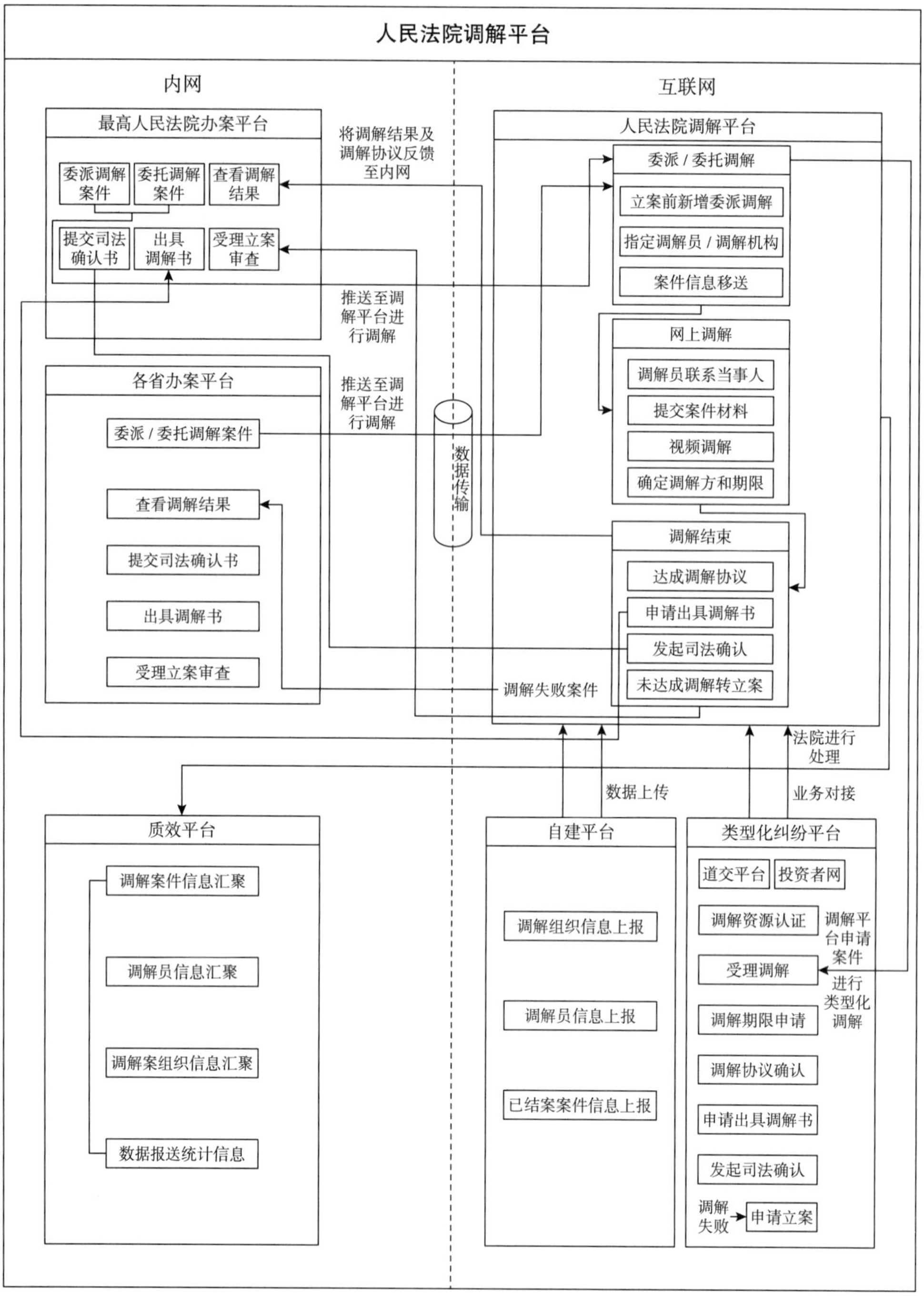

最高院的上述报告显示，过去几年间我国司法实践采取多维手段，对调解这一有效争议解决手段予以着重和大力发展，且成效显著。但如前文所述，由于我国缺乏单独的商事调解机制，目前法院系统大力发展和有效实现的调解成果大部

分位于民事案件领域，仅包含部分商事调解成果。商事调解作为专门体系仍有待进一步发展。但上述多种机制作为一种有益尝试，可以预见也能为未来的商事调解提供参考，并有所助益。

（二）最高院印发《关于进一步健全完善民事诉讼程序繁简分流改革试点法院特邀调解名册制度的通知》

2021 年 6 月 16 日，最高院印发《关于进一步健全完善民事诉讼程序繁简分流改革试点法院特邀调解名册制度的通知》（以下简称《特邀调解名册通知》），旨在完善试点法院特邀调解名册制度，深入推进民事诉讼程序繁简分流改革试点工作，健全完善特邀调解制度，有效发挥司法确认程序对推动矛盾纠纷源头化解的保障作用。

最高院司改办负责人曾在就《特邀调解名册通知》答记者问时表示，《特邀调解名册通知》中提出的完善特邀调解名册制度的举措，总结推广了各地试点已取得的有益经验，就继续深化试点探索加强了政策指引，对下一步修改完善民事诉讼法具有一定参考意义和借鉴价值。①

《特邀调解名册通知》开篇第 1 条强调了健全完善特邀调解名册制度的重要意义，第 2 条至第 11 条则从四个方面提出了健全完善特邀调解名册制度的举措，② 旨在解决试点过程中反映出的入册条件不明、日常运行管理不规范、管理规则亟待优化等问题。具体而言，《特邀调解名册通知》有四方面特色：

一是改进建册模式，实行“分建分管”“统建共享”。“分建分管”是在《特邀调解名册通知》中提出，试点法院要针对调解组织、调解员的不同特点，区分特邀调解组织名册和特邀调解员名册，分别管理、统筹使用。而“统建共享”则指试点法院要结合市域社会治理现代化 ③ 工作进程，推动上级法院统一建立、管理辖区特邀调解名册，以供各试点法院共同使用和维护。

---

① 《最高人民法院司改办负责人就〈关于进一步健全完善民事诉讼程序繁简分流改革试点法院特邀调解名册制度的通知〉答记者问》，载中国法院网，https://www.chinacourt.org/article/detail/2021/07/id/6143751.shtml，访问时间：2022 年 1 月 30 日。

② 《最高人民法院司改办负责人就〈关于进一步健全完善民事诉讼程序繁简分流改革试点法院特邀调解名册制度的通知〉答记者问》，载中国法院网，https://www.chinacourt.org/article/detail/2021/07/id/6143751.shtml，访问时间：2022 年 1 月 30 日。

③ 市域社会治理的治理单位主要以设区的城市为载体。参见姜方炳：《理解“市域社会治理现代化”的三个着力点》，载《杭州》2019 年第 19 期。

二是区分调解组织和调解员的入册标准。《特邀调解名册通知》针对特邀调解组织，从成立依据、监管机构、设立程序、组织经费、禁止性条件等方面，提出了 8 条入册标准。此外，试点法院可以根据特定专业领域的纠纷特点，规定专业调解组织的加入条件。针对特邀调解员，《特邀调解名册通知》特别从政治素质、道德水平、文化专业、身体条件、禁止性条件等方面，提出了 6 条入册标准。

三是加强名册规范化管理，完善运行和违规处理机制。根据《特邀调解名册通知》，试点法院一方面要会同相关主管机构对名册实行“双重管理”，健全完善业务指导、业务培训、数据统计、绩效评估、信息公示、补贴发放等工作机制；另一方面也要探索细化特邀调解组织、特邀调解员违规行为具体情形，健全违规行为的发现、调查、申辩、决定等工作程序。

四是优化司法确认案件管辖规则，降低当事人的解纷成本。《特邀调解名册通知》第 9 条提出在试点地区，当事人如申请司法确认调解协议，除按照协议管辖外，还可以按照《民事诉讼法》的其他地域管辖规定，向与争议有实际联系的地点的人民法院提出司法确认申请，例如可向调解组织所在地、调解协议签订地、调解协议履行地、标的物所在地或者纠纷发生地等地点的试点法院提出申请。

（三）最高院“一站式”国际商事纠纷多元化解决平台上线启动试运行[①]

2021 年 7 月 21 日，最高院“一站式”国际商事纠纷多元化解决平台在国际商事法庭网站上线启动试运行。最高院副院长陶凯元在启动仪式上的讲话中指出，“诉讼与调解、仲裁有机衔接的‘一站式’国际商事纠纷多元化解决平台是最高院国际商事纠纷解决机制的一大亮点和特色，充分体现了协商、多元、互利、共赢的时代精神”[②]。

该平台充分运用“智慧法院”成果，依托最高院诉讼服务网、中国移动微法院、人民法院调解平台、最高院办案系统等，实现系统数据传输对接、机构网站相互链接，并为中外当事人提供立案、调解、证据交换、开庭等纠纷解决全流程线上办理，为互联网时代当事人在线纠纷解决提供“一站式”服务（见下图）。

---

① 《最高人民法院“一站式”国际商事纠纷多元化解决平台今天上线启动》，载最高人民法院国际商事法庭网站，http://cicc.court.gov.cn/html/1/218/149/192/2084.html，访问时间：2022 年 1 月 30 日。

② 《加强信息化建设和理论研究，推动涉外商事海事审判工作高质量发展》，载《人民法院报》2021 年 7 月 22 日。

"一站式"国际商事纠纷多元化解决平台

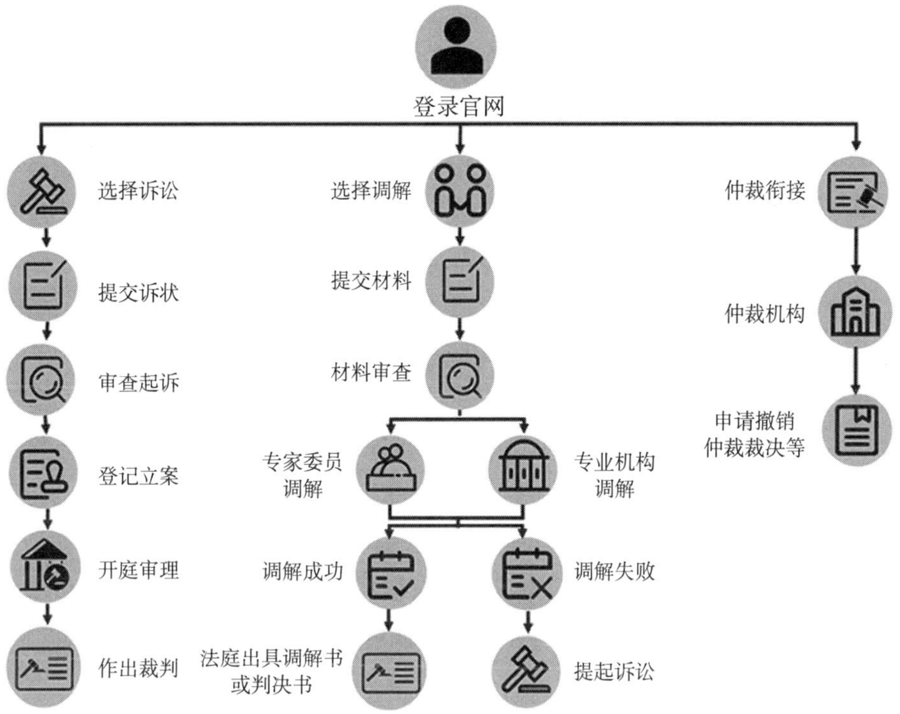

"一站式"国际商事纠纷多元化解决平台同时为当事人提供电脑PC端国际商事法庭网站、手机端"中国移动微法院"微信小程序两种登录渠道，方便中外当事人根据所处环境和自身条件选择不同的线上方式进行诉讼、参与调解，提高调解工作可行性。该平台提供中英文服务界面，方便外国当事人了解并使用平台各项功能；平台同时融合最高院域外法查明统一平台的功能，方便当事人查明域外法。

国际商事法庭在其官方报道中指出，"一站式"国际商事纠纷多元化解决平台的建成，"实现了国际商事法庭诉讼机制与调解、仲裁机制的在线对接和信息共享，将形成协同效应，有力推动国际商事纠纷多元化解决机制的落地见效"。

（四）全国首个商事调解专门协会在深圳揭牌成立

2021年5月21日，全国首个商事调解专门协会——深圳市商事调解协会（Shenzhen Commercial Mediation Association）正式揭牌成立。

该会由深圳市蓝海法律查明和商事调解中心作为主发起人，并联合中国国际贸易促进委员会深圳调解中心、深圳市前海一带一路法律服务联合会、深圳市律师协会、深圳上市公司协会等九家单位共同发起。截至 2022 年 1 月，深圳市商事调解协会共有 58 名会员，其中包括中国国际贸易促进委员会深圳调解中心、前海国际商事调解中心等在内的 26 家单位会员，以及执业律师、大学教授和前法官等不同职业的 32 名个人会员。

深圳市商事调解协会是全国首个有关商事调解的专门协会，经深圳市民政局批准登记为社团法人，由深圳市司法局作为业务主管单位、深圳市中级人民法院（以下简称深圳中院）作为业务指导单位。

商事调解协会的出现在一定程度上填补了商事调解行业长期缺失的“组织者”角色，从供需两端入手，一方面建设更为专业调解人才队伍，推进诉调对接和仲裁调解对接机制的完善；另一方面扩大商事调解的影响力，让更多企业与个人走近调解、了解调解，推动多元纠纷解决机制的发展。

具体而言，深圳市商事调解协会的职能主要包括推动建立商事调解的行业规则；推动建立完善商事调解员管理制度；探索商事调解市场化运作机制，拓展、规范商事调解法律服务市场；推动完善诉调对接和仲裁调解对接机制，提供人才储备、调解员推荐等协助服务；宣传推广商事调解服务，促进域内外商事调解机构、商事调解员的交流合作等。①

（五）深圳前海合作区人民法院联合六家专业机构成立多元化纠纷解决中心分中心

2021 年 8 月，经深圳中院指导，深圳前海合作区人民法院（以下简称深圳前海法院）与深圳市贸促委调解中心等六大专业机构合作，成立多元化纠纷解决中心②六大分中心。该六大分中心由深圳前海法院分别指派法官挂点指导，并由法院根据调解案件的类型将案件委派至不同的分中心开展调解工作。调解成功后，当事人即可在前海法院申请司法确认，并且，各分中心自行调解的案件，亦可在前海法院申请司法确认。此外，深圳前海法院在册的 164 名特邀调解员将根据个人意愿划分到

① 参见《深圳市商事调解协会章程》第 6 条。

② 深圳前海合作区人民法院多元化纠纷解决中心是法院主导的，仲裁、公证、行业协会、专业调解组织等共同建设的，专业化、国际化的纠纷化解平台。主要职能是引导当事人自愿选择适当的非诉讼纠纷解决方式；开展委派调解、委托调解；负责特邀调解组织、特邀调解员名册管理；负责建立法院与非诉讼纠纷解决组织的衔接机制，建立诉调联动工作体系；办理调解协议的司法确认、督查程序等。参见深圳前海合作区人民法院网站，https://www.szqhcourt.gov.cn/ssfw/ssfwDetail.aspx?cls=7&id=283，访问时间：2022 年 1 月 30 日。

六个分中心，实现特邀调解员的分类管理。

该六大分中心如下表所示：

分中心名称	承办单位
国际贸易案件多元化纠纷解决分中心	深圳市贸促委调解中心
大湾区案件多元化纠纷解决分中心	深圳市蓝海法律查明和商事调解中心
国际投资案件多元化纠纷解决分中心	深圳市前海国际商事调解中心
民营小微企业案件多元化纠纷解决分中心	深圳市小微企业发展促进会
新兴金融案件多元化纠纷解决分中心	深圳市商业保理协会
自贸区案件多元化纠纷解决分中心	深圳市前海公证处

深圳前海法院上述举措实现了对调解案件的分类精细化管理，将有助于推进各领域案件调解向专业化、精细化发展。

四、典型案例

【案例1】卢森堡某公司与中国某公民商标纠纷案[①]

【基本案情】

2021年12月，卢森堡某公司向杭州市贸促会中国（杭州）知识产权·国际商事调解云平台申请调解。该公司发现杭州某市场内的一家个体商铺正在贩卖侵犯其注册商标的产品，遂委托公证人员对相关侵权行为进行证据保全。同时，该卢森堡公司向商铺所有人齐某发函警告，要求其立即停止侵权，并赔偿侵权损失6万元人民币。齐某认为其侵权情节轻微，不同意上述赔偿要求，双方争议陷入僵局。

【调解过程】

调解员首先确认卢森堡某公司代理人的授权委托合法有效，具备代为和解、调解的权限。后调解员经仔细比对，发现齐某店内在售产品的商标与卢森堡某公司的注册商标，在商品的类别与外观上确实实质性相同，而卢森堡某公司能够提供合法有效的商标注册证，证明其系该商标的所有人。据此，调解员初步判断本案存在商标侵权之事实。考虑到齐某侵权的主观恶意程度，以及侵权行为的具体

① 《国际商事调解丨案例精选（五十八）：卢森堡某公司与中国某公民知识产权纠纷案》，载中国国际贸易促进委员会浙江省委员会网站，http://www.ccpitzj.gov.cn/art/2022/4/2/art_1229574285_31331.html，访问时间：2022年6月1日。

表现形式等因素，调解员组织双方就调解方案和赔偿金额反复磋商，最终双方达成1.5万元人民币的和解协议。

【纠纷观察】

商事调解作为替代性争议解决方法的一种，以其便利性、高效性、经济性和低对抗性见长，而这些优点在本起跨境商标侵权纠纷中得以显现。商标侵权大多通过诉讼解决，无论是实体还是程序，均有相当专业性和复杂性。而跨境商标争议相关工作则更为繁复。法院对授权委托及证据形式的审查要求较高、权利人对境内法律及营商环境不熟悉，均将导致取证和举证方面的困难，可能产生高昂费用。诉讼程序也可能久拖不决，时间成本不菲。

对照而言，本案卢森堡某公司的维权之路恰恰避免了上述问题，实现了争议的低风险解决，商业调解的优势尽显。本案中，调解员在了解基本案情与双方诉求的基础上，取得当事人信任。在对侵权情节和损失情况作出初步判断后，也能耐心斡旋，寻找能兼顾双方利益与需求的平衡点，最终促成双方共同认可、共同遵守的解决方案。这样不仅无须诉诸司法资源，避免诉讼等对抗性程序所产生的不确定性，而且大幅降低了可能产生的费用和时间成本，高效、经济地一次性解决争议，体现了调解作为替代性争议解决方法的优势。

【案例2】最高院发布指导案例：防范“假和解、真逃债”[①]

【基本案情】

本案为最高院2021年11月发布的第166号指导案例，基本案情如下：

2016年3月，北京隆昌伟业贸易有限公司（以下简称隆昌贸易）因与北京城建重工有限公司（以下简称城建重工）买卖合同纠纷向北京市丰台区人民法院（以下简称北京丰台法院）提起民事诉讼。北京丰台法院一审判决城建重工给付隆昌贸易货款528万余元及相应利息。一审判决作出后，城建重工提起上诉。在上诉期间，城建重工与隆昌贸易于2016年10月达成和解协议。该协议约定，城建重工于和解协议达成后向隆昌贸易支付人民币300万元，剩余的本金、利息及诉讼费于2016年12月31日前支付完毕。相应地，隆昌贸易应申请解除对城建重工名下财产的保全措施。如城建重工未按照协议约定的时间支付隆昌贸易款项，应向隆昌贸易支付违约金80万元。

双方达成协议后，城建重工申请撤回上诉，并按约定给付隆昌贸易首期款项

① （2017）京02民终8676号。

300 万元，隆昌贸易依约申请解除了对城建重工账户的冻结。然而，城建重工未按照协议书的约定支付剩余款项。后隆昌贸易向法院申请执行一审判决所确定的债权，并向本案一审法院起诉城建重工支付违约金 80 万元。诉讼过程中，城建重工提出和解协议约定违约金过高，要求法院予以调整。北京丰台法院一审判决城建重工应向隆昌贸易支付违约金 80 万元。城建重工不服，向北京市第二中级人民法院（以下简称北京二中院）提起上诉。最终，北京二中院终审判决城建重工败诉，应向隆昌贸易支付 80 万元违约金。

【争议焦点】

和解协议约定的违约金数额过高的情况下，当事人能否主张减少违约金数额？

【裁判观点】

北京二中院认为，城建重工违反和解协议的约定未能如期向隆昌贸易支付剩余的款项给隆昌贸易造成的损失主要是，未支付之剩余款项产生的财务成本，确实不足 80 万元，但和解协议项下约定的 80 万元违约金除填补损失外亦具有惩罚作用。本案下城建重工作为商事主体，自愿和隆昌贸易达成和解协议并承诺支付额外违约金，但隆昌贸易依约解除账户冻结后，城建重工却拒绝依约履行后续给付义务，具有一定主观恶意，有悖诚实信用，有损诉讼秩序正常进行，因此二审法院支持判令城建重工依和解协议约定支付 80 万元违约金。

【纠纷观察】

我国违约金规则长期以来遵循两分法：一方面以弥补损失为基本原则，另一方面同时兼顾惩罚性，作为例外原则。《民法典》规定，当约定的违约金过分高于实际损失时，法院和仲裁庭可以降低违约金数额。因此，实践中，裁判者依违约方主张将违约金调低的案件也并不罕见。

然而，本案中，即使认定双方在和解协议中约定的违约金确实远高于守约方所遭受损失的情况下，法院依然坚持判令违约方支付约定违约金，其主要裁判理由在于违约方在本案下存有主观恶意。通常而言，和解协议是当事人为实现解决纠纷目的而达成的妥协，高额违约金是确保当事双方履行和解安排的重要保障。本案中，城建重工的行为主观恶意明显，严重违反诚实信用原则，如法院对该和解协议中违约金进行调减将有可能助长“假和解、真逃债”的非诚信做法，不利于建设社会诚信，更将普遍打击当事人和解积极性。

但值得注意的是，损失填平依然是我国违约金赔偿的基本原则，其要求在绝大多数情况下，守约方可通过违约金填平损失但不能通过违约金获利。本案应当属于违约金原则的惩罚性例外案件，其特殊之处在于违约方主观恶意，且给诚信当事人造成不利后果：隆昌贸易本可以通过其依法取得的财产保全保障自身债权的实现，但其严守和解协议并依约解封了城建重工的冻结账户，减损了自身的执行便利；然而城建重工在账户被解除冻结后再次违反协议，不履行支付欠款的义务，主观恶意十分明显，有别于绝大多数案件。

本案以维护诚实信用原则为出发点，支持了高于守约方损失的违约金，合法合理。但作为例外案件，本案裁判结果宜因地制宜并考虑具体案情，不宜普遍适用于司法实践。

【案例3】调解前置约定是否妨碍仲裁协议效力①

【基本案情】

2019年6月24日，转让方（甲方）阎某博、受让方（乙方）陈某签订《合伙企业财产份额转让协议书》（以下简称《转让协议》），其中第6条约定："因履行本协议所发生的争议，甲乙双方应友好协商解决，如协商不成，应向北京仲裁委员会申请仲裁。"阎某博据此仲裁条款，以陈某为被申请人，向北仲提交仲裁申请，北仲于2020年9月25日受理了该合同项下的争议案。

2021年2月5日，北仲作出（2021）京仲裁字第0416号裁决。随后，陈某向北京四中院请求撤销上述裁决书。陈某认为，《转让协议》第6条约定，"因履行本协议所发生的争议，甲乙双方应友好协商解决，如协商不成，应向北京仲裁委员会申请仲裁"。根据阎某博向仲裁庭提交的微信聊天截屏，双方一直就转让款支付时间进行协商，阎某博没有任何证据证明协商已终止或协商失败，故在没有证据证明协商不成的前提下，北仲不应受理本案，或尚不具备受理本案的前提条件，而北仲无视陈某的抗辩主张，仅开庭一次即裁决陈某败诉，应向阎某博支付数十万元并承担全部受理费用，属于程序违法，仲裁裁决应予撤销。

【争议焦点】

在约定"多层次争议解决条款"的情形下，未履行前置程序对仲裁裁决有效性的影响。

【裁判观点】

北京四中院于2021年3月10日作出裁定，认为本案涉及国内仲裁案件，应

① （2021）京04民特186号。

依据《仲裁法》第 58 条[①]的规定，对本案是否违反法定程序进行审查。依据《最高人民法院关于适用〈中华人民共和国仲裁法〉若干问题的解释》（以下简称《仲裁法解释》）第 20 条[②]的规定，《仲裁法》第 58 条规定的“违反法定程序”，是指违反《仲裁法》规定的仲裁程序和当事人选择的仲裁规则可能影响案件正确裁决的情形。

本案中，当事人双方约定“因履行本协议所发生的争议，甲乙双方应友好协商解决，如协商不成，应向北京仲裁委员会申请仲裁”。陈某主张“协商”是仲裁解决争议纠纷的必要前提，如无证据证明协商已终止或协商失败，则北仲无权对争议仲裁。而北京四中院认为，当事人虽在仲裁协议中约定发生纠纷应“协商解决”，但其未明确约定协商的期限，约定的内容较为原则，在当事人对这一条款应如何履行和界定产生理解上的争议的情况下，需结合当事人订立仲裁协议的目的判断仲裁协议的真实意思。当事人约定的“协商解决”和“协商不成”两条件中，前项为程序上要有“协商”形式，而后项应理解为须有“协商不成”的结果。阎某博申请仲裁的行为应视为已出现了协商不成的结果。因此，在前项条件难以界定履行标准，而后项条件已成立的情况下，仲裁庭有权依据该仲裁协议受理案件。综上，陈某提出北仲无权仲裁，其受理该案违反法定程序的理由不能成立，北京四中院不予支持。

【纠纷观察】

实践中，当事人往往会在合同中约定“多层次争议解决条款”，将不同的争议解决方式按步骤有机衔接在一起。例如在本案中，当事人约定以协商作为仲裁的前置程序。这种安排在实践中往往面临以下问题：如已约定“多层次争议解决条款”，未履行原则性前置程序即启动仲裁程序，是否会对仲裁裁决造成应予撤销或不予执行的风险。

本案中北京四中院的裁判观点事实上充分体现了最高院 2008 年发布的《关于

---

① 《仲裁法》第 58 条：当事人提出证据证明裁决有下列情形之一的，可以向仲裁委员会所在地的中级人民法院申请撤销裁决：（一）没有仲裁协议的；（二）裁决的事项不属于仲裁协议的范围或者仲裁委员会无权仲裁的；（三）仲裁庭的组成或者仲裁的程序违反法定程序的；（四）裁决所根据的证据是伪造的；（五）对方当事人隐瞒了足以影响公正裁决的证据的；（六）仲裁员在仲裁该案时有索贿受贿，徇私舞弊，枉法裁决行为的。人民法院经组成合议庭审查核实裁决有前款规定情形之一的，应当裁定撤销。人民法院认定该裁决违背社会公共利益的，应当裁定撤销。

② 《仲裁法解释》第 20 条：仲裁法第 58 条规定的“违反法定程序”，是指违反仲裁法规定的仲裁程序和当事人选择的仲裁规则可能影响案件正确裁决的情形。

润和发展有限公司申请不予执行仲裁裁决一案的审查报告的复函》[①]（以下简称润和案）中的裁判标准。润和案同样也是未履行前置程序而直接仲裁的案件。在该案中，湖南省高级人民法院（以下简称湖南高院）和长沙市中级人民法院（以下简称长沙中院）均持前置程序必须履行的观点。针对未履行协商程序事宜，长沙中院认为："仲裁委受理的仲裁申请不属于仲裁条款约定的范围"；湖南高院则认为："争议的处理还未到提起仲裁的时间。本案仲裁机构不应受理"。然而，最高院在复函中提出了不同的观点，认为对仲裁前置程序的处理应具体问题具体分析。由于难以界定"友好协商"的履行标准，不应将"友好协商"作为启动仲裁程序的前提条件；最高院同时认为，一方提起仲裁本身即为"协商不成"的表现，已满足协商不成的前提条件。

在本案情形下，无论是最高院还是北京四中院的认定均有合理性。实践中，如双方当事人对于前置程序的约定过于宽泛，则仲裁庭和法院均难以认定这类前置协商程序是否已经被善意履行，特别在一方认为协商不成已提起仲裁的情况下，如仲裁机构不予受理，则也有强迫调解之嫌，违反和解的意思自治基本原则。此外，本案另一特殊之处是陈某在仲裁期间并未就仲裁庭管辖提出异议。如果双方当事人及仲裁庭在无人提出管辖异议情况下，倾注诸多精力并最终作出仲裁裁决后，一方才对未履行前置程序问题提出异议，此时，法院基于平衡意思自治和公共利益的考量，在审查仲裁庭管辖权时必然应更为审慎，不会随意推翻。但同样值得关注的是，如当事人之前对于前置协商程序的规定十分具体，具有可操作性和可判断性，则当事人未履行前置协商程序的约定将有可能导致仲裁机构受理案件的条件不成立。过往司法实践亦有相关案例指引。[②]因此，确如最高院在润和案中所言，此类问题需要具体情况具体分析，不能一概而论。上述情况也值得当事人在订立和履行"多层次争议解决条款"时仔细思量，谨慎行事。

从比较法角度看，英格兰与威尔士高等法院商事法庭（以下简称英国商事法

---

① 润和案仲裁条款为："凡因履行本协议所发生的争议，甲乙双方应友好协商解决，如协商不成，任何一方可将争议提交中国国际经济贸易仲裁委员会深圳分会申请仲裁。"仲裁案件被申请人以下述理由申请不予执行仲裁裁决："该条明确了双方解决发生争议的范围、程序和方式。即发生了的争议是经过了双方友好协商，且协商不成的争议；没有发生的、未经双方协商的争议不属于约定的仲裁范围，应经协商和协商不成是提交仲裁所必须的前置条件。仲裁机构也无权对未经协商的争议进行受理和仲裁。"

② 最高人民法院［2007］民四他字第 41 号复函。

庭）于2021年10月8日作出的*NWA & Anor v NVF & Ors*[①]一案判决，该判决书中对“调解前置约定”的分析，与北京四中院的观点殊途同归。

该案中，被申请人在提请仲裁的同时，请求仲裁院在指定仲裁员前暂停30天供双方进行调解。申请人则依据双方的争议解决条款，[②]认为被申请人的前述行为未履行“首先寻求通过调解解决争议”的约定，因此仲裁庭不享有管辖权。

由此，案件焦点集中在被申请人未履行“调解前置约定”的行为，属于仲裁请求的可受理问题，还是仲裁庭的实体管辖权问题。

英国商事法庭认为，对案涉条款的解释应当符合商业目的。首先，争议双方作为理性商人，设立争议解决条款的目的是通过仲裁解决争议，并且双方希望快速解决争议，因此特别设置了一个30天的短期调解窗口。其次，调解是一个达成合意的过程，如果一方拒绝调解，调解就无法启动，前置调解约定就无法履行。按照申请人的主张，如果不经过前置调解程序，仲裁庭对本案就没有管辖权，则意味着，尽管双方就通过仲裁解决争议已经达成了清晰的合意，但只要一方拒绝调解，仲裁庭将永远不会获得案涉争议的管辖权。申请人的主张将使得双方约定违背商业常识，亦有悖于理性商人的目的。最后，在大多数情况下，如果某一争议未能在仲裁前置程序中解决，争议并未发生改变，因此并不影响双方依据约定将争议提交仲裁。最终，英国商事法庭认定，违反前置调解约定不属于仲裁庭实体管辖权问题，而属于仲裁请求是否可受理的问题，当事人违反该约定的后果，应当由仲裁庭作出终局性的决定，不属于英国《仲裁法》第67条第3款[③]的审查范围。

通过对两国不同案件的对比，可以观察得出，首先，两国法院都通过目的解释的方法，认为对仲裁前置程序约定的解释应当符合当事人希望通过仲裁解决双

---

① ［2021］Bus LR 1788，［2021］EWHC 2666（Comm），［2021］WLR（D）521，http://www.bailii.org/ew/cases/EWHC/Comm/2021/2666.html，访问时间：2022年1月30日。

② 案涉协议第10.2条争议解决条款约定：（a）如果发生因本协议引起或与本协议有关的争议，包括任何关于其存在、有效性、终止、解释或效力的问题，争议各方应首先寻求根据伦敦国际仲裁院（以下简称LCIA）的调解程序通过调解解决争议，该程序被视为通过引述纳入本条款，但与该条款的明确规定相冲突的除外。任何调解应当在伦敦进行。（b）如争议在调解开始后的30天内或争议各方书面同意的更长期限内未能通过调解得到解决，则应当将该争议提交LCIA并根据不时修订的LCIA规则通过仲裁解决。该规则被视为通过引述纳入本条款，但与该条款的明确规定相冲突的除外。

③ 1996年英国《仲裁法》第67条第3款：对于根据本条对仲裁庭就其管辖权作出的裁决提出异议的申请，法院可以判决（a）确认裁决，（b）修改裁决，或者（c）全部或部分撤销裁决。

方争议之目的。其次，在结果上，两国法院都认为未履行前置调解约定不影响仲裁庭的管辖权。北京四中院认为，在双方仅原则性约定进行前置调解的情况下，一方申请仲裁的行为应视为已出现了协商不成的结果，进而仲裁庭有权受理案涉争议。而英国商事法庭则通过区分仲裁庭实体管辖权问题与仲裁请求可受理性问题，认定当事人违反“前置调解约定”属于后者，应当由仲裁庭决定。

因此，不难发现，法院看待“多层次争议解决条款”的角度往往从可操作性出发，并以“解决问题”为实践导向。无论是调解还是仲裁，均是为了辅助当事人达成解决争议的目的。调解作为以“意思自治”为主的争议解决手段，灵活性与自主性为其优点，调解的启动和全过程都要随时照顾到双方当事人的意愿，但因其缺乏外部强制力，如当事人无意愿推动，则很难落实。在此情况下，仲裁作为具有一定外部强制力的争议解决手段，将协助当事人最终解决争议。因此，为使争议得到迅速解决，平稳经济运行结构，司法监督机关不会轻易使得“调解”这一手段，成为双方最终解决争议的阻碍。但同样，在双方约定“多层次争议解决条款”的情况下，亦不能随意跳过“调解”而进入仲裁，因为这同样将使得“调解”这一有效争议解决手段落空，司法监督机关在特定情况下亦会对跳过“调解”安排的做法予以适当干预。

【案例 4】深圳中院引入第三方调解机构促成破产和解[①]

【基本案情】

深圳市大族能联新能源科技股份有限公司（以下简称大族能联公司）是一家从事分布式光伏电站投资、建设业务的中小企业。因国家新能源产业政策收紧，大族能联公司资金链断裂，无法清偿到期债务。[②]2020 年 9 月 28 日，经债权人申请，深圳中院裁定受理大族能联公司破产清算一案，并于 2020 年 12 月 10 日指定管理人。[③]

---

① （2020）粤 03 破 638 号。

② 《深圳中院引入专业调解机构促成破产和解》，载广东政法网，http://www.gdzf.org.cn/zwgd/202102/t2021 0222_1068351.htm，访问时间：2022 年 1 月 30 日。

③ 《广东省深圳市中级人民法院受理破产案件公告》，载全国企业破产重整案件信息网，http://pccz.court.gov.cn/pcajxxw/pcgg/ggxq?id=4CB13EDA9EC5D77113B739838151BC73，访问时间：2022 年 1 月 30 日。

经深圳中院审理查明，大族能联公司对外负债约 4300 万元，[①] 截至 2020 年 12 月 31 日的账面资产大于负债。[②] 同时，深圳中院关注到，大族能联公司是从事能源电子建设投资的高新科技企业，虽因行业问题导致流动资金紧缺陷入困境，但其管理架构完善，在政策利好的情况下，尚具有持续经营和偿债的能力。

考虑到大族能联公司的上述情况，深圳中院主动发挥破产“避免清算”“保留营业”的保护功能，尝试通过引入第三方调解机构促使大族能联公司通过破产和解解决其财务困境。

【调解过程】

在破产清算过程中，由于大族能联公司不了解破产程序，且对于管理人全面接管企业经营管理存在较强抵触心理，与管理人就企业经营、对外债权清收等问题产生分歧，严重地阻碍了破产和解进程。在此情形下，经征求大族能联公司和主要债权人的意见，深圳中院委托具有一定破产实践专业人员的第三方调解机构“蓝海法律查明和商事调解中心”[③] 参与调解。

第三方调解机构一方面向债务人解释管理人法定职责，争取债务人配合管理人工作；另一方面也积极参与债务人与各债权人的谈判，促成各方达成依法尽快推动和解程序的共识。[④] 最终，经过管理人、第三方调解机构与大族能联公司和债权人的多轮沟通，大族能联公司向深圳中院提交和解申请，[⑤] 并制订了“分期偿还债权本金全额，免除利息、违约金、诉讼费”的《和解协议草案》。[⑥]

2021 年 1 月 26 日，深圳中院根据大族能联公司的申请裁定大族能联公司由

---

① 《关于深圳市大族能联新能源科技股份有限公司破产清算案选任管理人公告》，载深圳市中级人民法院网站，https://www.szcourt.gov.cn/article/30203026，访问时间：2022 年 1 月 30 日。

② 《深圳市大族能联新能源科技股份有限公司和解协议草案》。

③ 深圳市蓝海法律查明和商事调解中心成立于 2014 年，是在深圳市民政局注册登记的民非组织，由深圳市司法局作为业务指导单位，是最高院港澳台和外国法律查明基地，广东省司法厅、广东省自贸办确定的推进自贸区建设的任务落实单位，中国（广东）自贸试验区深圳前海蛇口片区工作任务协助单位，参见深圳市蓝海法律查明和商事调解中心网站，http://www.bcisz.org/html/guanyuwomen/，访问时间：2022 年 1 月 30 日。

④ 《深圳中院引入第三方机构促成破产和解！》，载深圳市蓝海法律查明和商事调解中心网站，http://www.bcisz.org/html/nhsstj/1237.html，访问时间：2022 年 1 月 30 日。

⑤ 《发挥破产制度保护功能　助力中小企业渡过难关——深圳中院引入专业调解机构促成破产和解》，载《人民法院报》2021 年 2 月 21 日。

⑥ 《深圳市大族能联新能源科技股份有限公司和解协议草案》。

破产清算转入破产和解程序。[1] 1月29日，深圳中院召开第一次债权人会议对《和解协议草案》进行表决，36家出席会议的债权人中有35家同意通过《和解协议草案》，占出席会议有表决权普通债权人数的97.2%，其所代表的债权额占无财产担保债权总额的94.4%。债权人会议表决通过《和解协议草案》。2021年2月3日，深圳中院依法裁定认可《和解协议草案》并终止和解程序。[2]

【纠纷观察】

在法院受理破产申请后，如经审查认定企业不能清偿到期债务，并且资产不足以清偿全部债务或者明显缺乏清偿能力，同时企业没有安排破产和解或重整，或者破产和解或重整失败，企业将被宣告破产。企业破产，无疑是债权人和债务人均不希望看到的“双输”局面。而如果债权人和债务人能够在破产程序中达成和解，一方面，陷入债务危机的企业能够通过延期清偿、减免债务渡过难关；另一方面，企业再生后，债权人也将获得更高比例的清偿，这对双方均是更好的安排。

然而，尽管破产和解是与破产清算和破产重整并列的破产三大基本程序之一，在司法实践中，由于债务人普遍缺乏对于破产和解程序的了解，而债权人又普遍缺乏对于债务人商业价值、经营情况和管理能力的判断和信任，破产和解程序尚未在我国破产案件中得到广泛运用，其制度功能没有得到充分发挥。

本案是破产和解机制的突破案例。本案特殊之处在于，深圳中院关注到大族能联公司所从事行业的特殊性以及其尚具有商业运营价值、经营管理能力以及恢复和维持企业基本生产运营资产的特殊情况，在充分考虑和平衡债权人和债务人双方权益的情况下，积极引入兼具有破产实践经验和谈判磋商经验的专业调解机构作为第三方独立机构居中调解，有效解决了前述破产和解程序中可能存在的困难，实现“双赢”。

本案系全国首例引入专业调解机构促成破产和解的案件。[3] 深圳中院通过积极探索引入第三方专业调解机构参与破产和解的方式，成功助力中小企业化解债务危机，同时保护了30余家上下游产业链的正常生产经营，避免企业员工失业危机，

---

① 《广东省深圳市中级人民法院公告》（2020）粤03破638号，载全国企业破产重整案件信息网，http://pccz.court.gov.cn/pcajxxw/pcgg/ggxq?id=6384CABE6D196BA01F4FD973127579A8，访问时间：2022年1月30日。

② （2020）粤03破638号之二。

③ 《发挥破产制度保护功能　助力中小企业渡过难关——深圳中院引入专业调解机构促成破产和解》，载《人民法院报》2021年2月21日。

充分发挥了破产制度的保护功能，构建了新型破产和解机制，对各地法院司法实践具有重要的借鉴意义。

【案例5】北京市中级法院审结的全市首例涉外商事司法确认案件[①]

【基本案情】

原告宋某系外国人，借款给北京某科技有限公司人民币300万元，另有卢某、高某为北京某科技有限公司的该笔借款提供连带保证。由于北京某科技有限公司逾期未能归还借款，宋某遂以借款人北京某科技有限公司，保证人卢某、高某为被告起诉至北京四中院，要求北京某科技有限公司偿还借款及利息，保证人卢某、高某承担连带保证责任。

【调解过程】

北京四中院认为本案事实清楚，法律关系明确，属于简单案件，如通过诉前调解的方式解决，既能缩短争议解决的周期，也能节约当事人的诉讼成本。北京四中院在取得各方当事人同意后，委托北京多元调解发展促进会调解中心对本案进行调解。收到案件后，调解员首先与各方当事人沟通，对案情作了全面深入的了解。被告北京某科技有限公司对借款事实无异议，保证人卢某、高某也确认对该借款提供了保证担保，各方具有达成调解的初步意向。但是卢某、高某因新冠肺炎疫情无法前往调解中心参加现场调解。为高效解决纠纷，在征求各方当事人同意的基础上，调解员通过线上调解平台推进本案的调解工作。经过细致、耐心的调解，最终使各方当事人达成调解方案，并通过线上方式签署调解协议。此外，为充分发挥民事诉讼程序繁简分流改革试点的优势，调解员还协调各方当事人向北京四中院提交申请，以确认调解协议效力。

北京四中院受理确认调解协议效力申请后，立即依法组成合议庭，通过在线谈话询问的方式进行审理。经审查，北京四中院认定各方当事人达成的调解协议符合法律规定的条件，裁定予以司法确认。

【纠纷观察】

本案系最高院启动民事诉讼程序繁简分流改革试点以来，北京市中级人民法院审结的首例涉外商事司法确认案件。本案虽然不属于典型司法确认案件，但却以极

---

① 《全市首例！北京四中院深化民事诉讼繁简分流改革审结涉外商事司法确认案件》，载微信公众号“京法网事”，2020年8月4日。

低的诉讼成本，快速地解决了案涉争议，符合最高院下发的《民事诉讼程序繁简分流改革试点方案》《民事诉讼程序繁简分流改革试点实施办法》等规定的基本精神。最高院目前在20个城市中级、基层人民法院和部分专门法院开展民事诉讼制度改革试点工作，改革试点工作包括五方面内容，优化司法确认程序是重点之一。此次改革试点突破了以往司法确认仅能由基层法院管辖的规定，使得符合级别管辖或者专门管辖标准的司法确认案件，也可以由对应的中级人民法院或者专门人民法院管辖。

在本案的调解及司法确认过程中，北京四中院充分发挥各项改革优势，系统集成改革在多元解纷领域的应用实践。[①] 第一，人民法院发挥了民事诉讼程序繁简分流试点的制度优势。案件由中级法院受理后，首先优先考虑委派外部调解中心开展调解，如能调解成功，则可对调解协议进行司法确认，赋予其强制执行力，无须经过两审程序。繁简分流程序能缩减当事人的时间成本和实际花费，可提高当事人对替代性纠纷解决机制的积极性，奠定调解成功的基础。第二，人民法院发挥了“一站式”多元解纷机制的技术优势，通过整合调解、立案、审判等资源，实现争议解决各环节的有效对接。调解首先安排在人民法院主持的在线调解平台上进行，也使当事人更加信任调解工作，避免因疫情导致的各种参与不便，有效促进了解纷。第三，人民法院发挥了多元解纷机制的灵活优势，使得当事人在解决纠纷时，有了更多选择。由此可见，与一般诉讼程序相比，多元解纷机制具有灵活性高、对抗性小、时间快、成本低、成效高等优势。当事人考虑解决纠纷的时间、经济成本等因素时，多元解纷机制明显更有助于纠纷的化解。即使面对更为复杂的涉外商事纠纷等案件，多元解纷机制也存在适用的空间。

此外，本案也使人民法院进一步积累了ODR（Online Dispute Resolution），即在线争议解决机制的经验，为对接跨境商事争议解决新机制提供借鉴和参考，拓展创新了跨境争议调解的新模式。以上因素均使本案成为改革试点工作的最佳范例，具有很好的宣传示范和价值导向作用。

五、热点问题观察

（一）《新加坡公约》与中国法律体系的衔接问题

截至2022年1月16日，共有55个国家签署《新加坡公约》，其中9个国家

① 《北京发布多元调解“十大典型案例”近七成民事纠纷快速化解》，载微信公众号“蓝海现代法律”，2021年1月25日。

已将其纳入国内法。《新加坡公约》适用于“调解所产生的、当事人为解决商事争议而以书面形式订立的，具有国际性的和解协议”。[①] 公约将“调解”定义为“不论使用何种称谓或者进行过程以何为依据，指由一名或者几名第三人（‘调解员’）协助，在其无权对争议当事人强加解决办法的情况下，当事人设法友好解决其争议的过程”。[②] 简言之,《新加坡公约》下的“和解协议”是一种当事人在无人强迫其和解的情况下，通过第三人调解员居中协助所达成的和解协议。

上述定义下的“和解协议”对于中国法用户而言相对陌生。而如何使得《新加坡公约》与中国法律体系有效衔接也始终是近年来业内热点话题。历年来,《中国商事争议解决年度观察》对该问题也不乏论述。然而，随着时间推移，讨论虽然热烈，国内法衔接工作却进展缓慢。本文旨在结合目前中国法律体系发展现状，再论其缘由。尽管从国际商事纠纷的绝对数量来看，加入《新加坡公约》可以将大量的国际商事纠纷分流到调解程序中，从而减轻司法资源的压力，[③] 但就目前观察而言,《新加坡公约》近期在国内落地难度较大，一来公约条文本身内容留白过多，难以操作；二来我国现行调解法律体系缺失较大，衔接无方。因而，我们判断在短时间内，公约缺乏落地基础，需要等待我国商事调解系统充分发展后，才有重大进展可能。

1.《新加坡公约》的“言犹未尽”之处

如果说为了确保裁决在承认与执行过程中受到尽可能少的阻力,《承认及执行外国仲裁裁决公约》（以下简称《纽约公约》）极大限制了执行地司法机关的自由裁量权，那么《新加坡公约》显然对赋予执行地司法机关自由裁量权持有更为开放的态度。

程序审查要求:《新加坡公约》虽然要求成员国应按照本国程序规则执行和解协议，[④] 但与《纽约公约》明确要求相较于承认或执行内国仲裁裁决各缔约国不得对国际仲裁裁决执行附加过苛条件或征收过多费用不同,[⑤]《新加坡公约》中没有此类指引或约束性规定，而仅仅要求主管机关审议救济请求时应当“从速行事”。[⑥]

① 参见《新加坡公约》第1条。

② 参见《新加坡公约》第2条第3款。

③ 刘晓红、徐梓文:《〈新加坡公约〉与我国商事调解制度的对接》，载《法治社会》2020年第3期，第53页。

④ 参见《新加坡公约》第3条第1款。

⑤ 参见《纽约公约》第3条。

⑥ 参见《新加坡公约》第4条第5款。

对于公约成员国来说，到底是否应在国内程序中给予公约下的和解协议以“国民待遇”，还是考虑公约下和解协议定义过于宽泛因而需要更为严格的约束，都属于公约成员国司法实践中必须考虑和酌定的问题。对于成员国来说，制定适用《新加坡公约》的程序审查政策绝非仅仅针对公约下和解协议本身，必然还会涉及国内类似和解协议的执行力。仅仅“涉外”一项因素，就使得国际和解协议比纯国内和解协议具有更高执行力，并不能令人信服。一旦政策如此制定，也必然导致当事人为取得“涉外”因素而绕行的诸多问题。因此，无论是立法机关还是司法机关，均需考虑国内法律体系应如何在达成公约要求的同时也能协调国内制度，因而需要相当立法和执法智慧，更需要辅以行之有效的配套政策，绝非一夕之功，更不可一蹴而就。

申请材料：《新加坡公约》允许主管机关要求申请人提供任何必要文件以核实公约要求已得到遵守。[①] 从公约起草文件来看，该等“必要文件”的示例包括证明签署和解协议的当事人代表已得到合法授权的文件，或是证明和解协议具有国际性的文件等。[②] 然而上述示例并未规定在公约条文中。因此目前公约要求的“必要条件”类同于一种兜底条款，各公约成员国在制定配套法律时将需要审慎考虑司法审查的“必要文件”范围。而考虑到和解协议的签署并没有经过司法机构介入，因此根据适当情形，成员国对于“必要文件”的审查很可能并不只限于形式审查，还可能包括对和解协议内容的实体审查。

拒绝救济：《新加坡公约》允许成员国基于“调解员严重违反适用于调解员或者调解的准则”，拒绝准予救济。[③] 但公约本身对于“适用于调解员或者调解的准则”却未有明确规定，这实质上赋予了公约成员国主管机关更大的监管权和裁量权，包括确定适用于调解员的准则、适用于调解程序的准则，甚至包括专业协会制定的行为守则等。[④]《新加坡公约》允许成员国基于和解协议中约定的义务“不清楚或者无法理解”，拒绝准予救济。[⑤] 如此主观的评判标准，也赋予了主管机关

---

① 参见《新加坡公约》第 4 条第 4 款。

② 联合国国际贸易法委员会第二工作组（争议解决）第六十七届会议（2017 年 10 月 2 日至 6 日，维也纳）工作报告 A/CN.9/929 第 64 段。

③ 参见《新加坡公约》第 5 条第 1 款（e）项。

④ 联合国国际贸易法委员会第二工作组（争议解决）第六十六届会议（2017 年 2 月 6 日至 10 日，维也纳）工作报告 A/CN.9/901 第 87 段，以及第二工作组（争议解决）第六十七届会议（2017 年 10 月 2 日至 6 日，维也纳）工作报告 A/CN.9/929 第 96 段。

⑤ 参见《新加坡公约》第 5 条第 1 款（c）项。

更大的操作空间。有学者认为，执行地主管机关可以根据其对和解协议的理解直接执行，[①] 也有批评意见认为，该条款将必然导致一些缔约国主管机关怠于向当事人提供救济。[②]

由上可见,《新加坡公约》留给成员国自由规制执行和解协议条件的空间巨大，这种空间将必然导致同一公约在不同成员国之间的可用程度与易用程度产生差别。如果说《纽约公约》在不同的裁决执行地的实践是“殊途同归”，那么《新加坡公约》究竟将以何种形式落地，则极大程度取决于各个成员国对于“商事调解”这一概念的理解与定位，这将直接影响成员国在制定公约配套政策时的立法取向：救济程序应当效率优先还是谨慎审查优先？何为申请救济的“必要文件”？适用于调解员的准则与门槛应当就高还是就低？如何处理虚假和解的相关问题？这些都是成员国在签订《新加坡公约》之时和之后必须面对的问题。然而，与绝大多数公约成员国早已坐拥一个多世纪商事仲裁的成熟经验不同，目前绝大多数成员国的商事调解体系不甚完善，大多缺少直接兼容《新加坡公约》的制度条件。

2.《新加坡公约》与我国现行调解制度的不协调

《新加坡公约》为商事调解而生，但我国现行法律体系中并没有与之完全对应的概念。民事诉讼中的调解协议由司法机关组织当事人达成，各方可以同意在调解协议上签名或者盖章，之后调解协议即发生法律效力。当事人也可以请求法院制作调解书经当事人签收之后发生法律效力。但无论哪种调解方式，均带有明显的公权力色彩。合同法意义上的和解协议通常仅要求当事人之间达成合意，而不必须有第三人调解员介入。由此达成的和解协议，原则上法律效力与一般合同并无二致，因此不能申请强制执行。至于人民调解制度，则是由司法行政部门指导的人民调解委员会，通过说服、疏导等方法，促使当事人在平等协商基础上自愿达成调解协议。这种调解活动是解决民间纠纷的一种无偿活动，虽然经人民法院确认有效的调解协议可以申请强制执行，但本质上亦不属于商事调解范畴。[③]

除了以上三种调解形式之外，稍显接近商事调解的概念见于最高院与司法部在 2017 所发布的《关于开展律师调解试点工作的意见》。该意见第一次提出了律师调解的概念，并在 11 个省和直辖市率先试点。该意见不仅提出了律师调解应当

---

① 温先涛：《〈新加坡公约〉与中国商事调解——与〈纽约公约〉〈选择法院协议公约〉相比较》，载《中国法律评论》2019 年第 1 期，第 198 页。

② 孙长龙：《论〈新加坡公约〉的完善及其在中国的适用》，载《国际商务研究》2020 年第 5 期，第 20 页。

③ 参见《中华人民共和国人民调解法》第 2 条、第 4 条及第 33 条。

参照的工作程序，而且在调解协议与支付令的对接、调解协议的司法确认、律师调解员的回避制度以及违法调解的责任追究制度等内容上均提出了具有可行性和建设性的意见。2018年，最高院与司法部进一步发布《关于扩大律师调解试点工作的通知》，将试点扩大至全国范围，并且从健全诉调衔接机制、完善司法确认程序、拓展调解业务领域、加强调解队伍建设以及推进调解信息化建设等方面提出了新的要求。

但从试点内容来看，目前的律师调解将调解员资质与律师资格混为一谈，一方面对调解员本身的资质未予界定，另一方面也与《新加坡公约》较为宽泛的调解员门槛背道而驰。而律师调解按照有偿、低价的原则收取调解费用，则突出其公益属性，这决定了在律师调解中律师的角色始终是“参与者”而非“主导者”[①]，使其更像介于人民调解与商事调解之间的过渡机制，与《新加坡公约》构想的商事调解仍有一定距离。

我国要完成法律体系与《新加坡公约》的衔接，就必须快速消除公约与我国现行法律体系不协调的症结所在，即我国商事调解法律目前仍付之阙如。国家必须加速政策规制，以国内商事调解立法为导向，建立具有中国特色的商事调解法律体系，明确商事调解在多元化纠纷解决机制中的定位与作用。在此基础上，应大力培养和发展商事仲裁调解人才，制定商事调解程序要求、执业要求，并配套符合商事调解特点的执行程序，赋予商事和解协议强制执行力。只有通过组合拳方式，积极、全方位提高商事调解的社会知晓度和公众认可度，吸引更多争议当事人以及专业人才选择、加入商事调解中，才能打造行之有效的商事调解法律体系。

（二）虚假调解的审查与监督

当事人之间为解决商事争议而通过商事调解程序达成的和解协议（经调解达成，以下称调解协议），与平等主体在商事活动中订立的合同一样，本身并不具有强制执行力。但随着我国司法确认制度的发展、仲裁与调解结合机制的不断优化，当事人可以通过司法、仲裁、公证等程序，使该等调解协议被赋予与生效判决、仲裁裁决同等的法律效力，以进一步维护其合法权益。

与此同时，由于调解协议执行效力的提升，虚假调解的情况也逐渐上升。当事人可能通过恶意串通、虚构债权债务关系等方式，达成调解协议，以满足一己

① 纪琼:《论我国律师调解的制度定位》，载《河北法学》2020年第10期，第165页。

私利。若该等调解协议获得执行，不仅有损第三人的合法权益，也会影响社会公共秩序，影响我国司法公信力。因此，如何规范、有效审查通过商事调解达成的协议，如何有效监督调解协议的执行，以防虚假调解乘虚而入，是我国商事调解亟待解决的问题之一。

1. 虚假调解与司法确认制度

2021 年 12 月修正的《民事诉讼法》进一步完善了我国的司法确认制度，将司法确认调解协议的调解组织范围由“人民调解委员会”扩大到“经依法设立的调解组织”，使商事调解协议也可通过司法确认程序获得强制执行。① 随着司法确认范围的扩大，相关调解案件增多，当事人制造虚假调解的可能性也在提升，法院有必要在司法确认阶段建立统一的司法审查标准和确认尺度，加大对虚假调解的惩戒措施，防止虚假调解滋生。②

《民事诉讼法》第 115 条规定，“当事人之间恶意串通，企图通过诉讼、调解等方式侵害他人合法权益的，人民法院应当驳回其请求，并根据情节轻重予以罚款、拘留；构成犯罪的，依法追究刑事责任”。最高院在《关于深入开展虚假诉讼整治工作的意见》中指出，要“慎查调解协议，确保真实合法”，“不能仅以当事人可自愿处分民事权益为由，降低对调解协议所涉法律关系真实性、合法性的审查标准，尤其要注重审查调解协议是否损害国家利益、社会公共利益或者他人合法权益”。

部分地方法院也出台了有关优化司法确认的工作细则，就虚假调解的审查及防治提出具体要求。例如，北京市高级人民法院在其于 2020 年 3 月印发的《北京法院优化司法确认程序试点工作实施细则（试行）》中，特别明确了当事人及虚假调解参与人（包括特邀调解组织和特邀调解员）在实施、协助或参与虚假调解行为应当承担的法律责任。广州市中级人民法院在其于 2021 年 7 月印发的《广州法院关于优化司法确认程序实施细则》明确指出，为防止恶意串通的虚假调解行为，人民法院应当采取形式和有限实体审查相结合的方式，审查调解协议的内容的合法性。如有必要，人民法院可以通知双方当事人共同进行听证或到庭接受询问，

① 《民事诉讼法》第 201 条：“经依法设立的调解组织调解达成调解协议，申请司法确认的，由双方当事人自调解协议生效之日起三十日内，共同向下列人民法院提出：（一）人民法院邀请调解组织开展先行调解的，向作出邀请的人民法院提出；（二）调解组织自行开展调解的，向当事人住所地、标的物所在地、调解组织所在地的基层人民法院提出；调解协议所涉纠纷应当由中级人民法院管辖的，向相应的中级人民法院提出。”

② 龙飞：《论多元化纠纷解决机制的衔接问题》，载《中国应用法学》2019 年第 6 期，第 145 页。

或向调解组织调取相关材料以核实有关情况。

2021年3月，最高院、最高检、公安部、司法部联合发布《关于进一步加强虚假诉讼犯罪惩治工作的意见》，明确人民检察院对民事诉讼当事人通过虚假诉讼获得的具有法律效力的调解书，有权通过向人民法院提出再审检察建议或者抗诉进行监督。新修订的《人民检察院民事诉讼监督规则》通过增加第75条第2款，也重申了上述规定，明确了检察机关对虚假调解的监督方式。

然而，目前各级法院对于调解协议司法确认的审查方式、范围和标准等并未形成统一的裁判规则。实践中，类案的司法结论亦存在冲突，给社会公众依据司法结论规范相关行为造成一定障碍。因此，有学者认为，法院不应当在司法确认程序中充当“橡皮图章”，应当积极甄别，防范当事人利用虚假调解实现非法目的。[①] 针对上述问题，相关学者提出了各类改善意见，主要观点包括：第一，完善审查内容。在审查调解协议时，应当做到形式审查和实质审查并重，不一味的以形式审查为主。[②] 第二，提高审查标准。建立要素式标准审查调解协议的可执行内容，综合考虑纠纷的类型、人民调解组织的综合实力和专业性以及发生虚假调解的可能性，确定对调解协议的审查力度，加大对容易发生虚假调解纠纷的案件类型的事实和证据审查。[③] 第三，改善审查方式。人民法院应建立书面承诺制度，并提示当事人申请虚假调解协议司法确认的法律后果；在审查过程中，如认为有必要，人民法院可以采取询问、听证或依职权调查收集有关证据的方式审核调解协议的合法性。[④] 第四，保障瑕疵救济。应当打破调解相对性原则的限制，允许受害人在事中加入争议解决程序，或在事后通过第三人撤销之诉、案外人申请再审之诉、执行异议与异议之诉等方式寻求救济，以阻断虚假调解协议的效力。[⑤] 对于申请确认虚假调解协议的案件，人民法院应当裁定不予确认调解协议的效力。[⑥]

---

① 刘加良：《司法确认程序的功能诠释》，载《政法论丛》2018年8月第4期，第70页。

② 刘敏：《论优化司法确认程序》，载《当代法学》2021年第4期，第80—81页。

③ 例如，刘加良：《司法确认程序的功能诠释》，载《政法论丛》2018年8月第4期，第70页。又如，徐金鑫：《司法确认程序可执行内容要素式审查标准的建立——以527份涉农案件司法确认裁定书为视角》，载《山东法官培训学院学报》2021年第4期，第35—36页。

④ 例如：刘敏：《论优化司法确认程序》，载《当代法学》2021年第4期，第81页。又如，徐金鑫：《司法确认程序可执行内容要素式审查标准的建立——以527份涉农案件司法确认裁定书为视角》，载《山东法官培训学院学报》2021年第4期，第35页。

⑤ 黄忠顺：《论商事调解的市场化》，载《人大法律评论》2020年第1辑，第124页。

⑥ 刘敏：《论优化司法确认程序》，载《当代法学》2021年第4期，第80—81页。

2. 虚假调解与仲裁

除法院的司法确认程序外，当事人也可通过“仲调结合”机制，确认商事调解协议的效力。[①] 例如，《仲裁法》第 51 条规定了仲裁中调解的模式。《仲裁法征求意见稿》进一步对“仲调结合”的各种模式加以规定。[②] 各仲裁机构也就与仲裁程序相关的调解制定了相应的规则。例如，《北京仲裁委员会仲裁规则》第 43 条和第 44 条规定了仲裁庭调解和独立调解两种模式：如当事人在仲裁庭调解下达成协议，可以请求仲裁庭根据调解协议的内容制作调解书或裁决书；如当事人在仲裁案件审理过程中自行和解或者经由北仲调解中心达成和解，可以共同要求组成仲裁庭依据该调解协议出具调解书或裁决书。[③]

与虚假调解在司法确认程序中面临的问题一样，在仲裁程序中同样需要仲裁机构和仲裁员对调解协议进行甄别，防止虚假调解协议被赋予强制执行力。为此，《仲裁法征求意见稿》新增诚信仲裁条款，也同样适用于请求仲裁确认的商事调解协议。[④] 最高院《关于人民法院办理仲裁裁决执行案件若干问题的规定》第 18 条明确规定，案外人可以申请不予执行因当事人“虚构法律关系，捏造案件事实”的仲裁裁决书或调解书，为虚假调解案外人的权利救济提供了依据。深国仲在其最新修订的仲裁规则中提出了诚信合作的要求，要求当事人及其代理人确保所做陈述和所提交材料的真实性。[⑤] 同时，《深圳国际仲裁院仲裁规则》第 49 条进一步要求当事人对调解协议的真实性、合法性作出声明和承诺，对真实性、合法性有合理怀疑的调解协议，仲裁庭有权驳回当事人依据和解协议作出裁决书或调解书的请求。此外，部分仲裁机构还利用费用杠杆促进当事人的诚信合作。如贸仲在新冠肺炎疫情期间对减退仲裁费用的安排方面指出，对于虚假调解情形，不得享受仲裁费减免，并应承担相应的法律责任等。[⑥] 但对于仲裁中调解协议的审查标准，具体的防范虚假仲裁的措施，还有待形成统一的实践标准。

---

① 《我国商事仲裁与商事调解衔接制度的法律问题探析（上）》，载微信公众号“蓝海现代法律”，访问时间：2022 年 6 月 2 日。

② 《仲裁法征求意见稿》，第 68—71 条。

③ 《北京仲裁委员会仲裁规则》，第 43 条、第 44 条，参见北京仲裁委员会 / 北京国际仲裁中心网站，http://www.bjac.org.cn/page/zc/guize_cn2022.html#5a，访问时间：2022 年 6 月 2 日。

④ 《仲裁法征求意见稿》，第 4 条。

⑤ 《深圳国际仲裁院仲裁规则》（2022 修正），第 7 条，参见深圳国际仲裁院网站，http://www.scia.com.cn/index.php/Home/index/rule/id/809.html，访问时间：2022 年 6 月 2 日。

⑥ 《贸仲关于应对新冠肺炎疫情纾困当事人减退仲裁费的特别安排》，载微信公众号“中国国际经济贸易仲裁委员会”，2022 年 6 月 1 日。

3. 防范虚假调解的对策建议

目前，不论是司法确认制度还是仲裁确认制度均未形成对虚假调解协议的审查标准，但针对两者的共性，结合已有的实践和学者建议，笔者认为，人民法院和仲裁机构在审查、确认调解协议时可以考虑以下几个方面：

（1）建立书面承诺制度，告知当事人申请确认虚假调解协议的法律后果；

（2）明确虚假调解高发的领域，如民间借贷、离婚析产、以物抵债、劳动争议、公司分立（合并）、企业破产等，并赋予法官或仲裁员依据案件情况有针对性安排实体审查的裁量权，但同时裁量权宜慎用，避免过多干涉当事人对于和解的处分自由；

（3）细化审查措施，针对法院和仲裁庭的不同职权，采取听证、询问、调查取证等方式核实调解协议的真实性和合法性；

（4）制定对虚假调解案件当事人及参与人的惩戒措施，以逐步确立诚信调解的机制；

（5）加强法院、检察院、公安、仲裁机构之间的联动，进一步完善对虚假调解的监督和审查机制；

（6）立法明确基于调解协议所作出的法院调解书、仲裁调解书或裁决书等的可撤销性，并就撤销之诉的审查范围作出明确规定；

（7）打破调解相对性原则的限制，允许权益受到侵害的主体在事中加入争议解决程序，或允许其事后寻求法律救济。

（三）诉调对接制度在商事调解层面的完善

诉调对接制度旨在加强法院诉讼程序与人民调解、行业调解、商事调解等非诉纠纷解决方式的衔接配合，引导及鼓励当事人适当地优先选择调解等非诉纠纷解决方式解决纠纷。该制度一方面有利于促进当事人选择调解这类相对高效经济并且易于修复双方关系的方式解决纠纷，既维护公平又实现社会和谐；另一方面又可实现对复杂程度不一案件的分流处理，吸纳社会力量配合法院诉讼解决争议，从而有效配置司法资源。尽管诉调对接制度在制度依据上逐步规范化，并已付诸实施，但是，诉调对接制度在商事调解层面的发展完善仍为目前亟待解决的问题，并受到广泛关注。

就制度而言，与诉调对接相关的国家政策及司法文件正逐步深化。国家政策层面上，党的十八届四中全会作出的《关于全面推进依法治国若干重大问题的决定》要求“健全社会矛盾纠纷预防化解机制，完善调解、仲裁、行政裁决、行政复议、诉讼等有机衔接、相互协调的多元化纠纷解决机制”，对包括诉调对接制度在内的多元化解纠纷机制进行了决策部署。司法文件层面上，2016年，最高院发布了《关于人民法院进一步深化多元化纠纷解决机制改革的意见》，为诉调对接制度的落地实施提供了司法层面的指导意见。2021年最高院进一步发布了《关于深化人民法院一站式多元解纷机制建设推动矛盾纠纷源头化解的实施意见》，进一步细化了多元化纠纷解决机制改革总体要求、工作机制、配套保障等方面的工作安排，为诉调对接制度的下一步深化工作奠定了基调。

就实践方面，最高院和各政府部门已开始根据相关规范性文件，逐步推进诉调对接机制落地实施。例如，最高院办公厅与国家知识产权局办公室于2020年12月29日联合印发《关于建立知识产权纠纷在线诉调对接机制的通知》[①]，明确由最高院与国家知识产权局协调推进在线诉调对接机制建设，畅通线上线下调解与诉讼对接渠道，为知识产权纠纷当事人提供多元化纠纷化解机制[②]。前文提及的最高院办公厅与中国证监会办公厅于2021年8月20日联合印发《关于建立"总对总"证券期货纠纷在线诉调对接机制的通知》，明确由最高院调解平台与中国证监会投资者平台"总对总"在线诉调对接，以向证券期货纠纷当事人提供多元调解、司法确认、登记立案等一站式、全流程在线解纷服务。又如，上文提及，在地方性规定层面，深圳制定了《深圳经济特区矛盾纠纷多元化解条例》，明确规定人民法院应当配备专门人员从事诉调对接工作，健全诉调对接长效工作机制。同时，各级地方人民法院也出台具体方案、落实举措，推动诉调对接制度的实施发展。例如，深圳前海合作区人民法院联合六家专业机构成立多元化纠纷解决中心分中心亦是贯彻落实诉调对接的重要举措。

在国家政策、司法规定逐步规范化、制度已落地实践的背景下，诉调对接机制发展成果显著。最高院统计数据显示，2020年诉前成功调解424万件民商事纠纷，同比增加191%。不仅诉前成功调解案件越来越多，而且大量诉前调解成功案件自动履行，诉讼民事案件增速放缓。[③]但是，即便如此，学术界及实务界均

---

① 《最高人民法院办公厅、国家知识产权局办公室关于建立知识产权纠纷在线诉调对接机制的通知》，载中华人民共和国中央人民政府网站，http://www.gov.cn/zhengce/zhengceku/2021-01/07/content_5577631.htm，访问时间：2022年5月31日。

② 《最高人民法院、国家知识产权局推动建立知识产权纠纷在线诉调对接机制》，载中华人民共和国中央人民政府网站，http://www.gov.cn/xinwen/2021-01/12/content_5579227.htm，访问时间：2022年5月31日。

③ 《关于〈民事立案诉调对接及网上立案的意见〉的答复情况》，载最高人民法院官网，https://www.court.gov.cn/zixun-xiangqing-292731.html，访问时间：2022年5月31日。

关注到诉调对接制度在商事调解层面仍有待进一步完善。在诉调对接制度所涉的各类调解类型中，商事调解本身具有一定的特殊性，因此其所需配套资源的侧重点与其他调解方式有所不同。首先，就争议性质而言，因商事交易涉及金融财务、高新技术、知识产权等诸多专业领域，且争议相关的书面文件不仅体量大而且专业性强，因而对调解员的资格、专业背景、行业经验都有较高的要求。其次，商事调解的当事人更为理性，更加看重调解的中立性，因而也更为关注调解组织制定的调解程序是否规范、完备。此外，相对于一般民事争议，商事争议更可能存在更多涉外因素，因此诉调对接制度供给的调解资源还需得到国外商事主体认可，在程序设置、人员资格、配套制度上符合国际交易惯例，才能够促使当事人达成合意选择调解解决争议。目前我国对于专业调解员队伍的资质认定、专业培训和考核标准等尚无具体规定，商事调解组织在各地发展水平不一，监管措施亦有所缺失。①

诉调对接制度在商事调解层面的完善，在建立专业商事调解员队伍、完善商事调解组织的设立方面呼声较高。学术界对建立专业商事调解员队伍亦有诸多讨论，主要观点为：第一，应当建立统一的调解员资质认证标准，从而对拟成为商事调解员的人员的学历水平、专业经验能力、理论培训、考核标准提出明确要求。②第二，应当制定调解员执业守则范本及调解行为规则指引，从而对调解员的调解工作、调解行为予以规范及监督。③而对完善商事调解组织的设立建议主要包括：第一，需明确商事调解组织设立及监管规范，以明确商事调解组织的社会地位、职责及权利义务。④第二，在法律及制度上对商事调解组织收费予以明确，促进商事调解组织的市场化运行及与国际市场接轨。⑤值得关注的是，立法机构已经对

① 龙飞：《论多元化纠纷解决机制的衔接问题》，载《中国应用法学》2019 年第 6 期，第 132 页；杜军：《我国国际商事调解法治化的思考》，载《法律适用》2021 年第 1 期，第 155 页。

② 例如，杜军：《我国国际商事调解法治化的思考》，载《法律适用》2021 年第 1 期，第 155 页。又如，张丽英：《〈新加坡调解公约〉的解读及中国商事调解制度的衔接》，载《商事仲裁与调解》2020 年第 2 期，第 15 页。再如，唐琼琼：《〈新加坡调解公约〉背景下我国商事调解制度的完善》，载《上海大学学报（社会科学版）》2019 年第 4 期，第 126 页。

③ 例如，杜军：《我国国际商事调解法治化的思考》，载《法律适用》2021 年第 1 期，第 155 页。又如，宋连斌、胥燕然：《我国商事调解协议的执行力问题研究——以〈新加坡公约〉生效为背景》，载《西北大学学报（哲学社会科学版）》2021 年第 1 期，第 30 页。

④ 龙飞：《论多元化纠纷解决机制的衔接问题》，载《中国应用法学》2019 年第 6 期，第 132 页。

⑤ 龙飞、江和平：《商事调解收费制度的构建》，载微信公众号"多元化纠纷解决机制"，2020 年 9 月 21 日。《SCMC 调解员系列访谈》，载微信公众号"上海经贸商事调解中心 SCMC"，2022 年 6 月 3 日。

商事调解组织规范的问题予以关注，例如，深圳于2021年制定的《深圳经济特区矛盾纠纷多元化解条例》中，首次明确司法行政部门为商事调解组织的主管部门，负责调解组织设立条件审查及监督指导。① 同时，该条例就商事调解收费标准作出明确规定。②

笔者认为，正如仲裁的效果很大程度上取决于仲裁员的专业水平，比商业调解是否成功受到调解员水平的影响更甚。由于商业纠纷具有专业性强、案件相对复杂等特征，调解员是否具备足够的专业水平和处理案件的能力将很大程度上影响当事人对于商事调解的信心。此外，不同于诉讼或者仲裁，商事调解中调解员的关注点并不在双方当事人的法律立场，更多是关注当事人在法律立场之外的最终诉求和其他利益的权衡考虑，从而实现当事人“双赢”，这也是对调解员能力的一大挑战。因此，建立一套完善的商事调解员的资质认证制度，通过培训、考核等方式选拔出具有高水平、高素质的调解员，对于商事调解的发展大有裨益。对于商事调解组织的规范而言，成熟及规范化的商业调解组织一方面能够提升当事人选择商事调解的信心，另一方面也能吸引优秀调解人员加入商事调解，这将有利于推进商事调解专业化、精细化发展。

六、总结和展望

回顾2021年，可以看出，无论是在政策、法律法规层面还是在理论实务层面，商事调解都取得了可喜进步：

第一，“十三五规划”和“十四五规划”都把商事调解作为非诉讼纠纷解决机制的有机组成部分挺在社会治理的前面，努力实现经济行稳致远、社会安定和谐，这说明国家推进治理体系和治理能力现代化的决心和顶层设计，是一以贯之的。商事调解在中国的崛起和发展，拥有政策底气。一个有利于调解成果落地落实的政策环境已经形成。当前和今后一个时期，中国发展仍然处于重要战略机遇期，但国际环境日趋复杂，新冠肺炎疫情影响广泛深远，世界经济陷入低迷期，不稳定性、不确定性明显增加。纠纷是交易的副产品，经济纠纷与经济发展（或低迷）如影随形，解决经济纠纷，离不开协商、仲裁和诉讼，当然也要加大力度利用调解。发展商事调解，是长期国策，这一

---

① 《深圳经济特区矛盾纠纷多元化解条例》第37条、第41条。

② 《深圳经济特区矛盾纠纷多元化解条例》第38条。

点是不可动摇的。

第二，《民事诉讼法》和《仲裁法》的修订都将对商事调解体制机制的改革和突破产生积极影响。2021 年修正前的《民事诉讼法》特别程序虽然建立了有关于调解协议司法确认的制度，但其着重于规范人民调解，通过商事调解组织达成的调解协议能否利用司法确认带来的优势和好处，法律上并不明确。2021 年修正的《民事诉讼法》将司法确认范围改写为“经依法设立的调解组织”调解达成的调解协议，这样无论是依法设立的人民调解组织还是依法设立的商事调解组织（包括依法设立的商事仲裁机构附属的调解组织）在纠纷解决中的作用均将进一步得以发挥。《仲裁法征求意见稿》提出的“调解确认”方案同样利好于调解组织在仲裁程序之外进行平行或交叉的调解活动。深圳市人大常委会公布的地方性立法《深圳经济特区矛盾纠纷多元化解条例》包含了很多有关商事调解的创新做法，鼓励商业交易的当事人本着诚信原则善用调解，对未来的调解立法和调解实践都有良好的参考价值。

第三，司法支持调解的力度在持续加大。2021 年最高院发布了《关于深化人民法院一站式多元解纷机制建设推动矛盾纠纷源头化解的实施意见》《关于进一步健全完善民事诉讼程序繁简分流改革试点法院特邀调解名册制度的通知》《关于建立“总对总”证券期货纠纷在线诉调对接机制的通知》等重要文件并建成“一站式”国际商事纠纷多元化解决平台，表明以最高院为代表的中国法院在司法层面积极支持包括商事调解在内的各种调解，成为调解发展的坚强后盾。人民法院在审理涉及调解协议司法确认、调解程序前置协议效力、破产案件调解等疑难案件的司法实践中，虽然在某些问题上司法观点可能存在分歧，但总体来看，司法支持合意合法达成和解的政策，是一致的和显而易见的。

第四，学术界和实务界对调解立法的研究取得了更多的共识。特别是，对于在中国签署了《新加坡公约》之后，如何做好中国法律与国际公约的衔接以及起草制定中国单独的《商事调解法》，建立健全商事调解法律制度，相关研究成果颇丰，对商事调解在世界范围内的新发展也有足够的关注。

站在“十四五规划”开局之年的新起点，审视中国商事调解的发展历程，不难发现中国现有商事调解机制体制还存在不少缺陷。例如，商事调解自 20 世纪 60 年代起就有了年复一年的累累实践，但六十年过去了，尚无成文的《商事调解法》给予支撑，立法落后于实践的现象已经十分严重了。1995 年《仲裁法》实施之后，商事仲裁发展势头迅猛，现在中国各仲裁机构新受理的仲裁案件每年都超过 40 万件，北京和上海在全球最受欢迎仲裁地排名中位居前列，仲裁已经成为解决经济纠纷的重要力量。但相比较而言，商事调解的发展则不温不火，有影响力的商事调解组织严重缺乏，精通业务的调解员队伍不成规模，商事调解案件数量不尽如人意。发展商事调解的任务的确是非常艰巨的。

笔者认为，“十四五规划”期间，首要任务是发挥有为政府的指导和引导作用，全面落实司法部《全国公共法律服务体系建设规划（2021—2025 年）》提出的构建大调解工作格局行动方案，整合调解资源，搞好调解组织建设。除了在市县两级建立综合性、一站式矛盾纠纷调解中心外，还要鼓励和支持中国国际商会、全国工商联在商会系统建立更多的专业调解中心或调解庭，同时，围绕“一带一路”、京津冀协同发展、雄安新区建设、长江经济带发展、粤港澳大湾区建设、长三角一体化发展、黄河流域生态保护和高质量发展、海南自贸港建设、成渝地区双城经济圈建设等国家重大发展战略，设立立足区域、面向全国和面向世界的区域性调解中心，把它们打造成具有国际影响力的商事调解组织。对于这些调解组织，国家要给予必要的政策倾斜和财力支持。

其次，发挥有效市场的能动作用，利用市场力量和按照市场规则推动仲裁机构调解、律师调解、专业人士调解，建立能够满足市场需要的专业调解员队伍，加强调解员职业道德教育、专业技能培训，加大适格调解员数量供给，加强商事调解研究交流，广泛宣传推广商事调解。立法机关和司法机关要顺势而为，适时修法，允许经过培训、取得调解员资格的专职调解员独立开展商事调解工作，并将此类调解达成的调解协议纳入司法确认以及《新加坡公约》项下的执行。

再次，发展商事调解领域科技创新支撑技术，探索“互联网 + 信息技术”、区块链技术、VR 云调解技术等在商事调解领域的应用，克服后疫情时代给旅行和会面带来的不利影响，扩展商事调解的应用场景，提高商事调解智能化水平。建设非诉解纷联动平台、“一站式”解纷衔接平台，研发推广全国智能移动调解系统，开辟中国商事调解的新天地。

最后，研究推动调解立法，参考《新加坡公约》《联合国国际贸易法委员会国际商事调解示范法》等国际有益经验，结合中国实践和中华文明成果，建立健全商事调解相关法律制度，择机将商事调解立法列入全国人大常委会的立法议程。

2021 年出台的调解相关法律法规及其他规范性文件一览表①

发文时间	发文机关	文件名称	文件效力
中央文件			
2021.01	最高人民法院	《关于人民法院为海南自由贸易港建设提供司法服务和保障的意见》（法发〔2021〕1 号）	司法解释
2021.02	中央全面深化改革委员会	《关于加强诉源治理推动矛盾纠纷源头化解的意见》	党内文件
2021.03	最高人民法院	《关于人民法院为北京市国家服务业扩大开放综合示范区、中国（北京）自由贸易试验区建设提供司法服务和保障的意见》（法发〔2021〕11 号）	司法解释
2021.06	最高人民法院	《关于进一步健全完善民事诉讼程序繁简分流改革试点法院特邀调解名册制度的通知》（法〔2021〕150 号）	司法解释
2021.06	司法部 文化和旅游部	《关于开展旅游投诉调解与仲裁衔接试点工作的通知》（办市场发〔2021〕108 号）	部门规章
2021.08	最高人民法院 中国证券监督管理委员会	《关于建立“总对总”证券期货纠纷在线诉调对接机制的通知》（法办〔2021〕313 号）	司法解释
2021.09	最高人民法院	《关于深化人民法院一站式多元解纷机制建设推动矛盾纠纷源头化解的实施意见》（法发〔2021〕25 号）	司法解释
2021.10	最高人民法院	《关于加快推进人民法院调解平台进乡村、进社区、进网格工作的指导意见》（法〔2021〕247 号）	司法解释
2021.10	国家知识产权局司法部	《关于加强知识产权纠纷调解工作的意见》（国知发保字〔2021〕27 号）	部门规章
2021.12	最高人民法院	《人民法院在线调解规则》（法释〔2021〕23 号）	司法解释
地方文件			
2021.02	上海市人大常委会	《上海市促进多元化解矛盾纠纷条例》	地方性法规
2021.03	天津市司法局	《关于印发进一步加强法治化营商环境建设若干措施的通知》（津司发〔2021〕5 号）	规范性文件
2021.04	上海市高级人民法院 知识产权局	《关于在本市开展知识产权纠纷行政调解协议司法确认程序试点工作的实施办法》（沪高法〔2021〕122 号）	规范性文件

① 本篇中提及的文件已用下划线标出。

续表

发文时间	发文机关	文件名称	文件效力
2021.04	河南省人大常委会	《中国（河南）自由贸易试验区条例》（河南省第十三届人民代表大会常务委员会公告第 55 号）	地方性法规
2021.05	广州市人民政府	《广州市用绣花功夫建设更具国际竞争力营商环境若干措施》（穗府〔2021〕6 号）	地方政府规章
2021.05	丽水市商务局	《丽水市商务局落实“三服务”活动“精准服务企业、促进商务发展”专项行动方案》（丽商务〔2021〕24 号）	规范性文件
2021.09	上海市高级人民法院司法局	《关于探索实行调解程序前置试点的实施办法》①	规范性文件
2021.11	四川省高级人民法院工商业联合会	《关于推进商会调解工作的实施意见》	规范性文件
2021.11	黑龙江省知识产权局司法厅	《关于加强知识产权纠纷调解工作的实施意见》	规范性文件
2021.12	上海市知识产权局司法局	《上海市关于加强知识产权纠纷调解工作的实施意见》（沪知局〔2022〕5 号）	规范性文件
行业文件			
2021.06	上海市律师协会	《律师从事调解业务操作指引（试行）（2021）》②	行业规范
2021.12	中国证券投资基金业协会	《中国证券投资基金业协会投资基金纠纷调解规则》（中基协发〔2021〕3 号）	行业规范

① 该文件于 2022 年 3 月 31 日失效。

② 该文件于 2021 年 6 月 18 日上海市律师协会业务研究指导委员会通讯表决通过，试行一年。

中国建设工程争议解决年度观察（2022）

崔　军　李志永　赵　杭①

一、概述

2021 年，中国建设工程行业重大法律和司法解释的正式施行以及若干重大事件的发生，构建和重塑了中国建设工程法律体系和格局，标志着中国建设工程争议解决进入了全新的阶段，建设工程争议可能由此产生的新问题有待行业进一步观察。

第一，《中华人民共和国民法典》（以下简称《民法典》）正式施行。自 2021 年 1 月 1 日起，由全国人民代表大会于 2020 年 5 月 28 日通过并颁布的《民法典》施行。《民法典》对以往《中华人民共和国合同法》（以下简称《合同法》）和单行建设工程法律法规以及司法解释的规定予以归纳和总结，在第十八章"建设工程合同"自第 788 条至第 808 条共计 21 条对今后建设工程合同纠纷的解决，提供了全面系统的指引，成为建设工程纠纷解决的基本法。

第二，《新施工合同司法解释（一）》正式实施。最高人民法院（以下简称最高院）发布的《最高人民法院关于审理建设工程施工合同纠纷案件适用法律问题的解释（一）》（法释〔2020〕25 号）（以下简称《新施工合同司法解释（一）》）亦于 2021 年 1 月 1 日实施。原《最高人民法院关于审理建设工程施工合同纠纷案件适用法律问题的解释》（法释〔2004〕14 号）和《最高人民法院关于审理建设工程施工合同纠纷案件适用法律问题的解释（二）》（法释〔2018〕20 号）废止。《新施工合同司法解释（一）》与《民法典》第十八章建设工程合同的法律规定相互协调，构成了中国建设工程争议解决的基本法律制度。

---

① 崔军，北京海外君合工程咨询有限公司董事长。李志永，中建国际建设有限公司总法律顾问。赵杭，北京通商律师事务所高级顾问。

第三，2020版《建设项目工程总承包合同（示范文本）》正式执行。住房和城乡建设部、国家市场监督管理总局于2020年11月25日公布的《建设项目工程总承包合同（示范文本）》（GF-2020—0216）（以下简称《2020版示范文本》）自2021年1月1日起执行。《2020版示范文本》的执行将对总承包合同中发包人和承包人的权利义务、交易习惯、合同条款解释产生重大影响，并对总承包合同中当事人可能产生的主要争议，例如工程范围、工程变更、价格调整、工期逾期、竣工验收、工程结算和逾期付款等产生影响。

第四，取消工程造价企业资质认定。2021年5月19日，国务院发布《国务院关于深化“证照分离”改革进一步激发市场主体发展活力的通知》，标志着中国建设工程造价改革进入了一个新的层面，取消工程造价咨询企业甲级资质认定以及乙级资质认定，加强事中和事后监管，无疑是深化“放管服”改革，优化营商环境的重要举措。对于仲裁机构和当事人选用造价鉴定机构而言，适应改革带来的影响和变化，在仲裁程序中加强对造价鉴定机构的监督和管理，提高鉴定质量和效率，为仲裁机构和当事人提供高质量的仲裁服务，维护当事人的合法权益。

第五，建设工程合同争议焦点问题仍然突出。根据中国裁判文书网统计数据，近三年建设工程行业中工程总承包、PPP合同、招标投标、工期、工程质量、工程价款等纠纷案件呈增长趋势，其中工期和工程造价纠纷问题尤其突出。2019年至2021年最高院审理的建设工程合同纠纷案件中，工程价款支付和利息争议一直高居纠纷案件数量的前两位，合同效力、违约责任及其损害赔偿和优先受偿权纠纷案件数量仅次于工程价款支付和利息争议。上述数据反映了建设工程行业争议的基本情况和显著特点，今后一段时期的建设工程合同争议仍将聚焦在工程价款支付、利息、违约责任及其损害赔偿、优先受偿权、工期及其工期延误违约金、工程质量、保证金等焦点争议上。

第六，中国对外承包工程业务克服了新冠肺炎疫情带来的不利影响，总体保持平稳发展。2021年，在全球经济下行压力加大、贸易投资持续低迷、单边主义和贸易投资保护主义持续、大宗商品价格上涨、供应链问题难以缓解和通胀的多重压力下，2021年，我国对外承包工程业务完成营业额9996.2亿元人民币，同比下降7.1%，折合1549.4亿美元，同比下降0.6%；新签合同额16676.8亿元人民币，同比下降5.4%，折合2584.9亿美元，同比增长1.2%。[①] 根据2021年美国《工程

① 《2021年我国对外承包工程业务简明统计》，载商务部网站，http://hzs.mofcom.gov.cn/article/date/202201/20220103238998.shtml，访问时间：2022年2月4日．

新闻纪录》（Engineering News-Record，ENR）发布的“全球最大 250 家国际承包商”榜单，中国共有 78 家企业入围，入围 ENR250 强的中国国际承包企业 2020 年完成营业额 1074.6 亿美元。中国企业数量和营业额均名列上榜国别首位，业已成为国际承包工程市场一支重要的力量。

第七，建设工程合同争议成为仲裁案件重要组成部分。北京仲裁委员会 / 北京国际仲裁中心（以下简称北仲）2021 年建设工程合同争议案件数量为 1158 件，占案件总数量的 14.97%。中国国际经济贸易仲裁委员会 2021 年建设工程合同争议案件数量为 459 件，占案件总数量的 11.27%。上海国际经济贸易仲裁委员会 2021 年建设工程合同争议案件数量为 191 件，占案件总数量的 10.90%。上述数据表明建设工程合同案件已成为国内仲裁机构重要的案件来源之一。随着仲裁制度改革的深入、仲裁机构自身体制建设的强化和仲裁员专业素质和水平的提高，仲裁公信力不断加强，仲裁日益为建设工程合同当事人所接受，成为解决建设工程争议的重要手段。

二、新出台的法律法规或其他规范性文件

（一）《中华人民共和国噪声污染防治法》

2021 年 12 月 24 日第十三届全国人民代表大会常务委员会第三十二次会议通过《中华人民共和国噪声污染防治法》（以下简称《噪声污染防治法》），于 2022 年 6 月 5 日起施行。

《噪声污染防治法》修订后共九章八十四条，对建设工程施工提出了新要求，主要修改内容包括以下两个方面：一是调整建设施工适用范围。第五章“建筑施工噪声污染防治”共五项条款均删去了原规定中“在城市市区范围内”的限制，将建设施工噪声污染的适用范围，从城市市区扩展至农村地区，弥补了原规定中的监管空白。二是明确建设施工过程中各方的责任。第 40 条规定了施工单位噪声污染防治责任，要求建设单位将噪声污染防治费用列入工程造价。施工单位应当按照规定制定噪声污染防治实施方案，采取有效措施，减少振动、降低噪声，建设单位应当监督施工单位落实噪声污染防治实施方案。第 41 条增加了优先使用低噪声施工工艺和设备的要求，第 42 条增加了建设单位的噪声自动监测责任，并要求建设单位对监测数据的真实性和准确性负责。第 43 条还明确了禁止夜间施工的规定。该法标志着我国噪声防治标准体系进一步完善，对承包人建设工程施工中的噪声管理提出新的标准与要求。

（二）国务院发布《国务院关于深化“证照分离”改革进一步激发市场主体发展活力的通知》

2021年5月19日国务院发布《国务院关于深化“证照分离”改进一步激发市场主体发展活力的通知》。根据该通知的规定，自2021年7月1日起，工程造价咨询企业甲级资质、乙级资质认定，房地产开发企业三级资质、四级资质核定，建设工程勘察企业资质认定（丙级），建设工程设计企业资质认定（丙级、丁级），施工企业资质认定（三级）、工程监理企业资质认定（丙级，事务所，公路、水利水电、港口与航道、农林工程专业）等8项许可事项取消审批。施工企业资质认定（专业作业）由审批改为备案。对建筑施工企业安全生产许可证核发等17项许可事项优化审批服务。该通知是建设工程行业资质管理制度的重大改革，尤其是工程造价企业取消甲级和乙级资质认定，今后将会形成以品牌、业绩和效率决定聘用工程造价咨询企业进行造价鉴定的格局。

（三）住建部发布《关于取消工程造价咨询企业资质审批加强事中事后监管的通知》

2021年6月28日，住建部发布《关于取消工程造价咨询企业资质审批加强事中事后监管的通知》（建办标〔2021〕26号）。该通知鼓励企业自愿在全国工程造价咨询管理系统完善并及时更新相关信息，供委托方根据工程项目实际情况选择参考。探索建立企业信用与执业人员信用挂钩机制，强化个人执业资格管理，落实工程造价咨询成果质量终身责任制，推广职业保险制度。全面推行按企业信用风险分类结果实施差异化监管措施，及时查处相关违法、违规行为，并将监督检查结果向社会公布。

（四）人社部、住建部等部门印发《工程建设领域农民工工资保证金规定》

2021年8月17日，人社部、住建部、交通运输部、水利部等部门印发《工程建设领域农民工工资保证金规定》，自2021年11月1日起施行。根据该规定第11条，工资保证金按工程施工合同额（或年度合同额）的一定比例存储，原则上不低于1%，不超过3%，单个工程合同额较高的，可设定存储上限。施工总承包单位在同一工资保证金管理地区有多个在建工程，存储比例可适当下浮但不得低于施工合同额（或年度合同额）的0.5%。施工合同额低于300万元的工程，且该工程的施工总承包单位在签订施工合同前一年内承建的工程未发生工资拖欠的，各地区可结合行业保障农民工工资支付实际，免除该工程存储工资保证金。根据该规定第19条，施工总承包单位所承包工程发生拖欠农民工工资的，经人力资源社会保障行政部门依法作出责令限期清偿或先行清偿的行政处理决定，施工总承包单位到期拒不履行的，属地人力资源社会保障行政部门可以向经办银行出具《农民工工资保证金支付通知书》（附件3，以下简称《支付通知书》），书面通知有关施工总承包单位和经办银行。经办银行应在收到《支付通知书》后5个工作日内，从工资保证金账户中将相应数额的款项以银行转账方式支付给属地人力资源社会保障行政部门指定的被拖欠工资农民工本人。

（五）财政部发布《关于印发〈地方政府专项债券项目资金绩效管理办法〉的通知》以及财政部、税务总局发布《关于基础设施领域不动产投资信托基金（REITs）试点税收政策的公告》

2021年以来，财政部印发了一系列促进PPP市场发展的指导性文件，包括《关于印发〈地方政府专项债券项目资金绩效管理办法〉的通知》以及《关于基础设施领域不动产投资信托基金（REITs）试点税收政策的公告》等文件。近三年来，财政部PPP在库项目数量逐渐增加，投资规模小幅上涨，虽然PPP项目成交数量较前三年呈下降趋势，但成交规模有所上升，政府对于PPP的监管力度持续加强，PPP市场逐步回暖，进入稳健发展的轨道。

自2020年初国务院常务会议确定促进制造业稳增长的措施时，提出“大力发展先进制造业，出台信息网络等新型基础设施投资支持政策，推进智能、绿色制造”的“新基建”政策以来，互联网、大数据和人工智能成为基础设施建设新的发展方向，各级政府部门纷纷围绕“新基建”出台政策和行动方案，推动“新基建”成为国家发展战略。基础设施REITs为社会资本参与基础设施投资提供了新的途径，REITs作为创新的投融资机制和具有公共属性的政策工具，如何有效健康发展，成为市场和法律关注的焦点。

（六）市场监管总局等五部门印发《公平竞争审查制度实施细则》

2021年6月29日，市场监管总局、国家发展改革委、财政部、商务部、司法部印发《公平竞争审查制度实施细则》（国市监反垄规〔2021〕2号），并于同日实施。其中涉及有关建设工程招标采购的规定包括：第13条第2项规定，未经公平竞争不得授予经营者特许经营权。第13条第3项规定，不得限定经营、购买、使用特定经营者提供的商品和服务。第 14 条第 3 项规定，不得排斥或者限制外地经营者参加本地招标投标活动。

（七）国家发改委法规司作出《关于国有企业下属参股子公司能否参与该国有企业组织的招标的答复》

2021 年 5 月 27 日，国家发改委法规司作出《关于国有企业下属参股子公司能否参与该国有企业组织的招标的答复》，就“国有企业下属参股子公司能否作为投标人公平参与国有企业组织的招投标工作？”作出答复意见：“《招标投标法实施条例》第三十四条第一款规定，与招标人存在利害关系可能影响招标公正性的法人、其他组织或者个人，不得参加投标。本条没有一概禁止与招标人存在利害关系法人、其他组织或者个人参与投标，构成本条第一款规定情形需要同时满足‘存在利害关系’和‘可能影响招标公正性’两个条件。即使投标人与招标人存在某种‘利害关系’，但如果招投标活动依法进行、程序规范，该‘利害关系’并不影响其公正性的，就可以参加投标。”

（八）国家发改委法规司作出《关于建设工程中的施工图审查、造价咨询、第三方监测、监测等服务是否属于依法必须招标项目范围的答复》

2021 年 5 月 27 日，国家发改委法规司作出《关于建设工程中的施工图审查、造价咨询、第三方监测、监测等服务是否属于依法必须招标项目范围的答复》，就“根据国家发展改革委办公厅关于进一步做好《必须招标的工程项目规定》和《必须招标的基础设施和公用事业项目范围规定》实施工作的通知（发改办法规〔2020〕770 号）第一条第三款规定：‘对 16 号令第五条第一款第（三）项中没有明确列举规定的服务事项、843 号文第二条中没有明确列举规定的项目，不得强制要求招标。’请问：建设工程中的施工图审查、造价咨询、第三方监测、监测等服务，如果该工程属财政全额投资且上述服务费均估算超过一百万元，业主单位是否可以选择不招标。”作出答复：“《关于进一步做好〈必须招标的工程项目规定〉和〈必须招标的基础设施和公用事业项目范围规定〉实施工作的通知》（发改办法规〔2020〕770 号）规定，没有法律、行政法规或国务院规定依据的，对 16 号令第五条第一款第（三）项没有明确列举规定的服务事项，不得强制要求招标。施工图审查、造价咨询、第三方检测服务不在列举规定之列，不属于必须招标的项目，但涉及政府采购的，按照政府采购法律法规规定执行。”

（九）住建部办公厅发布《关于启用全国工程质量安全监管信息平台的通知》

2021 年 4 月 9 日，住建部办公厅发布《关于启用全国工程质量安全监管信息平台的通知》，全面推行“互联网 + 监管”模式，以信息化手段加强房屋建筑和市政基础设施工程质量安全监管，构建一体化的全国房屋建筑和市政基础设施工程质量安全监管信息平台，覆盖建筑施工安全监管、工程勘察设计质量监管、工程质量监管、城市轨道交通工程质量安全监管体系。全国工程质量安全监管信息平台已于 2021 年 4 月 15 日上线启用。

三、典型案例

【案例 1】在适用中国法时国际工程分包合同构成转包时是否为无效合同[①]

【基本案情】

申请人与被申请人在某国的工程项目中签订分包合同，约定申请人按照分包合同约定收取一定金额的管理费用，而项目完全由分包商实施，自负风险和盈亏，申请人作为总包商仅负责对外商务联系和沟通等义务。

【争议焦点】

被申请人主张，根据中国建筑工程法律，转包为法律明文禁止的行为，因此，双方当事人签署的分包合同无效。

【裁判观点】

判断本案分包合同法律效力的关键要素是《中华人民共和国建筑法》（以下简称《建筑法》）的适用范围。《建筑法》第 2 条第 1 款规定：“在中华人民共和国境内从事建筑活动，实施对建筑活动的监督管理，应当遵守本法。”首先，我国《建筑法》第 2 条明确规定其适用范围为中华人民共和国境内。其次，我国《建筑法》第 28 条、第 29 条第 3 款禁止转包和违法分包的规定，系规制建筑主体行为的法律，上述法律规定应受第 2 条适用范围的限制，不宜将《建筑法》的适用范围理解为适用建筑地点位于境外的国际工程项目。再次，《建筑法》第 2 条适用范围的

① 本案为某仲裁机构裁决案件，有关该案申请撤销的裁定为：北京第四中级人民法院（2021）京 04 民特 669 号民事裁定书。

规定是属地主义原则，而非属人主义原则。最后，《建筑法》作为建筑活动的上位法，其效力优先于其他法律规定和司法解释。该案仲裁庭认为，该案分包合同是位于中国境外的工程项目，而《建筑法》第 2 条适用于我国境内的建筑活动，因此，《建筑法》及其他法律中规定禁止转包和违法分包的有关规制建筑主体及其市场行为的法律不适用本案分包合同，被申请人以此为由主张本案分包合同无效不应予以支持。仲裁庭还认为，本案分包合同是当事人的真实意思表示，其法律效力不受双方当事人是否存在联合投标事实的影响，也不受被申请人未能在签约前、签约时、履约及其争议解决过程中未提出本案分包合同无效异议的影响，本案分包合同具有法律效力，申请人与被申请人均应当按照本案分包合同的约定履行各自的义务。

北京第四中级人民法院在（2021）京 04 民特 669 号裁定书中认为，仲裁庭在分析具体的案情和阐述其对相关法律内涵的理解后，认为《建筑法》及其他法律中规定禁止转包和违法分包的有关规制建筑主体和市场行为的法律不适用本案分包合同，系仲裁庭裁量权范围，不属于撤销涉外仲裁裁决司法审查范围，裁定不予审查。

【纠纷观察】

中国对外承包工程事业始于 1979 年。为解决企业的对外承包经营权问题，许多在国内并无工程资质的外经企业在国外承揽工程，然后转包给国内的施工企业实施，从一定程度上推动和促进了中国对外工程承包事业的发展。自 2017 年 3 月 20 日取消对外承包工程经营许可以来，至今仍存在一定数量的外经公司利用多年来在国际市场上积累的业绩和品牌，在国外承揽工程后交给国内施工企业实施。处理此类争议的关键在于《建筑法》第 2 条适用范围的理解，应慎重将境内认定的转包为非法行为的原则适用于境外的工程承包合同。

无效合同是中国建设工程法律领域挥之不去的阴影和难以治愈的顽疾。无效合同案件数量长期位居建设工程纠纷案件的前列，大量的工程合同在发生纠纷后被法院判定无效，成为中国法律规定的有名合同中唯一的大量合同被判定无效的合同类型。对此，法律界应从建设工程制度入手，从“放管服”治理原则出发，深入思考司法系统和仲裁机构在“事后”的纠纷处理阶段判定大量工程合同为无效合同的法律效用，思考近 20 多年来司法系统判定无效合同的作用及其对建设工程制度的影响。但不幸的是，虽然近几年情况有所好转，但仍然难以从根本上扭转工程合同被判定为无效合同案件的趋势。因此，应借《建筑法》和《招标投标法》修订的时机，以“放管服”为抓手，逐步改变资质管理等问题在建设工程的地位，而非进一步勒紧资质和招投标限制措施的缰绳，减少对有关建设工程的行政干预，简化企业办理业务以及申请资质等方面的流程，优化营商环境，加强事中和事后的监督，以市场为导向，以业绩为标准，由市场主体决定和接受履约后果。

【案例 2】施工总承包合同工程数量增加和工程变更增加的工程价款是否应由发包人支付[①]

【基本案情】

2015 年 4 月，申请人作为某工程项目的发包人与作为承包人的被申请人签订了《施工总承包工程合同》，约定由承包人承建某工程项目的施工工作。一期和二期工程分别于 2016 年 6 月和 2017 年 5 月完成移交。发包人提出因办理施工证照延迟和工期延误等原因要求承包人支付违约金。承包人则提出反请求，要求发包人支付应付的工程价款，以及双方存在争议且申请人仍未确认的一、二期 1000 万元和 4800 万元。

【争议焦点】

第一，本案工程中的钢结构工程，发包人负责本案工程的设计，并提供本案工程的工程量清单，由发包人还是承包人应对工程量清单的准确性负责？发包人招标工程量清单中的工程量与承包人实际完成的工程数量之间出现的量差应由谁承担？

第二，关于本案工程中的弱电工程，发包人提供的弱电系统图纸仅为概念图，实际施工中承包人根据申请人要求增加视频监控等电子监控设备，就上述增项工程款发包人是否应予支付？

【裁判观点】

承包人主张，本工程招标工程量清单由发包人提供。根据中华人民共和国国家标准《建设工程工程量清单计价规范》（GB50500—2013）第 4.1.2 条规定“招标工程量清单必须作为招标文件的组成部分，其准确性和完整性由招标人负责”。承包人按照合同工程的图纸实施，按照现行国家计量规范规定的工程量计算规则，完工项目应予计量的工程量与相应的招标工程项目所列工程量之间出现的量差，应由发包人承担。

仲裁庭认为，国家标准《建设工程工程量清单计价规范》（GB50500—2008）第 3.1.2 条规定“采用工程量清单方式招标，工程量清单必须作为招标文件的组成

① 本案为某仲裁机构作出的仲裁裁决摘录。

部分，其准确性和完整性由招标人负责”。第 4.1.3 条规定：“招标文件中的工程量清单标明的工程量是投标人投标报价的共同基础，竣工结算的工程量按发、承包双方在合同中约定应予计量且实际完成的工程量确定。”仲裁庭注意到，《建设工程工程量清单计价规范》（GB50500—2008）没有关于总价合同计价的相关规定，但《建设工程工程量清单计价规范》（GB50500—2013）第 4.1.2 条规定：“招标工程量清单必须作为招标文件的组成部分，其准确性和完整性应由招标人负责。”第 8.3.1 条规定：“采用工程量清单方式招标形成的总价合同，其工程量应按照本规范第 8.2 节的规定计算。”第 8.2.1 条规定：“工程量必须以承包人完成合同工程应予计量的工程量确定。”第 8.2.2 条规定：“施工中进行工程计量，当发现招标工程量清单中出现缺项、工程量偏差，或因工程变更引起工程量增减时，应按承包人在履行合同义务中完成的工程量计算。”因此在申请人作为发包人并负责设计的情况下，应对设计工程量的准确性负责。发包人招标工程量清单中的工程量与承包人实际完成的工程量之间的量差，应由申请人支付相应的工程价款。

仲裁庭还认为，在被申请人作为承包人不承担设计工作时，合同中约定由承包人承担、由发包人编制的工程量清单中的工程数量与施工图完成后的工程数量偏差，对于承包人而言，则意味着让承包人承担了发包人的设计责任及其设计失控的风险，有失公允。

关于弱电系统的争议，仲裁庭认为，被申请人在原合同中关于弱电系统的合同报价，不仅标明了弱电系统的各个单项设备的名称和范围，而且标明了各单项设备的价格，该份报价是合同文件的组成部分，对双方当事人均有约束力。仲裁庭认为，判断总价合同中的设备是否应属于设计深化的范畴，或是发包人增加需求，主要决定于合同文件中业主需求的内容，包括设备类型、设备名称、技术参数要求等。仲裁庭查明，原合同中弱电系统报价第 7—15 项列明的内容中没有视频系统、电子围栏、电子巡更、停车场管理系统及 UPS 不间断电源等设备，也没有此类功能性需求的描述，因此，上述设备系业主新增的弱电系统功能。同时，案涉合同《合同条款专用条件》第 30.3 款（合同价款的调整）第 2 项约定，发包人有权因工程实际需要，增加或取消部分工程或部分项目，并按实结算工程款项，因此，承包人应按实际供货和安装内容结算工程价款。

【纠纷观察】

本案焦点涉及了工程总承包合同中最具争议的问题。在《民法典》及其相关的司法解释均对工程总承包合同，特别是对于工程总承包为固定总价合同时的计量和付款缺乏详细和具体的规定的情况下，《建设工程工程量清单计价规范》（GB50500—2013）中关于工程总承包合同、固定总价合同责任、计量和付款原则，虽然该规范系属行政规范，但在法律和行政法规缺乏此类规定时，该规范的有关规定成为处理此类争议的重要依据。

中国现行建设工程工程量清单计价规范对于总价合同计价有明确的规定，与社会上普遍存在的认识以及源于FIDIC设计—施工合同（DB合同）、设计—采购—施工（EPC）或交钥匙合同中关于总价合同的认识完全不同，FIDIC设计—施工（DB合同）、设计—采购—施工（EPC）或交钥匙合同中，承包人承担了设计工作，因此应对工程数量负责（但工程变更或合同约定的价格调整除外）。

因此，在本案中，一方面在发包人承担设计义务的情况下，钢结构的工程量清单量偏差应按承包人本案合同第30.3款的约定，在发生变更的情况下，按照承包人履行合同义务中完成的实际工程量计算。另一方面，在固定总价合同模式下，在发包人提供概念图或初步设计，承包人提供施工图设计，固定总价合同项下工程数量及项目的增加和补充，到底是属于工程变更，还是某项工程本身就应具备的功能，因为发包人、承包人介入设计工作而变得复杂且经常存在争议。判断此类增加或补充是否构成变更的基本标准是看是否增加或补充改变了合同中约定的业主需求。在本案中，申请人要求增加其提供的概念图中原本不存在的视频监控等电子设备，属于业主需求的改变，构成工程变更，因此，申请人应向被申请人支付相应的工程价款。

【案例3】最高院《关于审理建设工程施工合同纠纷案件适用法律问题的解释（二）》（法释〔2018〕20号）第6条但书规定和索赔期限条款的效力[①]

【基本案情】

在某分包合同仲裁案中，承包人主张分包人应向其支付合同约定的工期延误违约金，分包人主张承包人未能按时提供现场等违约行为等导致工期延误，其有权要求分包合同工期顺延。

承包人主张分包人未能在合同约定的28天内发出索赔通知，因此丧失索赔工期延长的权利。分包人则主张根据最高院《关于审理建设工程施工合同纠纷案件适用法律问题的解释（二）》（法释〔2018〕20号）（现已失效）第6条，承包人延迟交付现场等属于“合理抗辩”，应予工期延长，并因此否决承包人提出的工期

① 本案为某仲裁机构作出的仲裁裁决摘录。

延误违约金请求。

【争议焦点】

第一，最高院《关于审理建设工程施工合同纠纷案件适用法律问题的解释（二）》（法释〔2018〕20号）第6条但书“合理抗辩”的适用范围。

第二，分包合同中约定的“如果发包人给予承包人工期延长，则分包人应享有相应的工期延长”是否构成索赔期限条款的弃权。

第三，双方签署的《会议纪要》达成的在工程竣工后解决分包商工期索赔问题是否意味着承包人放弃索赔期限条款。

第四，工程变更是否需要索赔通知。

【裁判观点】

仲裁庭认为，最高院《关于审理建设工程施工合同纠纷案件适用法律问题的解释（二）》第6条第2款规定：“当事人约定承包人未在约定期限内提出工期顺延申请视为工期不顺延的，按照约定处理，但发包人在约定期限后同意工期顺延或者承包人提出合理抗辩的除外。”根据本款解释，28天索赔时效的合同约定并非完全绝对使当事人丧失索赔权利的情形，在本款的但书中，承包人提出合理抗辩的除外。对此，该条司法解释应当理解为并未完全支持分包合同约定的索赔时效条款，而是规定存在“合理抗辩”理由时，当事人并不因未能遵守索赔时效条款而丧失索赔权利，而可以享有法律赋予的索赔权利。

至于什么是“合理抗辩”，应当理解为该条司法解释仅为明确索赔期限条款的效力，并未排除法律规定的一方当事人在建设工程施工合同中享有法律赋予的索赔权利。对于“合理抗辩”的解释，应在现有法律规定范围内予以解释。《合同法》（现已失效）第283条规定“发包人未按照约定的时间和要求提供原材料、设备、场地、资金、技术资料的，承包人可以顺延工程日期，并有权要求赔偿停工、误工等损失”。因此，在《合同法》明确规定在一方当事人违约，例如未能按时提供现场情况下，另一方当事人，即分包人可以要求工期顺延。

仲裁庭认为，分包合同第10.1条约定“如果发包人给予承包人工期延长，则分包人应享有相应的工期延长”。在本案中，发包人给予了承包人4个月的工期延长，因此，分包人依据分包合同的约定应享有相应的工期延长。在发包人给予承包人工期延长的条件下，分包合同第10.1条的约定构成了承包人对索赔时效条款的弃权。

仲裁庭认为，双方在分包合同履约过程中签署的《会议纪要》，明确载明了在工程竣工后处理分包人提出的工期延长索赔问题，构成了承包人对索赔时效条款的弃权。

仲裁庭还认为，分包合同第 14 条工程变更条款没有要求针对变更发出索赔通知，而仅在第 24 条索赔条款中约定需要发出索赔通知。工程变更是发包人或其代理人，例如监理工程师在授权范围内依据合同约定的工程变更条款向承包商发出的对工程的更改或改变，而索赔是发包人或承包人根据合同约定的索赔条款或准据法的规定对自己权利的一种主张。依据合同约定，发包人或其代理人发出工程变更指示，承包人负有履行工程变更的义务，而工程索赔是一方当事人对权利或损失的一种主张，另一方当事人无须予以遵守或者可以表示同意或反对。并且，工程变更是发包人或其代理人的单方权利，承包人无权变更工程，而工程索赔是发包人和承包人的双方权利，任何一方均可向另一方提出索赔要求，但索赔是否成立则是另外的问题，因此，工程变更不是工程索赔，两者的法律性质存在区别且不能混淆，发生工程变更时并不需要分包人发出索赔通知。

【纠纷观察】

本案涉及的合同约定 28 天索赔期限条款问题、《关于审理建设工程施工合同纠纷案件适用法律问题的解释（二）》第 6 条但书规定的“合理抗辩”的适用问题，均属于近年来建设工程合同争议中常见的热点和焦点，尤其是前者，在工期争议中最为突出。

关于合同约定的 28 天索赔期限条款的性质和效力问题，在理论和实践中一直存在不同观点和争议。最高院《关于审理建设工程施工合同纠纷案件适用法律问题的解释（二）》第 6 条一方面规定认可了合同约定的工期索赔期限条款的效力，另一方面又概括性规定了索赔期限条款的例外情形。①

至于什么是“合理抗辩”，最高院《关于审理建设工程施工合同纠纷案件适用法律问题的解释（二）》第 6 条并未给予进一步的说明，因此，实践中常在理解上产生争议。就但书的宗旨而言，第 6 条规定的“合理抗辩”是为了避免索赔期限条款不当地损害承包人的实体权利，进而平衡发包人和承包人的利益。②在本案中，仲裁庭对于“合理抗辩”的解释具有法律上的合理性，即该条司法解释仅是规定

---

① 高印立、石伟：《比较法视野下的建设工程合同索赔期限条款的适用——兼评〈建设工程施工合同司法解释二〉第 6 条第 2 款》，载北京仲裁委员会 / 北京国际仲裁中心组编：《北京仲裁》2019 年第 3 辑，中国法制出版社 2019 年版。

② 最高人民法院民事审判第一庭编：《最高人民法院建设工程施工合同司法解释（二）理解与适用》，人民法院出版社 2019 年版，第 134 页。

索赔期限条款的效力，并未排除法律规定的一方当事人在建设施工合同中法律赋予的应享有的索赔权利。

2020年《新施工合同司法解释（一）》第10条仍延续了《关于审理建设工程施工合同纠纷案件适用法律问题的解释（二）》第6条规定。在《民法典》施行和《新施工合同司法解释（一）》实施后，在仲裁案件中如何理解和适用“合理抗辩”仍有待观察。

四、热点问题观察

（一）《民法典》施行前发生的民事行为与《民法典》的法律适用

在《民法典》于2021年1月1日起施行后，对于在《民法典》施行前发生的因建设工程合同产生的民事行为的法律适用问题，应依据最高院发布的《最高人民法院关于适用〈中华人民共和国民法典〉时间效力的若干规定》（法释〔2020〕15号）（以下简称《若干规定》）的规定办理。《若干规定》第3条规定：“民法典施行前的法律事实引起的民事纠纷案件，当时的法律、司法解释没有规定而民法典有规定的，可以适用民法典的规定，但是明显减损当事人合法权益、增加当事人法定义务或者背离当事人合理预期的除外。”

在仲裁实践中，目前，一小部分建设工程合同争议案件中工程价款的支付、质保金的支付、竣工验收日期、延期支付工程价款等行为已发生或将要发生的民事行为已经跨越2021年1月1日《民法典》施行开始日期，可以适用《民法典》的规定处理有关争议。但大部分建设工程合同争议案件仍为《民法典》施行之前发生的法律事实引起的纠纷，仍然以《合同法》和《最高人民法院关于审理建设工程施工合同纠纷案件适用法律问题的解释》（法释〔2004〕14号）和《最高人民法院关于审理建设工程施工合同纠纷案件适用法律问题的解释（二）》（法释〔2018〕20号）等法律规定处理建设工程合同争议仲裁案件的法律适用。而对于当时的法律、司法解释没有规定而民法典有规定的可以适用民法典的规定，但需要注意的是，在适用《民法典》规定时，应引述《若干规定》，以便与《民法典》的法律适用相衔接。

（二）工程总承包模式产生更多和更为复杂的建设工程合同争议

自2016年中央和各地政府发布推广、试点工程总承包模式的政策性文件以来，工程总承包模式在我国进入蓬勃发展的新阶段。与此同时，有关工程总承包的诉讼纠纷案件呈现明显增长趋势。与传统施工项目相比，工程总承包项目的发包阶段大幅提前，这种被称为“单点责任”的固定总价合同在实践中产生了更多和更为复杂的争议，主要体现在：

1. 发包人尚未取得工程规划许可证、土地使用权证或者用地规划许可证的进行招标和签约，导致发生争议时被判定工程总承包合同无效，影响工程价款的收回。

2. 发包人以概念设计或初步设计为基础进行招标，而在承包人完成详细施工设计完成后发现工程数量大幅增加、许多工程子项或设备在概念图、初步设计和业主需求中尚未体现，从而产生工程数量、工程范围、增加的设备和设施的争议。在仲裁实践中，把握业主需求的标准和范围，并结合规划、方案设计和初步设计，以满足使用功能设计为出发点，成为解决此类问题的关键。

3. 工程总承包合同通常为固定总价合同。但在实践中，突破固定总价模式的价格调整争议成为发包人和承包人之间最为常见的争议焦点。最为常见的是承包人以项目条件不全、发包人提供的基础资料不全或错误、发包人要求不清等主张突破固定总价的约定。对此，在仲裁实践中，应以合同约定的发包人和总承包人对于基础资料正确性和准确性的风险分配为基础，或在合同约定不明的情况下，依据最高院司法解释和行政规范解决发包人与总承包人之间的争议。在政府投资项目中，审计机关在工程结算审计中根据现行规定，将工程总承包模式实际变更为按承包人完成的实际工程量或者按施工图结算模式等。在仲裁实践中，在使用《2020 版示范文本》或其他合同时，应以合同约定为基础判断是否应以审计机关的审计结果为准，并以合同约定的计量计价规则进行工程结算和工程价款的支付。

4. 工程总承包模式在我国发展尚不成熟，而与工程总承包相关的法律规定和制度尚不完善，《民法典》及其建设工程司法解释缺少相关的法律条文处理工程总承包合同出现的问题，建设工程计量和付款规则尚未建立，诉讼和仲裁实践尚在探索阶段。

（三）逐步取消定额计价向市场导向的合同清单价转变

2020 年 7 月 24 日，住建部办公厅发布《住房和城乡建设部办公厅关于印发工程造价改革工作方案的通知》（以下简称《造价改革方案》），明确了“加快转变政府职能，优化概算定额，估算指标编制发布和动态管理，取消最高投标限价按定额计价的规定，逐步停止发布预算定额”，强调建立更加科学合理的预算定额的计量和计价规则，增强我国企业市场询价和竞争谈判能力，提升企业国际竞争力。定额反映了一定时期内社会中的平均水平，但无法反映各个企业之间的竞争力的差异性，不能实时反映市场情况，没有实现真正的市场竞争。逐步取消定额计价，向以市场资源和企业自身竞争力为核心的市场导向的合同清单价转变。《造价改革方案》对预算定额的“一取一停”，并强调“搭建市场价格信息发布平台”，这项改革将一改自新中国成立以来形成的政府定额计价制度，建立更可持续合理的计量和计价规则，增强建设工程企业市场询价和竞争谈判能力，将使企业更好地适应市场需求，增强企业在国内和国际建设工程市场的竞争力。

逐步取消定额计价是全面深化改革在建设市场中的具体体现，体现了建设工程市场中政府协调与市场规律的协调配合。作为试点方案，将优化概算定额，估算指标编制发布和动态管理，而在建设阶段采用合同清单价确定工程价格，强化建设单位投资管控，从而使得我国建设工程市场的计价模式从“计划”主导转向“市场”主导。

（四）争议评审制度将成为多元化解决建设工程合同争议的重要方式

建设工程纠纷一般所涉金额较大、项目参与方众多、法律关系复杂、争议解决的专业性强。建设工程争议评审就是针对建设工程纠纷的特殊性而产生的一种争议解决机制，有利于早期预防、及时化解建设工程纠纷，近年来在国内建设工程领域受到广泛关注。为适应建设工程多元化争议解决方式，北仲发布了《北京仲裁委员会建设工程争议评审规则》。《2020 版示范文本》第 20.3 条规定了争议评审机制。

2021 年 4 月，首例适用中国国际经济贸易仲裁委员会（以下简称贸仲）《建设工程争议评审规则》的案件得到成功解决。本案涉及政府 PPP 项目，发包人和承包人就施工过程中，工程进度款支付比例相关条款的有效履行发生争议，如不及时解决，将会严重制约工程项目整体建设的正常推进。双方经协商一致，采取合同约定的争议评审方式解决，并共同协商适用《建设工程争议评审规则》。双方从贸仲推荐性的《建设工程争议评审专家名册》中指定评审专家，组成评审组。该案从当事人申请提供协助服务到评审组最终出具评审意见，仅用时 28 天。双方当事人对争议评审的高效给予一致肯定，并表示会按照评审意见执行。

在国际建设工程项目中，争议裁决委员会（Dispute Adjudication Board，DAB）[①]或称争议委员会（Dispute Board，DB）业已成为国际工程项目中普遍使用的建设工程争议解决方式，并为中国企业在国际工程项目中广泛使用。英国在1996年建筑法中以法律的形式将争议裁决制度规定为解决建设工程争议的一项法定制度，为快速、专业地解决建设工程争议提供了法律的保障。目前，在国际工程争议解决实践中，与DAB有关的争议焦点问题主要有DAB是否构成仲裁的前置程序[②]、DAB成员的任命和指定、DAB对争议事项的管辖权、DAB程序错误或瑕疵、DAB延迟作出决定、DAB决定的执行、当事人挑战DAB决定的公正性诉诸有管辖权法院要求予以撤销（英国）以及当事人不履行DAB决定诉诸仲裁解决。

争议评审曾在我国小浪底水利工程项目和二滩水电站工程项目得到了很好的运用，但在我国建设工程行业未获普及主要原因在于，一是当事人不熟悉争议评审制度运行程序和特点，二是我国现有的法律体系尚未形成与争议评审制度相衔接的法律制度，仅靠当事人合同约定，而非自上而下地建立相应的法律制度，使得争议评审制度难以得到普遍的适用，但随着《2020版示范文本》的推行，争议评审制度将成为建设工程多元化争议解决的重要方式。

（五）专家证人将成为仲裁案件中解决工期延误争议的主要方式

国际工程仲裁中普遍使用专家证人就建设工程的价格或工程价款以及工期延误争议给出专家评估报告，并由当事人通过询问或交叉盘问方式质询专家证人，最终由仲裁庭决定的方式解决建设工程争议。在国内工程造价咨询企业无法对工期延误作出分析和评估的情况下，通过当事人聘请工期延误专家证人或者仲裁庭选定工期延误专家证人，可以较好地解决当事人之间因工期延误产生的争议，能够更加专业地解决工期延误责任、工期延误天数和工期延误违约金等与工期相关的争议。

自2020年新冠肺炎疫情暴发以来，疫情期间工期延误及干扰损失成为建设工

---

① 在2017版FIDIC合同中，将争议裁决委员会称为争议避免与裁决委员会（Dispute Avoidance and Adjudication Boar，DAAB）

② 注：关于DAB是否构成仲裁前置程序问题，瑞士最高法院在Supreme Court，4A_124/2014，July 7 2014案件中判决在FIDIC合同项下DAB应成为仲裁前置程序。在英国Peterborough City Council v Enterprise Managed Services Ltd［2014］EWHC 3193案中判决FIDIC合同项下的DAB是仲裁前置程序。根据FIDIC合同第20.8条，在DAB未能成立或DAB任命期满时，当事人可将争议直接提交仲裁。

程当事人争议的焦点问题，包括工程暂停、复工、进度延误和施工降效等与工期相关的核心问题，也包括防疫措施费用、材料涨价、人工费上涨、赶工费用等与费用相关的问题。另外，与工期延误规则有关的国际惯例的引入和应用，例如英国建筑法学会《工期延误与干扰分析准则》以及美国成本工程师协会《工期司法鉴定操作规程》，一定程度上促进了在仲裁案件中对于工期延误采用专家证人的方式分析工期延误事件对于竣工日期造成的量化影响。在采用专家证人方式进行工期延误分析时，仲裁庭需要关注鉴定中证据的选择、施工工序逻辑关系分析、鉴定准则的采用以及进度管理技术的应用。对于仲裁庭而言，应运用有关进度计划及其管理知识，综合判断当事人聘用的专家证人作证的事实、逻辑和证据，准确把握双方当事人聘请的专家证人的作证内容，从而作出正确的裁决。

（六）2021 年起建筑材料价格大幅波动带来的挑战

受国际市场大宗材料价格上涨、供应链问题难以解决和通货膨胀影响，自 2021 年 2 月起，国内各地多种建筑材料价格快速上涨。建筑材料价格的大幅波动严重影响建设工程施工合同的正常履行。北京、江苏、无锡、苏州、浙江、甘肃等多个省市建设行政主管部门发文应对建材价格异常波动风险，引导发包人和承包人通过签订补充协议的方式合理分担价格上涨风险，保障施工合同的顺利履行。另外，建筑材料价格大幅上涨也导致发包人和承包人、承包人与分包人之间产生争议，一方当事人能否以情势变更主张价格调整成为建设工程争议的焦点问题之一。

关于材料价格上涨涉及了是否构成情势变更的法律问题，依据相关的法律规定，判断适用情势变更需同时满足四个要件：一是合同订立的客观基础或环境发生了重大变化；二是该变化应属于无法预见，但并非不可抗力、商业风险；三是该变化发生的时间应限于合同成立后、履行完毕前；四是该变化的后果是继续履行合同对一方当事人明显不公或不能实现合同目的。因此，上述法律验证标准是仲裁庭在确定本次材料价格上涨是否构成情势变更的标准。仲裁庭应根据上述法律验证标准，结合合同的具体约定判断发包人和承包人对于材料价格上涨的风险分配和责任承担。

五、总结与展望

2021 年是《民法典》施行和《新施工合同司法解释（一）》实施的第一年，

与此相关的法律适用将逐渐成为今后一段时期建设工程法律面临的主要课题。建设工程市场宏观政策的变化，PPP 市场回暖和新基建 REITs 创新融资工具的应用，《2020 版示范文本》的实施，工程总承包模式的普及以及逐步取消定额计价并向市场导向的合同清单价的转变，都将会给建设工程法律及其争议解决带来新的挑战。

展望 2022 年，建设工程市场规模在适度超前进行基础设施投资等宏观政策驱动下将进一步发展和扩大，建设工程争议的焦点问题依旧，仲裁将进一步成为当事人解决建设工程争议的重要方式。《建筑法》和《招标投标法》的全面修订工作将更加深入。上述法律的修订和完成将构建建设工程法律的新规则，重塑建设工程法律新格局。

中国房地产争议解决年度观察（2022）

马志成　马靖宇　冯宇明[①]

一、概述

（一）2021 年房地产行业发展概况

1. 2021 年，在中央继续坚持“房住不炒”和疫情常态化防控的大背景下，中国房地产市场经历了不平凡的一年。在政策和市场交互的动态化调整和修复中，行业优胜劣汰的大幕被市场无情拉开，降低财务杠杆、优化管理效率既是监管机构降低金融风险的要求，也成为市场主体生存与发展的大计。

2. 2021 年 1—12 月，全国房地产开发投资总额达到 147602 亿元（如无特别说明，本文币种均为人民币），比上年增长 4.4%，其中住宅投资 111173 亿元，增长 6.4%。2021 年全年商品房销售面积 179433 万平方米，比上年增长 1.9%，其中住宅销售面积增长 1.1%，办公楼销售面积增长 1.2%，商业营业用房销售面积下降 2.6%；商品房销售额 181930 亿元，比上年增长 4.8%，其中住宅销售额增长 5.3%，办公楼销售额下降 6.9%，商业营业用房销售额下降 2%。总体来说，全国房地产开发和销售稳中有增，住宅销售仍然坚挺，办公和商业营业用房销售略有下滑。[②]

---

① 马志成，北京金诚同达律师事务所高级合伙人。马靖宇，北京金诚同达律师事务所合伙人。冯宇明，北京金诚同达律师事务所律师。

② 本段数据来自国家统计局，载国家统计局官网，http://www.stats.gov.cn/tjsj/，访问时间：2022 年 1 月 21 日。

附表一：2021 年 1—12 月东中西部地区房地产投资开发情况

地区	投资额（亿元）	比上年增长（%）	住宅（亿元）	比上年增长（%）
全国总计	147602	4.4	111173	6.4
东部地区	80596	4.0	58956	5.5
中部地区	33638	7.7	27067	10.9
西部地区	33368	2.2	25150	4.2

附表二：2021 年 1—12 月东中西部地区房地产销售情况

地区	销售面积（万平方米）	比上年增长（%）	销售额（亿元）	比上年增长（%）
全国总计	179433	1.9	181930	4.8
东部地区	76682	2.2	106383	7.4
中部地区	54932	4.8	40306	5.2
西部地区	47819	–1.7	35241	–2.8

3. 房地产整体监管政策方面。基于“房住不炒”定位，2021 年上半年，银行信贷监管力度加大，各地限购限贷政策升级，高频化、精准化调控政策层出不穷。全国城市中，73 个省市累计 249 次持续缩紧限购政策[①]；同时叠加房企融资“三道红线”、房贷“两道红线”的影响，百强房企违约事件频发。以恒大暴雷为代表的违约事件，不仅涉及大量的金融违约，而且波及房企上下游企业，为房地产行业的整体信用风险敲响了警钟。受监管政策与市场下行的双重影响，2021 年规模房企销售增速出现负增长，平均目标完成率不到 90%，明显低于过去三年 105% 以上的平均水平。[②] 与此同步的是，土地成交规模也整体有所下滑。截至 2021 年 12 月 20 日，全国 300 个城市土地成交建筑面积和成交金额同比分别下降了 24% 和 10%。[③] 2021 年成为近五年来房地产企业面临的生存危机、资金危机最大的一年。

2021 年下半年，以央行第三季度例会定调的“两维护”（维护房地产市场的健

① 《2021 年中国房地产总结与展望 | 政策篇》，载克而瑞官网，http://www.cricchina.com/research/Details/10366，访问时间：2022 年 1 月 10 日。

② 《2021 年中国房地产企业销售 TOP200 排行榜》，载中房网，http://www.fangchan.com/data/14/2022-01-04/6883936708266889837.html，访问时间：2022 年 1 月 10 日。

③ 《2021 年中国房地产总结与展望 | 土地篇》，载克而瑞官网，http://www.cricchina.com/research/Details/10368，访问时间：2022 年 1 月 10 日。

康发展，维护住房消费者的合法权益）为开端，房地产融资出现松绑迹象，一系列稳定市场预期和疏解房企困难的政策陆续出台，在一定程度上稳定了市场信心。

4. 商业地产方面，随着城市开发建设不断深入，商业模式呈现多样化、非标准化的特征，对运营商的内容原创能力提出了更高的要求；轻资产上市成为商管领域的新风口，"商管 + 物管"的综合业务模式成为主流；随着消费市场的升级与分层，仓储会员店成为行业黑马，零售企业纷纷集中进入该领域寻求新的发展机会；受疫情、政策因素以及品牌自身发展策略的影响，头部品牌集中闭店，导致众多购物中心招商困难，也影响了商业地产的投资信心。

5. 2019 年开始，城市更新热度持续上升，鉴于城市更新过程涉及诸多部门和行业的协同，利益相关者甚多，因此项目流程比传统房地产开发项目更为复杂，各地纷纷成立城市更新的常设机构和行业协会，进一步推进多方有效协同；大型房企和城投公司纷纷布局城市更新领域，房企与房企联合、房企与金融机构联合、房企与地方政府联合操盘的趋势越发明显。

（二）2021 年房地产争议概况①

总体而言，2021 年房地产案件的数量仍然巨大，但受疫情对审理期限的影响以及最高人民法院推行一站式多元解纷机制，致使以法院裁决方式结案的案件数量相比之前的年份明显减少。从数量上来看，房屋买卖合同纠纷、房屋租赁合同纠纷、物业服务合同纠纷案件仍为最多；从标的金额来看，房地产开发经营合同案件仍是金额最大、争议最为复杂的纠纷类型。

笔者观察，2021 年的房地产争议主要有以下几个特点：一是由于房价下跌导致的买受人房贷断供、逾期的违约案件增多，法拍房数量激增；二是因房企降本增效导致的房屋质量问题和违规改造问题增加；三是由于市场下行，导致房企之间的合作开发争议案件增加；四是由于经济下行叠加疫情防控常态化影响，商业地产领域的违约案件增加；五是受困流动性危机的房企不断增多，导致房企与施工企业、材料供应商、金融机构之间的纠纷也不断增多。

据不完全统计，2021 年房屋买卖合同纠纷为 343690 件，较 2020 年的 653833 件大幅减少约 47.4%；房屋租赁合同纠纷为 155419 件，较 2020 年的 262105 件大

① 本节纠纷案件数量根据中国裁判文书网总结而成，包括 2021 年度一审、二审、再审、再审审查与审判监督及其他程序中产生的判决书、裁定书、决定书等。需要说明的是，因部分诉讼案件不予公开、部分撤诉案件不出具文书、部分调解案件文书不予互联网公布等原因，本节统计数据与法院实际受理的案件数量可能存在差异。访问时间：2022 年 1 月 21 日。

幅减少约 40.7%；物业服务合同纠纷为 501126 件，较 2020 年的 634618 件减少约 21%。

2021 年建设用地使用权合同纠纷为 2023 件，较 2020 年的 4460 件大幅减少约 54.6%；土地租赁合同纠纷为 12682 件，较 2020 年的 21817 件大幅减少约 41.9%；农村土地承包合同纠纷为 9563 件，较 2020 年的 43906 件大幅减少约 78.2%。

2021 年房地产开发经营合同纠纷为 2496 件，较 2020 年的 4550 件减少约 45.1%。其中，合资、合作开发房地产合同纠纷为 1647 件，较 2020 年的 3320 件大幅减少约 50.4%；委托代建合同纠纷为 439 件，与 2020 年的 416 件基本持平；项目转让合同纠纷为 193 件，较 2020 年的 355 件大幅减少约 45.6%。

2021 年涉及房企的金融借款合同纠纷为 21865 件，较 2020 年的 36959 件减少约 40%。

二、新出台的法律法规或其他规范性文件

（一）土地制度

1. 国务院颁布《中华人民共和国土地管理法实施条例》（2021 修订）

随着 2020 年《中华人民共和国土地管理法》（2019 修正）的正式生效，集体土地入市正式写入法律，迈出了集体土地和国有土地同权的重要一步。从争议解决的视角来看，基于集体土地的入市，市场将会增加诸多新型争议，包括转让合同的效力如何确定、行政备案对于集体土地交易的影响、集体土地交易与国有土地交易的共同点和差异等。

2. 农业农村部颁布《农村土地经营权流转管理办法》

2021 年 3 月 1 日，《农村土地经营权流转管理办法》正式实施，其中提出土地经营权流转应当坚持农村土地农民集体所有、农户家庭承包经营的基本制度，保持农村土地承包关系稳定并长久不变。规定了土地经营权流转的当事人、流转方式、签订流转合同等；承包方可以采取出租（转包）、入股或者其他符合有关法律和国家政策规定的方式流转土地经营权[①]；受让方应当为具有农业经营能力或者资质的组织和个人[②]；依照有关法律法规保护土地，禁止改变土地的农业用途[③]；在

① 《农村土地经营权流转管理办法》第 14 条。

② 《农村土地经营权流转管理办法》第 9 条。

③ 《农村土地经营权流转管理办法》第 11 条。

同等条件下，本集体经济组织成员享有优先权，[①] 双方应当签订流转合同，并向发包方备案。[②]

（二）房屋制度

1. 全国人民代表大会常务委员会颁布《关于授权国务院在部分地区开展房地产税改革试点工作的决定》

2021 年 10 月 23 日，全国人民代表大会常务委员会通过了《关于授权国务院在部分地区开展房地产税改革试点工作的决定》，标志着房地产税正式落地。

该《决定》明确征税对象为居住用和非居住用等各类房地产，不包括依法拥有的农村宅基地及其上住宅，纳税人为土地使用权人和房屋所有权人[③]。

房地产税作为 2021 年新增的税种，会增加房屋的持有成本，对房地产买卖市场、租赁市场、政府收入和政企关系等方面产生巨大影响。目前各地还没有明确的政策出台，税收法律关系如何构建还没有具体细节。能否达到调节收入差、实现“房住不炒”的根本目标还有待进一步观察。

2. 国务院办公厅颁布《关于加快发展保障性租赁住房的意见》

2021 年 6 月 24 日，国务院办公厅发布《关于加快发展保障性租赁住房的意见》，明确以下几点：

一是制度层面，明确保障性租赁住房将与公租房、共有产权房共同构成我国新的住房保障体系，主要解决符合条件的新市民、青年人等群体的住房困难问题。

二是进一步完善土地支持政策，简化审批流程。中央补助资金支持，降低税费负担，加强金融支持等[④]。

三是组织实施层面，做好政策衔接，强化部门协作。住建部负责加强对发展保障性租赁住房工作的组织协调和督促指导[⑤]。

3. 住建部等六部门联合颁布《关于加强轻资产住房租赁企业监管的意见》

为加强租赁企业的监管，避免长租公寓暴雷事件的发生，维护房屋租赁市场的稳定，2021 年 4 月 15 日住建部等六部门联合颁布《关于加强轻资产住房租赁企业监管的意见》，从企业管理、租赁行为、租赁资金监管等各方面加强对住房租

---

① 《农村土地经营权流转管理办法》第 9 条。

② 《农村土地经营权流转管理办法》第 12 条。

③ 《关于授权国务院在部分地区开展房地产税改革试点工作的决定》第 1 条。

④ 《关于加快发展保障性租赁住房的意见》第 3 条。

⑤ 《关于加快发展保障性租赁住房的意见》第 4 条。

赁企业的管理。

（三）房地产监管政策层面

2021 年上半年，监管政策力度持续加大，各地限购限贷政策层出不穷；下半年，伴随市场下行、房企暴雷事件频出，监管逐步放松，稳定市场预期的政策陆续出台。

1. 中国银保监会办公厅、住建部办公厅、中国人民银行办公厅联合颁布《关于防止经营用途贷款违规流入房地产领域的通知》

为防止经营用途贷款违规流入房地产领域，2021 年 3 月 26 日《关于防止经营用途贷款违规流入房地产领域的通知》正式实施。该《通知》提出银行业金融机构应加强借款人资质核查、信贷需求审核、贷款期限管理、贷款抵押物管理、贷中贷后管理、银行内部管理、中介机构管理等要求。

2. 中国银保监会办公厅《关于保险资金投资公开募集基础设施证券投资基金有关事项的通知》

2021 年 11 月 10 日，《关于保险资金投资公开募集基础设施证券投资基金有关事项的通知》正式实施，开放了基础设施基金投资业务，并对保险公司的投资能力、管理能力、公司治理机制、投资比例、风险管理、风险处置预案提出了要求。

（四）房地产相关司法解释

2021 年 1 月 1 日《民法典》生效后，最高人民法院更新了一系列司法解释，包括商品房买卖合同纠纷、国有土地使用权合同纠纷、房屋租赁合同纠纷、建筑物区分所有权纠纷等方面，其中房屋租赁合同纠纷、建筑物区分所有权纠纷司法解释主要对被《民法典》吸收的条款进行删改及对部分条文顺序进行调整，因此，笔者本节仅就商品房买卖合同纠纷、国有土地使用权合同纠纷司法解释进行分析：

1.《关于审理商品房买卖合同纠纷案件适用法律若干问题的解释》

更新后的《解释》删除了拆迁补偿安置协议与其他商品房买卖合同发生冲突时，对于被拆迁人享有的债权进行优先保护的规定；删除了出卖人恶意违约和欺诈致使买受人无法取得房屋的惩罚性赔偿规定；删除了商品房买卖纠纷面积误差处理原则的规定。随着我国不动产登记公示制度进一步完善，开发商“一房二卖”“缺斤短两”等现象逐渐减少，行政机构监管力度不断增强，新的司法解释中删除了与当前房地产市场不相适应的条款，也进一步体现了《民法典》合同自由、尊重当事人意思自治的精神。

2.《关于审理涉及国有土地使用权合同纠纷案件适用法律问题的解释》

更新后的《解释》删除了几种合同无效的情形，包括：转让方未取得出让土地使用权证书与受让方订立合同转让土地使用权；土地使用权人未经政府批准，与受让方订立合同转让划拨土地使用权；土地使用权人未经政府批准，以划拨土地使用权作为投资与他人订立合同合作开发房地产，进一步限制了国有土地使用权相关合同无效的情形。

三、典型案例

【案例1】合作开发过程中，标的土地被认定为闲置，是否构成客观上无法履行及如何确定合同当事人的责任？[①]

【基本案情】

2014年7月，发电厂、山汇公司与泸江公司签署《合作开发协议》，约定：（1）发电厂和山汇公司通过招拍挂方式获得标的土地建设用地使用权，并作价参与合作开发；（2）泸江公司负责开发建设并支付一切费用；（3）所建房屋优先用于职工购房需求。

协议签订后，泸江公司即进行前期开发，支出了大量费用。由于职工购房需求，需要协调规划部门对控制性详规进行调整，但该项工作迟迟未能完成，导致项目开发一直未能动工，双方产生争议。2020年2月，发电厂向泸江公司发出《解除协议告知函》，称泸江公司一直未能动工开发构成违约，故解除《合作开发协议》。随后，泸江公司向云南省红河哈尼族彝族自治州中级人民法院起诉，要求确认《解除协议告知函》无效，并要求继续履行合同。在案件二审阶段，自然资源局先是发出《限期动工开发通知书》，9个月后又发出《闲置土地认定书》，认定标的土地存在超过约定开工日期满两年未开工的情况，属于闲置土地，将按照《闲置土地处置办法》有关规定进行处置。

【争议焦点】

1.《解除协议告知函》是否产生解除合同的效果

发电厂与山汇公司认为：泸江公司一直未能推进项目进展，构成违约，因此

① 云南省高级人民法院（2021）云民终131号民事判决书。

其享有解除权。

泸江公司认为：《合作开发协议》合法有效，标的土地已签订出让合同并取得土地使用权证。长期未开工的原因系发电厂、山汇公司一直未将土地使用权变更至泸江公司名下；双方签订的协议不存在约定的解除权，发电厂、山汇公司无权单方解除协议。

2. 标的土地被认定为闲置土地后，《合作开发协议》客观上能否继续履行

发电厂、山汇公司认为：由于泸江公司的违约行为导致标的土地已被认定为闲置土地，极可能被政府无偿收回，《合作开发协议》客观上履行不能。

泸江公司认为：导致土地闲置的原因是发电厂、山汇公司没有积极协助其办理土地手续，泸江公司不存在违约行为；标的土地尚未被收回，继续履行协议惠及协议各方及广大职工，更符合双方的利益。

【裁判观点】

本案一审云南省红河哈尼族彝族自治州中级人民法院认为：《合作开发协议》合法有效，泸江公司为标的土地的开发已支出大量费用，发电厂和山汇公司职工亦有购房的实际需求，双方当事人在履约过程中无违约行为，也无法定解除事由，《解除协议告知函》不产生解除合同的效果，一审判决继续履行《合作开发协议》。

二审过程中，山汇公司收到自然资源局发出的《限期动工开发通知书》和《闲置土地认定书》。云南省高级人民法院认为：标的土地被认定为闲置土地，导致双方签订的协议客观上履行不能。虽然合同未约定解除权的行使，但因泸江公司的迟延履行，发电厂、山汇公司有权行使法定解除权，向泸江公司发出的《解除协议告知函》合法有效，产生解除合同的法律效果。二审改判解除《合作开发协议》。

【纠纷观察】

近年来，房地产市场的整体下行、融资收紧、土地监督检查的从严实施，导致合作开发中标的土地被认定为闲置的情况越来越多。在标的土地被认定为闲置后，对合作开发协议的影响如何，本案中的判决方向可以作为一个参考。本案中云南高院改判的关键是自然资源局作出的《闲置土地认定书》，云南高院认为该认定书将导致协议客观上履行不能。

受信息所限，笔者无法了解本案全部证据情况，但仅就案例本身信息来说，笔者认为，闲置土地的认定本身并不直接导致协议的不能履行，仅仅是导致土地使用权处于不稳定状态，需要待土地使用权回归稳定后再行处理。根据《闲置土地处置办法》的规定，《闲置土地认定书》仅确认土地存在闲置的事实，但不直接对土地使用权产生影响。后续根据不同的处理方式，自然资源主管部门会另行作

出《征缴土地闲置费决定书》或《收回国有建设用地使用权决定书》。因此，合作开发合同是否履行不能，尚取决于自然资源主管部门最终是否决定收回土地使用权，闲置土地的事实认定本身并不直接导致协议的履行不能。

同时，需要指出的是，若供地方就闲置土地的事实认定及后续的处理方式与政府存在行政争议，则合作开发纠纷可能需要中止审理，待行政争议解决后，再行继续审理。

此外，因双方诉请未涉及责任分担问题，本案中云南高院仅判决合同解除而未对双方法律责任予以裁判。现实中，造成土地闲置的原因可能有更多情形，需要结合土地取得方式、合同履行情况、规划方案审批情况、政府政策变化等情形具体分析土地闲置的合同责任。笔者认为，可以从三种不同的导致土地闲置的情形，来分析、评价合作开发中供地方的责任：一是合作协议约定供地方负有协调政府变更既有规划条件的义务，双方在变更后的规划条件下进行合作开发，实现合同目的，但规划条件未能变更，导致动工延迟、土地闲置的。此时应认定供地方未能履行己方义务，承担相应的违约责任。二是政府对拟开发地块所在区域的规划变更等原因，导致土地开发的预期收益严重下降，致使土地延迟动工被认定闲置的，应结合相关事实判断是否属于情势变更的情况，不应当简单地将上述责任归咎于合作的任一方。三是土地上尚有其他建筑物或构筑物，供地方未能满足合作协议约定的土地供给条件，应当认定构成违约。若上述情况系政府出让土地时导致，供地方可依据出让合同另行向政府主张违约责任。

【案例2】在《民法典》及相关司法解释框架下，转让方尚未取得土地使用权或相关行政审批的，是否导致土地使用权转让合同无效？①

【基本案情】

2014年，徐某启和四季公司签署《合作开发协议》，约定：（1）四季公司将标的土地使用权转让给徐某启进行开发，全部产权归徐某启所有；（2）四季公司保证具备商品房开发资质、依法取得案涉地块土地使用权；（3）四季公司负责办理土地使用权证及项目所需的规划手续，其余手续由四季公司牵头协助徐某启办理；（4）徐某启负责项目的全部开发建设费用；（5）项目建成后四季公司可分得部分房屋与现金。

---

① 河南省高级人民法院（2020）豫民终697号民事判决书。

协议签订后，徐某启向四季公司支付了土地使用权转让费。在开发过程中，项目因工程质量检查多次不合格而停工。后四季公司因徐某启拒绝复工，故要求解除《合作开发协议》。徐某启遂向河南省新乡市中级人民法院起诉，要求认定合同无效。四季公司提起反诉，要求确认合同已经解除。后本案上诉至河南省高级人民法院。至起诉前，四季公司未取得标的土地使用权证书。

【争议焦点】

1.《合作开发协议》是否有效

徐某启认为：四季公司始终未取得标的土地使用权，因此《合作开发协议》违反法律强制性规定，应当视为无效合同。四季公司应当返还徐某启已交纳的土地使用权转让费，并承担损失。

四季公司认为：《合作开发协议》合法有效。

2. 若《合作开发协议》有效，四季公司能否解除合同

徐某启认为：《合作开发协议》无效，因此不涉及合同解除问题。

四季公司认为：徐某启未能及时复工，其有权解除合同，反诉要求法院判令徐某启排除妨碍并赔偿损失。

【裁判观点】

一审法院认为：从徐某启与四季公司签订的《合作开发协议》的相关条款可以看出，四季公司履行该协议仅需提供土地使用权，相应获得一定的金钱和房产回报，无须承担经营风险。因此，虽然上述协议名义是合作开发协议，但按照协议内容应认定为土地使用权转让合同。根据最高人民法院 2005 年发布的《关于审理涉及国有土地使用权合同纠纷案件适用法律问题的解释》（以下简称《国有土地使用权合同纠纷司法解释》）第 9 条[①]规定，四季公司在本案起诉前未取得土地使用权，亦没有批准权的政府对其土地使用权转让予以同意，《合作开发协议》违反法律的强制性规定，应视为无效合同。

但二审河南省高级人民法院经审理认为：（1）《民法典》颁布后，为保证司法解释不违背《民法典》的精神，最高人民法院删除了原司法解释第 9 条；同时，根据《关于适用〈中华人民共和国民法典〉时间效力的若干规定》（以下简称《民法典时间效力规定》）第 8 条的规定，“民法典施行前成立的合同，适用当时的法律、

① 《国有土地使用权合同纠纷司法解释》（已被修改）第 9 条：转让方未取得出让土地使用权证书与受让方订立合同转让土地使用权，起诉前转让方已经取得出让土地使用权证书或者有批准权的人民政府同意转让的，应当认定合同有效。

司法解释的规定合同无效而适用民法典的规定合同有效的，适用民法典的相关规定”，因此四季公司在起诉前未取得涉案建设项目土地使用权的情形不影响《合作开发协议》的效力，二审法院依职权予以纠正。（2）四季公司在协议履行中仅提供土地使用权，对案涉项目不享有实际权利，且双方也未约定案涉项目的开发建设期限，故四季公司主张经催告徐某启恢复施工未果的情形，不足以影响合同目的的实现，解除合同的理由不能成立，最终二审法院改判驳回了双方的诉讼请求。

【纠纷观察】

《物权法》明确了债权合同效力与物权变动相分离的原则，该原则也在《民法典》中得到进一步的延续。相应地，对于当事人之间有关转让国有土地使用权的合同，是否取得国有土地使用权证书，不应影响合同本身的效力。因此，在最高人民法院修改《国有土地使用权合同纠纷司法解释》时，删除了第 9 条、第 11 条、第 16 条，对于转让方未取得土地使用权证书与受让方订立合同转让土地使用权、土地使用权人未经政府批准与受让方订立合同转让划拨土地使用权、土地使用权人未经政府批准以划拨土地使用权作为投资与他人订立合同合作开发房地产这三类情况，均不再将其视作合同无效的情形，保障了法律体系的完整，促进合作开发的各方当事人履行己方的权利义务，有利于市场交易的稳定。

同时笔者认为，在有关国有土地使用权合同纠纷的裁判中，提供土地的一方未能及时取得土地使用权证书的，尽管在法律规定上不构成相关合同无效的事由，但是如果能合理地确信土地提供一方在未来也无法如约提供土地使用权，那么即使合同有效，裁判机构也宜向当事人进行释明，由当事人决定是否变更或追加请求，解除相关合同，而不必强求继续履行，以致在未来引发更大的争议。

【案例 3】房地产开发企业破产重整，已签订购房合同并缴纳全部房款的买受人的权益如何维护？①

【基本案情】

2014 年，首威公司购买了正土公司 14 套房屋，签署了《商品房预售合同》、办理了网签备案手续并缴纳了全部房款。在房屋交付前，法院受理了正土公司破产重整一案。首威公司向破产管理人要求正土公司继续履行《商品房预售合同》交付案涉房屋。正土公司破产管理人初审不认可首威公司的主张，要求申报普通债权，首威公司向管理人提出异议，管理人复审维持初审确认结果，首威公司遂

① 山东省高级人民法院（2021）鲁民申 2934 号民事裁定书。

诉至威海经济技术开发区人民法院。后该案经一审、二审程序，法院均驳回了首威公司的诉讼请求，首威公司遂向山东省高级人民法院申请再审。

【争议焦点】

1. 案涉 14 套房屋是否属于破产财产

首威公司认为：（1）根据最高人民法院 2002 年发布的《关于审理企业破产案件若干问题的规定》（以下简称《破产案件规定》）第 71 条规定，案涉房屋属于“特定物买卖中，尚未转移占有但相对人已经支付对价的特定物”，因此不应列为破产财产；（2）根据最高人民法院 2015 年发布的《关于人民法院办理执行异议和复议案件若干问题的规定》第 29 条[①]的立法精神，案涉房屋虽未办理预告登记，但已采取网签备案的公示方式，与预告登记的效力基本相同。

正土公司认为：首威公司虽已签订购房合同并支付全部购房款，但房屋所有权并未转移，根据《企业破产法》第 107 条的相关规定，应当认定为破产财产。

2. 首威公司要求继续履行合同的诉讼请求是否成立

首威公司认为：（1）《商品房预售合同》合法有效，首威公司已经支付了全部房款，履行了合同约定的全部义务，不属于《企业破产法》第 18 条[②]规定的当事人双方均未履行完毕的情形，正土公司应继续履行合同，交付房屋；（2）正土公司正在进行的是破产重整程序，尚未破产清算，目前房屋主体已经完工并正在进行内部配套施工，正土公司完全具备履行能力，可以向首威公司交付该房屋。

正土公司认为：正土公司被受理破产时，案涉房屋尚未竣工、不具备交付条件，事实上也无法交付。

【裁判观点】

一审、二审法院以及受理再审申请的山东高级人民法院均认为：（1）双方签订的《商品房预售合同》合法有效，并办理了备案登记，但预售登记备案属于行政管理范畴，并不能直接发生物权变动的效力；《破产案件规定》第 71 条的规定与后颁布的《物权法》所确立的不动产物权变动登记生效原则不符，应以《物权法》为准，

---

① 《关于人民法院办理执行异议和复议案件若干问题的规定》第 29 条：金钱债权执行中，买受人对登记在被执行的房地产开发企业名下的商品房提出异议，符合下列情形且其权利能够排除执行的，人民法院应予支持：（一）在人民法院查封之前已签订合法有效的书面买卖合同；（二）所购商品房系用于居住且买受人名下无其他用于居住的房屋；（三）已支付的价款超过合同约定总价款的百分之五十。

② 《企业破产法》第 18 条：人民法院受理破产申请后，管理人对破产申请受理前成立而债务人和对方当事人均未履行完毕的合同有权决定解除或者继续履行，并通知对方当事人。

故案涉14套房屋的所有权仍归属于正土公司，应被认定为破产财产。（2）现正土公司已经进入破产程序，实质上构成阻却普通债权人主张继续履行合同的法定事由，并且正土公司进入破产程序之时，案涉房屋尚未竣工验收，也不符合实际交付并办理产权过户的条件，故首威公司要求继续履行合同并交付房屋的请求不应得到支持。

【纠纷观察】

2021年，大型房企暴雷事件频出，部分房企面临破产重整或清算，由此产生了大量买受人已签订购房合同并缴纳全部房款，所购房屋是否属于破产财产的争议。对此，各地法院处理不尽相同，最高人民法院也在不同时间，作出了不同的裁判：在（2017）最高法民申1429号裁定书中，法院认为上述房屋属于《破产案件规定》第71条第5项“特定物买卖中，尚未转移占有但相对人已完全支付对价的特定物”中所述的特定物，虽然《破产案件规定》是为配合试行的《企业破产法》而颁布的司法解释，但在现行的《企业破产法》正式生效后，《破产案件规定》也未被废止，因此，该类房屋不应当被认定为破产财产；而在（2020）最高法民申3802号裁定书中，最高人民法院认为现行《企业破产法》及其司法解释，对于不应当认定为破产财产的情形进行了重新规定，故不应适用《破产案件规定》第71条规定，该房屋属于破产财产。

笔者认为：由于我国法律采取民商合一的体例，因此在破产程序中，购房人请求交付房屋的债权，与其他商事主体对房地产企业在生产经营活动中形成的其他债权并未区分对待。但是，商品房买受人作为消费者购买自住房屋，并非经营行为，因此不应过分承担房地产开发企业的破产风险——这属于商业风险；消费者的身份也决定了其买房时不可能要求房地产企业提供任何形式的担保，其债权在破产清算程序中必然沦为优先级最低的普通债权；而商品房预售的特定交易方式，导致买卖双方在合同义务中的非同步性与标的物交割的延时性，这意味着开发商逾期交房，比起购房人逾期付款更频繁发生，也更难以得到救济，以上因素都大大增加了购房人承担的风险。

笔者认为，解决这类纠纷不仅需要准确地适用法律，更涉及以何种价值导向去平衡各方当事人的利益。在这一点上，执行程序相关规定的精神或可参照。《最高人民法院关于人民法院办理执行异议和复议案件若干问题的规定》第28条[①]规

① 《最高人民法院关于人民法院办理执行异议和复议案件若干问题的规定》第28条：金钱债权执行中，买受人对登记在被执行人名下的不动产提出异议，符合下列情形且其权利能够排除执行的，人民法院应予支持：（一）在人民法院查封之前已签订合法有效的书面买卖合同；（二）在人民法院查封之前已合法占有该不动产；（三）已支付全部价款，或者已按照合同约定支付部分价款且将剩余价款按照人民法院的要求交付执行；（四）非因买受人自身原因未办理过户登记。

定了买受人支付全部价款，且非因自身原因未能办理过户的情况下可以排除对不动产的执行；第 29 条[①]特别规定了作为商品房消费者的买受人，查封前签订买卖合同且已支付的价款超过合同约定总价款的百分之五十即可以排除对不动产的执行。由此可以看出，对于已经支付了百分之五十价款的消费者买受人以及支付了全款的一般买受人，前款规定虽不足以支持其确认物权，但足以排除任何债权的执行，处于优先顺位受到保护。因此相应地，在破产程序中，在价值导向上，也可以对支付了全款，但是房屋尚无法交付的购房人提供同等的保护，即适用《破产案件规定》第 71 条的规定，认定该等房屋不属于破产财产。

但如果要彻底解决如何适用法律认定该类财产性质，如何就买受人购房合同项下债权的清偿顺序进行安排的问题，我们仍然期待立法机关或最高人民法院给予明确规定。

【案例 4】未经招拍挂程序、标的土地尚未完成征转或出让行为未得到有权机关审批的国有土地使用权出让合同，效力如何确定？[②]

【基本案情】

2003 年 1 月，铜川市人民政府（以下简称铜川政府）与西部投资集团有限公司（以下简称西部投资集团）签署《协议书》，协议约定：（1）铜川政府欢迎西部投资集团在新区开发建设世纪花园项目并积极协助其办理用地手续，村庄拆迁由铜川政府组织实施，具体问题双方另行协商；（2）西部投资集团为铜川政府办公区建设垫资约 1200 万元工程款，并以该工程款抵顶世纪花园项目地块的土地出让金，抵顶地价为 4.5 万元 / 亩，剩余土地地价为 5.6 万元 / 亩，代征地部分地价约 3 万元 / 亩；（3）西部投资集团在 2003 年内通过支付现金或转移贷款付清剩余地款，铜川政府同时办理土地使用权证书等有关手续。

2003 年 4 月 1 日，铜川市新区土地管理局（以下简称新区土地局）在未经招拍挂程序的情况下，向西部投资集团出具《铜川市新区土地局国有土地使用权挂牌出让成交确认书》，确认西部投资集团以 5.6 万元 / 亩的价格取得世纪花园项目

① 《关于人民法院办理执行异议和复议案件若干问题的规定》第 29 条：金钱债权执行中，买受人对登记在被执行的房地产开发企业名下的商品房提出异议，符合下列情形且其权利能够排除执行的，人民法院应予支持：（一）在人民法院查封之前已签订合法有效的书面买卖合同；（二）所购商品房系用于居住且买受人名下无其他用于居住的房屋；（三）已支付的价款超过合同约定总价款的百分之五十。

② 最高人民法院（2021）最高法民终 347 号民事判决书。

的土地使用权。4 月 9 日，新区土地局与西部投资集团签署《国有土地使用权出让合同》，协议约定：（1）土地使用权出让的综合地价应按照 2003 年 1 月的《协议书》执行，已付工程垫资款冲抵部分出让金，出让金标准为 4.5 万元 / 亩，代征地部分的出让金标准为 3 万元 / 亩，剩余部分的出让金标准为 5.6 万元 / 亩；（2）该项目涉及的部分村庄征迁问题，双方商定由新区土地局具体组织实施，费用另行商定并续签合约执行；（3）地面附着物由双方共同核查，按照铜川市新区管理委员会（以下简称新区管委会）有关政策据实结算，进地前由西部投资集团一次性付清；（4）出让金分期支付。《国有土地使用权出让合同》附件包括《世纪花园情况说明》及铜川政府与西部投资集团的《协议书》。

2006 年 8 月，西部投资集团与新区土地局统一征地办公室签署《统征协议》，约定西部投资集团委托统征办公室就世纪花园项目实施统一征地。

协议签订后，西部投资集团支付了部分出让金；2009 年陕西政府批准了案涉世纪花园项目农用地转为建设用地；2010 年 1 月，铜川政府召开会议，决定解除原先宗地的出让合同，依法公开招拍挂出让；2010 年 3 月，新区土地局向新区管委会上报《关于新区八宗供地遗留问题具体处置方案的请示》，请示载明：（1）解除案涉项目的《国有土地使用权出让合同》，由新区管委会与项目单位签订《终止合同的协议书》；（2）核实缴款数额，为下一步退款工作做好准备；（3）依法按程序进行公开出让，原项目单位可以作为意向用地单位参加公开竞买。

西部投资集团因协议后续的退款和赔偿问题与新区管委会、铜川市自然资源局产生争议，遂诉至法院。

【争议焦点】

《国有土地使用权出让合同》是否有效。

西部投资集团认为：合同不违反法律、法规的强制性规定，合法有效。

新区管委会与自然资源局认为：（1）案涉《协议书》是招商框架协议，并不能将其等同于对土地使用权出让合同的批准文件；（2）案涉合同签订时，案涉土地仍属农用地，尚未进行农用地的征用及农用地转建设用地的手续；（3）案涉土地未依法进行公开招拍挂，违反效力性强制性规定。

【裁判观点】

一审陕西省高级人民法院、二审最高人民法院均认为：（1）案涉的一系列合同均为各方当事人真实意思表示，内容互相印证且不违反法律、行政法规的强制性规定，应为有效；（2）案涉土地虽然在合同签订时系农用地，但是双方当事人在合同中约定对项目进行分期分批开发建设，新区土地局根据每期开发的面积和已付的土地出让金数额，逐批次上报省厅用地，同时按照省厅批准的实际用地面积分批核发“建设用地批准书”和“国有土地使用权证”，不违反法律、行政法规的强制性规定；（3）铜川政府与西部投资集团签订的《协议书》作为《国有土地使用权出让合同》的附件，其成为该出让合同的组成部分，有批准权的土地管理部门作为市级人民政府的职能部门，市级人民政府的意思表示可以代表土地管理部门的意思表示，故可以认定案涉土地使用权出让合同取得了土地管理部门的同意。由于案涉土地在当时并没有完成相关土地审批及征收手续，并不具备公开竞价的条件，因此认定西部投资集团通过协议方式取得案涉土地而非挂牌方式，出让合同有效。

【纠纷观察】

《国有土地使用权出让合同》的效力如何确定一直是法律实践中的争议焦点问题，本案中涉及出让合同效力的两个关键点，笔者下面分别加以评析。

其一，国有土地未经招拍挂程序，出让合同是否有效？

《城市房地产管理法》第 13 条规定：“土地使用权出让，可以采取拍卖、招标或者双方协议的方式。商业、旅游、娱乐和豪华住宅用地，有条件的，必须采取拍卖、招标方式；没有条件，不能采取拍卖、招标方式的，可以采取双方协议的方式。采取双方协议方式出让土地使用权的出让金不得低于按国家规定所确定的最低价。”笔者认为，该规定本身系管理性规定，并不必然影响出让合同的效力，且最高人民法院《国有土地使用权合同纠纷司法解释》第 3 条[①]也仅将“约定的出让金低于最低价”列为“价格条款无效”的情形，而未规定未经招拍挂程序签署的出让合同一概无效。因此，从效力性强制规定的角度上看，未经招拍挂程序不必然导致土地出让合同无效。

但需要注意的是，根据《城市房地产管理法》的规定，只有不具备招标、拍卖条件的土地，方可以协议方式出让，公开交易仍然是土地使用权出让首选的、原则性的交易方式。如果标的土地不具备协议出让的合理性和必要性，那么采取协议方式出让可能会被裁判机构认定为破坏了公平公正的土地出让秩序，侵害了不特定人同等条件下参与竞买的权利。裁判机构可以视时效性依据《合同法》第 52 条第 1 款第 4 项“损害社会公共利益的合同无效”或《民法典》第 153 条第 2

---

① 《国有土地使用权合同纠纷司法解释》第 3 条：经市、县人民政府批准同意以协议方式出让的土地使用权，土地使用权出让金低于订立合同时当地政府按照国家规定确定的最低价的，应当认定土地使用权出让合同约定的价格条款无效。

款“违背公序良俗的民事法律行为无效”之规定，认定出让合同无效。

其二，标的土地尚未完成征转，或出让行为未得到有权机关审批的，出让合同是否有效?

首先，土地出让合同是诺成合同，而标的土地是否完成征转，只影响合同的履行，而不影响合同的效力。正是基于此，本案中双方对于案涉项目达成了分批开发建设，分批取得“建设用地批准书”和“国有土地使用权证”的约定。这种认识也是符合商业逻辑的。

其次,《土地管理法》第 44 条①、《城市房地产管理法》第 12 条②有关土地征转与供地审批的规定，是规范政府有关土地出让审批行为的管理性规定而非民事合同的效力性规定；相关审批程序是否完成，只影响出让合同后续是否能够顺利履行。同时，根据本案中的裁判观点，即便认为土地出让合同属于《合同法》第 44 条第 2 款③规定的“以批准作为生效条件的合同”，有权人民政府的审批行为也只是出让合同的生效要件。在有权的人民政府审批前，土地出让合同只是处于“未生效”状态，在签署后只要补齐了审批手续，出让合同即告生效，但不会因为签署当时尚未履行审批手续而被确认无效。

因此笔者认为，对于签署时尚未经过土地征转及相关审批的土地出让合同，不宜认定其为无效，尤其对于后续履行中，各方已经或尚有条件完成相关征转、审批程序的合同，应肯定其有效性，以保障交易稳定性。

【案例 5】商业物业因新冠肺炎疫情整体停业，运营方是否应承担违约责任？④

【基本案情】

2016 年 12 月，甲公司与乙公司签署了《合作经营协议书》，约定甲公司作为商场运营主体，向乙公司提供 A 商场的专柜商铺作为经营场地，双方按照销售收

---

① 《土地管理法》第 44 条第 1 款：建设占用土地，涉及农用地转为建设用地的，应当办理农用地转用审批手续。

② 《城市房地产管理法》第 12 条第 1 款：土地使用权出让，由市、县人民政府有计划、有步骤地进行。出让的每幅地块、用途、年限和其他条件，由市、县人民政府土地管理部门会同城市规划、建设、房产管理部门共同拟定方案，按照国务院规定，报经有批准权的人民政府批准后，由市、县人民政府土地管理部门实施。

③ 《合同法》第 44 条第 2 款：法律、行政法规规定应当办理批准、登记等手续生效的，依照其规定。

④ 北京仲裁委员会 / 北京国际仲裁中心（BAC/BIAC）2021 年裁决案例。

入进行分成，合作期限 60 个月。

《合作经营协议书》签署后，甲公司向乙公司交付了场地，乙公司随即投入资金进行装修，并雇用员工进行经营。2020 年 1 月，甲公司通知乙公司称，A 商场自开业起连年亏损，已给甲公司造成了巨大损失，无法继续正常经营，因此 A 商场将于 2020 年 2 月正式停止营业。乙公司回函要求甲公司承担违约责任，但甲公司未予回应。乙公司遂提起仲裁，要求甲公司赔偿其财产损失、装修损失、停业损失等。

【争议焦点】

1. 商场的整体关闭是否构成违约

乙公司认为，A 商场关闭，主要原因是甲公司经营不善。甲公司单方面终止合同，构成违约，应当承担违约责任。

甲公司认为，A 商场的停业是基于不可抗力原因。自 2016 年开业以来，A 商场一直处于亏损状态；2019 年底新冠肺炎疫情暴发，受疫情影响，如继续经营将进一步导致损失扩大；即便 A 商场不停止营业，商场各商户也无法维持日常经营。

2. 就乙公司遗留在现场的物品，甲公司是否应当承担赔偿责任

乙公司认为，其在商铺内的货架、门、墙纸等，是专门定做的，无法另作他用，甲公司应当予以赔偿。

甲公司认为，根据双方《合作经营协议书》约定，协议终止后，乙公司逾期未搬走的物品视为乙公司已经放弃其所有权，甲公司不应承担赔偿责任。

【裁判观点】

1. 关于甲公司是否构成违约问题，仲裁庭认为，甲公司在 2020 年 1 月初发送的停业通知中，载明的停业理由为“A 商场连年亏损”，而未提及疫情的影响；2020 年 1 月新冠肺炎疫情尚未大规模暴发，甲公司单方终止合同，并非基于不可抗力原因，应认定构成违约。

2. 关于遗留物品的赔偿责任，仲裁庭认为，《合作经营协议书》约定了合作协议终止后，乙方应搬离全部物品，否则视为放弃；合同终止后，承租人将动产搬离现场是常规处理方法，即使是定做的道具也是如此。因此，仲裁庭未支持乙公司的该项赔偿请求。

【纠纷观察】

本案中，由于 A 商场经营状况的恶化并非疫情原因，因此，仲裁庭未采纳甲公司的该等抗辩理由，裁决其解除行为构成违约，应承担违约责任。但据笔者观察，2020 年以来，受新冠肺炎疫情本身及防控措施的影响，一些大型商业物业中，

大量商户无力持续经营而关闭，进而导致运营方无力维持商业物业的整体运营，运营方也因此被迫解除部分经营尚好的商户的租赁合同。而最高人民法院《关于依法妥善审理涉新冠肺炎疫情民事案件若干问题的指导意见（二）》（以下简称《意见（二）》）中仅规定了承租人无力履行合同的情况，对于出租人（运营方）无力继续经营的情况尚无直接规定。

笔者认为，该种情况应当优先根据《关于依法妥善审理涉新冠肺炎疫情民事案件若干问题的指导意见（一）》（以下简称《意见（一）》）第3条第2项[①]的规定进行处理，但符合条件的，也可直接适用《民法典》中的情势变更规则。

首先，新冠肺炎疫情不属于商业风险；其次，出租方的经营行为，是对标的房屋进行出租并收取租金，因此各租户持续经营情况、租金支付情况的总和即反映为其经营状况。当多数租户受疫情影响关闭店铺、停付租金时，出租人也因此丧失经营收入，进而影响其履约能力，使其无法继续维持商业物业的整体运营，属于疫情造成的履行困难。因此，该等情况下，新冠肺炎疫情对于运营方的影响，符合《意见（一）》第3条第2项的规定，裁判机构可据此裁决对合同进行变更。

笔者希望强调的是，商业物业运营的许多公摊成本是不可分割的，如中央空调和新风系统的提供、建筑物主体结构及公共区域的维护、安保服务的提供等。强求运营方基于小部分商户的需要而继续经营，并承担大量的公共服务成本，将造成双方利益的失衡。因此，如果运营方要求解除合同的主要原因是“继续履行合同对于当事人一方明显不公平”，而不仅仅是“履行困难”，根据《民法典》第533条情势变更的规定，裁判机构可综合考量运营方持续经营的可行性与公平性，支持运营方解除租赁合同的请求，并根据《民法典》合同编的规定公平地分配责任。

此外，《民法典》中的情势变更解除权属于形成诉权，而不属于抗辩权。因此，如运营方没有在诉讼或仲裁程序中提出解除或变更合同的请求，仅以疫

---

① 《关于依法妥善审理涉新冠肺炎疫情民事案件若干问题的指导意见（一）》第3条第2项：疫情或者疫情防控措施仅导致合同履行困难的，当事人可以重新协商；能够继续履行的，人民法院应当切实加强调解工作，积极引导当事人继续履行。当事人以合同履行困难为由请求解除合同的，人民法院不予支持。继续履行合同对于一方当事人明显不公平，其请求变更合同履行期限、履行方式、价款数额等的，人民法院应当结合案件实际情况决定是否予以支持。合同依法变更后，当事人仍然主张部分或者全部免除责任的，人民法院不予支持。因疫情或者疫情防控措施导致合同目的不能实现，当事人请求解除合同的，人民法院应予支持。

情造成的情势变更来抗辩其违约解除的，裁判机构不应认定运营方解除行为的合法性。

四、热点问题观察

（一）大型房企暴雷频发，房企破产数量增加，引发诸多连锁法律纠纷

2021年下半年，先是恒大出现暴雷事件，遭遇资金链断裂、楼盘停工、商票逾期等困境，随后蓝光发展、花样年、新力控股、当代置业、中国奥园、佳兆业，阳光100、阳光城等大型房企先后遭遇资金困境。据不完全统计，2021年有超过20家大型房企陷入暴雷危机。房企的集中暴雷也导致金融机构对房企的融资进一步缩紧，购房者持观望态度谨慎入市，房地产市场陷入持续低迷，进一步加剧了房企的生存困境，并衍生了大量争议案件。与此同时，房企破产重整案件也大量增多。“我国房地产行业市场化程度较高。从近几年的数据看，现有的10万余家房企中每年都会有将近500家的企业进入司法破产重整，这是行业优胜劣汰、实现出清的重要方式。”① 这也将引发越来越多的房地产领域的纠纷。笔者从以下四个角度，浅析房企暴雷及破产重整所引发的争议。

一是买受人角度。预售制度下，房企暴雷导致的烂尾楼，可能导致诸多买受人背负高额房贷的同时却无法按时收房，引发数量庞大的房屋买卖合同纠纷、金融借款合同纠纷、执行异议纠纷等。对于符合规定的购房者，可以通过法律途径排除执行，但对于已经被采取保全措施的房屋，买受人如何完成交付和过户，执行层面还存在诸多障碍。如果房屋确无交付可能，也可通过解除买卖合同的方式及时止损，但是解除合同后，购房者的债权清偿顺序尚无明确的优先保障，能否收回已付的购房款，存在极大的不确定性。此外，对于贷款购房的买受人，与银行间的金融借款合同和房屋买卖合同属不同的法律关系，房企不履行买卖合同难以成为断供的抗辩理由。买受人一方面无法收房，另一方面却要偿还贷款，将陷入较为困难的争议解决困境。

二是施工单位及供应商角度。房企资金链断裂，将导致大量工程款和材料款无法支付，引发大量建设工程施工合同纠纷和买卖合同纠纷。自广州中院宣布集

① 《推动风险化解，助力小微企业，加码绿色金融——金融服务将更精准有效》，载中国政府网，http://www.gov.cn/xinwen/2022-01/04/content_5666275.htm，访问时间：2022年2月7日。

中管辖恒大系案件后，中建系统和中铁系统成为起诉大户。对于施工单位而言，应及时全面核查风险，评估风险等级，充分运用建设工程价款优先受偿权，保障工程款债权的实现。对于已经采用非现金支付方式收款的，施工单位应重点关注未兑付的商票，对于已经贴现或者背书转让的商票，也应当及时关注兑付情况，当自身承担连带责任时，及时行使追索权。

三是金融机构角度。房企长期的高负债、高杠杆模式，致使金融机构往往成为暴雷房企最主要的债权人。在“保交房”的导向下，商品房消费者权益处于优先保障地位，司法实践中也有对一般买受人的倾向性保护判例。在金融机构作为债权人申请执行的案件中，经常会遇到买受人及建设工程施工方基于优先权对金融机构执行提出异议的情形，金融机构对此应予以充分关注并积极应对。

四是房企角度。房企暴雷后，积极进行债务重组，与债权人沟通、及时复工复产、保障交房，成为房企、金融机构、房屋买受人的共同选择。但在房企自救的过程中，由于不同债权在诉讼、执行、破产重整等不同程序中的优先顺位不同，导致房企破产重整前的争议解决程序中，整体解决的难度较大，必要时需要房企或债权人选择向人民法院申请破产重整程序进行解决。

总之，受市场整体下行和融资收紧的影响，房地产市场参与主体的争议将进一步增加，期待在未来的争议解决中，能够通过立法和裁判的价值引导，平衡各方利益，促进争议解决效率的提高，实现房地产市场的稳定健康发展。

（二）房地产加速向存量市场转变，尤其是商业地产领域，资产交易与资产运营方面的争议逐步增加

近两年来，无论是住宅物业公司的股权并购，还是商业地产领域的资产并购，均受到市场追捧。一批优质的头部房企，纷纷将物业管理业务分拆上市，并以上市所融资金进一步收购物业公司或商业物业资产。由此，一方面导致物业管理业务与物业资产的进一步集中，另一方面也将促进房地产行业的转型，提升房企存量资产的管理能力，加速房地产从增量市场向存量市场的转变。与此同时，房地产领域的争议类型也逐渐从此前增量市场中的大量建设开发领域的争议，演变为存量市场中的交易、运营方面的争议。

五、总结与展望

2021 年，房地产行业经历了不平凡的一年，全面去杠杆、市场下行、叠加新

冠肺炎疫情影响，房地产市场在信心与信用方面都受到了严重的冲击，积累了较大的商业违约风险。下半年市场持续低迷，房地产融资政策适度改善，给了房企一定的喘息机会，缓解了部分房企的违约风险。

展望2022年，房地产政策层面将继续坚持“房住不炒”的定位，完善住房市场和保障体系，加快构建高端有市场、低端有保障的住房制度；去杠杆还将继续落实下去，倒逼企业降负债、居民降杠杆。根据笔者观察，保障性租赁住房的建设与运营、集体经营性建设用地使用权流转，将可能成为房地产市场新的业务增长点，并衍生新型的房地产争议。

（一）2021年成为保障性租赁住房的政策元年，保障性租赁住房将与公租房、共有产权房构成我国新的住房保障体系三大支柱，并将迎来一轮爆发式增长

2021年6月，国务院办公厅发布了《关于加快发展保障性租赁住房的意见》（以下简称《意见》），首次确定了以公租房、保障性租赁住房和共有产权住房为主体的住房保障体系。“加快发展保障性租赁住房”成为“十四五”时期住房建设的重点任务。

根据《意见》规定，“十四五”期间，新增保障性租赁住房占新增住房供应总量的比例力争达到30%以上。中信证券估计，“十四五”期间全国新增保障性租赁住房将在800万—900万套，对应的新增建筑面积在4亿—4.5亿平方米，对应的开发投资将在1.7万亿—1.9万亿元，预计2022年投资将超过4000亿元，拉动房地产投资3个百分点①。

保障性租赁住房的建设需要大量的土地供应与资金投入。在土地供应方面，集体经营性建设用地、企事业单位自有闲置土地、产业园区配套建设用地等都将成为保障性租赁住房的供地来源。而闲置和低效的非居住存量房的改造（包括商业项目的改造），也将成为保障性租赁房的供应来源。

资金来源方面，一方面，依赖于财政资金与传统的银行信贷；另一方面，债券、租赁住房投资基金、REITs等，也都将成为保障性租赁住房的资金来源。

房企在前述保障性租赁住房的土地供应、资金投入、开发建设、运营与服务方面，都有大量的参与机会，也将进一步改变一部分房企的经营模式，加速房企向轻资产模式的转变。

---

①《中信证券：保障性租赁住房的空间和影响有多大？》，载中新经纬网，http://www.jwview.com/jingwei/html/12-17/450975.shtml，访问时间：2022年2月7日。

（二）随着交易规则的完善，集体经营性建设用地使用权流转领域将逐渐产生新的争议，对裁判机构和法律服务行业都将提出新的挑战

2021年9月1日，新修订的《土地管理法实施条例》正式实施，该条例对于集体经营性建设用地使用权的出租、出让作出了详细的规定，不仅包括了决策程序、审批程序，还对于出租、出让协议必备的实体内容作出了规定，其中不乏足以影响合同效力的强制性规定。因此，未来集体经营性建设用地使用权流转程序的合规审查问题、合同效力问题相关争议将进一步增多。

综上，房地产市场正从增量市场向存量市场转型。而且随着土地市场的改革，土地的市场供应方式也进一步多元化，这必然导致房地产领域法律服务的新变化。因应这些新变化，裁判机构与法律服务行业也需要深入研究该等变化带来的法律适用、价值导向、利益平衡、裁判尺度和社会效率等方面的问题，以更好地为行业和经济发展提供法律服务。

中国能源争议解决年度观察（2022）

张伟华①

一、概述

（一）全球能源危机与能源转型并存

2021年的国际能源市场，最鲜明的特点是全球性能源危机与气候问题和化石能源转型热潮并存。全球虽仍在矢志不渝地向低碳清洁转型，但随着新冠肺炎疫情管制措施的放松，各国采取的经济刺激措施导致经济的逐渐恢复，对能源的上升需求导致石油天然气、煤炭的价格不断上涨，引发了在清洁能源转型上最为激进的欧洲的“能源危机”并蔓延至全球。出于现实考量和过高的天然气价格，许多欧洲国家重新开启了燃煤电厂。

在气候变化压力下，主要石油生产国和石油巨头继续谋划转型。国际能源署（IEA）于2021年5月发布《2050年净零排放：全球能源行业路线图》，建议不再投资任何新的化石燃料供应项目，也不再投资新建燃煤电厂，以便实现2050年净零排放目标，并预测到2050年，世界原油需求将从现在的每天不到1亿桶下降到2400万桶。海湾产油国已经将目光瞄准绿色氢能。迪拜启动了该地区第一个工业规模的绿色氢能项目——与西门子能源公司合作的太阳能绿色氢工厂。同样，阿曼宣布与中国香港、科威特公司联合投资300亿美元建设绿色氢工厂。沙特阿拉伯也签署了一项价值50亿美元的绿色氢基氨生产协议。所有这些计划都表明，中东石油生产国已经切实感受到能源转型和全球对清洁能源产品需求增长带来的深刻变化和影响。长期以来，在能源转型方面小步走的国际石油巨头们也开始了大

① 张伟华，联合能源集团总法律顾问兼副总裁。

步行动：国际石油巨头道达尔公司宣布，经股东大会批准，公司名称由“道达尔（Total）”更名为“道达尔能源（Total Energies）”，并启用全新的公司品牌标识。道达尔能源新的公司品牌标识颜色，由7种颜色组成，表示石油、天然气、电力、氢能、生物质能、风能和太阳能等不同的能量，7种颜色以渐变的形式填充，说明道达尔从石油为起点迈向新能源。卡塔尔石油公司（Qatar Petroleum）也在2021年宣布更名为卡塔尔能源公司（Qatar Energy）。国际石油巨头BP、雪佛龙等纷纷发布低碳行动计划，用实际行动宣告转型。

2021年全球最受关注的能源事件，无疑是11月在格拉斯哥举行的《联合国气候变化框架公约》第26次缔约方大会（COP26），近200个缔约方最终达成的《格拉斯哥气候协议》，重申《巴黎协定》的温度目标，即将全球平均气温增幅控制在远低于工业化前水平以上2℃的水平，并努力将气温增幅限制在工业化前水平以上1.5℃的水平。敦促发达国家缔约方紧急和大幅度增加提供适应方面的气候资金、技术转让和能力建设。强调在这一关键十年迫切需要在减缓、适应和融资方面加强雄心和行动，以解决在落实《巴黎协定》目标方面的差距。

如何在能源转型期内，保证能源安全、能源价格稳定同时还能达到减排目标，无疑是2021年全球能源形势给各国提出的一个新的命题。走传统能源的回头路不可能，加大清洁能源投资，合理、逐步、稳健的能源转型之路才是更为理性的选择。

（二）能源总体概述

1.新能源在能源消费结构中逐步提升。随着中国经济的发展，能源消费总量也处于逐年上升的趋势，2021年全国能源消费总量估算达523896.00万吨标准煤。在能源结构调整，严格控制煤炭消费增长、控制化石能源消费的大主题下，原煤的消耗量占比逐年下降，由2016年的62.20%下降至2021年的56.00%，天然气、水电、核电、风电等消耗量占比逐年上升，由2016年的19.10%上升至2021年的25.30%，能源消费结构逐步由传统能源向新能源逐渐迭代。[①]

2.强调能源转型过程中的能源安全。在能源行业坚定绿色低碳转型的大背景下，作为疫情控制的“优等生”，我国能源需求增长迅速，叠加全球能源商品市场供需紧张、价格上涨，油气煤炭进口成本大幅增加，给我国能源安全稳定供应带

① 数据来源：基于国家统计局及金融数据和分析工具服务商Wind数据整理计算得出。

来了较大挑战。政府提出“能源的饭碗必须端在自己手里”，能源的供给需要安全、独立。

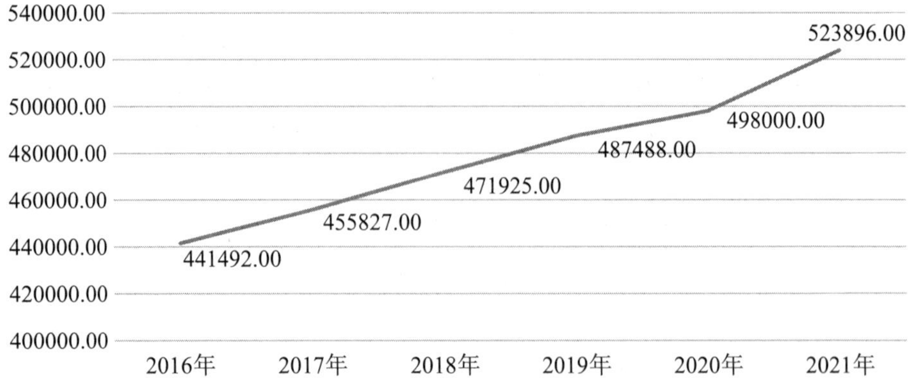

图表 1：2016—2021 年全国能源消费总量（万吨标准煤）

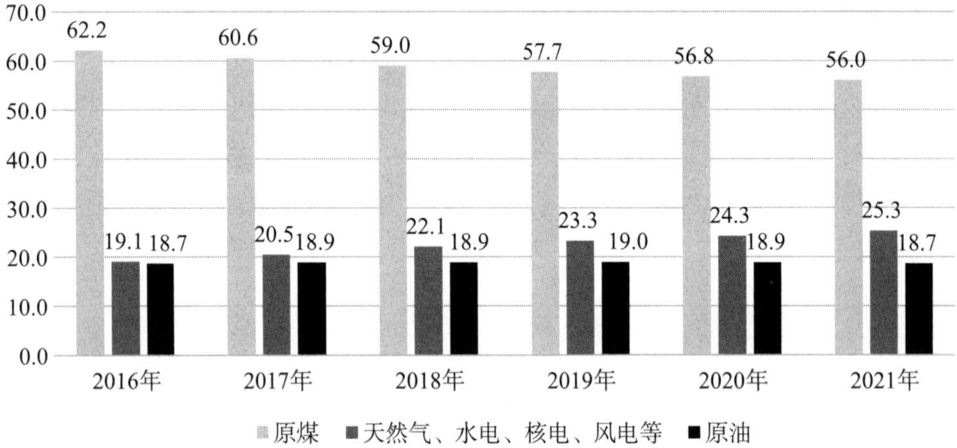

图表 2：2016—2021 年全国能源消费结构（%）

3. 石油天然气产量持续增长。在政府坚持“长抓不懈，持续提升油气勘探开发和投资力度”的鼓励下，中国的油气企业加大油气勘探开发，原油产量连续 3 年回升，天然气产量连续 5 年增产超百亿立方米。中国石油、中国石化相继探明页岩油气整装油田；海洋原油增量占全国总增量的 80% 以上，创历史最高水平，海洋原油已成为中国原油产量增长的主力军。2021 年天然气产量达到 2053 亿立方米，天然气的探明储量突破 6 万亿立方米。中国的原油和天然气的对外依存度仍然超过 70% 和 40%，油气资源的供应保障仍然是中国能源安全的核心关键。

4. 能源结构优化。进一步加快能源绿色低碳的发展路径，优化能源结构。从投资及新增看，2021 年非化石能源发电投资占电源投资比重达到 88.6%。从累计装机看，截至 2021 年底，全国全口径非化石能源发电装机容量 11.2 亿千瓦，占总装机容量比重为 47.0%，同比提高 2.3 个百分点，历史上首次超过煤电装机比重；非化石能源发电装机比重比 2015 年底提高 12.2 个百分点，年均提高 2.0 个百分点。全国可再生能源发电装机规模历史性突破 10 亿千瓦，与 2015 年底相比实现翻番，占全国发电总装机容量的 43.5%，发电结构得到了优化。其中，水电、风电、太阳能发电和生物质发电装机容量均稳居世界第一，这表现了我国正在稳步建立新能源为主体的电力系统，提高电网对可再生能源的消纳和调控能力。

5. 能源体制机制改革继续深化。建立多层次协同、基础功能健全、组织运行规范、政府有效有为、支撑系统转型的电力市场体系，全国电力统一市场建设速度加快。加快和深化燃煤发电上网电价市场化改革、电力市场化交易、油气管网改革，完善能源统一市场。

6. 全国碳市场于 2021 年 7 月 16 日正式上线交易。经过差不多十年的碳排放权交易地方试点工作后，全国统一的碳排放权市场建设成功。首批被纳入管理的是发电行业 2225 家重点排放单位，二氧化碳排放总量超过 40 亿吨 / 年，意味着中国的碳市场一经启动就将成为全球覆盖温室气体排放量规模最大的碳市场。截至 2021 年 12 月 31 日，全国碳排放权交易市场开市后累计成交总量 178789350 吨，累计成交总额 7661230022.99 元。①

（三）能源纠纷总体观察

1. 能源争议在国际仲裁机构新发案件中继续保持较高比例。从近几年各主要国际仲裁机构的统计数据看，能源争议是各类纠纷中的大户，占据各主要国际仲裁机构受案比例的前列。

---

① 参见《2021 年 12 月 31 日全国碳排放权交易市场清结算信息日报》，载湖北碳排放权交易中心网站，http://www.hbets.cn/view/1268.html，访问时间：2022 年 2 月 15 日。

图表 3：主要国际仲裁机构能源类案件占比汇总表 ①

年份 / 机构	2021 年	2020 年	2019 年	2018 年
国际投资争端解决中心（ICSID）	47.00%	41.00%	52.00%	41.00%
伦敦国际仲裁院（LCIA）	25.00%	26.00%	22.00%	19.00%
国际商会仲裁院（ICC）	—	18.00%	16.00%	13.00%
北京仲裁委员会 / 北京国际仲裁中心（BAC/BIAC）	6.99%	9.76%	9.49%	9.26%
中国国际经济贸易仲裁委员会（CIETAC）	5.77%	6.20%	4.71%	2.84%
香港国际仲裁中心（HKIAC）	1.40%	<0.30%	0.40%	<0.40%
美国仲裁协会国际争议解决中心（AAA-ICDR）	3.26%	3.71%	1.60%	3.48%
新加坡国际仲裁中心（SIAC）	—	—	—	—

进一步分析北京仲裁委员会 / 北京国际仲裁中心（BAC/BIAC，以下简称北仲）2021 年受理的能源领域案件，北仲 2021 年受理能源案件数及受理案件标的额如下图：

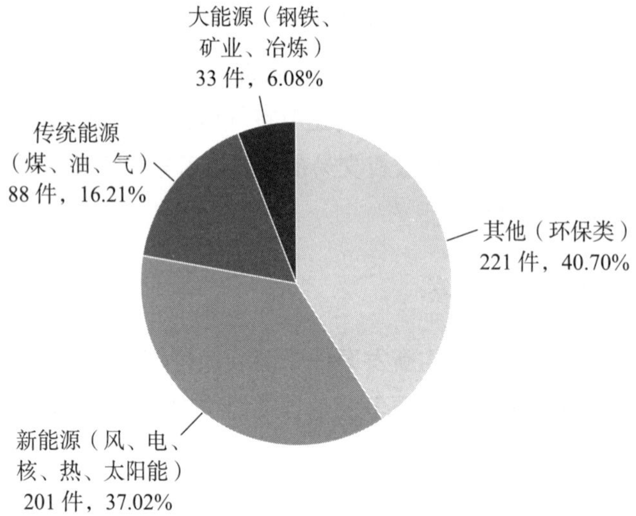

图表 4：北仲 2021 年受理能源领域案件数和构成比例（件数，%）

① 注：（1）“—”指年报中未按行业类别披露案件数量（2018—2020 年）或尚未披露（2021 年）；（2）AAA-ICDR 为能源争议额占比，未披露案件数量；（3）均根据各仲裁机构网站官方数据或报告整理。

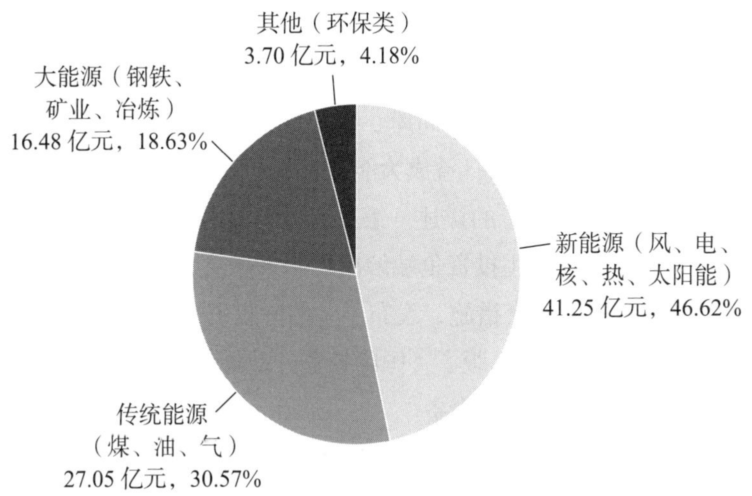

图表 5：北仲 2021 年受理能源领域案件标的额和构成比例（亿元，%）

2021 年，北仲共立案能源类案件 543 件，总标的额 88.48 亿元，传统能源（煤、油、气）案件 88 件，标的额 27.05 亿元；新能源（风、电、核、热、太阳能）案件 201 件，标的额 41.25 亿元；大能源（钢铁、矿业、冶炼）案件 33 件，标的额 16.48 亿元；其他（环保类）221 件，标的额 3.70 亿元。

2. 新能源争议案件比例在能源争议中占据前列。从北仲 2019—2021 年的统计数据可见，新能源案件在能源案件中，案件数及总标的均已经超过传统能源，这也从另一个维度体现我国经济的能源转型趋势。

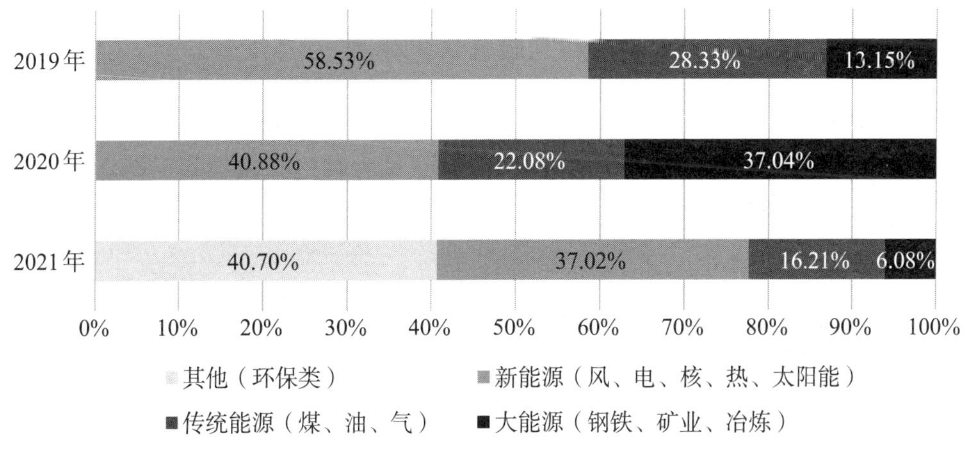

图表 6：北仲 2019—2021 年受理能源领域案件数量结构占比（%）

3. 能源纠纷解决值得注意的几个动向。第一，随着碳权市场的逐步建立，新型能源争议类型出现。最高人民法院在 2021 年 1 月 1 日生效的修改版《民事案件案由规定》中加入了碳排放权交易纠纷、碳矿交易纠纷等新型能源争议类型。第二，气候变化诉讼和 ESG[①] 诉讼日益成为能源企业的现实风险。本报告将在热点观察部分中，对此问题做进一步的详述。第三，处于能源争议中的中国的能源企业和外国能源企业，均考虑使用投资争端解决机制来解决争议。[②] 北仲在 2021 年完善国际投资争端解决机制配套措施，发布了《国际投资争端仲裁员手册》《国际投资争端仲裁员行为守则》，并出版了《国际投资仲裁规则》释义，为未来的国际投资争端解决做好了机制和人员的准备。

4. 随着业务全球化的拓展，中国能源企业的海外仲裁案件日益增多。据笔者所跟踪的 UNI-TOP v. SINOPEC、Andes Petroleum v. Occidental Exploration and Production、Addax & SIPC v. ROGCI & TCHL、Primeline Energy v. CNOOC、Omega Construcciones Industriales v. Comisión Federal de Electricidad 一系列案件表明，中国能源企业在海外并购投资过程中，引发争议涉及交易投资的各环节，从外部中介的聘用、交割后的索赔、合作伙伴产生争议，纠纷解决涉及国际商会仲裁院（ICC）、伦敦国际仲裁院（LCIA）、美国仲裁协会国际争议解决中心（AAA-ICDR）等各国际仲裁机构。

二、法律法规及政策的重要变化

（一）构建“碳达峰碳中和”政策法规体系

2021 年 9 月 22 日，中共中央、国务院印发《关于完整准确全面贯彻新发展理念做好碳达峰碳中和工作的意见》。该意见为碳达峰碳中和工作定下了总体目标和各项安排，明确提出三个重要时间节点：2025 年、2030 年和 2060 年。

---

① ESG 系 Environmental（环境）、Social（社会）和 Governance（治理）的缩写，遵循 ESG 的企业在财务指标外，还综合考虑环境、社会和治理层面等非财务指标。按通常理解，ESG 能有效实现企业追求自身利益最大化到追求社会价值最大化的路径。气候变化诉讼可以归入广义的 ESG 诉讼中去。

② 比如 Shift Energy and others v. Japan，系香港公司 Shift Energy 和投资者针对日本政府新能源政策变化而根据香港—日本投资保护协定而提出的投资仲裁；AsiaPhos v. China 系新加坡能矿上市公司亚化集团在中国政府要求九顶山自然保护区熊猫保护而调整矿区，并对相关矿证不再延期后，对补偿未能协商一致后根据新加坡—中国投资保护协定而提出的投资仲裁。

2025年，要建成绿色低碳循环发展经济体系，重点行业能源利用效率大幅提升；2030年，二氧化碳排放达到峰值并实现稳中有降；2060年，绿色低碳循环发展经济体系和清洁低碳安全高效的能源体系全面建立，能源利用效率达到国际先进水平，非化石能源消费比重达到80%以上，碳中和目标顺利实现。碳达峰碳中和目标的设立，将为我国未来数十年的能源转型主题定下基调，社会经济发展将全面绿色转型、产业结构将深度调整，清洁低碳安全高效能源体系也将得到加快发展。

2021年10月，国务院印发《2030年前碳达峰行动方案》。方案提出，到2030年，非化石能源消费比重达到25%左右，单位国内生产总值二氧化碳排放比2005下降65%以上，顺利实现碳达峰。方案强调要坚持安全降碳，在保障能源安全的前提下，大力实施可再生能源替代，加快构建清洁低碳安全高效的能源体系。对于构建清洁低碳安全高效的能源体系，主要从如下方面着力：推进煤炭消费替代和转型升级、大力发展新能源、因地制宜开发水电、积极安全有序发展核电、合理调控油气消费、加快建设新型电力系统。

上述意见和方案，为中国"碳达峰碳中和"提供了顶层设计，碳达峰碳中和"1+N"政策体系中的"1"已经确立，接下来的"N"就是各行业、各领域分别的政策措施，包括能源、工业、交通运输、城乡建设等分领域分行业碳达峰实施方案，以及科技支撑、能源保障、碳汇能力、财政金融价格政策、标准计量体系、督察考核等保障方案。

（二）石油天然气

1.《石油储备条例》制定工作重新提上日程

在2021年12月24日召开的2022年全国能源工作会议上，国家能源局提出要推进《石油储备条例》制定工作。自2006年国家发展改革委启动《国家石油储备条例》起草工作以来，2016年曾经发布过《石油储备条例（征求意见稿）》，《石油储备条例》制定工作重新提上日程，是2021年全球能源危机的一个直接回应，也是维护国家能源安全和社会稳定的重要立法工作。

2. 天然气管输定价机制进一步规范

2021年6月，国家发展改革委印发《天然气管道运输价格管理办法（暂行）》和《天然气管道运输定价成本监审办法（暂行）》的通知，健全天然气管道运输定价机制，规范定价成本监审行为，加强自然垄断环节价格监管。管道运输价格实行政府定价，按照"准许成本加合理收益"的方法制定，即通过核定准许成本、监管准许收益确定准许收入，以三年为监管周期核定管道运价率。

（三）煤炭行业

1. 燃煤上网电价市场化改革全面铺开

2021 年 10 月，国家发展改革委发布《关于进一步深化燃煤发电上网电价市场化改革的通知》，该《通知》是在 2019 年国务院取消煤电价格联动，标杆上网电价改为“基准价 + 上下浮动”市场化机制后，燃煤电价市场化改革又一个标志性举动，目的在于加快和深化燃煤发电上网电价市场化改革，完善主要由市场决定电价的机制，保障电力安全稳定供应。

2. 煤炭中长期合同受到重点监管，签约履约纳入核查范围

2021 年 4 月，国家发展改革委办公厅发布《关于做好 2021 年煤炭中长期合同监管工作的通知》，同时国家发展改革委全面开展 2022 年煤炭中长期合同签订履约情况专项核查工作，切实发挥中长期合同对于煤炭供应和价格的“稳定器”作用。

3. 煤电节能降耗改造提升开发利用效率

2021 年 1 月，国家能源局综合司和国家矿山安全监察局综合司联合出台《智能化示范煤矿建设管理暂行办法》和《煤矿智能化专家库管理暂行办法》，落实《关于加快煤矿智能化发展的指导意见》，推动智能化技术与煤炭产业融合发展。《智能化示范煤矿建设管理暂行办法》规定了智能化示范煤矿定义、管理原则、职责分工、示范煤矿申报要求、建设方案和申报程序、示范煤矿验收以及示范煤矿建设名单。《煤矿智能化专家库管理暂行办法》主要从专家遴选条件、专业方向、专家名单公布、工作纪律等方面作出规定，充分发挥专家在项目评估、咨询、验收中的作用，确保示范工作客观公正。

2021 年 11 月，国家发展改革委和国家能源局发布《关于开展全国煤电机组改造升级的通知》（发改运行〔2021〕1519 号）。该《通知》指出，煤电机组改造是提高电煤利用效率、减少电煤消耗、促进清洁能源消纳的重要途径。各地需统筹考虑煤电节能降耗改造、供热改造和灵活性改造制造，实现“三改”联动。同时，要合理安排机组改造时序，保证本地电力安全可靠供应。

（四）电力行业

1. 统一开放电力市场体系加快形成

中央全面深化改革委员会第二十二次会议提出，要健全多层次统一电力市场体系，加快建设国家电力市场，引导全国、省（区、市）、区域各层次电力市场协

同运行、融合发展，规范统一的交易规则和技术标准，推动形成多元竞争的电力市场格局。

2. 电网公平开放管理规范不断完善

2021 年 9 月，国家能源局发布《电网公平开放监管办法》，明确了电网企业应公平无歧视提供电网互联服务以及相关禁止性行为。

3. 电力辅助服务市场规则持续完善

2021 年 12 月，国家能源局下发了新版《电力并网运行管理规定》《电力辅助服务管理办法》，进一步完善电力辅助服务价格传导机制，加快构建以新能源为主体的新型电力系统。

4. 新能源上网电价新老划断，新建项目平价上网落地

2021 年 6 月，国家发展改革委发布《关于 2021 年新能源上网电价政策有关事项的通知》。该《通知》要求自 2021 年起，对新备案集中式光伏电站、工商业分布式光伏项目和新核准陆上风电项目（以下简称新建项目），中央财政不再补贴，实行平价上网。2021 年新建项目上网电价，按当地燃煤发电基准价执行；新建项目可自愿通过参与市场化交易形成上网电价，以更好体现光伏发电、风电的绿色电力价值。

（五）新能源与可再生能源

1. 构建清洁低碳能源为主的能源供应体系，加快推进大型风光电基地建设

2021 年 5 月，国家能源局发布《关于 2021 年风电、光伏发电开发建设有关事项的通知》。该《通知》从以下三个方面着眼建立长效机制：一是建立消纳责任权重引导机制。国家不再下达各省（区、市）的年度建设规模和指标，而是坚持目标导向，测算下达各省年度可再生能源电力消纳责任权重，引导各地据此安排风电、光伏发电项目建设，推进跨省跨区风光电交易。二是建立并网多元保障机制。为做好大规模风电、光伏发电项目并网消纳工作。三是建立保障性并网竞争性配置机制。

2. 新型储能独立市场并网主体地位得到确认，电源、电网、用户侧储能项目多元发展

2021 年 7 月，国家发展改革委、国家能源局发布《关于加快推动新型储能发展的指导意见》，提出新型储能在推动能源领域碳达峰碳中和过程中发挥显著作用。

2021 年 9 月，国家能源局发布《新型储能项目管理规范（暂行）》，要求电网

企业应公平无歧视为新型储能项目提供电网接入服务。

2021 年 8 月 10 日，国家发展改革委、国家能源局正式发布《关于鼓励可再生能源发电企业自建或购买调峰能力增加并网规模的通知》，要求超过电网企业保障性并网以外的规模初期按照功率 15% 的挂钩比例（时长 4 小时以上，下同）配建调峰能力，将新能源配储能上升成为一项政策性要求。

2021 年 7 月，国家发展改革委《关于进一步完善分时电价机制的通知》，该《通知》最大的亮点是合理拉大了峰谷电价价差，而峰谷价差套利是储能产业最广泛和最重要的商业模式，进一步拉大尖峰电价，无疑是对储能产业发展起到至关重要的作用。

3. 氢能产业从政策真空趋向于并入能源行业管理

氢能产业健康有序发展对我国能源绿色低碳转型、实现碳达峰碳中和目标具有重要意义，国家发展改革委高技术司在年内组织召开系列座谈会，邀请各政府部门及市场机构和专家学者，围绕氢能制备、储存、运输、加注以及终端利用等全产业链分析研判产业发展形势，深入探讨氢能产业合理布局、有序推进多元化示范应用、构建清洁低碳供给体系、制定完善行业基础标准等事宜。

4. 因地制宜开发利用地热能

2021 年 9 月，国家发展改革委、财政部、自然资源部、生态环境部、住房和城乡建设部、水利部、国家统计局和国家能源局发布《关于促进地热能开发利用的若干意见》主要内容包括，全面推进浅层地热能利用；大力推进中深层地热能供暖；鼓励开展地热能与旅游业、种养殖业及工业等产业的综合利用；稳妥推进地热能发电示范项目建设；支持地热能发电与其他可再生能源一体化发展。

（六）司法助力能源转型

最高人民法院在 2021 年连续发布《关于新时代加强和创新环境资源审判工作为建设人与自然和谐共生的现代化提供司法服务和保障的意见》《最高人民法院关于生态环境侵权案件适用禁止令保全措施的若干规定》《最高人民法院关于审理生态环境侵权纠纷案件适用惩罚性赔偿的解释》，从司法裁判机构继续保持对环境保护的保障支持立场，强调助力经济社会绿色低碳转型，提升环境司法能力水平，持续深化环境司法改革创新，着力推动国际司法合作，为构建人与自然和谐共生的现代化提供更加有力的司法服务和保障。

三、典型案例

【案例 1】某油田工程技术服务有限公司（以下简称某油田公司）、某投资有限公司（以下简称某投资公司）、Long men Hui Cheng Investment Limited（毛里求斯龙门）、某煤层气有限责任公司（以下简称某煤层气公司）等建设工程施工合同纠纷[①]

【基本案情】

某油田公司与某投资公司之间签署《钻井工程承包合同》及《钻井工程 HES 合同》，某投资公司未向某油田公司支付工程款，某油田公司以某煤层气公司、某投资公司、毛里求斯龙门之间是基于《中华人民共和国陕西省韩城地区煤层气资源开采产品分成合同》（以下简称产品分成合同）委托关系或中外合作经营企业设立或出资关系，因此某投资公司、毛里求斯龙门和某煤层气公司应对某投资公司对外以其名义实施的民事行为承担法律责任，应向某油田公司对欠付的工程款承担连带责任。

【争议焦点】

在产品分成合同下，毛里求斯龙门、某煤层气公司是否应对某投资公司对外签署的《钻井工程承包合同》及《钻井工程 HES 合同》承担连带责任。

【法院观点】

一审法院认为，某投资公司是毛里求斯龙门为了履行其与某煤层气公司签订的产品分成合同而在我国申请设立的企业，毛里求斯龙门需对某投资公司签署的合同下欠付工程款承担连带责任。

关于某煤层气公司连带责任问题。法院认为，从某煤层气公司与毛里求斯龙门所签订的产品分成合同内容看，承担出资的主要义务人是毛里求斯龙门，合同约定，勘探费用全部由毛里求斯龙门承担，即使原告某油田公司的工程款不是勘探费用而是开发费用，也只有在合同区内发现煤层气田，且某煤层气公司对该气田的开发选择参与权益比例不少于 40% 时，某煤层气公司才应承担 40% 的开发费用。而原告某油田公司并未举证证明某煤层气公司或后续承继中联公司权利义务的企业实际参与权益的比例，故对原告某油田公司要求某煤层气公司承担责任的诉讼请求，法院不予支持。

---

① 陕西省西安市中级人民法院 (2020) 陕 01 民初 738 号民事判决书。

【纠纷观察】

1. 该纠纷体现了按照国际惯例制订的产品分成合同模式下对外责任的承担方式：产品分成合同的作业者（外国投资者）代表中外双方对外签署进行石油作业的合同，并用自己的名义承担对外责任。

2. 某投资公司实际上是毛里求斯龙门为执行产品分成合同义务、享有权利而在中国注册成立的非法人实体，其有在产品分成合同石油作业下进行商业活动的权利，其最终责任的承担是产品分成合同下的合同者毛里求斯龙门。一审法院判决毛里求斯龙门与某投资公司承担连带责任，毛里求斯龙门应为某投资公司的任何行为承担责任。

3. 对于某煤层气公司是否应当对毛里求斯龙门承担连带责任的问题，一审法院的分析尚未点明产品分成合同的实质：产品分成合同项下合同者与某煤层气公司的关系是 UJV（Unincorporated Joint Venture，即非法人合资）的关系。合同者代表 UJV 进行产品分成合同下要求的商业行为，合同者商业行为的最终责任归属，按照产品分成合同规定处理。因此，某煤层气公司是否已经行使了进入开发权益、某油田公司与某投资公司之间签署《钻井工程承包合同》及《钻井工程 HES 合同》所涉及工程，是为了产品分成合同下的勘探工作还是开发工作，毛里求斯龙门是否怠于向某煤层气公司进行权益份额内的催款（在某煤层气公司是否已经行使了进入开发权益情况下），是某煤层气公司是否会承担责任的进一步考察要点。

【案例 2】A 油田服务有限公司（以下简称 A 油服）、B 能源（集团）石油天然气有限责任公司（以下简称 B 能源）合同纠纷[①]

【基本案情】

B 能源获得塔里木盆地温宿西区块探矿权后，与 A 油服签订风险勘探开发合同，约定双方组成联管会，A 油服在风险勘探期内勘探作业费总额不得低于 × 元，否则 B 能源有权解除合同。A 油服在风险勘探期未完成 × 元的支出，B 能源解除合同，A 油服认为风险勘探期并未到期，要求 B 能源赔偿支出的勘探作业费及相关损失。

【争议焦点】

风险勘探期支出应当从何时起开始计算，B 能源是否有权解除合同。

【法院观点】

一审法院认为，合约中规定“风险勘探期最短不少于自探矿权许可证办理完

① 新疆维吾尔自治区乌鲁木齐市中级人民法院 (2020) 新 01 民初 451 号民事判决书。

成之日起2年”，风险勘探合同签订于探矿许可证办理完成之后，故从合同签订之日起计算风险勘探期符合双方合同约定及客观事实。对A油服认为应从具备施工条件、双方共同成立联管会后起算“24个月”不予采信。

【纠纷观察】

1. 本案是油气勘查区块面向社会公开出让后出现的争议。B能源获得塔里木盆地温宿西区块探矿权后，以该等权益与其他企业进行风险勘探开发合作。与资源国的主流规定不同，由于我国矿法并未对授予探矿权后此类合作方式有行政审批规定，因此该类合同因无法律禁止而有效。

2. 一审法院的判决，并未考虑到油气作业特点。按照油气作业惯例，风险勘探的工作及支出，应该在联管会审批后方可施行，否则投资方有无法收回投资额的风险。因此，A油服所主张的应从具备施工条件、双方共同成立联管会后起算“24个月”计算风险勘探期有一定的道理。

3. A油服所主张的新冠肺炎疫情构成不可抗力，因此在风险勘探期内未能完成约定的工作量和投资额，一审法院仅以“A油服2019年8月底停工的自认”为由而不予采纳，说理稍显不足。由于油气上游合约自身的特性及我国油气勘探开发相对参与者较少，和国际争端解决机构相比，我国司法裁判机关对其的认识仍显欠缺。

【案例3】广州市A油库有限公司（以下简称A油库）与中国石化燃料油销售有限公司B分公司（以下简称中石化B分公司）、中国石化C有限公司（以下简称中石化C公司）合同纠纷再审审查民事裁定书①

【基本案情】

A油库与中石化B分公司以及第三人盈昌公司之间，就案涉3000吨重交通道路石油沥青达成了连环购销关系。A油库出于保证货款安全的考量与中石化B分公司而非盈昌公司签订案涉采购合同。因此，A油库与中石化B分公司之间燃料油采购合同第9条第2款支付结算条款约定：“乙方（中石化B分公司）按照结算数量在收到最终用户货款和甲方（A油库）开具的增值税发票后的2个工作日内支付全部货款”。

① 最高人民法院(2021)最高法民申5750号民事裁定书。

A 油库认为，案涉支付结算条款该条款属于附期限民事法律行为，不管中石化 B 分公司是否从最终用户收回货款，其都应当向 A 油库支付货款；中石化 B 分公司、中石化C公司则认为，支付结算条款应为附条件条款，因付款条件尚未成就，其不应向 A 油库支付货款。

福建省高级人民法院认为，“中石化 B 分公司未收到最终用户支付的本案讼争合同项下的货款，不具备合同约定的向 A 油库支付货款的条件。A 油库要求中石化 B 分公司立即支付货款的诉讼请求不能成立”。

A 油库不服福建省高级人民法院（2019）闽民终 1779 号民事判决，向最高人民法院申请再审。

【争议焦点】

1. A 油库与中石化 B 分公司之间所签《燃料油采购合同》的性质及效力问题；

2.《燃料油采购合同》支付结算条款系附期限还是附条件民事法律行为问题。

【法院观点】

最高人民法院认为，从已查明的案件事实看，A 油库与中石化 B 分公司之间存在真实的买卖合同关系。虽然该采购合同的签订具有第三人盈昌公司因自有资金不足，需由 A 油库先行向案外人支付货款、A 油库出于保证货款安全的考量与中石化 B 分公司签订案涉采购合同的背景，但并不影响采购合同系出于合同双方真实意思表示的判断，也不能改变该采购合同的性质。该采购合同虽然处于相关主体之间连环购销合同中的一环，但因具有真实货物买卖及流转的特征，并不等同于在闭环贸易过程中，当事人之间通过通谋虚假的意思表示，以货物买卖之名行企业间借贷之实，因欠缺真实意思表示而无效的情形。因此，二审法院认定该采购合同为买卖合同性质且合法有效是正确的。

关于《燃料油采购合同》支付结算条款系附期限还是附条件民事法律行为问题，最高人民法院认为，如果连环交易中的某一合同约定，一方合同义务（包括支付价款在内）的履行须在其他连环交易主体的履行行为完成后进行，当对这一条款的理解存在分歧时，法律适用的一般原则是，应将该条款理解为关于履行期间的具体约定，而非关于履行条件的约定。但是，如果某一连环交易合同的双方当事人经过充分磋商，明确约定一方合同义务的履行以合同以外的其他连环交易主体向其履行的行为成就作为前置条件，在合同中采取了类似“只有在第三人向被告作出相应履行后，被告才向原告履行”表述的条款，那么应将此类合同条款理解为附条件条款。

基于上述理由，最高人民法院裁定驳回 A 油库的再审申请。

【纠纷观察】

1. 对于连环交易合同，原则上不应当将一方合同义务履行置于另一合同义务履行基础之上，否则会造成合同的确定性出现问题，不符合合同应当严守的法律原则。除非在连环交易合同中，交易双方经过充分磋商，并在合约中明确表明一方的履行应当待他人履行完毕后方可履行，则此时应当视为附条件条款。

2. 在将“一方的履行应当待他人履行完毕后方可履行”的明确规定视为附条件条款后，仍然应当对于该约定是否存在不合理地加重合同一方的合同责任与交易风险、将第三人的违约风险转嫁给出卖人，造成双方利益严重失衡的问题进行审查。还应一并考察合同约定内容在合同双方磋商、订立以及履行过程中，是否存在一方利用优势地位或者合同对方的不利形势和地位，进而违背合同对方的真实意思，构成了合同权利的滥用等情况来对该附条件条款效力进行确认。最高人民法院在中国电建集团湖北工程有限公司、十一冶建设集团有限责任公司等建设工程施工合同纠纷民事裁定书中，尽管案涉双方合同约定“结算款在下列条件全部满足后一个月内支付；十一冶公司将合同结算金额内剩余对开发票开齐交电建湖北分公司，且电建湖北分公司收到业主款项后支付”，但最高人民法院认为，“电建湖北分公司何时收到‘业主款项’存在诸多不确定性”，“鉴于十一冶公司工程已完工多年，电建湖北分公司仅支付了少部分工程款，而在发生法律效力的昌吉回族自治州中级人民法院（2019）新23民初17号民事判决中，已判令嘉润公司向电建湖北公司支付工程欠款并自2018年5月23日起计算利息，本案二审法院判决电建湖北公司自《结算协议》签订一个月后，即2018年8月6日承担欠付工程款利息，并未加重电建湖北公司支付工程款的利息负担，结果比较公平合理”，也是对附条件条款有效性的审查。

3. 在普通法下，对于“背靠背”的支付，有诸如Pay-when-paid（PWP，上家支付后一定期限内向下家支付）、Pay-if-paid（PIP，上家如果支付才向下家支付）、Pay-when-certified（PWC，上家验收确认后向下家支付）等类型。在建设工程领域里，一般来说，对PIP是不支持的，有的法域采取禁止此类条款（如英国、澳大利亚、新加坡等），也有的法域对于PWP（比如阿联酋认可该条款效力，在美国，佛罗里达州、密歇根州等对其认可效力，但加州和纽约州并不认可，中国香港在2021年对市政工程领域不认可该条款效力）、PWC采取有限认可的方式。即使是在认可PWP、PWC效力的法域下，仍然要受限于合理、诚信、具体合同条款之规定。该等处理方式和最高人民法院采取的裁判路径颇为相似。

【案例4】东莞市A电子实业有限公司（以下简称A公司）与广东B电力销售公司（以下简称B公司）委托合同纠纷[①]

【基本案情】

2018年5月23日，A公司与B公司签订《广东粤电电力销售有限公司与电力用户电力交易合同》，约定双方通过广东电力交易中心及电网经营企业的输配电网络完成购售电交易，如月度集中竞价的出清价（绝对值）大于保底交易价差（绝对值）时，甲、乙双方按5∶5比例分成当月度集中竞价的直购电费；合同签订后，A公司按照约定用电并按现行目录电价向案外人广东电网有限责任公司东莞供电局缴纳电费。

A公司主张，B公司未按约支付直购电差价款。

B公司主张，双方签署合同性质为委托合同。A公司未达到2018年、2019年及2020年电力交易市场的准入条件，一直未符合电力交易市场的交易主体资格，故无法委托B公司进行交易用电，《广东粤电电力销售有限公司与电力用户电力交易合同》履约前提是合同双方当事人均进入电力交易市场，成为适格市场交易主体。案涉合同签订后，A公司一直未符合电力交易市场的交易主体资格，案涉合同不具备履行条件。

一审法院认定本案为委托合同纠纷，并不支持A公司要求B公司支付直购电差价款的诉求。A公司提起上诉。

【争议焦点】

1.《广东粤电电力销售有限公司与电力用户电力交易合同》的性质；

2. B公司应否向A公司支付直购电差价款。

【法院观点】

二审法院认为，从涉案合同反映的交易模式来看，为保底价格+按照市场下降均价提成，即B公司作为售电公司，先与A公司（电力用户）约定保底交易价格及未来的价差分成比例，随后B公司前往市场参与集中竞价，最后根据竞得价格与市场平均价差计算出收益。无论是A公司还是供电公司，均需与电网经营企业进行电费的结算，而非由B公司作为供电企业，直接向A公司出售电力。在此种交易模式下，B公司实质上是接受A公司的委托前往市场竞价，在A公司的授权范围内为A公司提供电力交易服务，涉案合同应当认定为委托合同。

---

① 广东省广州市中级人民法院(2021)粤01民终19761号民事判决书。

关于是否补价差，二审法院认为，涉案合同的履行应以 A 公司获得市场交易主体资格为基础和前提。B 公司主张涉案合同因 A 公司未获得市场交易主体资格而未履行，合法有据。A 公司认为涉案合同已实际履行、B 公司应承担涉案合同项下直购电差价款的支付责任，缺乏事实基础及法律依据，法院不予支持。

综上，二审法院驳回上诉，维持原判。

【纠纷观察】

1. 电力改革带来的合约履行纠纷，提醒市场参与者应当提升合同起草质量，并将其政策改变所带来的蕴含风险要一并涉及。这起争议对电力改革过程中，市场交易主体在合约中分配不同风险提出了更高的缔约要求。在交易双方缔结的合约中，并未明确将 A 公司获得相关政策下的市场主体资格作为合同履行的先决条件，而通过市场竞价、电网完成涉案合同电价结算，是否就能主张案涉合同为委托合同，仍然是法院根据合同和相关事实推出来的法律关系，案涉合同本身并没有采取明确的合同表述语言进行明确。

2. 在直供电合同中，如果有市场主体资格和直购电价差的规定，应当在合同的生效或者履行上要放入市场主体资格达到的要求；同时合约中还应当对购电方是否能享受直购电价差进行明确约定。在责任条款部分，未能达到相关资格条件的后果、购电方和供电方对于直购电价差风险的承担，也应一并予以明确。如果合约中未对风险进行明确约定，仅以“涉案合同因 A 公司未获得市场交易主体资格而未履行”而不予支付直购电价差，对 B 公司知情的事实带来的影响并未涉及。

【案例 5】“可采煤层储量”非专业概念是否导致申请人存在重大误解仲裁案①

【基本案情】

申请人分两次从被申请人处收购目标公司 80% 股权，收购协议中约定“目标公司整体估值按其所持有的三个煤矿合计可采煤层储量不少于 2.9 亿吨”。收购后，申请人以剩余可采储量严重缩水为由，要求被申请人返还部分股权对价款。

【争议焦点】

“可采煤层储量”概念是不是被申请人利用专业知识隐瞒重要事实，实施欺诈行为，导致申请人存在重大误解。

① 北京仲裁委员会 / 北京国际仲裁中心仲裁案。

【裁判观点】

仲裁庭认为，收购协议中“可采煤层储量”不能被证明指代“设计可采储量”，申请人也非依赖“可采煤层储量即为涉及可采储量或原煤出煤量”的判断签署的协议，裁决驳回申请人的诉讼请求。

【纠纷观察】

1. 矿产能源交易中，储量是关系到估值的最为重要的因素之一。从全球能源交易惯例看，储量是“买者当心”下的核心风险点，很少有卖家会对储量风险向买方做出陈述与保证。

2. 如果对于交易中的储量风险认识不足的情况下，可以视交易实际情况，考虑采取 Earn-out①（先按双方可确认储量支付对价，后续确认风险储量后再行支付）的机制进行控制。

3. 仲裁庭主要从申请人在独立专家对三矿的总煤炭资源储量进行估值商业决策的事实来认定“三个煤矿合计可采煤层储量不少于 2.9 亿吨”不足以证明导致申请人存在重大误解，进一步说明了储量风险在交易未明确作为卖方风险情况下，系应由买方承担的商业风险。

【案例 6】甲公司、乙公司等承揽合同纠纷②

【基本案情】

甲公司与乙公司签订《光伏发电总承包合同》，乙公司与丙公司签署《组件采购合同》，甲公司与乙公司将《光伏发电总承包合同》总设备采购拆出另行签订《产品购销合同》。后甲公司发现项目产品组件功率与质保期内功率存在差异，诉请法院要求乙公司赔偿发电量损失 876.49 万元。

一审法院支持 328.9 万元。甲公司不服上诉至无锡市中级人民法院。

【争议焦点】

1. 赔偿责任及赔偿金额如何确定；

2. 丙公司是否应承担全部责任。

【裁判观点】

二审法院认为，鉴定报告认为导致组件衰减不合格主要系积尘和隐裂，甲公司对组件进行过清洗且对组件进行过拆除和重新安装，因此损失不能直接按甲公

① 交易双方为达成交易而采取的一种在先行给付双方均认可价值对价，交割后根据事先约定的标准达到后给予部分后续或有对价的一种机制。

② 江苏省无锡市中级人民法院二审 (2021) 苏 02 民终 5903 号民事判决书。

司计算进行认定；丙公司系合同第三方，不应直接承担责任，在其自认责任 33.44 万元范围内承担责任。判决驳回上诉，维持原判。

【纠纷观察】

本案中可以看出法院在类似光伏组件采购或承揽合同中对于因组件质量问题引起的发电损害赔偿的基本裁判思路：首先，法院认可光伏组件发电效率指标（如衰减率）不合格必然导致发电量减少，存在电费损失。其次，造成发电效率指标因素，法院分析认为有的属于质量问题，有的属于自然老化损坏、有的属于运维问题（如没有及时清洗造成尘积），有的属于人为损坏（如拆除和重新安装），需要综合考虑各因素及原因力大小来确定责任。最后，发电量损失以项目可研报告等预测性文件为基础进行推算，而需要进一步的客观数据作索赔依据。

【案例 7】中国水电投标联合体 v. 墨西哥国家电力公司[1]

【基本案情】

中国水电投标联合体 3.86 亿美元中标墨西哥国家电力公司（CFE）水电站项目合同后，因为 CFE 无法实现对中国水电投标联合体关于项目用地、当地社区不得干扰项目进行等合同义务，中国水电投标联合体无法在规定工期内完成项目并导致项目无法完工，要求 LCIA 裁决解除合同、回收费用、赔偿实际损失及利润损失和相关利息。

CFE 认为 LCIA 对合同争议无管辖权，也不应赔偿中国水电投标联合体损失。

【争议焦点】

LCIA 对合同争议是否有管辖权。

【裁判观点】

仲裁庭认为，尽管项目合同中约定了技术和事务管理性事件应当提交专家裁决，但合同中关于专家决定的写法“The Parties shall strive，by mutual agreement，any disputes related with this Agreement *exclusively* arise out of technical or administrative issues…… the Parties herewith agree to submit such dispute to the Expert Determination procedure administered in accordance with the Rules of Expert Determination of London Court of International Arbitration”中，“*exclusively*”的写法没有排除仲裁庭的管辖权。

【纠纷观察】

1. 在 Andes Petroleum v. Occidental Exploration and Production（AAA-ICDR）一

[1] LCIA 仲裁案。

案中，仲裁庭在认定 Occidental 公司是否应当向中石油和中石化的合资公司 Andes 支付其从厄瓜多尔获得的 40% 投资仲裁和解金额的，主要依据的是争议涉及合约中“If Occidental receives any monetary award from the Government of Ecuador as a result of the Government’s actions to enforce caducity and terminate Occidental’s contract with respect to Block 15，Occidental agrees that the Company is entitled to a 40% share in the net amount received，after all costs and expenses of the Caducity Proceedings have been reimbursed or paid（in calculating such amount there shall be no double counting）.”的“any”一词。

2. 给所有在英美法下缔结合同的中国企业提了个醒，普通法下的合约讲究“Four Corners Rule”，需要尽量地把可能的风险和商业逻辑上的可能性都在合同中进行明确约定。

3. 尽管 CFE 从项目合同、违反对第三方承诺不属于合同内容、仲裁庭无权就经济赔偿等多个方面挑战了仲裁庭的管辖权，仲裁庭在裁决中对驳回了 CFE 的主张，从项目合同的专家裁决、仲裁条款规定以及申请人的主张多个角度，论证仲裁庭的管辖权。

【案例 8】甲公司、乙公司买卖合同纠纷①

【基本案情】

甲公司与乙公司签署《管道燃气设施配套建设合同》，合同第 5 条“变更用气量及气量约定”第 6 项约定“根据烟台市政府物价文件，非居民用气价格执行 3.411 元 / 方，经甲乙双方友好协商，乙方采取集中气化 LNG 方式给甲方供气，对甲方用气价格给予 2 年的优惠政策，甲方用气价格按照 3.05 元执行。今后，如遇物价管理部门出台新气价调整文件或市场环境发生较大变化，经甲乙双方协商确定最新价格”。

甲公司认为在非居民用气政府指导价发生变化时，有权进行调整。乙公司认为 3.05 元价格至少应执行两年。一审及二审均判甲公司败诉，甲公司申请山东省高院再审。

【争议焦点】

如何理解合约中“今后”起算时点。

① 山东省高级人民法院 (2021) 鲁民申 7451 号民事判决书。

【裁判观点】

法院认为，“今后”一词无法体现甲公司主张政府指导价出现变动情况后按同向等额优惠计算价格的意思表示；即便对合同中“今后”的理解包含签订合同后的2年而不是2年优惠期满之后，双方也需要根据物价部门文件中规定燃气公司可以物价部门调整的基准销售价格为基础，在上浮20%、下浮不限的范围内协商确定具体销售价格。因此驳回甲公司的再审申请。

【纠纷观察】

对于受到政府指导价影响的合同，或者是因为政府行为受限的商业行为，需要在合约中提前考虑到各种可能性，并对此进行商业风险控制。北仲的一起仲裁案中，申请人与被申请人的一个关键争议点就是对协议中约定的“本项目首年发电量不低于【×】度或者设计发电量”产生争议，“首年发电量”的约定指的是电站的能发电量还是实际上网电量，因为该项目系新能源发电，实际发电量受限于限电、运维等多种原因影响。合约中未明确各种可能性，容易产生争议。

四、热点问题观察

（一）碳排放权的性质问题

2021年标志着全国统一碳交易市场的正式形成，但在碳排放权的性质上，官方并没有给出一个明确的说法。在《碳排放权交易管理办法（试行）（征求意见稿）》里面，将碳排放权定义为：依法取得的向大气排放温室气体的权利。这个定义是和国家发展改革委《碳排放权交易管理暂行办法》中的定义一致的。而在生态环境部最终发布的《碳排放权交易管理办法（试行）》中，对于碳排放权的定义：是指分配给重点排放单位的规定时期内的碳排放额度。

《碳排放权交易管理办法（试行）》这个定义对于碳排放权的性质进行了回避，可以视为官方现时对于碳权不急于定性的态度。对于碳排放权的性质，学界的理解一般有环境权说、规制权说和财产权说。[①] 另外还有学者将碳排放权纳入传统民法的框架中，认为碳排放权可以放入用益物权的范畴[②]；亦有学者认为碳排放权系

① 参见王惠：《论碳排放权的法律性质》，载《求是学刊》2016年第6期，第74—87页。

② 参见叶勇飞：《论碳排放权之用益物权属性》，载《浙江大学学报（人文社会科学版）》2013年第6期，第74—81页。

准物权性质[①]。

笔者认为，鉴于碳排放权起始于政府依据碳排放规则所给予的配额，本质上系行政规制权下的产物，但其因为各方参与者形成的共识而得到了财产权的性质，因此可以进行交易、抵押、金融化。但这一财产权可能并不是永久存在的，该等财产权的存在是有其前提条件的：政府所分配的允许排放量、排放权存在交易市场、各方参与者共识认为该等排放权有财产属性。未来如果进入零碳或者所有的碳排放主体均在环保要求之下，那么碳排放权可能将不再存续或者有价值。如果将碳排放权放入传统的物权领域进行考虑，无论是用益物权，还是准物权都不足以概括碳排放权的特征，因为这项权利实际上是一个行政规制下的拟制物，并不当然的具有物的特性。因此，将碳排放权视为新型财产权，可能更符合其本身的特征。

（二）中国能源企业面临的气候变化诉讼风险、ESG 诉讼风险

全球范围内，能源企业所面临的气候变化诉讼正在显著增加。由联合国环境署与美国哥伦比亚大学萨宾气候变化法律中心联合发布的研究报告显示，2017 年，全球共有至少 884 起有关气候问题的司法诉讼，共涉及 24 个国家，到 2020 年，相关诉讼数量已增加至 1550 起，[②] 涉及 38 个国家和欧盟法院共 39 个司法实体，不但案件数量接近翻番、诉讼成功率也不断提高。报告表示，虽然气候诉讼目前仍然主要集中在高收入国家，但这一趋势也有望在发展中国家得到进一步加强，近期，哥伦比亚、印度、巴基斯坦、秘鲁、菲律宾和南非等国都出现了气候诉讼。[③] 包括中国能源企业在内的所有中国企业面临气候变化诉讼的风险正在日益增加。在被环保组织称为“中国检察机关提起首例气候变化诉讼”[④] 的德清县人民检察院、德清明禾保温材料有限公司（以下简称明禾公司）侵权责任纠纷一案中，[⑤] 法院认

---

① 参见王明远：《论碳排放权的准物权和发展权属性》，载《中国法学》2010 年第 6 期，第 92—99 页。

② 根据帝国理工格兰瑟姆研究院的数据，2020 年全球气候变化诉讼总数为 1587 件，2021 年总数为 1841 件。参见：https://www.cccep.ac.uk/wp-content/uploads/2021/07/Global-trends-in-climate-change-litigation_2021-snapshot.pdf，访问时间：2022 年 2 月 15 日。

③ 参见“The status of climate change litigation：a global review”，https://www.unep.org/resources/publication/status-climate-change-litigation-global-review，访问时间：2022 年 2 月 15 日。

④ 参见龙迪、蒋博雅：《期待中国检察公益诉讼在应对治理气候变化中更有作为》，载最高人民检察院网站，https://www.spp.gov.cn/spp/llyj/202106/t20210604_520414.shtml，访问时间：2022 年 2 月 15 日。

⑤ 浙江省湖州市中级人民法院 (2020) 浙 05 民初 115 号民事判决书。

为，明禾公司产生的三氯一氟甲烷废气未经有效处置，排放至周围环境中，排放行为将损害环境及居住区空气质量，该物质可以扩散到大气同温层中，并以催化分解的方式破坏臭氧层，臭氧层的破坏将会导致过量的紫外线辐射到达地面，从而影响人类健康并造成环境生态损害，因此支持了公益诉讼起诉人德清县人民检察院根据评估报告主张 746421 元生态损害赔偿费用和 150000 元鉴定评估费用的请求，判令明禾公司承担其排放三氯一氟甲烷行为的损害赔偿责任。按最高人民法院 2021 年 1 月印发的《环境资源案件类型与统计规范（试行）》中对气候变化应对类案件的定义，是指在应对因排放温室气体、臭氧层损耗物质等直接或间接影响气候变化过程中产生的刑事、民事、行政以及公益案件。将此案认定为气候变化诉讼未尝不可。

最高人民法院在《关于新时代加强和创新环境资源审判工作为建设人与自然和谐共生的现代化提供司法服务和保障的意见》中，明确提出“依法审理各类涉受控消耗臭氧层物质违法生产、使用和环境污染案件，助力减少非二氧化碳温室气体排放，有效应对全球气候变化危机”。为气候变化诉讼做好了司法层面的准备，对于能源企业来说，要做好气候变化诉讼风险的评估、制定低碳减排战略及行动计划，展现良好社会责任形象，是控制风险的重要考量点。

对于全球化经营的中国能源企业来说，对面临的气候变化诉讼、ESG 诉讼风险尤其需要警惕，2021 年 5 月，荷兰法院就 Milieudefensie et al. v. Royal Dutch Shell plc. 一案作出判决，要求壳牌公司在 2030 年将其碳排放量降至 2019 年的 45% 水平，[①] 这对壳牌公司来说构成了实质性的风险。进一步地，近来英国法下的母公司可能为子公司承担 ESG 侵权责任的判例 Okpabi and others v. Royal Dutch Shell [2021] UKSC 3，Marinana and Others v. BHP plc and BHP Ltd [2021] EWCA Civ 1156；在澳大利亚提起的“绿色清洗”诉讼：Australasian Center for Corporate Responsibility v. Santos Ltd NSD858/2021 等，都提醒能源公司未来有关 ESG 的诉讼争议风险将更多地出现。

对于仲裁机构来说，日益增多的气候变化争议也带来了更多的潜在案件。在 2019 年，ICC 就发布了通过仲裁及替代性争议解决方式解决气候变化争议（“Resolving Climate Change Related Disputes through Arbitration and ADR”）的报告，表示仲裁的中立性、专业性、灵活性、可执行性的特点，对于日益增多的气

① 判决英文翻译参见：http://climatecasechart.com/climate-change-litigation/wp-content/uploads/sites/16/non-us-case-documents/2021/20210526_8918_judgment-2.pdf，访问时间：2022 年 2 月 15 日。

候变化争议解决应当成为各方的一个选项。气候变化争议是在传统能源向清洁能源转型过程中出现的，仲裁作为传统能源争议解决的重要手段，在气候变化争议中也不能缺位。同时ICC也指出由于气候变化争议涉及诸多的利益相关方和公众的关切，因此仲裁使用“法庭之友”及透明性问题也将在气候变化争议解决中得到考虑。

（三）新冠肺炎疫情是否构成重大不利变化

新冠肺炎疫情引发了众多交易争议，也带来了新冠肺炎疫情和不可抗力、重大不利变化、合同落空、艰难情势等关系的问题，尤其在新冠肺炎疫情是否构成重大不利变化问题上，合约各方有不同认识。安邦在海外售卖资产引发的争议，是这一波因新冠肺炎疫情引起众多诉讼的典型案例。2021年12月，特拉华州最高法院判决维持特拉华州衡平院在安邦诉韩国未来资产一案中所做的裁判。[①]

该案中，特拉华州最高法院作出判决，认为根据安邦和韩国未来资产管理公司之间的交易合同对于重大不利变化的定义，新冠肺炎疫情不构成重大不利变化/重大不利影响（Material Adverse change/Material adverse Effect），但安邦未按照合同履行“按惯常经营”的承诺（Ordinary course covenant）违反合同，因此韩国未来资产管理公司有权终止交易，要求安邦返还5.8亿美元交易押金及相关利息和费用。

新冠肺炎疫情是否构成重大不利变化，主要从两个方面进行考虑：第一，合约中是否将新冠肺炎疫情作为重大不利变化的排除项。安邦与韩国未来资产管理公司合约中，并未明确写明COVID-19构成重大不利变化，法院认为双方交易合约中的重大不利变化中的排除项“natural disasters and calamities”，包含新冠肺炎疫情及其带来的后果，因此新冠肺炎疫情在合约下不构成重大不利变化的排除项。第二，比较同类行业公司，新冠肺炎疫情给收购目标公司带来的影响是否构成“不成比例”（Disproportionate effect）的影响，就不成比例的影响部分需要单独拿出来决定是否构成重大不利变化，但在安邦与韩国未来资产公司的合约中，没

---

① 安邦诉韩国未来资产案，AB STABLE VIII LLC v. MAPS HOTELS AND RESORTS ONE LLC，MIRAE ASSET CAPITAL CO.，LTD.，MIRAE ASSET DAEWOO CO.，LTD.，MIRAE ASSET GLOBAL INVESTMENTS，CO.，LTD.，and MIRAE ASSET LIFE INSURANCE CO.，LTD.，特拉华州衡平院及最高院判决，参见：https://courts.delaware.gov/Opinions/Download.aspx?id=313600 及 https://courts.delaware.gov/Opinions/Download.aspx?id=327380，访问时间：2022年2月15日。

有 Disproportionate effect 的规定，对卖家有利。从这两个角度看，新冠肺炎疫情在此交易中，被排除在重大不利变化定义之外。

随着新冠肺炎疫情引发的争议增多，在重大不利变化中明确将新冠肺炎疫情和新冠肺炎疫情带来的政府管制及相关管制措施作为排除项，在实务中已经得到越来越多的使用。同时，对于排除项的例外事项，Disproportionate effect 中所对应的行业定义，在英国法院就 Travelport Limited and others v WEX Inc. 一案中对重大不利变化中“行业”的解释以来，已有越来越多的商业交易就重大不利变化中、新冠肺炎疫情所对应的行业进行了特定化的解释[①]。

五、总结与展望

2022 年，在全球能源供需仍未达到平衡的形势下，由于预期疫情防控措施将进一步放宽，经济活动将更为活跃，能源价格在可见的短期内将继续维持高位。乌克兰与俄罗斯的地缘政治危机，给能源业带来的影响仍待观察。如何在能源转型过程中，保障能源供应安全、协调能源价格与经济发展、社会福利民生仍然会成为一个主要的议题。

中国对能源转型过程中如何处理好与能源安全关系认识更加深入。在 2021 年年末的中央经济工作会议上，中国提出了要正确认识把握碳达峰和碳中和的目标，着眼于长期性、不搞“运动式”减碳。“实现碳达峰碳中和不可能毕其功于一役。传统能源逐步退出要建立在新能源安全可靠的替代基础上。要立足以煤为主的基本国情，抓好煤炭清洁高效利用，增加新能源消纳能力，推动煤炭和新能源优化组合。要狠抓绿色低碳技术攻关。”加快低碳发展、保障能源安全、推动机制改革、强化监管体系、拓展国际合作，仍将是 2022 年中国能源的主题。

新能源从政府支持、补贴的模式转向为政府减少补贴、逐步由市场决定价格。尽管零补贴和负补贴的新能源项目取决于技术、项目自身的条件等因素，但新能

① 比如在油气交易中，一个对于 Disproportionate effect 中行业的定义：“as compared to other similarly situated industry participants (it being understood and agreed that, for the purposes of determining whether a Party has been disproportionately adversely affected compared to other similarly situated industry participants, the Company shall be compared to independent exploration and production companies primarily focused in the Permian Basin and Parent shall be compared to independent diversified exploration and production companies)”，和以往的惯例相比，此处行业的定义明显受到了新冠肺炎疫情相关判例的影响。

源项目的市场化将是未来发展的趋势。国家能源局在2021年发布的《做好电力现货市场建设试点工作的通知》，提出要引导新能源项目10%的预计当期电量通过市场化交易竞争上网，市场化交易部分可不计入全生命周期保障收购小时数就是争议趋势的体现。比照全球，西班牙、瑞典、英国等已经进一步开始对新能源项目实行的“零补贴”政策，[①]甚至英国已经开始在海上风电项目上实行“负补贴”的实践，新能源未来的方向是往政府零补贴、市场化的方向去实现碳达峰、碳中和的目标。能源转型期，除了更多的气候变化和ESG诉讼之外，不同的市场主体将更多地参与到清洁能源项目，往低碳经营模式的改变，新技术的使用，与更多的清洁能源领域的并购、绿地投资一起，将会带来更多的能源纠纷和争议。根据国际能源署的报告，要达到碳中和的目标，每年在全球的新能源投资需要超过4万亿美元。[②]可以预见，参与新能源投资的利益相关方众多、合同关系众多且涉及政府补贴政策变化、电力市场行业政策变化、环境、土地、复杂融资、项目建设、运行维护等诸多因素的影响，新能源争议将继续在能源争议中扮演重要的角色，与新能源相关的绿色债券、碳交易等也可能会出现争议。

能源业是国际投资争端解决中的纠纷大户，传统能源争议解决中，投资者和投资国之间的国际投资仲裁众多，ICSID每年受理的案件中，油气历年来比例均超过20%。近来国际投资争端解决的一个热点领域是随着政府补贴逐步退出新能源市场而带来的相关法律法规和政策的变化使得投资者的投资受到影响，从而导致国际投资争端不时发生。一个典型的例子就是西班牙改变对新能源投资的政策后，引发了投资者对其提起的大量国际投资仲裁。[③]可以预见的是，能源转型过程中的国际投资争议，将会更多地出现。同时，传统能源中，国际油气的各类合作模式、天然气气价和供应、油气资产的弃置和生态恢复义务，新技术在传统能源业中的

---

① 比如在英国的一些海上风电项目上，如果投资者的中标电价低于市场的批发电价，则投资者将向政府偿还差额。

② 参见国际能源署（IEA）2021年5月发布的《2050年净零排放：全球能源行业路线图》：https://iea.blob.core.windows.net/assets/deebef5d-0c34-4539-9d0c-10b13d840027/NetZeroby2050-ARoadmapfortheGlobalEnergySector_CORR.pdf，访问时间：2022年2月15日。

③ 截至2021年针对西班牙提出的新能源投资仲裁案已经达到50起，参见：“Spain marks 50th renewables claim as new reforms roil investors”：https://globalarbitrationreview.com/spain-marks-50th-renewables-claim-new-reforms-roil-investors，一个相关的事项是，在欧洲法院2021年在Republic of Moldova v Komstroy做出的判决中，欧盟成员国的投资者不能根据《能源宪章条约》（The Energy Charter Treaty，以下简称ECT）向另一欧盟成员国提起ECT下的投资仲裁，访问时间：2022年2月15日。

使用，传统能源企业面临的更多的监管要求、政策变化、披露、股东诉讼、利益相关方的权利主张等，都将带来更多的纠纷诉讼的风险。

2021 年 COP26 达成的《格拉斯哥气候协议》最重要的成果，在于仍然保持了《巴黎协定》中“努力将全球平均气温较前工业化时期的上升幅度限制在 1.5 摄氏度以内”的表述，如主办方英国指出的那样，Mitigation（减轻影响）、Adaptation（适应行动）、Finance（资金保障）、Collaboration（全球合作）仍然是执行的主题。也正如《格拉斯哥气候协议》终稿确定之前，将逐步淘汰（Phase out）改为逐步减少（Phase down）一样，能源转型不会是一蹴而就的。随着能源转型，清洁低碳技术的推广，更多低碳化的项目建设出现，清洁能源融资和合约安排的复杂性，气候变化和 ESG 争议日益增加，仲裁机构也在从制度规则、技术手段等各方面来为争议各方提供更为便利的解决争议的帮助，中国的仲裁机构也将在这个过程中迎来更多的发展。

中国投资争议解决年度观察（2022）

朱华芳　蒋　弘　吴　颖[①]

一、概述

投资纠纷并非严格意义上的法律概念，亦非最高人民法院（以下简称最高院）《民事案件案由规定》项下的独立案由，可泛指一切因投资活动产生的争议。经济学上的投资是指为了获得财产或产生收入的资本支出，[②]《中华人民共和国企业所得税法》将投资区分为权益性投资和债权性投资，[③]《中华人民共和国外商投资法》界定的投资活动包括设立企业、取得股份/股权/财产份额/其他类似权益、投资新建项目等。[④]结合现有法律规范关于“投资”概念的使用情况，投资纠纷应当包括但不限于如下类型：（1）投资者因取得并持有公司股权、企业财产份额等引发的各类“与公司有关的纠纷”“与企业有关的纠纷”“合伙企业纠纷”，以及投资退出

---

① 朱华芳，北京市天同律师事务所合伙人。蒋弘，北京市天同律师事务所合伙人。吴颖，北京市天同律师事务所合伙人。同时，感谢北京市天同律师事务所律师叶一丁和郭佑宁为本报告作出的贡献。

② 参见赵骏：《国际投资仲裁中“投资”定义的张力和影响》，载《现代法学》2014 年第 3 期，第 162 页。

③ 《中华人民共和国企业所得税法》第 46 条：“企业从其关联方接受的债权性投资与权益性投资的比例超过规定标准而发生的利息支出，不得在计算应纳税所得额时扣除。”

④ 《中华人民共和国外商投资法》第 2 条第 2 款：“本法所称外商投资，是指外国的自然人、企业或者其他组织（以下称外国投资者）直接或者间接在中国境内进行的投资活动，包括下列情形：（一）外国投资者单独或者与其他投资者共同在中国境内设立外商投资企业；（二）外国投资者取得中国境内企业的股份、股权、财产份额或者其他类似权益；（三）外国投资者单独或者与其他投资者共同在中国境内投资新建项目；（四）法律、行政法规或者国务院规定的其他方式的投资。”

环节可能产生的“与破产有关的纠纷”；[①]（2）投资者因认购银行理财、资金信托、基金等资产管理产品[②]与管理人/受托人之间产生的资管纠纷；（3）投资者因购买股票、债券等证券产品与发行人及相关主体之间产生的证券投资纠纷；（4）投资者因从事贷款发放等债权投资活动产生的借款合同纠纷；（5）投资者进行境外投资时与东道国政府、企业等之间产生的国际投资纠纷等。

立足于中国投资争议解决现状，另考虑到本书《中国金融争议解决年度观察（2022）》已对证券投资、金融借款等金融类投资纠纷的争议解决概况作出分析评述，本报告将主要以前两种投资纠纷类型为观察范围，着眼于立法及实践情况，对我国商事投资争议解决在2021年的发展情况进行总结和评述。

（一）公司制度改革步入新阶段，外商投资规则持续完善

公司法治建设取得重要进展。近年来通过推进商事制度等改革，市场主体不断培育壮大，登记在册的市场主体总数由2012年的近5500万户增加到2021年4月的1.43亿户，增长1.6倍。[③]公司是最重要的市场主体，合理妥善地处理与公司有关的纠纷，是化解市场矛盾、优化营商环境的内在需求。立法层面，2021年1月1日《中华人民共和国民法典》（以下简称《民法典》）、《最高人民法院关于适用〈中华人民共和国民法典〉有关担保制度的解释》（法释〔2020〕28号，以下简称《担保制度解释》）等规范正式施行，有关法人、担保的新规则对公司类纠纷案件的解决产生重要影响。2021年12月24日，全国人民代表大会常务委员会（以下简称全国人大常委会）公布《中华人民共和国公司法（修订草案）》（以下简称《公司法修订草案》）向社会公众征求意见，拟在资本制度、公司治理方面进行重大变革。司法层面，北京、上海等多地法院发布审判白皮书及典型案例，对股东

① “与公司有关的纠纷”“与企业有关的纠纷”“合伙企业纠纷”“与破产有关的纠纷”均系《民事案件案由规定》中的二级案由，具体包括多种纠纷类型。

② 根据《关于规范金融机构资产管理业务的指导意见》第3条规定，资产管理产品包括但不限于人民币或外币形式的银行非保本理财产品，资金信托，证券公司、证券公司子公司、基金管理公司、基金管理子公司、期货公司、期货公司子公司、保险资产管理机构、金融资产投资公司发行的资产管理产品等。

③ 《全面建成小康社会大事记》，载中共中央党校官方网站，https://www.ccps.gov.cn/xtt/202107/t20210727_150023.shtml，访问时间：2022年2月8日。

资格确认、股东知情权等公司类纠纷的审判要点和裁判思路作出指引。[①]

外商投资法律规则不断健全。2021 年 1 月 18 日，国家发展和改革委员会（以下简称国家发改委）、商务部联合发布的《外商投资安全审查办法》正式施行。12 月 27 日，国家发改委、商务部印发《外商投资准入特别管理措施（负面清单）》（2021 年版）、《自由贸易试验区外商投资准入特别管理措施（负面清单）》（2021 年版），提高外资准入负面清单精准度，明确从事禁止投资领域业务的境内企业到境外发行股份并上市的，应经有关主管部门审核同意。2021 年 12 月 31 日，最高院发布《全国法院涉外商事海事审判工作座谈会会议纪要》，对外商投资企业隐名投资协议等纠纷的处理规则作出明确。

（二）破产法治建设取得重要进展，市场主体退出机制持续优化

企业破产立法及司法工作稳步推进。2021 年 2 月 25 日，国家发改委、最高院、财政部、中国人民银行等十三部委联合下发《关于推动和保障管理人在破产程序中依法履职　进一步优化营商环境的意见》（发改财金规〔2021〕274 号），从优化破产企业注销和状态变更登记制度、加强金融机构对破产程序的参与和支持、完善资产处置配套机制等多角度提出要求。2021 年度，最高院先后发布多起破产领域的典型案例，[②] 并于 2021 年 10 月 9 日将三例企业实质合并破产案作为第 29 批指导性案例；广东[③]、河北[④]、成都[⑤] 等地法院亦先后发布破产审判白皮书、公布辖区内典型案例，统一破产司法案件的裁判尺度。

个人破产及内地与香港破产协助机制正式建立。2021 年 3 月 1 日，我国首部个人破产法规《深圳经济特区个人破产条例》正式实施。2021 年 7 月 19 日，首例

---

① 《北京三中院公司类纠纷审判白皮书（2013—2020）》，载微信公众号“公司法权威解读”，2021 年 11 月 12 日；《2016—2020 年股东资格确认类案件审判白皮书》，载微信公众号“至正研究”，2021 年 12 月 24 日；张新、朱川、李非易：《股东知情权纠纷案件要素式审判指引（试行）》，载微信公众号“至正研究”，2021 年 8 月 27 日。

② 参见《人民法院实施破产法律制度　优化营商环境典型案例》《人民法院助推民营经济高质量发展典型民商事案例》《2021 年全国法院十大商事案件》。

③ 《广东高院发布破产审判白皮书》，载法治网，http://www.legaldaily.com.cn/index/content/2021-08/12/content_8578656.htm，访问时间：2022 年 2 月 8 日。

④ 《河北高院发布破产审判白皮书（2017 年—2020 年）》，载腾讯网，https://xw.qq.com/cmsid/20210618A0BPAZ00，访问时间：2022 年 2 月 8 日。

⑤ 《成都法院破产审判工作白皮书（2017—2020）》，载澎湃网，https://www.thepaper.cn/newsDetail_forward_13380596，访问时间：2022 年 2 月 8 日。

个人破产重整案件在广东省深圳市中级人民法院（以下简称深圳中院）审结。[①]2021年5月14日，最高院与香港特别行政区政府律政司在深圳签署《关于内地与香港特别行政区法院相互认可和协助破产程序的会谈纪要》，建立两地破产协助机制；为细化、落实纪要精神，最高院制定《关于开展认可和协助香港特别行政区破产程序试点工作的意见》（法发〔2021〕15号），对认可和协助香港破产程序的范围、申请材料、认可效力、协助方式、审查标准等作出规范，指定上海、厦门、深圳三地法院开展试点工作。2021年12月15日，深圳中院就内地首例申请认可和协助香港破产程序案作出"认可裁定"。[②]

（三）资管行业监管体系不断健全，资管纠纷裁判路径更加清晰

资管新规配套规则逐步落地。2021年底，《关于规范金融机构资产管理业务的指导意见》（银发〔2018〕106号，以下简称资管新规）过渡期正式结束，监管机构在2021年度陆续出台若干资管新规配套细则，资管行业监管体系进一步完善。[③]在私募基金方面，中国证券监督管理委员会（以下简称证监会）于2021年1月8日[④]发布《关于加强私募投资基金监管的若干规定》（以下简称《加强私募监管规定》），重申和细化私募基金监管的底线要求。在银行理财方面，中国银行保险监督管理委员会（以下简称银保监会）先后发布《理财公司理财产品销售管理暂行办法》《关于规范现金管理类理财产品管理有关事项的通知》《理财公司理财产品流动性风险管理办法》，明确细化对理财产品销售行为、流动性风险防范治理的监管要求。在保险资管方面，银保监会起草了《保险资产管理公司管理规定（征求意见稿）》，拟进一步加强对保险资管公司的监管。在证券期货资管方面，证监会发布《资产管理产品介绍要素第2部分：证券期货资产管理计划及相关产品》，对证券期货资管计划及相关产品的定义、分类、运作方式、风险等要素进行介绍，以便投资者对产品风险作出准确判断。

资管纠纷裁判规则取得新发展。随着各类资管业务蓬勃发展，投资者与管理人之间的法律纠纷日益增加。2021年资管纠纷的热点争议问题集中体现在如下四

---

① 《2021年度人民法院十大案件　全国首例个人破产重整案》，载中国法院网，https://www.chinacourt.org/article/detail/2022/01/id/6471334.shtml，访问时间：2022年2月8日。

② 《深圳中院：认可和协助森信公司香港破产程序案》，载微信公众号"图解破产"，2022年1月24日。

③ 《优化资管新规过渡期安排　引导资管业务平稳转型》，载中国人民银行官方网站，http://www.pbc.gov.cn/goutongjiaoliu/113456/113469/4066284/index.html，访问时间：2022年2月8日。

④ 《私募监管规定》虽然于2021年1月8日发布，但施行日期是公布之日即2020年12月30日。参见《【第71号公告】〈关于加强私募投资基金监管的若干规定〉》，载中国证券监督管理委员会官方网站 http://www.csrc.gov.cn/csrc/c101939/c1416932/content.shtml，访问时间：2022年2月8日。

个方面：一是资产管理关系的法律性质，二是管理人在资管业务中的责任边界，三是资管产品中刚兑条款的识别及效力认定，四是资管产品的清算及损失确定。总体来看，“卖者尽责、买者自负”的审判理念不断加强，产品清算前损失能否确定等问题的裁判路径逐渐清晰，但仍有诸多疑难问题亟待解决。另需注意的是，在2021年审结并公开的资管纠纷中，有相当数量的案件涉及主管异议，且仲裁条款的效力范围在一定程度上呈扩张趋势。①

二、影响性法律法规或其他规范性文件

（一）《公司法修订草案》涉及投融资交易的新规则

2021年12月24日，全国人大常委会公布《公司法修订草案》，向社会公众征求意见。② 本次对《中华人民共和国公司法》（以下简称《公司法》）的修订回应解决了当前股权投资、公司治理实践中的突出问题，对弥补制度短板、加强投资者保护、促进市场经济健康发展具有重要意义，是优化营商环境、激发市场创新活力的有力举措，其中如下内容值得关注：

1. 完善公司资本制度

第一，拟在股份公司中引入授权资本制。草案规定股份公司在设立时只需发行部分股份，剩余股份可以由章程或股东会授权董事会决定发行。③

第二，拟授权股份公司发行类别股。草案允许股份公司发行优先股、劣后股、特殊表决权股、转让受限股等与普通股权利不同的类别股。④ 受制于现行《公司法》“同股同权”原则，股权投融资实践中的特殊股东权利安排往往只能通过交易合同予以落实，难以约束协议当事人以外的主体，草案拟为股份公司发行不同权益类

---

① 一方面，虽然仍有部分法院持相反观点［天津三中院（2021）津03民终3672号案］，法院体系已基本形成共识，即使投资者选择基于侵权纠纷向管理人提出主张，也应受资管合同中仲裁条款的约束［北京高院（2021）京民终352号、北京金融法院（2021）京74民终176号、上海金融法院（2021）沪74民终278号案］。另一方面，在投资者越过管理人直接向资管产品交易相关方提出赔偿主张时，法院可能以该等纠纷系围绕资管合同产生为由，认为相关方应受资管合同中仲裁条款的约束［北京金融法院（2021）京74民终176号案］；亦有可能认为投资者因行使介入权已成为管理人（代表资管产品）与相关方所签订合同的当事人，进而须受前述合同中仲裁条款的约束［上海金融法院（2020）沪74民初3471号案］。

② 参见《关于〈中华人民共和国公司法（修订草案）〉的说明》。

③ 《公司法修订草案》第97、164条。

④ 《公司法修订草案》第157、158条。

型的股份提供明确法律依据。

第三，拟完善股东出资瑕疵的救济机制。一是增加公司对股东出资情况的核查、催缴义务，并对股东失权制度予以优化。① 二是规定公司不能清偿债务且明显缺乏清偿能力的，公司或债权人有权要求股东提前缴纳出资。② 三是补充细化瑕疵股权转让时转让方、受让方的出资责任，规定未届缴资期限的股权转让后应由受让人履行出资义务，③ 回应了司法实践中长期存在的争议问题。④ 四是明确瑕疵出资股东在补缴出资之外的利息支付及损失赔偿责任。⑤

第四，拟限制股份公司为他人取得本公司股份提供财务资助。为保障资本充实、防范股东变相抽逃出资，草案原则上禁止股份公司及其子公司为他人取得本公司股份提供赠予、贷款、担保或其他财务资助。⑥

第五，拟允许用资本公积金弥补亏损。草案规定资本公积金亦可用于弥补亏损，同时明确资本公积金的补亏顺序劣后于任意公积金和法定公积金，以免公司变相利用资本公积金进行利润分配。⑦

---

① 《公司法修订草案》第46、109条。相较于《最高人民法院关于适用〈中华人民共和国公司法〉若干问题的规定（三）》第17条规定，《公司法修订草案》第46条允许股东按比例失权，以失权通知代理股东会决议，并明确了补缴宽限期下限及公司处理相关股权的期限限制。

② 《公司法修订草案》第48条。

③ 《公司法修订草案》第89条。

④ 关于未届缴资期限的股权转让后出资义务的承担主体，此前存在不同观点：多数法院认为原股东在出资义务尚未到期的情况下转让股权，不属于《最高人民法院关于适用〈中华人民共和国公司法〉若干问题的规定（三）》第18条第1款规定的未履行出资义务即转让股权情形，原股东不应再对公司承担出资责任，例如最高院（2019）最高法民终230号、（2020）最高法民申2285号案，四川高院（2018）川民申4200号、江苏南京中院（2019）苏01民终9394号、浙江杭州中院（2020）浙01民终1310号、陕西西安中院（2020）陕01执异607号案等；但也有法院持相反观点认为，股东在出资期限届满前将股权转让仅是让渡了合同权利，出资义务不会当然随合同转移，原股东仍应在未缴出资范围内对公司债务承担责任，否则将诱发股东通过向偿债能力差的主体转让股权以逃避出资义务、损害公司债权人利益，例如辽宁大连中院（2020）辽02民终1140号案，江苏无锡中院（2018）苏02民终1516号、（2021）苏02民终1329号案等。

⑤ 《公司法修订草案》第47、52、109、224条。

⑥ 《公司法修订草案》第174条。

⑦ 《公司法修订草案》第210条。

第六，拟确立简易减资制度。草案针对形式减资[①]特别创设简易减资规则，明确如果公司按照规定弥补亏损后仍有亏损，可以进行简易减资，不再履行通知债权人等程序。[②]

2. 强化控股股东和董监高责任

第一，拟增强对关联交易的规制措施。一是从规范主体和规范对象两个方面扩大关联交易适用范围，[③]二是增加关联交易报告制度及董事回避表决规则。[④]

第二，拟完善董监高对资本充实的责任。草案规定在股东瑕疵出资、抽逃出资情况下，知道或应当知道相关行为但未采取必要措施的董监高应当承担赔偿责任；在公司违反规定进行利润分配、减资或为他人取得本公司股份提供财务资助的情况下，负有责任的董监高应当承担赔偿责任。[⑤]

第三，拟设置双重代表诉讼制度。草案规定全资子公司的董事、监事、高级管理人员执行职务违反规定、侵害子公司利益的，母公司符合条件的股东亦可以提起代表诉讼，解决了当前实践中发起双重代表诉讼缺乏法律依据的困境。[⑥]

3. 优化公司治理结构

第一，拟扩展董事类型。草案规定股份公司可以将董事会成员区分为执行董事和非执行董事，[⑦]扩大设置职工董事的公司范围，[⑧]并要求国有独资公司董事会、审计委员会成员中外部董事过半数。[⑨]

第二，拟引入单层治理模式。草案允许公司不再设监事会或监事，同时在董

① 减资分为形式减资与实质减资，前者仅为账面注册资本额的减少，以便能真实反映公司净资产情况，后者才涉及公司净资产向股东的流出。因形式减资情况下公司责任财产并未变化，即使减资程序不合法，司法实践中也认为不构成股东抽逃出资。参见傅穹：《公司减资规则论》，载《法学评论》2004 年第 3 期，第 38 页；贺小荣主编：《最高人民法院第二巡回法庭法官会议纪要（第二辑）》，人民法院出版社 2021 年版，第 22—23 页。

② 《公司法修订草案》第 221 条。

③ 《公司法修订草案》第 183 条。相较于现行《公司法》第 148 条，规范主体扩张到“董事、监事、高级管理人员及其近亲属，前述人员直接、间接控制的企业，以及与董事、监事、高级管理人员有其他关联关系的主体”，规范对象包括“直接或者间接与公司订立合同、进行交易”。

④ 《公司法修订草案》第 183 条。

⑤ 《公司法修订草案》第 47、52、109、174、207、222 条。

⑥ 《公司法修订草案》第 188 条。

⑦ 《公司法修订草案》第 124 条。

⑧ 《公司法修订草案》第 63、124 条。

⑨ 《公司法修订草案》第 149、153 条。

事会中设置由董事组成的审计委员会，负责对公司财务、会计进行监督。[①]

4. 其他重要修订

第一，拟扩大股东知情权。一是将会计凭证纳入有限公司股东有权查阅的财务资料范围内；[②]二是授予股份公司持股比例符合条件的股东有限检查权，允许其委托中介机构在必要范围内查阅会计账簿、财务凭证。[③]

第二，拟完善股权 / 股份转让规则。针对有限公司，完善优先购买权规则，明确通知内容、不再要求过半数股东同意，并取消异议股东的购买要求；增加转让方的通知义务，以及公司不配合变更时交易双方的诉讼权利。[④]针对股份公司，调整相关锁定期要求，增加关于限售期内股份出质行权的规定。[⑤]

第三，拟确立横向人格否认。吸收《全国法院民商事审判工作会议纪要》（以下简称《九民会议纪要》）第 11 条第 2 款，规定公司股东利用其控制的两个以上公司通过利用法人独立地位、股东有限责任，逃避债务，严重损害公司债权人利益的，各公司应当对任何一个公司的债务承担连带责任。[⑥]此外，最高院目前也有案例肯定“逆向人格否认”制度对一人有限责任公司的适用，[⑦]但具体情况有待立法或司法解释进一步明确。

（二）《动产和权利担保统一登记办法》（中国人民银行令〔2021〕第 7 号，以下简称《统一登记办法》）

为解决中小微企业“融资难、融资贵、融资慢”难题，提高动产担保登记效率，国务院于 2020 年 12 月 22 日印发《关于实施动产和权利担保统一登记的决定》（国发〔2020〕18 号），明确自 2021 年 1 月 1 日起在全国范围内实施动产和权利担保统一登记；纳入统一登记范围的动产和权利担保，由当事人通过中国人民银行征信中心（以下简称征信中心）动产融资统一公示系统自主办理登记。为配套统一登记制度的实施、做好非典型担保落地执行的衔接工作，中国人民银行于 2021 年 12 月 28 日发布《统一登记办法》，在《应收账款质押登记办法》（中国人民银行

① 《公司法修订草案》第 64、125 条。
② 《公司法修订草案》第 51 条。
③ 《公司法修订草案》第 113 条。
④ 《公司法修订草案》第 85、87 条。
⑤ 《公司法修订草案》第 171 条。
⑥ 《公司法修订草案》第 21 条。
⑦ 最高人民法院（2020）最高法民申 2158 号民事裁定书。

令〔2019〕第 4 号）基础上进一步细化登记内容、优化登记和查询操作流程。《统一登记办法》共 34 条，核心内容如下：

第一，明确登记范围。纳入统一登记范围的包括生产设备 / 原材料 / 半成品 / 产品抵押、应收账款质押、存款单 / 仓单 / 提单质押、融资租赁、保理、所有权保留等六种企业常见融资担保类型，以及“其他可以登记的动产和权利担保”。另考虑到机动车、船舶、航空器，债券、基金份额、股权及知识产权财产权有特殊的登记规定及所有权登记机关，基于前述财产设立的担保权不在征信系统登记。①

第二，完善登记内容。为在登记层面落实《担保制度解释》第 15 条、第 43 条、第 47 条规定，《统一登记办法》明确除担保权人和担保人的基本信息、担保财产的描述、登记期限外，当事人可以约定将主债权金额、担保范围、禁止或限制转让的担保财产等项目作为登记内容，并强调最高额担保应当登记“最高债权额”。② 自然资源部亦于 2021 年 4 月 6 日发布《关于做好不动产抵押权登记工作的通知》（自然资发〔2021〕54 号），在不动产登记簿增加“担保范围”“是否存在禁止或限制转让抵押不动产的约定”栏目，将“最高债权数额”修改为“最高债权额”并独立设置，以便不动产登记机构能够准确记载有关情况。③

第三，提示登记风险。借鉴国际经验，《民法典》正式确立担保财产的概括描述规则，允许对担保财产进行概括描述以促进担保设定效率，但存在如何通过概括描述准确界定担保财产的难题。在重申征信中心仅承担服务性登记工作、不进行实质审查的基础上，《统一登记办法》就实践中可能存在的担保物权设立风险④进行特别提示，强调对担保财产的概括性描述应当能够合理识别该担保财产，阐明因描述不准确不能正确公示担保权利的法律后果由当事人自行承担。⑤

第四，设定登记期限。登记期限最短 1 个月、最长 30 年，具体由担保权人根

---

① 《统一登记办法》第 2 条。

② 《统一登记办法》第 9 条。

③ 《自然资源部关于做好不动产抵押权登记工作的通知》（自然资发〔2021〕54 号）第 2、3、4 条。

④ 例如在（2020）最高法民申 6319 号案中，最高院认为：应收账款质权是否有效设立，还应对作为质物的应收账款是否符合“特定的物”以及可“支配和排他”等实质要件进行审查。虽然当事人在中国人民银行征信系统对应收账款进行了质押登记，但仅采取与《质押合同》约定相同的概括性描述，未载明应收账款的债务人、数量、基础合同履行情况等可以对应收账款进行特定化的基本要素，因此案涉应收账款并非确定的财产权利，相应质权未依法设立。

⑤ 《统一登记办法》第 4、9、24 条。

据主债权履行期限确定，担保权人可以在登记期限届满前申请展期。[①]

（三）《全国法院涉外商事海事审判工作座谈会会议纪要》

2021 年 12 月 31 日，最高院印发《全国法院涉外商事海事审判工作座谈会会议纪要》。该座谈会会议纪要分为涉外海事、商事、仲裁司法审查三个部分，共计 111 条，与投资纠纷审理相关的内容如下：

第一，明确境外公司内部决议效力的法律适用。根据《中华人民共和国涉外民事关系法律适用法》第 14 条第 1 款规定，规定对于境外公司作出的决议效力，应当适用登记地国法律并结合公司章程予以审查认定。[②]

第二，明确境外公司意思表示的认定标准。规定除当事人另有约定或登记地国法律另有规定外，董事代表公司在合同书、信件、数据电文等载体上签字的行为，可以视为境外公司作出的意思表示，未加盖公司印章不影响代表行为效力；公司章程或权力机构对董事代表权的限制，不得对抗善意相对人。[③]

第三，明确外商投资企业隐名投资协议纠纷的处理规则。2020 年 1 月 1 日起施行的《中华人民共和国外商投资法》取消此前外商投资企业设立、变更的审批备案管理制度，对外商投资实行准入前国民待遇加负面清单管理制度。为配套前述改革，该座谈会会议纪要在《九民会议纪要》第 28 条基础上对外商投资企业实际投资者的显名条件作出特殊规定，明确除获得其他股东认可外，实际投资者能否显名还取决于该企业投资领域：如果属于负面清单禁止投资领域，不能显名；如果属于负面清单限制投资领域，应当先履行报批手续，报批后未能获得主管机关批准的，实际投资者只能另行向名义股东提起损害赔偿之诉；如果属于负面清单以外投资领域的，名义股东应当将所持股权转移登记至实际投资者名下。[④]

---

① 《统一登记办法》第 11、12 条。需要注意的是，《统一登记办法》未对登记期满的法律后果作出规定。根据以往司法实践，登记期限届满后未办理展期的，不影响已设立担保权的效力；但考虑到登记期限届满后，征信中心将对登记记录进行电子化离线保存，届时社会公众可能无法再实现对相关登记信息的查询，不排除担保权会因未继续公示而丧失对抗效力。鉴于征信中心对此的具体操作尚不明朗，相关情况仍有待后续观察。

② 《全国法院涉外商事海事审判工作座谈会会议纪要》第 27 条。

③ 《全国法院涉外商事海事审判工作座谈会会议纪要》第 28 条。

④ 《全国法院涉外商事海事审判工作座谈会会议纪要》第 29 条。

（四）《加强私募监管规定》

《加强私募监管规定》是证监会继 2014 年《私募投资基金监督管理暂行办法》（证监会令第 105 号）以来，直接针对私募基金业务发布的首部监管规范。《加强私募监管规定》共 14 条，形成对私募基金管理人及从业人员等主体的“十不得”禁止性要求，需要重点关注的内容如下：

第一，明确对基金管理人的规范要求。首先，规定管理人应当在名称中标明“私募基金”“创业投资”字样，在经营范围中标明“私募投资基金管理”“创业投资基金管理”等体现私募基金特点的字样；① 其次，要求管理人聚焦投资管理主业，不得从事与私募基金管理相冲突或无关的业务；② 最后，强调管理人要股权结构清晰，并明确对集团化管理人的信息披露、合规风控要求。③

第二，细化对基金募集的规范要求。一方面，新增部分基金募集过程中的禁止性规定，明确管理人的出资人、实控人、关联方亦不得从事或者变相从事私募基金募集宣传推介；④ 另一方面，规定金融监管部门监管的资管产品、合格境外机构投资者、人民币合格境外机构投资者视为“合格投资者”。⑤

第三，在重申基金财产不得用于借贷、担保、明股实债等投资活动的基础上，允许私募基金以股权投资为目的为被投资企业提供 1 年以内借款、担保。⑥

（五）优化营商环境系列文件

近年来，我国高度重视以便利投融资为核心的营商环境优化工作。2019 年 10 月 22 日，国务院发布《优化营商环境条例》（国务院令第 722 号），要求加大中小投资者权益保护力度、精简投资审批制度、降低企业融资成本、拓宽市场主体融资渠道。2021 年 10 月 31 日，国务院下发《关于开展营商环境创新试点工作的意见》（国发〔2021〕24 号），明确在北京、上海、重庆、杭州、广州、深圳等六地开展营商环境创新试点，进一步从提升投资便利度、优化外商投资管理、提高企业动产和权利融资便利度等方面提出若干改革意见及举措。2021 年，与优化营商环境

---

① 《加强私募监管规定》第 3 条。

② 《加强私募监管规定》第 4 条。

③ 《加强私募监管规定》第 5 条。

④ 《加强私募监管规定》第 6 条。

⑤ 《加强私募监管规定》第 7 条。

⑥ 《加强私募监管规定》第 8 条。

相关的还有如下文件值得关注：

第一，国务院于2021年7月27日公布《中华人民共和国市场主体登记管理条例》（国务院令第746号），对中国境内以营利为目的从事经营活动的各类企业、个体工商户、农民专业合作社等市场主体的登记管理作出统一规定，进一步优化登记流程，提升市场主体登记效率及便利化程度。

第二，最高院先后于2021年3月1日、11月15日发布《关于进一步规范人民法院冻结上市公司质押股票工作的意见》《关于人民法院强制执行股权若干问题的规定》，秉持善意文明执行理念进一步细化明确质押股票新型冻结方式，对实践中股权执行面临的冻结规则不明确、评估难、股权价值被恶意贬损等问题作出规范，从而打造对债权人、投资者友好的法治化营商环境。

第三，国家发改委、最高院、财政部、中国人民银行等十三部委于2021年2月25日联合印发《关于推动和保障管理人在破产程序中依法履职　进一步优化营商环境的意见》（发改财金规〔2021〕274号），从优化企业工商注销变更登记制度、加强金融机构参与支持、便利涉税实务处理、协助资产处置、强化信息共享等五个方面明确、细化破产程序配套机制。

三、典型案例

【案例1】资管产品的清算结果是认定投资损失的重要依据而非唯一依据：钜洲公司等与投资者私募基金合同纠纷案[①]

【基本案情】

投资者与管理人钜洲公司签订《基金合同》，约定募集的资金投资于由A公司作为执行事务合伙人、B公司作为普通合伙人发起设立的C合伙企业，C合伙企业主要对D公司进行股权投资。基金投资期限届满后，因下层基金（即C合伙企业）暂未回款、账上资金不足以支付相关费用，钜洲公司决定暂停清盘程序。次月，钜洲公司发布临时报告，表示A公司及其实控人周某通过伪造交易文件、投资款划付流水、投后管理报告等恶意挪用基金资产，且已失联；对前述涉嫌犯罪行为，钜洲公司已向公安机关报案。

投资者向上海市浦东新区人民法院（以下简称浦东法院）提起诉讼，请求判

① 上海金融法院（2021）沪74民终1250号民事判决书。

令解除《基金合同》，钜洲公司赔偿其投资本金及按预期收益率计算的利息损失。钜洲公司的抗辩理由之一是，C合伙企业的财产尚在刑事追诉过程中，案涉基金暂未能完成清算程序，投资者是否存在损失无法确定。浦东法院经审理判决钜洲公司赔偿投资本金及按同期贷款市场报价利率计算的利息损失，钜洲公司上诉后，上海金融法院二审维持原判。

【争议焦点】

基金清算完成前，投资者的损失是否实际发生并可以确定。

【裁判观点】

上海金融法院认为，基金的清算结果是认定投资损失的重要依据而非唯一依据，有其他证据足以证明投资损失情况的，法院可以依法认定损失。具体到本案中：首先，案涉基金资产已被案外人恶意挪用，且主要犯罪嫌疑人尚未到案；其次，案涉基金的权益基础为C合伙企业对D公司的股权收益，现C合伙企业未依照基金投资目的取得D公司股权，合同约定的基金权益无实现可能；最后，考虑到基金清算处于停滞状态，无法预计继续清算的可能期限，且无证据证明清算小组实控任何可清算的基金财产，如果坚持等待清算完成再行确认当事人损失，不具有现实可行性。基于前述，上海金融法院认定基金投资者损失已经固定，维持浦东法院将损失金额确定为“投资款+资金占用利息”的判决结果，并根据损失填补及公平原则明确，基金投资者如在后续清算过程中获得清偿，应在钜洲公司赔偿金额中予以扣除。

【纠纷观察】

本案确立了“清算结果是认定投资损失的重要依据而非唯一依据”的裁判规则，并在裁判理由部分明确对后续回款的处理，化解了先行赔付与清算分配之间的冲突问题，在资管产品纠纷解决领域具有示范意义。底层资产出险的情况下，向管理人、销售机构等相关方主张赔偿是投资者减损的主要路径，“投资者损失是否实际发生并确定”是裁判者处理此类资管产品纠纷面临的首要问题。

关于资管产品清算完成前投资者损失能否确定的问题，目前主要存在五种处理思路：第一，认为投资者有无损失及损失金额无法确定，对其赔偿损失的请求应予驳回，此为以往大多数法院采纳的主流观点；[①] 第二，认为裁判者可依当事人申请通过委托司法审计的方式确定资管产品的现有价值，并据此计算出投资者损

---

① 最高人民法院（2019）最高法民终1594号民事判决书、（2019）最高法民申6857号民事判决书、（2018）最高法民终173号民事判决书。

失；[①]第三，认为只要资管产品到期未全部兑付，即可推定投资者相应投资本金已经全损，该等处理通常以资管合同特约到期返还投资为前提；[②]第四，认为裁判者可以根据管理人过错程度判令其就“清算完成后投资者未获兑付的部分”承担一定比例赔偿责任，以避免投资者讼累；[③]第五，认为如果结合事实情况能够判断底层资产回款无望，也可推定投资者损失已经确定，2021 年已有较多案件采取该等变通处理方式，体现了对金融投资者保护力度不断加大的司法倾向。

通过司法审计的方式确定投资者损失存在技术困难，未如期兑付即认定损失确定需以合同存在“到期还本付息”条款为前提，而先行对管理人责任范围作出认定短时间内也不能帮助投资者切实实现权益，因此“以资管产品清算为原则，在特殊情况下例外推定投资者损失已经确定”应当是更为可取的处理方式。通过对既有案例的梳理可察，如果存在如下情形，裁判者可能倾向于认定投资者损失已经实际发生并确定：第一，管理人未按资管合同约定的投资范围使用投资款，导致投资者无法取得相应投资权益。[④]第二，底层资产确无回款可能。具体可分为两种情况，一是对底层资产债务人的追偿程序因无财产可供执行已被法院裁定终本；[⑤]二是投资项目因违反行政管理规定等事实上无法产生收益。[⑥]第三，因资产脱离管理人控制等原因无法进行清算。[⑦]

与清算完成前先行赔付投资者损失相关的问题是，如何处理后续产生的投资

---

① 参见《首期上海金融司法沙龙“金融资管纠纷中的热点法律问题”综述》，载微信公众号“中国上海司法智库”，2021 年 8 月 10 日。

② 例如在（2020）粤 01 民终 2616 号案中，协议约定投资后第 18 个月即可获得投资本金的返还及收益回报，因投资者未能于投资到期后收回全部本金及收益，广东省广州市中级人民法院认为投资者损失已经客观存在，并将其损失金额认定为“未能如期收回的投资本金 + 期内按预期收益率计算的投资收益 + 到期后按同期银行贷款利率计算的利息损失”。

③ 在 2021 年审结的（2020）沪 74 民终 461 号案中，上海金融法院即采此种观点：一方面认为清算完成前投资者损失的具体金额无法确定；另一方面在认定管理人应对相关损失负全部责任的基础上，先行就管理人赔偿范围作出处理，判令其对资管产品清算完成后投资者的实际损失承担赔偿责任。

④ 例如在（2021）沪 74 民终 663 号案中，因管理人改变资金用途，上海金融法院认为投资者不享有案涉基金的份额，亦不应承担相应投资风险。

⑤ 北京市第二中级人民法院（2020）京 02 民初 302 号民事判决书、上海金融法院（2021）沪 74 民终 395 号民事判决书。

⑥ 例如在（2020）沪 74 民终 1045 号案中，基金投资项目被责令停止建设、拆除既有建筑，案涉基金不可能再通过项目销售取得收益，结合管理人亦未依约取得项目公司股权的事实，上海金融法院推定投资者的投资本金全损。

⑦ 例如在本案中，案涉基金资产被案外人挪用、相关犯罪嫌疑人失联，基金清算停滞。

回款。对此，上海金融法院采取的方式是在裁判理由部分明确，资管产品最终清算后如有回款，管理人可按其责任承担比例扣除相应款项。[①]

【案例2】信托持股关系不能对抗外部债权人，信托公司应以固有财产承担股东责任：爱建信托与方大公司等股东损害公司债权人利益责任纠纷案[②]

【基本案情】

经A公司职工持股信托计划项下的受益人授权，刘某与爱建信托签订《信托合同》，约定爱建信托受让B公司持有的A公司股权（对应资本9560.65万元，尚未实缴），以达到A公司职工信托持股的目的；刘某将按照出资期限向爱建信托交付信托资金，由爱建信托履行对A公司的出资义务。就前述出资中的8690万元，爱建信托后以资本公积金转增资本的方式缴纳，但因该等资本公积金系基于公司资产评估增值做账形成，相应出资行为被法院认定为出资不实。

方大公司承担担保责任后向债务人A公司追偿，因A公司无财产可供执行，方大公司遂向北京市第四中级人民法院（以下简称北京四中院）提起诉讼，请求爱建信托在未出资本息范围内承担补充赔偿责任。爱建信托辩称，其系基于信托关系持有A公司股权，该股权属于信托财产，应由信托财产承担赔偿责任。

北京四中院经审理认为，爱建信托基于何种原因持有A公司股权涉及的是公司内部关系，无法对抗公司外部债权人，并据此判决爱建信托在其未出资本息范围内承担补充赔偿责任。爱建信托提起上诉、申请再审后，北京市高级人民法院、最高院维持原判。

【争议焦点】

信托公司因受托持有的股权存在瑕疵对外承担股东责任时，是否以信托财产为限。

【裁判观点】

最高院认为，工商登记是公司相关信息对外公示的途径，公司工商登记的信息具有对抗第三人的效力。根据A公司工商登记信息，爱建信托系该公司股东，方大公司作为公司债权人，有理由相信爱建信托系A公司的股东。首先，从公司

---

① 除本案外，又如在（2021）沪74民终395号案中，上海金融法院结合联储证券的过错程度，酌定其对投资者的赔偿范围为投资本金的30%，并明确判决生效后案涉资管计划收回款项中的30%应由联储证券扣除，余额部分再向投资者进行分配。

② 最高人民法院（2020）最高法民再77号民事判决书。

法的角度，爱建信托和委托人分属 A 公司的名义股东、实际出资人，实际出资人与名义股东之间的隐名投资协议仅在双方内部发生效力，对外应坚持商法外观主义原则。其次，虽然爱建信托曾在上海信托登记中心就案涉信托的相关文件进行登记，但上海信托登记中心是区域性机构，并非全国统一的信托登记机关，相关登记不具有法定公示效力，难以对抗善意第三人。最后，A 公司股权过户登记在外观上并不具备信托财产的标识，隔离效果无法得到保障。方大公司凭借对工商登记内容的信赖，可以合理地相信名义股东爱建信托就是真正的股权人，有权要求其在未出资范围内对方大公司未获清偿的债权承担补充赔偿责任。

【纠纷观察】

自 2014 年 12 月爱建信托收到上海市第一中级人民法院应诉通知书至 2021 年 12 月再审判决作出，本案争议解决历时 7 年之久，在审理期间即引起了业界广泛关注和讨论，最高院关于爱建信托应以固有财产承担股东责任的观点将为今后信托公司开展股权信托业务、从事股权投资敲响警钟。关于信托持股关系下，信托公司应否以固有财产承担股东责任的问题，司法实践尚未形成清晰的裁判规则，目前主要存在如下几种处理思路：第一，认为信托公司是章程所载并经工商登记的股东，无论其系基于何种关系“代持股权”，均应当承担《公司法》规定的股东责任，且该等责任不以信托关系存续为前提；[①] 第二，认为现行法并无关于信托关系下受托人持股责任的规定，并非当然由信托公司作为“名义股东”承担瑕疵出资责任，信托公司的责任承担问题需从其是否具有股东身份、裁判结果的社会效果等多角度进行综合判断；[②] 第三，回避对信托公司应否以固有财产承担股东责任

① 除本案外，在（2020）京 03 民终 4486 号案中，北京三中院亦持此种观点，认为从目标公司章程看，民生信托公司与其他股东并无差别，不论民生信托公司基于何种约定代持股权，都不能据此排除《公司法》规定的股东权利义务。对于民生信托公司提出的信托计划终止、信托利益已作分配的抗辩，北京三中院也以于法无据为由未予采纳。

② 持此种观点者如北京市高级人民法院（2021）京民申 4928 号案。该案中，法院认为“基于信托目的引起的股权变更兼具股权交易和股权信托的双重特征”，因信托关系已经解除、作为信托财产的标的股权有待返还，不应再将信托公司认定为目标公司股东；另考虑到实际负有出资义务的是委托人，如果判令信托公司承担责任，将影响信托行业健康发展、变相纵容委托人逃避出资义务，法院最终驳回公司债权人要求信托公司承担补充赔偿责任的诉讼请求。

的分析，直接基于案件特殊情况对信托公司的责任作出认定。[①]

信托公司应否以固有财产承担股东责任实质涉及的是信托受托人对外部第三人的责任问题，根据《中华人民共和国信托法》（以下简称《信托法》）、《公司法》的有关规定，结合信托财产登记制度的现实情况，笔者认为虽然本案论理未臻完善，[②]但最高院关于信托公司应以固有财产承担股东瑕疵出资责任的观点可兹赞同，具体可从如下三个层面分析：

第一，受托人即信托持股关系下的真实股东。从信托法角度，因信托计划不具有独立法律人格，对外开展交易需受托人以自己名义进行，向公司出资、受让股权并成为股东的是受托人而非其管理的信托计划。从公司法角度，无论是信托设立时出资期限尚未届满的“股权信托”还是“资金信托＋股权投资”情形，用于向公司出资的资金来源于不具有法律人格的信托计划而非委托人，信托持股关系下不存在实际出资人、名义股东之分，实际出资且形式上取得股权的均系受托人（代表信托计划）。基于此，信托持股关系下不存在股权归属争议，受托人即真实股东，即使信托关系解除、信托计划终止，在信托财产完成清算、标的股权被原状分配给受益人之前，享有股东权利、承担股东责任的也应当是受托人。

第二，要求受托人以固有财产向第三人承担责任不存在法律障碍。认为受托人对第三人承担有限责任的主要依据是《信托法》第 37 条，[③]但从法律解释角度看，该条并未禁止第三人向受托人固有财产主张权利。首先，相较于《信托法》第 34 条关于信托利益支付义务的规定，第 37 条第 1 款前句未明确受托人对第三人责任“以信托财产为限”，后句规定受托人先行赔付后对信托财产享有优先受偿权，也

① 例如在（2016）最高法民终 475 号案中，最高院虽然指出根据《中华人民共和国信托法》第 37 条规定，不能得出“第三人不受信托财产和固有财产划分的约束，受托人应以名下所有财产对第三人承担责任的”结论，但未再作更深层次的讨论；因案涉债权系信托公司通过司法拍卖程序实现抵押权过程中产生的税费，原本即应从信托公司可以取得的变价款中预先扣除，最高院据此认为判令信托公司承担相应补充赔偿责任并无不当。

② 本案裁判理由部分的论证值得商榷：（1）最高院将论证重心落脚于登记的公示对抗效力，忽视了对信托法相关原理、规则的适用，说理方面稍显单薄；（2）《最高人民法院关于适用〈中华人民共和国公司法〉若干问题的规定（三）》第 26 条规范的是法律性质、股权归属长期存在争议的股权代持问题，最高院将信托持股关系下的受托人、委托人等同于名义股东、实际出资人，使得原本通过信托法律规则可以清晰处理的问题陷入混乱；（3）商事外观主义解决的是真实权属情况与登记外观不一致的问题，最高院未对信托股权的归属作出分析，直接基于工商登记的公信力判令信托公司以固有财产承担责任，既存在逻辑跳跃，亦可能引发信托股权是否归属于委托人的疑问。

③ 参见张淳：《中国信托法特色论》，法律出版社 2013 年版，第 229 页。

侧面反映信托债权人得以受托人固有财产获得清偿。[①] 其次，《信托法》第 37 条第 2 款规定，受托人违背管理职责或者处理信托事务不当对第三人所负债务或者自己所受到的损失，以其固有财产承担，系为强调此等情况下不应由信托财产进行赔付，不能直接据此作出反对解释，认为受托人对正常履职产生的债务无须以固有财产承担责任。基于前述，《信托法》本身并未禁止第三人向受托人固有财产主张权利，在立法不明的情况下，受托人应否以固有财产承担责任需从价值衡量角度进行综合判断。

第三，信托持股关系下，允许公司债权人以受托人固有财产获得清偿更符合各方利益平衡。关于外部第三人能否对受托人固有财产主张权利，不同国家在不同时期存在立场差异，分别体现了"受托人保护"及"债权人保护"的价值取向。[②] 采取何种立场取决于立法政策选择，但在信托持股的问题上，要求受托人以固有财产承担股东责任可能更为合理。首先，我国目前不存在完备的信托财产登记制度，信托财产不具有独立于受托人固有财产的公示外观，不应苛责第三人在交易前区分受托人固有财产和信托财产。公司债权人向瑕疵出资股东主张补充赔偿责任的法理基础在于债权人代位制度，因公司在与受托人进行资本交易时并不负有审查其名下财产性质的义务，[③] 公司债权人向出资不实的受托人主张赔偿自然也不应受信托财产范围限制。其次，在信托持股关系下，享有股权并承担股东责任的是受托人，公司债权人无从向委托人主张瑕疵出资责任，如果将受托人责任限制在信托财产范围内，将有违资本维持原则、损害公司及其债权人利益。最后，即使要求受托人以固有财产承担股东责任，也不会使其处于过分不利的法律地位。一方面，如果信托财产不足以承担出资责任系因委托人未如期交付信托资金（资金信托）/ 交付瑕疵股权后未足额补缴出资（股权信托），受托人可基于信托合同向委托人追偿；另一方面，如果受托人在进行股权投资时明知信托财产不足以承担全部出资责任，自应以固有财产承担责任。

---

① 结合对《信托法》第 17、32、34、37 条等的体系解释及综合分析，赵廉慧教授认为我国《信托法》采取的是类似《日本信托法》的立场，即原则上受托人的固有财产及信托财产应就信托债务承担不真正连带责任，受托人用固有财产先行履行的，可以向信托财产求偿。参见赵廉慧：《信托法解释论》，中国法制出版社 2015 年版，第 373—374 页。

② 参见赵廉慧：《信托受托人对第三人责任机理研究》，载《广东社会科学》2016 年第 4 期，第 232—234 页。

③ 参见周小明：《信托制度：法理与实务》，中国法制出版社 2012 年版，第 289 页。

【案例3】股权回购请求权的行使不能超过合理行权期限：隽盛公司与胡某、宋某等公司增资纠纷案[1]

【基本案情】

A公司及其股东胡某、宋某与隽盛公司签订《投资协议》，约定隽盛公司向A公司增资；A公司在新三板挂牌后，隽盛公司可以选择通过股权交易退出或继续持有A公司股权以获得分红。后胡某、宋某与隽盛公司签订《补充协议》，约定如果A公司不能于2016年6月30日前挂牌，隽盛公司可要求胡某、宋某按投资价款加年化10%回报率购回其所持全部股权。

2016年8月9日，A公司在新三板完成挂牌。2016年12月，隽盛公司向胡某主张回购。根据A公司2017年2月10日至12月25日有成交记录的股票行情显示，其股价最高18元/股，最低1.05元/股。

2018年，隽盛公司向上海市静安区人民法院（以下简称静安法院）提起诉讼，请求判令胡某、宋某支付回购款及按年化10%计算的收益。静安法院经审理认为，A公司未在协议约定的时间内挂牌，隽盛公司即有权要求回购，且该等权利不因A公司嗣后完成挂牌而丧失，据此判决胡某、宋某向隽盛公司支付回购款及收益。上海市第二中级人民法院二审维持原判后，胡某、宋某申请再审，上海高院最终驳回隽盛公司全部诉讼请求。

【争议焦点】

投资者行使股权回购请求权是否受合理行权期限的限制。

【裁判观点】

上海高院认为，在合同未予明确的情况下，股权回购请求权的行使是否应受合理行权期限限制需结合合同目的、回购条款的内容与性质、合同履行情况、市场变化与股价波动情况等因素进行综合判断与确定。新三板市场包容性强、挂牌准入门槛相对较低、股票价格变化大，相应的投资风险也较大，隽盛公司作为专业投资机构对此明知，故更应及时行权。隽盛公司未在A公司挂牌初期股价较高时通过市场交易出售股票，而在A公司挂牌后超过一年半且股价下跌的情况下提起本案诉讼，要求胡某、宋某回购涉案股份，显属让合同相对方承担全部投资风险，不符合公平与诚实信用原则。

案涉股权回购请求权系附条件请求权，其行权条件包括“2016年6月30日”

---

[1] 上海市高级人民法院（2020）沪民再29号民事判决书。

与“不能挂牌”两个要素，行权期限应受其行权条件持续的限制。A 公司未于 2016 年 6 月 30 日挂牌时，股权回购条件已成就，隽盛公司有权行使股权回购请求权；A 公司在延期一个多月后挂牌，未造成隽盛公司实际损失，回购条款中“不能挂牌”的行权条件已消失。故至 A 公司挂牌时，隽盛公司的股权回购请求权丧失，其通过本案诉讼提出回购请求，明显超过合理行权期限。

【纠纷观察】

股权回购型对赌中，回购权的行使是否受合理期间限制对投资方权益的实现至关重要。股权回购条款一般呈现为如下几种：（1）投资方有权在 × 事件发生后要求回购；（2）投资方有权在 × 事件发生后 N 日内要求回购；（3）投资方应于 × 事件发生后 N 日内明确是否行使回购权；（4）对赌义务人应于 × 事件发生后 N 日内回购投资方持有的股权。第（4）种情形下，对赌义务人应于 N 日内履行支付回购款的合同义务（暂且不论是否因资本维持存在履行抗辩），不涉及投资方回购权的行使问题。而在第（3）种情形下，裁判者通常认为投资方应在约定期限内行使回购权，以便尽快结束目标公司在股权结构及公司资产方面的不确定性，投资方逾期提出回购请求的，对赌义务人有权拒绝。[①] 关于投资方回购权行权期限的争议主要集中在前述第（1）、（2）种情形。

如果对赌协议约定“投资方有权在 N 日内要求回购”，实践中的处理包括：第一，认为该等期限条款系赋权性约定，本义是为督促投资方及时行权而非对其权利行使附加时间限制，逾期行使不产生失权的法律后果；[②] 第二，认为投资方未在约定行权期限内主张回购的，直接丧失回购权；[③] 第三，持折中观点认为在对赌协议未明确约定逾期则失权的情况下，投资方仍有权主张回购，但应当受到合理期限限制，同时对赌义务人可就逾期行权导致的损失主张违约赔偿。[④]

如果协议未对回购权行使期限作出明确约定，实践中的处理包括：第一，认为在回购条件触发后，投资方可随时主张回购，并在投资方要求对赌义务人履行

---

① 北京市第一中级人民法院（2019）京 01 民终 8440 号民事判决书。

② 江苏省苏州市中级人民法院（2015）苏中商终字第 00200 号民事判决书、北京市第三中级人民法院（2019）京 03 民终 8116 号民事判决书。

③ 上海市第一中级人民法院（2017）沪 01 民终 11439 号民事判决书、上海仲裁委员会（2019）沪仲案字第 2727 号仲裁裁决书、上海市第一中级人民法院（2020）沪 01 民特 524 号民事裁定书。

④ 上海市第二中级人民法院《涉“对赌”案件审判白皮书（2015—2019 年）》。

回购义务的宽限期届满之日起计算诉讼时效；[①] 第二，认为回购条件触发且投资方知晓相关情况后即开始起算诉讼时效期间，投资方应当在诉讼时效届满前主张回购；[②] 第三，认为投资方应当在回购条件触发后合理期间内行使回购权，本案及“东华案”二审判决[③] 即持该等观点。

关于回购权应否受行权期间限制的观点分歧本质上源于对回购权性质的不同认识：若将股权回购权理解为请求权，因请求权不受除斥期间的限制，即使对赌协议明确约定了投资方的行权期限，裁判者倾向于认为投资方仍有权在前述期限届满后主张回购；[④] 若将股权回购权认定为形成权，该等权利的行使自然应受合理行权期间限制，投资方逾期未主张回购的，回购权消灭。[⑤] 将股权回购权认定为请求权的观点实际是混淆了投资方主张回购过程中存在的两项法律行为：一是选择主张回购，在双方之间成立股权回购 / 转让合同关系（对应回购决定权）；二是基于股权转让合同关系，请求对赌义务人履行回购义务、支付股权回购款（对应回购请求权）。投资方在第二阶段享有的权利类型属于债权请求权应无异议，因股权回购型对赌交易安排的核心在于赋予投资方决定股权回购与否的最终权利，投资方在第一阶段享有的回购决定权宜定性为形成权性质。[⑥]

在此基础上，可以推演出如下三点结论：第一，对赌协议约定的回购条件实质系投资方回购决定权所附停止条件，条件成就后投资方即可行使该等形成权，

---

① 北京市第三中级人民法院（2016）京 03 民终 9162 号民事判决书、浙江省嘉兴市中级人民法院（2020）浙 04 民终 2275 号民事判决书。

② 湖南省高级人民法院（2019）湘民申 3778 号民事裁定书。

③ 安徽省高级人民法院（2019）皖民终 540 号民事判决书。该案中，安徽高院二审认为，为确保商事交易的稳定性，避免权利义务处于不确定状态，债权人应在合理期限内主张权利。案涉《股份回购协议》虽未约定东华公司回购股权的具体时点，但结合其参股目的，东华公司理应在回购条件成就后依据淮化公司的经营状况及上市前景及时主张权利。淮化公司 2011 年未能上市后经营业绩逐年下滑，东华公司于 2018 年方要求淮化集团回购股权，显属怠于行使权利。但该案后被最高院指令再审，安徽高院再审认为东华公司可随时要求淮化集团履行回购义务，该项权利并不因回购条件成就六年内未行使而归于消灭，进而支持了东华公司的相关诉讼请求。

④ 北京市第三中级人民法院（2020）京 03 民终 5204 号民事判决书。

⑤ 上海市高级人民法院（2020）沪民申 1297 号民事裁定书。

⑥ 股权回购型对赌交易安排的核心特征体现在两个方面：一是股权回购须以特定情事发生为前提，二是投资方具有股权回购与否的最终决定权。基于此，有学者提出股权回购决定权的法律构造包括择定权（形成权）模式、不可撤销要约模式、意愿条件模式、解除权模式等四种可能。参见姚一纯：《论股权回购型对赌中投资方回购决定权的构造——以教义学角度展开》，载微信公众号“天同诉讼圈”，2021 年 6 月 1 日。

依单方意思表示在其与对赌义务人之间直接成立股权回购 / 转让法律关系，回购价款在投资方通知回购之日确定；[①] 第二，形成权行使受除斥期间限制，投融资双方可以事先在对赌协议中约定回购决定权的行权期限，未作约定的，应由裁判者结合相关事实裁量确定合理的行权期间，以免相对方的法律地位长期处于不稳定状态，合理行权期间经过后，投资方回购权即告消灭；第三，请求权行使受诉讼时效限制，投资方主张回购的同时包含请求相对方履行回购义务的意思表示，在合同约定的履行期限或投资方确定的履行宽限期届满后，[②] 开始起算投资方回购请求权的诉讼时效。

关于合理行权期限的确定，上海高院在本案中根据市场变化与股价波动情况等因素认为隽盛公司在股价下跌后才要求回购构成逾期行权，值得肯定。上海市第二中级人民法院在其 2020 年发布的《涉“对赌”案件审判白皮书（2015—2019 年）》中亦明确，“合理期限的判定应结合行权的可行性、时间间隔、股价波动等因素，在均衡双方当事人利益的基础上，作个案的判断”。

【案例 4】执行董事与法定代表人同一，公司对外担保应由股东会决议：再担保公司与三河公司等金融借款合同纠纷案[③]

【基本案情】

再担保公司通过 A 公司向 B 公司发放信托贷款。基于此，A 公司与 B 公司签订了《信托贷款合同》，并与三河公司等多位主体分别签订了《保证合同》。信托计划终止后，A 公司将《信托贷款合同》项下的债权转让给再担保公司。

再担保公司向山东省高级人民法院（以下简称山东高院）提起诉讼，请求判令 B 公司偿还借款本息，三河公司承担连带清偿责任。一审程序中，三河公司对《保证合同》中三河公司公章及刘某（三河公司法定代表人兼执行董事）签字的真实性提出异议。经山东高院委托，司法鉴定中心出具如下鉴定意见：三河公司印文与送检样本不是同一印章加盖形成；刘某署名字迹与送检样本是同一人笔迹的可能性较大。此外，三河公司章程未载明对外担保由股东会还是由董事会决议。山东高院认为，再担保公司未能进一步证实三河公司曾使用过在《保证合同》上

① 江西省南昌市中级人民法院（2020）赣 01 民初 727 号民事判决书。

② 《中华人民共和国民法典》第 511 条：“当事人就有关合同内容约定不明确，依据前条规定仍不能确定的，适用下列规定……（四）履行期限不明确的，债务人可以随时履行，债权人也可以随时请求履行，但是应当给对方必要的准备时间……”

③ 最高人民法院（2020）最高法民终 908 号民事判决书。

加盖印文的印章，也未能证明《保证合同》上刘某签字为其本人所签具有高度盖然性，要求三河公司承担保证责任的依据不足。

二审程序中，在强调现有证据能够证明《保证合同》上签名确由刘某本人所签的基础上，再担保公司主张刘某（作为法定代表人）签字的法律后果应由三河公司承担，且刘某（作为执行董事）的签字行为应当认定为三河公司的决议程序。三河公司辩称，即使刘某签字真实，因《保证合同》的签订未经三河公司决议，对三河公司不发生效力。最高院最终以案涉担保未经三河公司股东会决议且双方均有过错为由，改判三河公司承担一定比例的补充赔偿责任。

【争议焦点】

执行董事和法定代表人同一，公司对外担保能否由执行董事直接决定。

【裁判观点】

最高院认为，《公司法》第 16 条系为约束法定代表人恣意代表公司为他人提供担保。本案中，刘某兼任三河公司的法定代表人和执行董事，因此在三河公司对外提供担保时，应履行股东会决议程序。刘某越权代表三河公司签订《保证合同》，再担保公司没有审查三河公司的股东会决议，非善意相对人，因此《保证合同》对三河公司不发生效力。刘某对外实施损害公司利益行为时，三河公司未能及时发现并制止，存在用人不当、管理不善的过错，应在主债务人不能清偿债务部分的二分之一范围内对再担保公司承担赔偿责任。

【纠纷观察】

关于执行董事兼任法定代表人情形下，公司对外提供担保是否需要其以执行董事身份另行签字问题，实践中存在不同理解，最高院对此也未形成统一意见：一种观点认为，如果法定代表人在签订担保合同时表明了执行董事身份，则无须另行签字；[①] 另一种观点则认为，从尊重公司治理结构、维护公司担保制度的角度出发，法定代表人均需以董事身份另行签字，否则不能认为具有相当于董事决议的效果。[②] 需要说明的是，前述两种意见的区别在于是否需要形式上独立的"执行

---

① 参见最高人民法院民事审判第二庭编著：《〈全国法院民商事审判工作会议纪要〉理解与适用》，人民法院出版社 2019 年版，第 187 页。持该等观点的如广东惠州中院（2021）粤 13 民终 4629 号案，该案法院认为执行董事签名即代表担保行为经过公司决议，且未对法定代表人是否表明了执行董事身份进行审查。

② 参见最高人民法院民事审判第二庭编著：《最高人民法院民法典担保制度司法解释理解与适用》，人民法院出版社 2021 年版，第 140 页。持该等观点的如四川眉山中院（2020）川 14 民终 1001 号案、新疆乌鲁木齐中院（2020）新 01 民终 2834 号案。

董事决定”，本质上均未否定兼任法定代表人的执行董事作为公司机关对担保事项的决策权，属于相对人善意认定层面的问题。

本案特殊之处在于，最高院直接否定了执行董事对公司担保事项的决策权，在《公司法》第16条、《九民会议纪要》及《担保制度解释》关于公司担保既有规定之外，另行创设“执行董事兼任法定代表人时，公司担保须经股东会决议”的新规则。该等裁判观点最终能否上升为统一规则仍有待观察：首先，在公司章程规定担保事项由执行董事决定的情况下，兼任执行董事的法定代表人以公司名义对外签订担保合同，难谓构成越权代表，强行要求股东会决议有干预公司治理之嫌。其次，如果公司章程本身未明确担保事项决议机关（本案即为此种情况），执行董事决定亦应为适格“决议”，[①] 即使认为该等情形下的决议机关应为股东会，因现行法未针对执行董事兼任法定代表人情形下的担保决议机关作出特别规定，也不宜苛以相对人识别决议机关的审查义务。最后，裁判日期在后的（2021）最高法民申7872号案中，最高院仍然认为兼任法定代表人的执行董事在担保合同上的签字行为具有双重属性、该等签字具有相当于董事会决议的效力，可见“须经股东会决议”的观点亦非最高院内部通说。

需要提示的是，虽然关于执行董事兼任法定代表人情形下的担保决议机关，目前尚未形成清晰的裁判规则，但从交易安全的角度考虑，建议债权人暂时遵循本案裁判思路要求公司另行出具股东会决议，以免相关担保被认定不发生效力。

四、热点问题观察

（一）《公司法修订草案》修改建议

自2018年被纳入十三届全国人大常委会立法规划，[②] 到2021年12月24日《公司法修订草案》公布，本次《公司法》的修改工作历时三年之久。《公司法修订草案》相较于现行《公司法》修改了大约1/3的条文，涉及制度性变化的有3处，包括引入一人股份有限公司制度、允许股份有限公司采取授权资本制，以及授权

① 章程未规定担保决议机关的，董事会决议或股东会决议均是适格决议。参见最高人民法院民事审判第二庭编著：《最高人民法院民法典担保制度司法解释理解与适用》，人民法院出版社2021年版，第136页。

② 《十三届全国人大常委会立法规划》，载中国人大网，http://www.npc.gov.cn/npc/c30834/201809/f9bff485a57f498e8d5e22e0b56740f6.shtml，访问时间：2022年2月8日。

股份有限公司发行无面额股；涉及既有制度调整的有20处，主要集中于增加简易减资、注销程序，优化公司治理结构两个方面。①《公司法修订草案》在公司资本制度及治理结构方面的革新值得肯定，但部分具体规则的设置值得进一步探讨，目前各界关于《公司法修订草案》提出的修改建议主要有如下几方面：

第一，进一步完善资本制度改革。《公司法修订草案》仅允许股份公司采取授权资本制、发行类别股，并未对有限公司作出类似规定。鉴于有限公司更具人合性，股东间进行特殊权利安排的需求更为普遍，不少学者和实务人士建议应当将授权资本制、类别股的有关规定也引入有限公司。②

第二，协调制度变革后的条文冲突。首先，《公司法修订草案》第11条完全移植了《民法典》第61条、第62条规定，鉴于第34条规定公司章程应当需要通过企业信息系统进行公示，第11条第2款宜进一步明确章程公示不构成交易相对人知晓，以免不当苛以第三人在交易前查阅公司章程的义务，架空前述条款的适用。③其次，根据《公司法修订草案》第64条、第125条规定，监事会/监事将来不再是公司中的必设机构，《公司法》中涉及需要监事会/监事履职的程序性事项应当进行相应调整。例如《公司法修订草案》第188条关于“董事、高级管理人员违法时，股东书面请求监事会起诉”的表述将无法适用于不设监事会/监事的公司，对此可以考虑允许股东直接以自己的名义提起诉讼，或区分执行董事和非执行董事，由股东请求非执行董事向执行董事、高管提起诉讼。④最后，因《公司法修订草案》允许股份公司实施授权资本制，第113条、第118条、第188条、第259条中关于股份公司股东持股比例的界定应作相应修改。

第三，增加股东身份认定规则。现行公司法规范关于股东身份认定规则的设计，既没有贯彻商事外观主义，也没有坚持实质穿透原则。以股权代持为例，《公司法解释三》第24条分别使用“实际出资人”“名义股东”指代双方，并强调实际出资人显名为股东需经其他股东过半数同意，暗含将以名义股东为“真实股东”之意；但《公司法解释三》第25条又规定名义股东擅自转让股权时参照善意取得

---

① 参见邓峰：《修订公司法，不如退而结网》，载微信公众号“财经E法”，2022年1月11日。

② 参见邓峰：《修订公司法，不如退而结网》，载微信公众号“财经E法”，2022年1月11日；《浅析〈公司法（修订草案）〉在投融资法律实务中的关注问题（上）》，载微信公众号“方达律师事务所”，2022年1月6日。

③ 参见李宇：《〈公司法（修订草案）〉修改建议》，载微信公众号“包邮区民法饭醉谈”，2022年1月18日。

④ 参见周游：《〈公司法修订草案〉修改意见》，载微信公众号“法经笔记”，2022年1月26日。

规定处理，因善意取得的前提是无权处分，如此似乎又否认了名义股东的股东身份。此外，现行《公司法》第32条规范的模糊性也导致实践中关于有限公司股权变动模式存在不同理解。[①] 本次公司法修订应当对前述问题作出回应，一方面明确有限公司股东身份取得的要件，另一方面将《公司法解释三》中关于隐名投资的有关规范进行修改完善，在立法层面明确股权代持关系下的股权归属。

第四，细化股东出资相关制度设计。针对实践中多发的争议问题，《公司法修订草案》完善了股东出资瑕疵救济机制，但个别条文的规定过于粗疏，有待进一步细化处理规则。例如，《公司法修订草案》吸纳《九民会议纪要》第6条，于第48条将股东出资加速到期情形从公司解散、破产情形扩张至"公司不能清偿到期债务，且明显缺乏清偿能力"。前述出资加速到期的要件与《中华人民共和国企业破产法》第2条关于破产原因的规定基本一致，由此引发的疑问是，应否参照破产法的有关规则对股东出资加速到期要件进行审查判断，若按照破产标准进行审核，将在程序上增加债权人直接向股东主张权利的难度。考虑到股东原本即负有足额缴纳出资的义务，是否加速到期仅涉及期限利益，并不会对其权益造成实质影响，为充分保障公司债权人利益，股东出资加速到期要件宜从宽理解。又如，《公司法修订草案》第89条第1款明确未届出资期限的股权转让后，由受让人承担缴纳出资的义务。该等"一刀切"式的规定是否具有合理性值得商榷，如果不加区分地规定股权转让后的出资责任一律由受让方承担，可能诱发股东恶意将股权转让给空壳公司或资产状况极差的企业，以此在实质上逃避出资责任。

第五，调整关于国有公司的规定。《公司法》修订过程中即有学者提出，应当将调整国有公司的特殊规则从《公司法》中剥离出来，另行制定《国有公司法》。考虑到《公司法》的私法理念与国企治理中的行政权介入存在冲突，且目前部分国有公司规定与《中华人民共和国企业国有资产法》重复，我们认为前述观点可兹赞同。除此之外，国有公司部分使用的"外部董事"概念源于国有企业监管规范，系指由非公司员工等外部人员担任、不负责执行层事务的董事，[②] 因此"外部

① 参见李建伟：《谁是股东？——一个中国公司法问题的探究》，载《西北工业大学学报（社会科学版）》2021年第1期，第97页。

② 例如国资委《中央企业控股上市公司实施股权激励工作指引》第97条规定："……（二）外部董事，是指由非上市公司员工等外部人员担任的董事。外部董事不在公司担任除董事和董事会专门委员会有关职务外的其他职务，不负责执行层的事务，与其担任董事的公司不存在可能影响其公正履行外部董事职务的关系。控股股东公司员工担任的外部董事，参与上市公司股权激励的，在本指引第六条第二款中不视同为外部董事……"

董事”与“非执行董事”实质是从不同角度对董事类型所作区分，在范围上大体重合。鉴于《公司法修订草案》第124条将股份公司的董事会成员区分为执行董事、非执行董事，第149条、第153条的“外部董事”统一修改为“非执行董事”可能更为妥当，同时可考虑在第259条对执行董事、非执行董事作出定义，以免将来实践中产生不必要的董事身份认定争议。[①]

除此之外，《公司法修订草案》取消一人公司法人人格否认举证责任倒置规则、以银行同期存款利率作为瑕疵出资股东应付利息的计算标准等处理也值得商榷。鉴于目前《公司法修订草案》尚在审议阶段，最终出台的修订文本可能会结合社会各界的意见有较大幅度调整，《公司法修订草案》对投资争议解决的影响有待进一步观察。我们会持续跟踪《公司法》的修订进程，并将在最终修订文本正式发布后，对其中涉及的投融资交易规则变革展开进一步讨论。

（二）对赌协议履行的定量问题

对赌协议的履行争议包括定性和定量两个方面，前者涉及公司法律规范对目标公司履行对赌义务的规制，后者则指向如何计算业绩补偿款及股权回购款的问题。[②]考虑到报告篇幅有限，且2021年公开可查的目标公司对赌案件主要因循《九民会议纪要》第5条规定进行处理，涉及对赌协议可履行性的典型代表案例较少，本年度报告将主要针对对赌协议履行的定量问题作出分析。

对赌安排包括业绩补偿和股权回购，其中业绩补偿方式又可分为现金补偿和股权补偿。通常情况下，业绩补偿与目标公司的经营情况相挂钩，例如现金补偿金额 = 投资款 ×（1– 实际实现的业绩 / 承诺业绩指标）[③]，部分对赌协议约定的计算公式会扣减以往年度已补偿现金，例如股权补偿比例 =（1– 实际实现的业绩 / 承诺业绩指标）× 投资方持股比例。股权回购往往与目标公司未如期上市 / 挂牌等特殊事件挂钩，也可能因业绩严重不达标而触发，回购价款一般以“投资本金（1+年化收益率 × 投资年限）”与“回购日投资方所持股权价值”之间孰高者为准，部

① 参见周游：《〈公司法修订草案〉修改意见》，载微信公众号“法经笔记”，2022年1月26日。

② 参见陶修明：《投资对赌协议纠纷裁判处理的定性和定量问题分析》，载北京仲裁委员会 / 北京国际仲裁中心组编：《北京仲裁》（第111辑），中国法制出版社2020年版，第44页。

③ 该等公式实际是以经营利润、收入情况代替企业估值情况，例如上海浦东法院（2020）沪0115民初93539号案中，投资协议明确约定：目标公司2019年实际营业收入低于约定经营业绩85%的，当期估值 = 本轮融资整体估值 ×（实际净利润 / 承诺净利润），目标公司估值调整后，补偿金额 = 投资金额 – 投资方持股比例 × 当期估值。

分对赌协议约定的计算公式会特别扣除已经支付的分红及现金补偿金额。在投融资交易实践中，因对赌条款设计不周延、计算公式未预先扣减已付补偿款等原因，可能出现投资方主张的股权回购款及现金补偿远超投资款本金的情况，由此引发现金补偿有无极限限制、股权回购与现金补偿能否同时主张、回购款及补偿金是否受利息管制等争议。就前述问题，我们逐一做如下分析。

1. 现金补偿的上限

关于现金补偿有无上限限制的讨论主要集中在两种情形：第一，如果现金补偿金额 = 投资款 ×（1– 实际净利润 / 承诺净利润）[①] 且净利润为负数，能否直接将负值净利润代入该等现金补偿计算公式，从而导致补偿金额高于投资款。第二，如果协议约定的计算公式未扣减以前年度已付补偿款，能否逐年分别计算补偿金额并进行累加，以致现金补偿总额高于投资款。前述问题在实践中处理不一，有案例直接将负值净利润代入现金补偿计算公式，理由是投资协议并未就公司亏损时的估值方法和业绩补偿计算作出特殊规定，且会计学上的净利润包含“负值净利润”，假定净利润为零没有依据；[②] 亦有法院分别计算多年补偿金额后进行累加、支持超过投资款本金的现金补偿请求。[③]

笔者认为，根据估值调整原理，业绩补偿的本质是根据经营情况重新核定目标公司股权价值，并据此返还超额部分的投资款（现金补偿）或通过调整股权比例保障投资方实际享有的股东权益（股权补偿）。有鉴于此，现金补偿原则上不能超过“可供返还”的投资款本金，按负值净利润计算或不受限制地逐年累加计算补偿金额也不符合逻辑：一方面，现金补偿是根据目标公司业绩完成情况对其估值进行调整，基于股东有限责任，任何股权的价值都不可能为负，即使净利润为负数，对企业估值至多也只能调整为零；另一方面，如果有多年业绩未达标，对在先年度进行补偿后，部分投资款已基于估值调整予以返还，计算在后年度的补偿金额时应当扣

---

① 实践中，在以实际净利润作为业绩标准的情况下，现金补偿的计算公式可能约定为“投资款 ×（1– 实际完成额 / 承诺额）”，有法院据此认为“实际完成额”与实际净利润不完全等同，当实际净利润为负数时，应视为目标公司没有完成额。该等情形下，通过合同解释即可解决现金补偿计算问题。参见浙江省杭州市中级人民法院（2014）浙杭商终字第 2488 号民事判决书。

② 辽宁省高级人民法院（2015）辽民二初字第 00029 号民事判决书、山西省高级人民法院（2018）晋民初 29 号民事判决书、上海市金山区人民法院（2020）沪 0116 民初 4439 号民事判决书。

③ 浙江省高级人民法院（2015）浙商终字第 84 号民事判决书。

除以前年度的现金补偿（投资款不能重复返还）。[①] 因此，在目标公司亏损的情况下，按实际净利润为零计算现金补偿金额；在目标公司多年未达承诺业绩的情况下，以投资本金为限计算现金补偿金额，而非将各年利润额逐一代入公式后再进行不受限制的累加，可能更为合理。前述分析系以对赌协议不存在特殊约定为前提，如果当事人明确约定现金补偿金额可以超过投资款，自应尊重其商业安排，但该等超过投资款的部分可能被解释为对出资本金的利息约定，进而受到利息管制。[②]

2. 股权补偿的上限

不同于现金补偿，股权补偿具有特殊性：首先，股权补偿存在可履行性的问题，在对赌义务人系目标公司原股东的情况下，可供补偿的股权数额受限于其自身持有的股权数量。例如在深圳国际仲裁院审理的一起投资协议纠纷中，仲裁庭根据《中华人民共和国合同法》第 110 条（《民法典》第 580 条）规定认为在计算股权补偿比例时应以补偿义务人所持股权总数为限，超过部分因为事实上不能履行应当不再计算。[③] 其次，在公司亏损的情况下，股权价值将大幅贬损，即使剩余股权全部补偿给投资方，可能也无法将其股东权益调增至初始投资时。

基于此，一方面，股权补偿额受到投资本金（价值限制）与对赌义务人持股情况（数量限制）的双重限制；另一方面，股权补偿存在无法单独解决估值调整的问题，届时需要通过现金补偿弥补差额。实务中，设置股权补偿方式的投资协议一般会约定“股权不足的部分以现金补偿”，投资方可据此同时主张股权补偿与现金补偿；[④] 但在当事人未作前述特别约定的情况下，裁判者可能认为投资方无权在股权补偿之外继续主张现金补偿。[⑤]

---

① 实践中已有法院意识到在多年业绩不达标的情况下，计算现金补偿不能简单逐年累加。但该案中，法院是在现金补偿的计算基数部分扣减以前年度的补偿金额，即以“初始投资款 – 已补偿金额”作为“投资款”代入计算公式。参见天津市滨海新区人民法院（2020）津 0116 民初 3607 号民事判决书。

② 参见贺剑:《对赌协议中的违约金调整与利息管制》，载《人民司法（应用）》2020 年第 16 期，第 71 页。例如在北京高院（2020）京民终 167 号案中，现金补偿金额 =［（该年度业绩目标 – 该年度目标公司经审计的主业收入）÷ 该年度业绩目标］× 投资款 ×（1+10%/365×N1），即包含现金补偿的利息约定。

③ 参见深圳国际仲裁院、中国国际仲裁研究院编著:《“对赌协议”典型仲裁案例与实务精要》，北京大学出版社 2021 年版，第 280 页。

④ 浙江省杭州市中级人民法院（2018）浙 01 民初 1407 号民事判决书、安徽省池州市（地区）中级人民法院（2018）皖 17 民初 251 号民事判决书、上海市金山区人民法院（2020）沪 0116 民初 4439 号民事判决书。

⑤ 浙江省杭州市中级人民法院（2019）浙 01 民终 70 号民事判决书。

3. 股权回购与现金补偿能否同时主张

在对赌协议中的股权回购条款和现金补偿条款均被触发的情况下，就投资方能否同时主张股权回购与现金补偿，实践中存在不同观点。持肯定意见者的理由主要包括三项：第一，对赌协议分别以不同条款对股权回购和现金补偿作出约定，且未明确两种权利是否具有排他性，从文义解释角度，主张股权回购及现金补偿均系投资方权利；[①] 第二，现金补偿和股权回购的适用条件及行权时间不同，现金补偿条件成就时投资方仍系目标公司股东，同时支持现金补偿及股权回购请求不存在矛盾；[②] 第三，投资方对目标公司的估值以每年业绩收入及退出时的股权溢价为基础，业绩补偿及股权回购义务与投资方高溢价认购股权义务相对应的，不违反公平原则。[③] 持否定意见者的理由则有如下四项：第一，主张现金补偿以投资方保持股东身份为前提，而要求回购股权实质是退出目标公司，两项请求之间存在矛盾；[④] 第二，对赌协议明确约定投资方获得的分红或补偿应当冲抵股权回购款，投资方不能同时主张现金补偿和股权回购；[⑤] 第三，股权回购与现金补偿均以利润不达标为前提且各有其适用区间，投资方只能择一主张；[⑥] 第四，投资方通过股权回购已可弥补损失，如果同时支持现金补偿请求，综合回报率过高，有违对赌协议初衷。[⑦]

关于投资方能否同时主张股权回购及现金补偿的分析，应以合同解释为前提。如果投资协议已就股权回购与现金补偿之间的关系作出安排，原则上应予

---

① 北京市高级人民法院（2021）京民终 753 号民事判决书、广东省深圳市中级人民法院（2019）粤 03 民终 30726 号民事判决书。

② 最高人民法院（2019）最高法民申 5691 号民事裁定书、北京市高级人民法院（2021）京民终 102 号民事判决书。

③ 最高人民法院（2020）京民终 308 号民事判决书。

④ 北京市第一中级人民法院（2017）京 01 民初 814 号民事判决书。

⑤ 北京市第一中级人民法院（2020）京 01 民初 309 号民事判决书。

⑥ 广东省广州市中级人民法院（2021）粤 01 民终 1354 号民事判决书。该案对赌协议约定，在实际报表利润与承诺值存在差异的情况下，实际报表利润≥ 8000 万元的，无须向投资方作出任何补偿；实际报表利润≤ 6000 万元的，投资方有权要求回购其持有的股份；实际报表利润 <8000 万元的，向投资方作出现金补偿。法院认为，前述条款应理解为当实际利润少于 6000 万元，投资方可要求回购股权或作出现金补偿，二者属于择一关系；当实际利润在 6000 万元至 8000 万元之间的，投资方只能要求现金补偿。案涉协议约定的股权回购与现金补偿适用前提相同，即未达到实际报表利润，只是分属于不同利润范围的救济方式，投资方提交的参考案例是针对不同适用前提分别约定了股权回购与现金补偿，两者同时适用不存在矛盾，相关参考案例不能作为本案裁判的参考依据。

⑦ 广东省深圳市中级人民法院（2020）粤 03 民终 19235 号民事判决书、上海市浦东新区人民法院（2020）沪 0115 民初 93539 号民事判决书。

尊重，具体而言：首先，若投资协议约定以现金补偿冲抵部分回购价款或股权回购款的计算公式已特别扣除现金补偿金额，仅应支持投资方相当于股权回购价款的主张；[①] 其次，若投资协议系针对同一事项的不同情形（例如划分利润区间）分别设置了现金补偿和股权回购救济措施，因相关条款不存在同时触发的现实可能，应当依据具体情形选择支持股权回购或者现金补偿；最后，若投资协议特别约定计算股权回购价款时不应扣除已经支付的现金补偿款，[②] 则可依该等约定同时支持投资方的股权回购和现金补偿主张，但不排除裁判者会从利息管制的角度进行金额调减。

有争议的是，如果投资协议针对不同情形分别设置了股权回购和现金补偿且未对二者关系予以协调，能否同时支持投资者的股权回购和现金补偿主张。笔者认为，补偿款系对部分投资款的返还，因同笔投资不能多次返还，在计算股权回购款时理应扣减已经支付或将要支付的现金补偿金额。[③] 需补充说明的是，实践中关于同时主张股权回购与现金补偿存在逻辑矛盾的论理失之偏颇，虽然现金补偿请求权源于股东身份，但在产生后具有独立性，即使投资方已将所持股权转让，也不影响其继续向融资方主张补偿。[④] 因此投资方只要在业绩承诺期内持有目标公司股权即可，其基于以前年度的业绩情况主张现金补偿并主张当下退出目标公司，不存在逻辑矛盾。[⑤]

4. 回购款及补偿金是否受到利息管制

关于股权回购款及业绩补偿金的性质，实践中存在争议：部分法院将二者定性为违反业绩承诺后的违约责任，并以股权回购款计算已充分考虑了投资方损失情况为由驳回对现金补偿部分的请求，[⑥] 或根据实际利润与承诺利润的差额（分红

---

① 需要注意的是，实践中有法院以投资协议约定股权回购价格扣除分红为由，未予支持业绩补偿金部分。参见浙江省绍兴市中级人民法院（2015）浙绍商初字第13号民事判决书。笔者认为，现金补偿不同于公司分红，前者以投资款为计算基数，后者取决于经营利润情况，因此基于对该案所涉协议的文义解释，不宜认定当事人就现金补偿的扣除问题作出了特别约定。

② 例如在北京高院（2020）京民终106号案中，投资协议约定股份回购价格 = 投资本金 + 投资本金 ×18%×N/365− 投资方已获得分配的股息、红利（不包括对赌业绩的现金补偿，如有）。

③ 参见贺剑：《对赌协议中的违约金调整与利息管制》，载《人民司法（应用）》2020年第16期，第73页。

④ 新疆维吾尔自治区高级人民法院（2021）新民终228号民事判决书。

⑤ 最高人民法院（2019）最高法民申5691号民事判决书、北京市高级人民法院（2020）京民终308号民事判决书。

⑥ 上海市浦东新区人民法院（2018）沪0115民初45869号民事判决书。

损失）对现金补偿金额予以调减；[①] 但也有不少法院持相反观点认为，股权回购及现金补偿本身即独立的合同义务，而非违反业绩承诺后的违约责任，不适用违约金调减规则。[②] 纵观 2021 年的案件情况，前述第二种观点已逐渐成为司法实践的主流：一方面，业绩承诺 / 上市承诺的主要作用在于为现金补偿 / 股权回购义务设定触发条件，而不是为目标公司或其原股东设立一项实现预期净利润 / 按期完成上市的合同义务，目标公司未完成相关承诺不构成融资方的违约行为，其所负现金补偿或股权回购自然也非属违约责任；另一方面，因业绩承诺不等于分红承诺、股权贬值不属于瑕疵担保意义上的瑕疵，即使将业绩承诺理解为合同义务，投资方也无权以融资方未完成业绩承诺、目标公司股权贬值为由主张损害赔偿，现金补偿及股权回购仍须解释为单独的合同义务。[③] 在否定现金补偿及股权回购款"违约金"性质的基础上，自然无从适用《民法典》第 585 条第 2 款规定对其进行调减。

如前所述，即使认为现金补偿应以投资款为限、股权回购款应当扣减已付现金补偿款，在投融资双方存在特别约定的情况下，仍然存在投资方同时主张现金补偿及股权回购的可能，以致请求金额远超投资款本金（超过投资款的部分实质均构成收益），引发对该等主张公平合理性的质疑。由此产生的问题是，股权回购款、现金补偿款（及各类迟延履行违约金）是否应受到利息管制。[④] 对此，实践中存在不同处理：一种观点认为，投资协议并非借贷合同，投资方系以较小投资风险获取巨大投资收益为目的，不能以贷款利率标准衡量对赌协议利率的高低；[⑤] 另一种观点认为，对赌协议系为防控目标公司未来发展的不确定性，而不是为了使投资方获取确定的高额投资回报，对投资方的司法保护应限定在投资本金及适当

① 广东省高级人民法院（2016）粤民申 2202 号民事裁定书、北京市高级人民法院（2020）京民终 677 号民事判决书。

② 湖北省武汉市中级人民法院（2014）鄂武汉中民商初字第 00304 号民事判决书、最高人民法院（2015）民申字第 2593 号民事判决书、北京市高级人民法院（2020）京民终 167 号民事判决书、北京市高级人民法院（2021）京民终 102 号民事判决书。

③ 参见贺剑：《对赌协议中的违约金调整与利息管制》，载《人民司法（应用）》2020 年第 16 期，第 70—71 页。

④ 实务中对赌协议约定的股权回购利率通常在 6%—15%，不存在过高的问题，且该等利率约定体现投资方对目标公司未来股权价值的预估，司法介入的正当性不足。基于此，关于利息管制的争议主要集中在投资方同时主张股权回购及现金补偿，或存在高额迟延履行违约金的情况下。

⑤ 最高人民法院（2019）最高法民终 1642 号民事判决书、辽宁省高级人民法院（2020）辽民终 1361 号民事判决书。

的资金占用补偿范围内；① 部分一并支持股权回购、现金补偿及各类违约金请求的法院会将整体投资回报率不存在明显过高作为论证理由，也侧面体现了进行利息管制的裁判观点。②

笔者认为，股权回购款及现金补偿款应否受利息管制更多是经济政策的选择，将来会如何处理还有待进一步观察。一方面，对赌交易中的投融资主体均系典型的商事主体，在其事先对双方权益作出安排、特约高额收益率的情况下，不宜强行进行司法干预；另一方面，虽然股权投资收益取决于公司运营情况，原则上不存在上限限制，但在回购条款触发后，当事人之间“出资 + 回购”的交易结构本质上类似于借贷，通过股权回购款支付及现金补偿等保障的固定收益理应受到利息管制，恪守 24% 或 4 倍 LPR 的法定上限。③

（三）名股实债的性质认定

名股实债是对实务中“以股权交易为外观形式，以到期退出及固定收益承诺为核心要件”投资模式的总称，常见于资金需求密集型的房地产行业。虽然《证券期货经营机构私募资产管理计划备案管理规范第 4 号——私募资产管理计划投资房地产开发企业、项目》将“对赌”列举为名股实债的常见形式，但二者实为两种相互独立的投资模式，④ 与对赌性属股权投资、纠纷集中体现在协议履行环节不同，名股实债本身存在“是股还是债”的性质认定争议。

投融资实践中，名股实债的性质认定不仅是判断相关投资协议效力及履行方式的前提，⑤ 也是处理投融资主体与第三人权利冲突的关键。⑥ 基于对既有案例的详细梳理，我们对名股实债的性质判别因素做如下分析。

---

① 深圳市中级人民法院（2020）粤 03 民终 19235 号民事判决书、甘肃省兰州市中级人民法（2020）甘 01 民初 586 号民事判决书。

② 最高人民法院（2016）最高法民终 205 号民事判决书、（2019）最高法民申 5691 号民事判决书、北京市高级人民法院（2021）京民终 753 号民事判决书。

③ 参见贺剑:《对赌协议中的违约金调整与利息管制》，载《人民司法（应用）》2020 年第 16 期，第 72 页。

④ 参见朱华芳等:《主题六：私募基金对外投资涉及的“名股实债”争议（上）》，载微信公众号“天同诉讼圈”，2021 年 4 月 16 日。

⑤ 例如，在回购义务人是目标公司的情况下，如果将名股实债界定为债权投资，投资方可直接收回投资本息；如果将名股实债界定为股权投资，须按公司法有关规定履行回购程序。

⑥ 例如，目标公司债权人要求投资方在抽逃出资范围内承担补充赔偿责任，投资方可能以案涉交易为债权投资为由进行抗辩。

1. 2021 年司法裁判情况

第一，认定为债权投资的主要情形。2021 年审结的案件中，法院将相关交易认定为债权投资的理由包括：（1）投资协议约定到期返还投资款并支付固定收益，表明投资方目的系为追求固定本息回报；[①]（2）双方在投资协议外另行签订了书面文件确认实质借款关系，证明当事人真实意图是进行债权投资，股权转让实为股权让与担保；[②]（3）投资协议明确约定投资方不参与公司经营，证明投资方的真实意思是提供借款而非取得目标公司股权；[③]（4）结合缔约过程中的其他文件，相关交易安排系为保障投资方债权实现，案涉交易实为债权投资；[④]（5）从合同约定看，投资方追求的是固定本息回报，且投资方未对目标公司股权未变更至其名下提出异议；[⑤]（6）投资方所获收益与目标公司经营状态、分红情况均无联系，且投资方仅享有知情权及监督权，未实际参与公司经营管理，证明其不具有实际获得目标公司股权的意图。[⑥]

第二，认定为股权投资的主要情形。2021 年审结的案件中，法院将相关交易认定为股权投资的理由包括：（1）投资协议约定了投资方在重大事项上的表决权，并允许其委派董事、监事参与公司经营，投资方的投资目的系为取得目标公司股权，[⑦]投资方是否实际行使股东权利不影响其身份认定；[⑧]（2）投资协议约定采取股权投资模式，且目标公司修改了公司章程并办理工商登记，固定收益条款仅是股东之间就投资风险分担所作内部约定，不影响交易目的和投资模式。[⑨]

2. 名股实债的性质分析

综合上述，2021 年法院系统在对名股实债交易作出性质认定时，首要关注的是投融资双方的真实交易目的，如果投资协议明确约定投资方不参与经营、协议

---

① 北京市海淀区人民法院（2021）京 0108 民初 8390 号民事判决书、上海市宝山区人民法院（2020）沪 0113 民初 23299 号民事判决书、上海市杨浦区人民法院（2021）沪 0110 民初 121 号民事判决书。

② 北京市海淀区人民法院（2021）京 0108 民特监 2 号民事裁定书、四川省乐山市中级人民法院（2021）川 11 民终 606 号民事判决书。

③ 河北省高级人民法院（2021）冀民终 589 号民事判决书、黑龙江省哈尔滨市中级人民法院（2021）黑 01 民终 431 号民事判决书。

④ 黑龙江省大庆市龙凤区人民法院（2021）黑 0603 民初 2977 号民事判决书。

⑤ 北京市高级人民法院（2021）京民终 499 号民事判决书。

⑥ 辽宁省沈阳市中级人民法院（2021）辽 01 民初 217 号民事判决书。

⑦ 湖南省高级人民法院（2021）湘民终 960 号民事判决书。

⑧ 北京市第一中级人民法院（2021）京 01 民终 5809 号民事判决书。

⑨ 山东省威海市中级人民法院（2021）鲁 10 民终 1713 号民事判决书。

外存在其他文件可资证明真实合意系进行借贷或者投资方并不关注股权变动情况，法院倾向于将案涉名股实债交易认定为债权投资；相反，如果投资协议对投资方享有的股东权利作出约定，法院可能认为投资方真实目的即取得股权。该等判断路径与最高院此前在民二庭会议纪要中所作论述基本一致。[①] 存在疑问的是，如果没有其他性质判断影响因素，能否仅凭投资协议约定了投资方享有的参与决策、委派董事、日常监督等权利，即认定其真实交易目的是取得目标公司股权？对此，笔者认为应具体分析，一方面，在借款关系下，为保障贷款使用情况符合约定，相关交易文件也往往会对贷款人享有的监管权利等作出约定；另一方面，即使投资协议约定投资方享有各项股东权利，若投资方并未实际行使相关权利、参与公司经营，也难谓其具有股权投资的交易目的。

此外，如果投资性质认定问题涉及目标公司债权人等第三方权益，基于股权工商登记的公示作用，相关交易则可能被认定为股权投资。[②] 一方面，投融资双方之间的真实交易目的无从为第三人知晓，按照股权权属外观作出认定有利于保护第三人信赖利益；另一方面，即使名股实债交易实为债权投资，因通谋虚伪表示（即股权投资合意）的无效不得对抗善意第三人，在第三人不知晓投融资双方之间交易安排的情况下，应当依其主张将名股实债交易认定为股权投资。需补充说明的是，在目标公司陷入破产的情况下，除了名股实债交易可能被认定为股权投资外，投资方通过公司回购实现“股转债”的权利亦会受到限制。[③]

五、总结与展望

2021 年是“十四五”开局之年，面对“两个大局”和世纪疫情，我国统筹疫情防控和经济社会发展，国民经济稳中有进、稳中向好，向高质量发展迈开坚实步伐。市场经济的稳定发展离不开法治建设及司法保障，纵观 2021 年，我国在投

---

① 关于名股实债的性质问题，最高院认为应根据当事人的投资目的、实际权利义务等因素进行综合认定：投资方目的在于取得目标公司股权，并享有参与公司经营管理权利的，应认定为股权投资；投资方目的仅系获取固定收益，且不享有参与公司经营管理权利的，应认定为债权投资。参见贺小荣主编:《最高人民法院民事审判第二庭法官会议纪要》，人民法院出版社 2018 年版，第 64 页。

② 青海省西宁市中级人民法院（2019）青 01 民初 240 号民事判决书、江苏省常州市中级人民法院（2020）苏 04 民终 4034 号民事判决书。

③ 青海省高级人民法院（2019）青民终 167 号民事判决书。

融资领域的立法及司法裁判均取得重大进展：规范政策供给方面，《民法典》及其配套司法解释，资管新规配套细则及《统一登记办法》《市场主体登记管理条例》等优化营商环境系列文件陆续出台，证券、破产、外商投资领域的规则体系不断完善，2021年末公布的《公司法修订草案》亦基于投资实践需求进行了开创性的制度革新；争议解决机制方面，越来越多的案件处理注重对投资者权益的保障，各类投资纠纷的裁判规则取得新发展。

在肯定上述投资争议解决发展成果的同时也应看到，《公司法修订草案》目前的文本存在有待改善之处，对赌、名股实债等典型投资纠纷仍有大量疑难问题需要解决。我们应当在总结既有经验的基础上，深化理论研究和实践认识，不断促进投资法治建设和争议解决的发展。

第一，完善《公司法修订草案》。组织法性质的《公司法》与供给行为法规范的《民法典》共同构成市场经济的两大支柱，本次修法是继2005年之后第二次对《公司法》进行大范围修订，相关规则将对我国投融资交易实践产生重要影响。但目前《公司法修订草案》在资本制度、公司治理方面的改革仍需进一步斟酌研究，对于股权代持、对赌、抢公章等实务热点、难点问题未提供相应处理规则，就实践中争议较大的股东出资责任等问题作出的规范也较为粗疏。期望社会各界集思广益、深化认识，共同推动高水平完成本次公司法修订。

第二，细化对赌纠纷处理规则。对赌纠纷涉及合同法与公司法的交织以及多方主体的利益平衡，是投资领域极具复杂性的争议类型，但我国目前关于对赌的成文法规范仅有《九民会议纪要》第5条，且该条本身也存在需予完善不甚合理之处。在2019年《九民会议纪要》基本解决对赌协议效力问题后，业界开始更多地讨论对赌协议可履行性问题，实践中也不乏涉及股权回购、业绩补偿计算问题的典型案例。业界应当密切关注司法实践的新发展，深化理论研究，促进形成清晰、统一、合理的裁判规则。

第三，妥善处理司法裁判与金融监管的关系。我国商事司法裁判以往致力于通过“意思自治”“商事外观主义”等规则排除行政监管政策对市场主体交易的干涉，但在金融强监管背景下，相关监管政策越来越多地渗入商事审判实践中。2022年《资管新规》结束过渡期，正式成为金融机构开展资管业务的“总纲领”。如何在投资争议解决中注意与监管政策的协调，妥善平衡意思自治与国家管制的关系，亦是业界当前和今后的一大课题。

中国国际贸易争议解决年度观察（2022）

廖　鸣　于治国　周娅睿[①]

一、概述

2021年，以习近平同志为核心的党中央沉着应对百年变局和世纪疫情，以高水平开放促进深层次改革，推动高质量发展，我国经济发展和疫情防控保持全球领先地位，外贸进出口实现较快增长，规模再创新高、质量稳步提升。据海关统计，2021年我国货物贸易进出口总值39.1万亿元人民币，比2020年增长21.4%。其中，出口21.73万亿元，增长21.2%；进口17.37万亿元，增长21.5%。与2019年相比，我国外贸进出口、出口、进口分别增长23.9%、26.1%、21.2%。总的来看，"十四五"对外贸易实现了良好开局。[②]

放眼全球，新冠肺炎疫情大流行引发的健康和经济危机仍然对世界贸易体系构成了巨大的压力考验，造成了全球供应链的中断，并加剧了各国（地区）间的贸易紧张局势。[③] 国际贸易规则仍然处于不稳定期。一方面，多边贸易体制取得一定发展成果。世界贸易组织在恢复规则谈判功能方面取得了重大进步，67个成员合力完成了国内服务监管规则的谈判。区域性贸易规则的最重大成果是《区域全面经济伙伴关系协定》（RCEP）的正式生效，构建了目前人口最多、贸易量最大的区域性自由贸易协定。中国等重要经济体申请加入《全面与进步跨太平洋伙伴

---

① 廖鸣，泰和泰（北京）律师事务所合伙人。于治国，中伦律师事务所合伙人。周娅睿，泰和泰（北京）律师事务所合伙人。

② 《国务院新闻办就2021年全年进出口情况举行发布会》，载中央政府官网，http://www.gov.cn/xinwen/2022-01/15/content_5668472.htm，访问时间：2022年1月19日。

③ "*World Trade Report 2021 Economic resilience and trade*"，载世界贸易组织官网，https://www.wto.org/english/res_e/publications_e/wtr21_e.htm，访问时间：2022年1月19日。

关系协定》（CPTPP）和《数字经济伙伴关系协定》（DEPA）等重要经贸协定，也为进一步扩大区域经贸自由协定的影响力，构建新时代的贸易规则提供了空间。然而另一方面，国际贸易规则更加分散化、失序化。首先是主要经济体利用甚至创设议题，开发歧视性的贸易政策工具。例如欧盟提出了“外国补贴白皮书”“以补贴为由设置新的贸易障碍”。[①] 美国则频频采用出口管制和经济制裁手段影响国际贸易流动。此外，由于疫情影响导致全球供应链波动，少数经济体提出了重塑全球供应链的主张。

在此背景下，中国国际贸易争议解决在2022年也出现了一些重要成果和热点领域。

一是推进国际经贸规则的谈判。RCEP的建成是全球经贸规则的重大成果。在世贸组织层面，国内服务监管规则谈判的成功，也是近几年世贸组织规则谈判的最新成果，标志着规则谈判功能的回归。此外，CPTPP和DEPA等国际贸易协定影响力的扩大，也有利于构建面向未来的国际贸易规则。

二是积极参与国际贸易争端解决工作。2021年在世界贸易组织争端解决方面，中国与澳大利亚之间关于大麦双反措施和葡萄酒反倾销措施的两个争端最有代表意义。在这两个案件中，中澳一致同意将案件后的上诉程序提交“多方临时上诉仲裁安排”（Multi-Party Interim Appeal Arbitration，即MPIA），是对该机制的有力支持，也显示了我国对多边贸易机制的坚定支持态度。

三是反制外国不公平的制裁。我国先后出台了《中华人民共和国反外国制裁法》（以下简称《反外国制裁法》）和《阻断外国法律与措施不当域外适用办法》等法律法规，从立法层面提供法律工具，保障我国的国家主权、安全和发展利益，保障公民和企业的合法权益。在法律出台后，我国依法针对个别国家部分个人和团体实施了反制裁措施，有力回击了不实攻击和不公平的制裁。

四是推进国内自贸区的法律建设。《中华人民共和国海南自由贸易港法》（以下简称《海南自由贸易港法》）正式实施，从立法层面对海南自贸区建设，为自贸区发展贸易、投资和人员流动提供了法律依据；在行政管理体制方面，也可以获得国务院及其组成部门的授权，由当地政府执行相应的政府管理职能。海南自贸区在法律允许下获得进一步开放、发展空间。

五是海关监管制度的创新。《中华人民共和国海关法》（以下简称《海关法》）

① 《中国驻欧盟使团：希望欧方不要以补贴为由设置新贸易障碍》，载中国中央政府网站，http://www.gov.cn/xinwen/2020-06/18/content_5520105.htm，访问时间：2022年1月19日。

的修订，进一步扩大了进出口经营者的贸易自主权，全面放开了对报关企业的准入限制，海关监管进入备案时代。随着进出口经营者信用体系的建设，在海关监管层面进一步与世界接轨。

二、新出台的法律、法规、规范性文件

（一）自由贸易协定成果斐然，区域贸易投资自由化程度进一步提高

1.《区域全面经济伙伴关系协定》

2021 年 4 月 15 日，中国向东盟秘书长正式交存 RCEP 核准书。这标志着中国正式完成RCEP核准程序，成为非东盟国家中第一个正式完成核准程序的成员国。①

RCEP 是一个现代、全面、高质量、互惠的大型区域自贸协定。RCEP 协定由序言、20 个章节（包括：初始条款和一般定义、货物贸易、原产地规则、海关程序和贸易便利化、卫生和植物卫生措施、标准、技术法规和合格评定程序、贸易救济、服务贸易、自然人临时流动、投资、知识产权、电子商务、竞争、中小企业、经济技术合作、政府采购、一般条款和例外、机构条款、争端解决、最终条款章节）、4 个市场准入承诺表附件（包括：关税承诺表、服务具体承诺表、投资保留及不符措施承诺表、自然人临时流动具体承诺表）组成。②

RCEP 的签署和实施是东亚经济一体化建设近 20 年来最重要的成果。在提供关税减让和市场准入机会的同时，RCEP 还通过原产地累积规则为企业在区域内布局产业链提供了协定依据。此外，电子商务、便利通关和服务贸易开放等条款，也为我国发展优势产业、通过信息化手段提高贸易质量提供了基础和依据。作为我国实施自由贸易区战略取得的重大进展，RCEP 将为我国在新时期构建开放型经济新体制，形成以国内大循环为主体、国内国际双循环相互促进新发展格局提供巨大助力。

---

① 《中国正式完成 RCEP 核准程序》，载中国自由贸易区服务网，http://fta.mofcom.gov.cn/article/fzdongtai/202104/44881_1.html，访问时间：2022 年 1 月 17 日。

② 《商务部国际司负责同志解读〈区域全面经济伙伴关系协定〉（RCEP）之一》，载中国自由贸易区服务网，http://fta.mofcom.gov.cn/article/rcep/rcepjd/202011/43618_1.html，访问时间：2022 年 1 月 17 日。

2.《中国—新西兰自贸协定升级议定书》

《中国—新西兰自贸协定升级议定书》于 2021 年 1 月 26 日正式签署。①

升级议定书实现了中新自贸关系在 RCEP 基础上进一步提质增效。在货物贸易领域，新增部分木材和纸制品的市场开放，进一步优化原产地规则、技术性贸易壁垒、海关便利化等贸易规则。服务贸易领域，中方在 RCEP 基础上，进一步扩大航空、教育、金融、养老、客运等领域对新方开放。新方在特色工种工作许可安排中，将中国公民申请量较大的汉语教师和中文导游赴新就业的配额在原有基础上增加一倍。投资领域，新方放宽中资审查门槛，确认给予中资与 CPTPP 成员同等的审查门槛待遇。

3. 中国正式提出申请加入《全面与进步跨太平洋伙伴关系协定》

2021 年 9 月 16 日，中国政府正式提出申请加入 CPTPP。② 中国商务部已经与 CPTPP11 个成员中的一些成员进行了非正式接触，也计划和其他成员再进行非正式接触，就涉及的问题进行技术层面的沟通和交流，以便对相关的协议内容有更准确的了解和把握。③CPTPP 在国有企业和竞争规则等方面独具特点，申请加入 CPTPP 将给予我国企业进入更广阔市场竞争的更多机会，增加我国对国际经贸规则的影响力，有利于我国提高改革开放的程度和水平。

（二）维护国家主权、尊严和核心利益，保障稳步推进高水平对外开放

1.《中华人民共和国反外国制裁法》

《中华人民共和国反外国制裁法》以下简称《反外国制裁法》于 2021 年 6 月 10 日由第十三届全国人民代表大会常务委员会第二十九次会议表决通过，自公布之日起施行。④ 近年来，某些西方国家和组织出于政治操弄需要和意识形态偏见，对中国发展进行歪曲、诋毁、遏制和打压，特别是违反国际法和国际关系基本准则，依据其本国法律对中国有关国家机关、组织和国家工作人员实施所谓“制裁”。法律

① 《中国—新西兰自贸协定升级议定书签署》，载中国自由贸易区服务网，http://fta.mofcom.gov.cn/article/fzdongtai/202101/44362_1.html，访问时间：2022 年 1 月 17 日。

② 《中方正式提出申请加入〈全面与进步跨太平洋伙伴关系协定〉（CPTPP）》，载商务部网站，http://www.mofcom.gov.cn/article/news/202109/20210903199707.shtml，访问时间：2022 年 1 月 17 日。

③ 《商务部：加快新的自由贸易协定谈判步伐　积极考虑加入 CPTPP》，载中国自由贸易区服务网，http://fta.mofcom.gov.cn/article/fzdongtai/202108/45622_1.htm，访问时间：2022 年 1 月 17 日。

④ 《中华人民共和国反外国制裁法》，载中国人大网，http://www.npc.gov.cn/npc/c30834/202106/d4a714d5813c4ad2ac54a5f0f78a5270.shtml，访问时间：2022 年 1 月 17 日。

的出台和实施，将有利于依法反制一些外国国家和组织对我国的遏制打压，有效提升我国应对外部风险挑战的法治能力。[①]

《反外国制裁法》共有16条，主要内容包括：（1）外交基本政策和原则立场。我国立法进行反制与某些西方国家搞的所谓“单边制裁”有着本质区别，是应对、回击某些西方国家对中国遏制打压的防御措施。[②]（2）采取反制措施的情形和条件。当外国国家违反国际法和国际关系基本准则，以各种借口或者依据其本国法律对我国进行遏制、打压，对我国公民、组织采取歧视性限制措施，干涉我国内政的，我国有权采取相应反制措施。[③]（3）反制措施适用的对象。反制措施适用的对象：一是直接或者间接参与制定、决定、实施上述歧视性限制措施的个人、组织。[④]二是列入反制清单的个人和组织的关系人、关联组织。[⑤]（4）反制措施的类型和适用。该法列举的反制措施主要有三类：一是不予签发签证、不准入境、注销签证或者驱逐出境；二是查封、扣押、冻结在我国境内的动产、不动产和其他各类财产；三是禁止或者限制我国境内的组织、个人与其进行有关交易、合作等活动。同时，还作了一个兜底性规定。[⑥]（5）反制措施的效力和期限。国务院有关部门依据本法有关规定作出的决定为最终决定。[⑦]如果采取反制措施所依据的情形发生变化的，

---

① 《全国人大常委会法工委负责人就反外国制裁法答记者问》，载中国人大网，http://www.npc.gov.cn/npc/kgfb/202106/90e92a915d5241468daa089a29cf08d3.shtml，访问时间：2022年1月17日。

② 《反外国制裁法》第3条第1款规定：“中华人民共和国反对霸权主义和强权政治，反对任何国家以任何借口、任何方式干涉中国内政。”

③ 《反外国制裁法》第3条第2款规定：“外国国家违反国际法和国际关系基本准则，以各种借口或者依据其本国法律对我国进行遏制、打压，对我国公民、组织采取歧视性限制措施，干涉我国内政的，我国有权采取相应反制措施。”

④ 《反外国制裁法》第4条规定：“国务院有关部门可以决定将直接或者间接参与制定、决定、实施本法第三条规定的歧视性限制措施的个人、组织列入反制清单。”

⑤ 《反外国制裁法》第5条规定：“除根据本法第四条规定列入反制清单的个人、组织以外，国务院有关部门还可以决定对下列个人、组织采取反制措施：（一）列入反制清单个人的配偶和直系亲属；（二）列入反制清单组织的高级管理人员或者实际控制人；（三）由列入反制清单个人担任高级管理人员的组织；（四）由列入反制清单个人和组织实际控制或者参与设立、运营的组织。”

⑥ 《反外国制裁法》第6条规定：“国务院有关部门可以按照各自职责和任务分工，对本法第四条、第五条规定的个人、组织，根据实际情况决定采取下列一种或者几种措施：（一）不予签发签证、不准入境、注销签证或者驱逐出境；（二）查封、扣押、冻结在我国境内的动产、不动产和其他各类财产；（三）禁止或者限制我国境内的组织、个人与其进行有关交易、合作等活动；（四）其他必要措施。”

⑦ 《反外国制裁法》第7条规定：“国务院有关部门依据本法第四条至第六条规定作出的决定为最终决定。”

国务院有关部门可以暂停、变更或者取消有关反制措施。[①]（6）有关组织和个人的义务。《反外国制裁法》从三个方面对有关组织和个人的义务和违法行为的后果作出了规定：一是我国境内的组织和个人应当执行国务院有关部门采取的反制措施。[②]二是任何组织和个人均不得执行或者协助执行外国国家对我国公民、组织采取的歧视性限制措施。[③]三是任何组织和个人不执行、不配合实施反制措施的，依法追究法律责任。[④]（7）建立反制工作机制。国家建立相关工作机制，有关部门协调联动、共同配合。[⑤]

2.《阻断外国法律与措施不当域外适用办法》

2021年1月9日，经国务院批准，商务部公布了《阻断外国法律与措施不当域外适用办法》（以下简称《阻断办法》）。[⑥]《阻断办法》共16条，主要规定包括：（1）立法目的和适用条件。《阻断办法》的主要目的是针对外国法律与措施的域外适用违反国际法和国际关系的基本准则，不当禁止或限制中国公民、法人或者其他组织与第三国（地区）及其公民、法人或者其他组织进行正常的经贸及相关活动的情形，通过制定和实施法律法规保护我国公民、法人和其他组织的合法权益。[⑦]

---

① 《反外国制裁法》第8条规定："采取反制措施所依据的情形发生变化的，国务院有关部门可以暂停、变更或者取消有关反制措施。"

② 《反外国制裁法》第11条规定："我国境内的组织和个人应当执行国务院有关部门采取的反制措施。对违反前款规定的组织和个人，国务院有关部门依法予以处理，限制或者禁止其从事相关活动。"

③ 《反外国制裁法》第12条规定："任何组织和个人均不得执行或者协助执行外国国家对我国公民、组织采取的歧视性限制措施。组织和个人违反前款规定，侵害我国公民、组织合法权益的，我国公民、组织可以依法向人民法院提起诉讼，要求其停止侵害、赔偿损失。"

④ 《反外国制裁法》第14条规定："任何组织和个人不执行、不配合实施反制措施的，依法追究法律责任。"

⑤ 《反外国制裁法》第10条规定："国家设立反外国制裁工作协调机制，负责统筹协调相关工作。国务院有关部门应当加强协同配合和信息共享，按照各自职责和任务分工确定和实施有关反制措施。"

⑥ 《商务部令2021年第1号　阻断外国法律与措施不当域外适用办法》，载商务部网站，http://www.mofcom.gov.cn/article/i/jyjl/l/202101/20210103032168.shtml，访问时间：2022年1月17日。

⑦ 《阻断办法》第1条规定："为了阻断外国法律与措施不当域外适用对中国的影响，维护国家主权、安全、发展利益，保护中国公民、法人或者其他组织的合法权益，根据《中华人民共和国国家安全法》等有关法律，制定本办法。"

《阻断办法》第2条规定："本办法适用于外国法律与措施的域外适用违反国际法和国际关系基本准则，不当禁止或者限制中国公民、法人或者其他组织与第三国（地区）及其公民、法人或者其他组织进行正常的经贸及相关活动的情形。"

（2）主要措施。一是及时报告。中国公民、法人或其他组织遇到外国法律与措施不当域外适用，即禁止或限制其与第三国（地区）开展正常经贸及相关活动的，应在 30 日内报告。[①] 二是评估确认。关于外国法律与措施是否存在不当域外适用情形，工作机制将结合各种因素，进行评估确认。[②] 三是发布禁令。经评估确认有关外国法律与措施存在不当域外适用情形的，工作机制可以决定由国务院商务主管部门发布禁令。[③] 四是司法救济。因外国法律与措施的不当域外适用遭受损失的，中国公民、法人或其他组织可在国内法院起诉，要求予以赔偿。[④] 五是处罚制度。对违反如实报告义务和不遵守禁令的行为，给予相应处罚。[⑤]（3）建立机制。我国将建立由中央国家机关有关部门参加的工作机制，负责外国法律与措施不当域外适用的应对工作。[⑥]（4）支持和服务。对于中国公民、法人和其他组织在执行该办

① 《阻断办法》第 5 条规定："中国公民、法人或者其他组织遇到外国法律与措施禁止或者限制其与第三国（地区）及其公民、法人或者其他组织正常的经贸及相关活动情形的，应当在 30 日内向国务院商务主管部门如实报告有关情况。报告人要求保密的，国务院商务主管部门及其工作人员应当为其保密。"

② 《阻断办法》第 6 条规定："有关外国法律与措施是否存在不当域外适用情形，由工作机制综合考虑下列因素评估确认：（一）是否违反国际法和国际关系基本准则；（二）对中国国家主权、安全、发展利益可能产生的影响；（三）对中国公民、法人或者其他组织合法权益可能产生的影响；（四）其他应当考虑的因素。"

③ 《阻断办法》第 7 条第 1 款规定："工作机制经评估，确认有关外国法律与措施存在不当域外适用情形的，可以决定由国务院商务主管部门发布不得承认、不得执行、不得遵守有关外国法律与措施的禁令（以下简称禁令）。"

④ 《阻断办法》第 9 条规定："当事人遵守禁令范围内的外国法律与措施，侵害中国公民、法人或者其他组织合法权益的，中国公民、法人或者其他组织可以依法向人民法院提起诉讼，要求该当事人赔偿损失；但是，当事人依照本办法第八条规定获得豁免的除外。根据禁令范围内的外国法律作出的判决、裁定致使中国公民、法人或者其他组织遭受损失的，中国公民、法人或者其他组织可以依法向人民法院提起诉讼，要求在该判决、裁定中获益的当事人赔偿损失。本条第一款、第二款规定的当事人拒绝履行人民法院生效的判决、裁定的，中国公民、法人或者其他组织可以依法申请人民法院强制执行。"

⑤ 《阻断办法》第 13 条规定："中国公民、法人或者其他组织未按照规定如实报告有关情况或者不遵守禁令的，国务院商务主管部门可以给予警告，责令限期改正，并可以根据情节轻重处以罚款。"

⑥ 《阻断办法》第 4 条规定："国家建立由中央国家机关有关部门参加的工作机制（以下简称工作机制），负责外国法律与措施不当域外适用的应对工作。工作机制由国务院商务主管部门牵头，具体事宜由国务院商务主管部门、发展改革部门会同其他有关部门负责。"

法的情况，政府将提供必要的支持和指导等服务。[①]

《阻断办法》是维护我国企业合法权利的有效法律工具。一方面，企业可以据此排除外国制裁不当适用对生产经营的负面影响，稳定供应链和客户群体。另一方面，对于因外国制裁不当适用造成损失的，企业也可以通过诉讼取得赔偿。在外国经济制裁严重干扰国际贸易秩序的条件下，《阻断办法》能够为在华经营的中外企业提供稳定的贸易环境和秩序，实现其稳定价值链、供应链和国际分工合作的规则价值。

（三）大力建设海南自由贸易港，支持自贸区进一步开放发展

1.《海南自由贸易港法》

2021年6月10日，《海南自由贸易港法》由中华人民共和国第十三届全国人民代表大会常务委员会第二十九次会议通过，自公布之日起施行。[②] 该法从国家立法层面为海南自由贸易港的建设发展提供了重要法律保障，有利于分步骤、分阶段建立自由贸易港政策和制度体系，建设高水平的中国特色海南自由贸易港，推动形成更高层次改革开放的新格局。此外，该法还为我国进一步发展自由贸易港（区）立法提供借鉴，有力促进我国自由贸易港（区）战略的实施。

《海南自由贸易港法》在货物贸易、服务贸易、外国投资和自然人临时移动等方面都作出了高水平的规定，赋予了经营者更多的市场准入机会和优惠待遇，也为地方政府探索体制机制改革提供了法律依据。

《海南自由贸易港法》共8章57条，主要内容包括：（1）改革开放自主权。从立法权限上来说，海南自由贸易港可以在遵循宪法规定和法律行政法规基本原则的前提下制定海南自由贸易港法规。[③] 海南自由贸易港法规可以对法律、行政法规的一些规定，根据海南的实际需要做一定的变通。（2）贸易投资自由化、便

---

① 《阻断办法》第10条规定："工作机制成员单位应当依照各自职责，为中国公民、法人或者其他组织应对外国法律与措施不当域外适用提供指导和服务。"

《阻断办法》第11条规定："中国公民、法人或者其他组织根据禁令，未遵守有关外国法律与措施并因此受到重大损失的，政府有关部门可以根据具体情况给予必要的支持。"

② 《海南自由贸易港法》，载中国人大网，http://www.npc.gov.cn/npc/c30834/202106/eec9070dd18e4b0190cd2abb9345442d.shtml，访问时间：2022年1月17日。

③ 《海南自由贸易港法》第10条第1款规定："海南省人民代表大会及其常务委员会可以根据本法，结合海南自由贸易港建设的具体情况和实际需要，遵循宪法规定和法律、行政法规的基本原则，就贸易、投资及相关管理活动制定法规（以下称海南自由贸易港法规），在海南自由贸易港范围内实施。"

利化。在贸易自由化方面，除了海南禁止限制进口目录以外的货物，可以自由地进出海南。[①]在服务贸易方面，除了负面清单以外的跨境服务贸易实行内外资一致的原则进行管理。[②]在投资方面，实行更加简化的外商投资负面清单和更加简化的市场准入特别清单，并且实行市场准入承诺即入制，在投资领域给予更大的便利。[③]在与投资贸易相适应的税制方面，按照减税制、零关税、低税率的原则进行与海南自由贸易港建设相适应的税制体系。除了征税目录以外的货物，进入海南全部免关税。[④]（3）人员流动。提供优惠的人员流动条件，实行更加开放的人才和停居留政策。[⑤]

2.《海南自由贸易港跨境服务贸易特别管理措施（负面清单）（2021年版）》

2021年8月26日，经党中央、国务院同意，商务部公布并实施《海南自由贸易港跨境服务贸易特别管理措施（负面清单）（2021年版）》（以下简称《负面清单》）。[⑥]《负面清单》是我国服务贸易管理模式的重大突破，对于推动海南自由贸易港高质量发展、推动我国建设更高水平开放型经济具有重要意义。

根据《负面清单》的规定，我国仅对部分领域保留了限制和管理外资经营

---

① 《海南自由贸易港法》第13条第1款规定："在境外与海南自由贸易港之间，货物、物品可以自由进出，海关依法进行监管，列入海南自由贸易港禁止、限制进出口货物、物品清单的除外。"

② 《海南自由贸易港法》第17条第1款规定："海南自由贸易港对跨境服务贸易实行负面清单管理制度，并实施相配套的资金支付和转移制度。对清单之外的跨境服务贸易，按照内外一致的原则管理。"

③ 《海南自由贸易港法》第19条规定："海南自由贸易港对外商投资实行准入前国民待遇加负面清单管理制度。特别适用于海南自由贸易港的外商投资准入负面清单由国务院有关部门会同海南省制定，报国务院批准后发布。"

④ 《海南自由贸易港法》第28条第1款规定："全岛封关运作、简并税制后，海南自由贸易港对进口征税商品实行目录管理，目录之外的货物进入海南自由贸易港，免征进口关税。进口征税商品目录由国务院财政部门会同国务院有关部门和海南省制定。"

⑤ 《海南自由贸易港法》第45条规定："海南自由贸易港建立高效便利的出境入境管理制度，逐步实施更大范围适用免签入境政策，延长免签停留时间，优化出境入境检查管理，提供出境入境通关便利。"

《海南自由贸易港法》第46条规定："海南自由贸易港实行更加开放的人才和停居留政策，实行更加宽松的人员临时出境入境政策、便利的工作签证政策，对外国人工作许可实行负面清单管理，进一步完善居留制度。"

⑥ 《商务部令2021年第3号　海南自由贸易港跨境服务贸易特别管理措施（负面清单）（2021年版）》，载商务部网站，http://www.mofcom.gov.cn/article/zwgk/zcfb/202107/20210703180049.shtml，访问时间：2022年1月17日。

的规定，而放开了其他领域的外资准入限制，为进一步扩大外商投资提供了政策空间。该《负面清单》共70项，重点内容包括：（1）在人才政策方面，《负面清单》实行更加开放的政策。比如取消境外个人参加注册计量师、勘察设计注册工程师、注册消防工程师等10多项职业资格考试方面的限制。（2）在提升运输自由便利化方面，《负面清单》实施了更加开放的船舶运输政策和航空运输政策，在推动建设西部陆海新通道国际航运枢纽和航空枢纽方面将发挥重要作用。（3）在扩大专业服务业对外开放方面也有一些具体举措。比如，允许境外律师事务所驻海南代表机构从事部分涉海南的商事非诉讼法律事务，允许海南律师事务所聘请外籍律师担任外国法律顾问和港澳律师担任法律顾问，取消外国服务提供者从事报关业务的限制，等等。（4）进一步扩大金融业对外，允许境外个人申请开立证券账户或者期货账户，并且可以申请证券投资咨询从业资格和期货投资咨询的从业资格等。

（四）加强海关监管，做好海关信用体系建设

1. 修改《海关法》

2021年4月29日，新修改的《海关法》由中华人民共和国第十三届全国人民代表大会常务委员会第二十八次会议通过并公布实施。[①]

此次修改取消了“报关企业注册登记”海关行政审批事项。将报关企业由“许可”改为“备案”，标志着在全国范围内，海关对报关企业实现备案管理，报关企业准入已全面放开。报关企业“许可”改“备案”后，企业申请的手续大幅精简，企业可自主选择通过“国际贸易单一窗口”“互联网＋海关”等多种方式提交备案申请，无须提交纸质资料即可实现全程网办。此外，报关企业有效期在全国范围内均已取消，改为长期有效。

2.《中华人民共和国海关注册登记和备案企业信用管理办法》

2021年11月1日，经海关总署署务会议审议通过，《中华人民共和国海关注册登记和备案企业信用管理办法》（以下简称《管理办法》）开始实施。[②]

《管理办法》着眼于提高海关措施便利化水平，为更多的市场主体参与海关

---

① 《全国人民代表大会常务委员会关于修改〈中华人民共和国道路交通安全法〉等八部法律的决定》，载中国人大网，http://www.npc.gov.cn/npc/c30834/202104/e6b6395f545046d7b958632d9601d027.shtml，访问时间：2022年1月17日。

② 《中华人民共和国海关注册登记和备案企业信用管理办法》，载中国政府网，http://www.gov.cn/gongbao/content/2021/content_5651731.htm，访问时间：2022年1月17日。2018年3月3日海关总署令第237号公布的《中华人民共和国海关企业信用管理办法》同时废止。

业务，提高货物通关效率，以及开展国际海关合作促进国际贸易发展，提供了法律依据。《管理办法》共6章40条，主要内容包括：（1）优化企业信用等级分类。按照“简单管用”原则，将企业信用等级由现行《办法》规定的四级优化为三级，保留“高级认证企业”和“失信企业”，分别实施便利或者严格的海关管理措施。对其他注册登记和备案企业，统一实施常规的海关管理措施。①（2）落实守信激励。在保留原有高级认证企业便利措施基础上，进一步增加了降低出口货物原产地调查抽查比例、优先办理出口货物通关手续、优先向其他国家推荐食品等出口企业注册等便利措施；② 将高级认证企业复核期间由三年调整为五年，进一步降低企业负担。③（3）实施失信惩戒。《管理办法》规定了对失信主体认定的标准、程序和救济措施等规定。（4）建立信用修复机制。根据失信行为社会危害性程度，明确失信企业修复标准及程序，鼓励失信企业通过合法渠道提升信用水平。

三、典型案例

【案例1】反补贴调查中补贴项目的跨境认定④

【基本案情】

2019年5月，欧委会发起对原产于中国和埃及的进口玻璃纤维织物的反补贴

① 《管理办法》第4条规定：“海关根据企业申请，按照本办法规定的标准和程序将企业认证为高级认证企业的，对其实施便利的管理措施。海关根据采集的信用信息，按照本办法规定的标准和程序将违法违规企业认定为失信企业的，对其实施严格的管理措施。海关对高级认证企业和失信企业之外的其他企业实施常规的管理措施。”

② 《管理办法》第30条规定：“高级认证企业是中国海关AEO，适用下列管理措施：（一）进出口货物平均查验率低于实施常规管理措施企业平均查验率的20%，法律、行政法规或者海关总署有特殊规定的除外；（二）出口货物原产地调查平均抽查比例在企业平均抽查比例的20%以下，法律、行政法规或者海关总署有特殊规定的除外；（三）优先办理进出口货物通关手续及相关业务手续；（四）优先向其他国家（地区）推荐农产品、食品等出口企业的注册；（五）可以向海关申请免除担保；（六）减少对企业稽查、核查频次；（七）可以在出口货物运抵海关监管区之前向海关申报；（八）海关为企业设立协调员；（九）AEO互认国家或者地区海关通关便利措施；（十）国家有关部门实施的守信联合激励措施；（十一）因不可抗力中断国际贸易恢复后优先通关；（十二）海关总署规定的其他管理措施。”

③ 《管理办法》第19条第1款规定：“海关对高级认证企业每5年复核一次。企业信用状况发生异常情况的，海关可以不定期开展复核。”

④ 欧盟委员会官网：“*COMMISSION IMPLEMENTING REGULATION（EU）2020/776*”，https://eur-lex.europa.eu/legal-content/EN/TXT/PDF/?uri=CELEX：32020R0776，访问时间：2022年1月17日。

调查。在对埃及的调查中，欧委会认为苏伊士运河经济区向辖区企业提供了可诉补贴，但认定补贴是由中国的公共机构提供。欧委会认为，由于埃及政府积极寻求、许可和采用中国公共机构提供的补贴，因此这些中国公共机构发布的补贴可归因于埃及政府，因此构成了世贸组织规则意义上的可诉补贴。

【争议焦点】

世贸组织《补贴和反补贴协定》中的补贴概念，是否包括跨国补贴这一类型？

【裁判观点】

为了把所谓中国提供的财政资助也“算成”埃及的补贴，欧委会利用了两层国际法依据对其国内立法进行解释。

第一步，欧委会认为，《维也纳条约法公约》提供了解释其反补贴基本规则的工具，即第31（c）条，在解释条约时，争议双方适用的任何国际法规则都应当考虑（any relevant rules of international law applicable in the relations between the parties must be taken into account in the assessment of the context of the terms of a treaty）。

第二步，根据《国际法委员会关于国家对国际不法行为责任的规定》（ILC Articles on the Responsibility of States for Internationally Wrongful Acts），认为埃及积极寻求、认可和采用中国公共机构提供给埃及企业的财政资助，因此此类财政资助可视为埃及政府的行为，因而构成了埃及政府对埃及企业的可诉补贴。

【纠纷观察】

欧委会的裁决带来了一些问题。首先，解释国内法律需要《维也纳条约法公约》吗？《维也纳条约法公约》是解释国际法的工具。一国或者一个世贸成员的行政机构解释本司法辖区的国内立法，能否或是否有必要根据该公约解释本国法律，是一个复杂的问题。其次，适用《国际法委员会关于国家对国际不法行为责任的规定》也不适当。欧委会显然借鉴了世贸组织上诉机构在DS379案中，通过适用该规定解释WTO《补贴和反补贴协定》中“公共机构”的概念的例子。但在其论证中，主要讨论了该规定的第4条（国家机构）、第5条（其他机构）和第8条（个人）行为归责于国家的条文，明显忽视了第16—18条（两个国家行为归责的规定）。再次，模糊了国际援助和可诉补贴的界限。如果按欧委会的理解，国际援助双方都同意和实施，由一国向另一国的经济资源的转移，那么国际援助都可能被认定为对受援国的可诉补贴。这也与GATT第6条和WTO《补贴和反补贴协定》的前言相冲突。最后，区域贸易协定的冲突。区域贸易协定的特点之一就是关税优惠。按欧委会逻辑，双边协定规定的税收减免，都可能成为一方企业接受另一方财政资助的补贴。那么更可能导致世贸组织规则内部之间的冲突。

尽管裁判规则上存在一些问题，但对我国企业的风险依然存在。随着企业走出去，尤其是在一带一路产业布局的落地，即使在海外布局生产的产品在向欧盟出口产品时仍然可能遭到欧盟反补贴措施的干扰。

【案例 2】买卖合同纠纷案（新冠肺炎疫情是否构成不可抗力）[①]

【基本案情】

A 公司与 B 公司通过电子邮件形式签订买卖合同，约定 B 公司向 A 公司购买 500 公吨原产国为俄罗斯的冷冻黄线狭鳕鱼，装运日期为 2020 年 4 月，支付方式为 100% 不可撤销的 90 天远期信用证，2020 年 3 月 31 日前开立。合同对鱼的规格进行了其他约定，同时约定，如逾期付款，B 公司应每天按发票总额的 3% 支付违约金。合同约定适用不可抗力条款。

2020 年 4 月 7 日，A 公司向 B 公司发出函件，告知涉案产品已于 2020 年 4 月 7 日运送至青岛港并卸货，B 公司未按约定于 2020 年 3 月 31 日前开立信用证，因此向其提出索赔，并要求 B 公司于 2020 年 4 月 16 日前开立信用证，否则将提起诉讼。2020 年 4 月 14 日，B 公司向 A 公司发函称：2020 年 4 月，由于受国际新型冠状病毒严重影响，欧美客户纷纷取消已订购的成品订单合同，导致案涉合同不能执行，特此通知予以解除。A 公司主张要求 B 公司支付货物差价损失、违约金，仓储费等损失。B 公司认为新冠肺炎疫情导致其与下游公司购买加工后的产品的货物买卖合同解除，导致涉案合同无法履行，应适用不可抗力条款免责。

【争议焦点】

案涉合同是否适用不可抗力免责条款。

【裁判观点】

本案合同系双方通过电子邮件方式进行签订，B 公司于 2020 年 3 月 31 日向 A 公司发送邮件，应认定双方合同成立于 2020 年 3 月 31 日。依法成立的合同对双方均具有约束力，各方均应按照合同约定履行。本案中 A 公司提供的证据足以证明，其在合同签订后有能力履行，其于 2020 年 3 月 27 日装船并非合同不能履行及造成损失的原因。涉案合同系因 B 公司的原因导致不能履行，A 公司对合同的解除并无过错。案涉合同形成于 2020 年 3 月 27 日至 2020 年 3 月 31 日间，该时间新冠肺炎疫情的流行已是事实，双方在签订合同时均应预见到风险，因此，本案合同的签订及履行，并不符合不可抗力的条件。

---

① 山东省青岛市中级人民法院（2020）鲁 02 民初 1494 号一审民事判决书。

【纠纷观察】

新冠肺炎疫情是否属于“不可抗力”，成为疫情发生以来一些纠纷中的争议点。我国法律条文中并未明确规定到底何种情况属于不可抗力，仅写明了判断标准，即发生的客观事件必须同时满足“不能预见、不能避免并不能克服”这三个条件。具体而言，新冠肺炎疫情或疫情防控措施是否属于“不可抗力”，不能一概而论，要看具体案情而定。本案中确定的原则：（1）新冠肺炎疫情作为一种不可抗力事件，“订立合同”时，不能合理预见。如果当事人一方在合同订立以前发生新冠肺炎疫情，并非“不能合理预见”，不能认定为不可抗力。（2）不可抗力是因，不能履行是果，两者之间存在因果关系。不应想当然地认为某一事件为不可抗力，便得出这一事件使得所有合同都不能履行的推论。就此次新冠肺炎疫情而言，对于某些类型的合同可能并不足以阻却其履行，若未能履行或未能完全履行该类合同，以不可抗力作为其免责事由的抗辩缺乏依据，究其原因，新冠肺炎疫情与未能履行或未能完全履行不存在因果关系。

当事人在不可抗力发生后的两项义务：通知义务、证明义务。（1）通知的作用是使对方及时知晓这一客观情况的存在，并基于知晓及时采取适当措施，“以减轻可能给对方造成的损失”。通知的形式，应以合同约定为准（口头形式、书面形式）；通知的内容，至少应当包括事件起因、当前状态、造成的后果等。（2）证明义务是指应向对方提供初步的支持性文件材料，比如政府部门发布的通告、权威媒体的报道、政府向企业单独发送的通知等。初步支持性文件还包括各地贸促会出具的事实证明。除需证明不可抗力存在，还应证明在某一具体的合同下，该不可抗力确实阻却了合同的履行，即还需证明不可抗力导致了合同义务的不能履行，如，因政府的停工停产通知导致货物无法生产、加工、运输，人员无法派出，等等。

【案例3】所有权确权纠纷（信用证开立是否意味着已完成支付义务，提单是否可作为货物所有权转移凭证）[①]

【基本案情】

2007年7月13日，丛贸公司与温特图尔公司签订2份《供货合同》，由温特图尔公司向丛贸公司供应2台瓦锡兰柴油发动机和有关设备。约定每套设备的50%预付款在设备装船前5个月支付，剩余50%在设备装货前最迟30天，开设

① 上海市第二中级人民法院（2020）沪02民终550号二审民事判决书。

以卖方为受益人的信用证。设备应根据 Incoterms2000 在中国主要港口按 CIF 交货，2008 年 5 月前货物交至出口港，运输时间是大约 6 周到 8 周。

2007 年 12 月 29 日，DSV 海洋运输有限公司签发可转让的海陆联运提单，提单中发货人为温特图尔公司，收货方为丛贸公司，卸货港为上海。2008 年 2 月 9 日，温特图尔公司将正本提单交予丛贸公司。2008 年 2 月 19 日，瓦锡兰中国有限公司（甲方，该公司为温特图尔公司在中国设立的公司）、中外运公司（乙方）、丛贸公司（丙方）三方签订《协议书》，约定：（1）丙方所有的提单下货物，由甲方就该货物向乙方等发出书面指示，同时将指示抄送丙方。（2）丙方收到指示后未告知异议，视为丙方同意。（3）涉案主机由丛贸公司报关后，由中外运公司从港口提取至其仓库内。2008 年 5 月 21 日，丛贸公司开具信用证，支付剩余货款，但因开具的信用证中有不符点（保险单中所注保险起止地点与信用证要求不一致），温特图尔公司未能在信用证下议付。2011 年 4 月 7 日，瓦锡兰中国有限公司向中外运公司要求提取三方协议书中涉及的相关货物，中外运公司拒绝放货。后中外运公司要求瓦锡兰中国有限公司支付自 2010 年 10 月 1 日起的仓储费，瓦锡兰中国有限公司拒绝。

2014 年 4 月 14 日，中外运公司、温特图尔公司、瓦锡兰中国有限公司签订《和解协议》，中外运公司与瓦锡兰（温特图尔公司、瓦锡兰中国有限公司在该协议中的统称）就两台主机所形成的仓储协议解除；中外运公司不再向瓦锡兰主张仓储费用；瓦锡兰不向中外运公司主张在处理两台主机过程中取得的任何对价。中外运公司应当试图向丛贸公司释放两台主机，并自主决定向丛贸公司释放主机的时机和条件；如果丛贸公司不接收货物，中外运公司有权拍卖，所得对价用于补偿中外运公司全部仓储费用、迟延履行金、案件受理费等各项费用。

2014 年 4 月 16 日，招商奉贤公司与中外运公司签订《买卖暨仓储合同》，中外运公司将涉案主机出售给招商奉贤公司，合同约定自招商奉贤公司收到中外运公司签订的仓单，即视为已经交付了合同项下的货物。2014 年 4 月 21 日，招商奉贤公司向中外运公司支付了合同款。后招商奉贤公司起诉至法院要求确认 2 台瓦锡兰主机的所有权归招商奉贤公司所有，丛贸公司提出反诉，认为 2 台主机归丛贸公司所有，要求招商奉贤公司立即向其释放 2 台主机。

【争议焦点】

涉案《和解协议》签订前，丛贸公司是否已经取得涉案主机的所有权。

【裁判观点】

丛贸公司主张其已取得涉案主机的所有权，主要理由：一是丛贸公司已经开立信用证，应视为已完成付款义务，温特图尔公司未获银行付款的责任不在丛贸公司；二是丛贸公司已经取得提单并完成报关，因提单系物权凭证，温特图尔公司向丛贸公司交付正本提单即转移了涉案主机的所有权。

在付款义务是否完成问题上，法院认为，开立信用证进行付款仅是双方约定的一种付款方式，信用证的开立并不意味着款项已实际支付，丛贸公司认为其开立了信用证即应视为已完成付款义务的上诉理由，缺乏法律依据，不能成立。就银行拒绝付款的原因来看，丛贸公司与瓦锡兰中国有限公司、中外运公司于 2008 年 2 月 19 日就涉案主机的提货、仓储、运输及交付事宜达成三方《协议书》，中外运公司也于 2008 年 2 月 22 日签发了仓单，丛贸公司应明确知悉涉案主机存储场所为上海市嘉定区某仓库。但根据本案证据显示，中国农业银行《对外付款/承兑通知书》显示其拒付的具体理由系“信用证要求保险的起止点从欧洲港口至船厂，而保险单注明的是从欧洲港口至上海港”。可以看出，丛贸公司于 2008 年 5 月 21 日开立信用证时明知涉案主机已存储于上海，但其仍未在信用证就相关信息进行调整导致发生不符点而遭银行拒绝承兑。后续，双方本应积极协商修改信用证或变更付款方式，但此后数年时间，双方并未达成一致意见，丛贸公司也未履行付款义务。基于以上查明的事实，本案中，丛贸公司并未履行全部付款义务，且未完成付款的责任在于丛贸公司。

关于提单交付问题，法院认为，首先，丛贸公司系货物买受方，其已向中国海关办理报关手续，包括提交相应提单，应视为丛贸公司持有提单并进行报关。其次，根据瑞士法律规定（本案约定的适用法律）提单的交付代表占有的转移，但并不意味着谁持有提单谁就当然对提单项下货物享有所有权，提单持有人能否取得物权以及取得何种类型的物权，还取决于当事人之间有无所有权保留或其他关于物权变动的意思及约定。本案中，一方面，丛贸公司和温特图尔公司在买卖合同中明确约定了未付清货款前提下的所有权保留条款，涉案主机于 2008 年 2 月即已报关，而丛贸公司直至 2008 年 5 月才开立信用证支付剩余货款，丛贸公司主张其在取得提单报关时即已获得涉案主机所有权，显然与买卖双方的真实意思相悖；另一方面，中外运公司于 2008 年 2 月 22 日签发的仓单上，存货人名称为瓦锡兰中国有限公司，仓储费亦由温特图尔公司支付，且丛贸公司在 2008 年 2 月 19 日的三方《协议书》中同意由瓦锡兰中国有限公司对涉案主机的提货、仓储、运输及交付事宜发出书面指示，故即便丛贸公司确实取得提单并报关，但相关后续行为表明温特图尔公司并无转移所有权的意思表示。基此，法院没有支持丛贸公司关于其取得提单即获得涉案主机所有权的理由。

【纠纷观察】

信用证交易是单据交易，在信用证的各个环节均应遵守单证严格相符的原则。单单相符、单证相符的原则已被各国银行所采用并被国际商会认可。本案的特殊性在于信用证的开立是在货物已经实际到达目的地之后，而非发运前。早在最高人民法院在“潮连物资（香港）有限公司诉中国农业银行湖南分行信用证交易纠纷案”中作出的判决中，最高人民法院确定了在信用证案件中如何适用跟单信用证的严格相符原则和表面相符原则。卖方在装运货物前拿到并认真审核买方开立的信用证，是对其获得付款的保障重要因素，本案中，开证人在已经知晓货物保险的起止地点的情况下，在信用证单据中做出了与实际不符的单据要求，被法院认定为没有依据合同履行其支付义务。本案中，上海法院明确指出，信用证支付时双方选择的支付方式，信用证开立不等同于完成了支付义务，单据不符构成拒付信用证款项的不符点，并不意味着基础合同项下买方无须最终支付货款。

提单的转让是否意味着所有权的转移，《国际货物买卖合同公约》和《国际贸易术语解释通则》未涉足这一问题，主要经济体法律对买卖货物的所有权转移问题规定亦不完全相同。中国法院在本案中的观点明确了尽管根据适用法律，提单的交付代表占有的转移，但是并不意味着谁持有提单谁就当然对提单项下货物享有所有权，提单持有人能否取得物权以及取得何种类型的物权，还取决于当事人之间有无所有权保留或其他关于物权变动的意思及约定。

【案例4】国际运输合同纠纷（托运人是否有权主张货损，货损原因即台风是否属不可抗力）[①]

【基本案情】

申请人作为摩洛哥水泥厂项目（以下简称水泥厂项目）的总承包商，与项目业主签订了设计采购施工（EPC）合同。2019年4月22日，申请人与被申请人签订了本案合同，约定由申请人委托被申请人提供水泥厂项目项下货物的集港、订船（舱）、出口报关以及自中国港至摩洛哥阿加迪尔港（AGADIR）的海上运输等全程物流服务，包括在起运港的卸车、存放、装船等港口操作；被申请人的责任期间为在中国港车板接货后至阿加迪尔港吊钩下交货。

2019年7月19日，承运人签发了“已装船清洁”（CLEAN ON BOARD）“提单”（BILLOF LADING），其中记载的托运人（Shipper）为申请人，收货人（Consignee）

① 北京仲裁委员会/北京国际仲裁中心案例。

"TO THE ORDER OF B. M. C. I CASABLANCA"，通知方（Notify Address）为项目业主，承运船舶和航次为"弘发上海"轮第11航次，装货港为中国某港，卸货港为摩洛哥阿加迪尔港，货物数量为611件，毛重202公斤。

2019年8月27日，船方出具的"海事声明"（NOTE OF SEA PROTEST）及其所付的"航海日志"中记载，2019年8月10日16：00—20：00时至12日20：00—24：00时，船舶在从新加坡驶往苏伊士的途中遇到8级台风、巨浪和长涌，造成船舶剧烈颠簸，大量海水涌上甲板和舱盖。

2019年9月19日，货物运抵项目现场。2019年10月15日，申请人向被申请人发出了"索赔函"，告知被申请人货物运输到项目现场后发现货损并列明了受损货物的编号和损失情况，同时声明保留就受损货物提出索赔的权利，并要求被申请人尽快提出赔偿和解决方案。

2019年10月23日，货物保险人平安保险公司委托的货物检验人和损失理赔人ERGET SCT与申请人、收货人和保险人代理对货物进行了检验。检验人在其出具的《查勘终报》中记载：申请人自行判断货物全损，对货物进行重新采购。根据现场查勘的损失情况以及申请人提供的技术判断，检验人对于全损的认定和重新采购的做法不持异议。

申请人主张要求被申请人根据货物核损金额进行赔偿。

被申请人认为，申请人不具有实体的索赔权，涉案提单是正本提单，申请人取得正本提单后通过贸易流转到收货人手中，并且收货人已经凭借提单提取货物，提单所证明的提取货物的权利以及货损索赔权已相应地转移给收货人。此外，本案的贸易术语为CIF，根据国际贸易术语解释通则，在货物越过船舷时，风险已经转移给买方，所以申请人不承担贸易风险。即便货损发生在海上运输过程中，但在货物运输途中发生的8级风构成天灾和不可抗力，被申请人不应对货损承担赔偿责任。

【争议焦点】

1. 申请人作为托运人是否具备货损索赔权；

2. 船方出具的"海事声明"及其所附的"航海日志"是否构成不可抗力使被申请人免责。

【裁判观点】

仲裁庭认为，申请人和被申请人已就海上货物运输签订了本案合同，在本案合同项下的货物运输过程中签发的"提单"仅仅是双方当事人之间履行本案合同过程中产生的货物运输文件之一，是本案合同已经履行的证明文件。而申请人是在本案合同项下而非"提单"项下向被申请人提出的索赔，行使的是其在本案合同项下的索赔权利，与“提单”是否转让给收货人无关，也不存在收货人将其在“提单”项下对承运人的债权转移给申请人的问题。

并且，即便申请人已经收取了货款，但是检验人出具的《查勘终报》及其附件显示，申请人已经重新采购了部分受损货物并承担了重新采购货物的成本，同时对于其他受损的货物进行了维修并承担了维修费用，即申请人已就货物受损向收货人承担了相应的责任，其因此而支出的采购成本和维修费用构成申请人因货损而产生的损失并有权在海运合同项下向承运人提出索赔。在没有证据证明申请人从保险公司获得赔偿的情况下，仲裁庭认可申请人有权依据本案合同向被申请人主张损害赔偿。

关于被申请人认为船舶遭遇不可抗力自己可以免责的问题，仲裁庭认为，《合同法》第一百一十七条后款中规定，本法所称不可抗力，是指不能预见、不能避免并不能克服的客观情况。海上风力等级是船舶可以获取的气象预报的主要内容之一，因此 8 级风并非不能预见的气象情况；且“弘发上海”轮在获知航程中将遭遇 8 级风后已经采取了相应的防台措施并继续航行，说明承运人认为 8 级风并非不能克服的气象情况。在没有证据证明“弘发上海”轮在航行过程中遭遇的海况已经远远超出 8 级风通常产生的影响的情况下，8 级风并不具备法定的不可抗力要件，不构成法定的不可抗力事件，因此不支持被申请人关于不可抗力免责的抗辩。

【纠纷观察】

在承运人承运货物过程中，货物难免发生毁损灭失。货物一旦发生毁损灭失，除法定和约定的免责事由以外，承运人应当承担损害赔偿责任。那么，向承运人主张货损赔偿请求权，由托运人行使更为合理还是由收货人行使更切合实际，如何将货损赔偿请求权合理分配给托运人和收货人，是一个较为复杂的问题。

1996 年 12 月 31 日，最高法院在海南通连船务公司与五矿国际有色金属贸易公司海上货物运输纠纷再审终审判决书中曾经确立这样的规则：即托运人在将提单背书转让后，除非买卖双方明示约定将提单下对承运人的索赔权转让给托运人，否则托运人没有对承运人的诉权。然而在近年来法院的案例中，货损发生后，在没有案外人向承运人或第三人进行索赔的情况下，托运人有权向承运人进行索赔。从上述法院的判例中可以看出，最大限度地维护损失实际承受人的利益是确定货损赔偿请求权主体的最高原则。那么，将损失的实际承受人指定为货损赔偿请求权主体应当是法律的最佳选择。在本案中，仲裁庭的裁决也充分体现了这一精神，申请人重新购买被认定全损的货物补偿给项目业主，在项目业主没有向承运人或第三人进行索赔的情况下，申请人即是此次货损的实际承受人，被申请人向申请人进行赔偿是合理的。

同时，关于被申请人主张"航海日志"中描述了船舶遭遇海上8级大风构成不可抗力。对船舶来说，在海上航行过程中，由于天气变幻莫测，经常会突然遇到雾、浪甚至台风等恶劣天气情况。然而判断是否构成不可抗力，还是要从不可抗力的要件进行判断：一是不能预见；二是不能避免；三是不能克服。本案中，承运人有能力对海上天气进行预测，在发生大风时，船舶既非没有办法也非没有力量与海上风浪对抗，反而承运人采取一定手段加固货物，并且继续航行。因此仲裁庭判定该情况不属于不可抗力是完全正确的。

四、热点问题观察

（一）出口管制和经济制裁

2021年，出口管制和经济制裁对贸易和投资的影响比以往更加明显。

从美国等国家对华措施来看，尽管政府更迭，美国对华出口管制和经济制裁相关措施仍然保留了下来，而且对华措施还有愈演愈烈之势。美对华措施集中体现在两个关键的领域：人权相关的经济制裁和意图保持美国高科技领先地位的出口管制。针对所谓劳动问题，拜登政府先后将多家中国企业列入实体清单，加强对其所需美国物项的出口管制。此外，美国政府还先后将多个个人和组织列入特殊国民清单（SDN List），对这些个人和组织实施经济制裁。针对高新技术领域的竞争，美国先后将多家中国参与量子计算、超级计算机等先进技术领域的企业列入实体清单，加严高技术产品的出口。[①] 针对所谓军工复合体企业，拜登政府在前任行政命令基础上创制了军工复合体清单（NS-CCMC），限制美国投资者在资本市场投资这些企业，避免企业获得美国的资金支持。[②] 美国对华出口管制和经济制裁的措施，动摇了产业链和价值链的稳定和安全，干扰了中美贸易的正常流动，影响了各方经营者的信心和预期。

2021年也是中国出口管制执法的重要一年。中国商务部于4月份修订并发布

① https://home.treasury.gov/policy-issues/financial-sanctions/specially-designated-nationals-and-blocked-persons-list-sdn-human-readable-lists，最后访问时间：2022年8月21日。

② https://home.treasury.gov/policy-issues/financial-sanctions/consolidated-sanctions-list/ns-cmic-list，最后访问时间：2022年8月21日。

了《商务部关于两用物项出口经营者建立出口管制内部合规机制的指导意见》暨《两用物项出口管制内部合规指南》，从规章和政策上指导中国企业建立和完善关于出口管制的内部合规体系。12 月 29 日，国务院新闻办公室首次发布了《中国的出口管制》白皮书，从中国出口管制的基本立场，不断完善出口管制法律制度和管理体制，持续推进出口管制体系现代化，积极开展出口管制国际交流与合作四个方面对中国的立场和政策进行了阐述。

出口管制和经济制裁措施对贸易的影响逐渐增强。从贸易企业角度，除了积极采取合规措施和手段做好风险识别、防控之外，还可以利用现有的法律政策工具在相关司法领域积极主张权利，解决纠纷。

（二）碳关税等气候变化议题

碳关税是根据商品的碳排放量所征收的进口关税。2021 年 7 月 14 日，欧盟出台了应对气候变化的一揽子立法提案。其中，最具争议的是建立欧盟碳边境调节机制（Carbon Border Adjustment Mechanism，CBAM）。①

CBAM 将要求欧盟进口商在进口特定种类产品时，参照欧盟排放交易体系（Emission Trading Scheme，ETS）的碳排放价格，缴费购买相应的碳含量交易许可（certificate）。欧盟《建立碳边境调节制度的规定》共 11 章 36 条，以及 5 个附件。主要内容包括:（1）涉及产品。目前仅对 5 个碳泄漏风险最大的水泥、电力、农药、钢铁和铝相关产品征收碳关税。在过渡期结束前，欧盟还将评估考虑是否纳入新的产品。（2）进口来源。碳关税将针对欧盟和欧洲经济区（EEA）之外的其他国家的进口产品。（3）过渡期。法规规定了 2023 年至 2025 年的三年期间作为过渡期。过渡期内，进口商只需要报告进口产品的数量，以及其相应的碳含量，并不需要购买相应的进口许可。碳边境调节机制计划自 2026 年起全面实施。（4）碳含量计算。目前规定仅要求进口商收集进口产品的直接碳含量，即在生产该产品的过程中直接相关的碳排放，而不需要考虑生产过程中使用的燃料动力的碳排放数量。（5）出口国内的碳交易价格。如果外国生产商已经就生产过程中的碳排放，从相关碳排放市场购买过排放额度或缴纳过碳税，则进口商可以相应抵扣其应购买的欧盟碳进口许可。此外，如果出口国与欧盟达成了碳排放交易相关的协定，进口商亦可以相应抵减应购买的碳许可。（6）碳含量报告和许可。每年 5 月 31 日前，欧盟进口商应当

---

① “*Carbon Border Adjustment Mechanism*”，https://ec.europa.eu/taxation_customs/green-taxation-0/carbon-border-adjustment-mechanism_en，载欧盟委员会官网，访问时间：2022 年 1 月 17 日。

报告其上一年度进口数量和相应的碳含量，并向本国政府购买相应碳含量的进口许可。（7）进口许可的价格。进口许可的价格与欧盟ETS形成的碳价格相关联。进口商可以在任何时间购买进口许可备用，其价格为ETS收盘价格的每周平均价格。（8）实施方式。上述产品的欧盟进口商应向本国政府申请，成为经授权的进口商。（9）外国生产商的登记。外国生产商可以向进口国政府登记，并记录其产品相应的碳含量，以减轻进口商计算自该生产商进口产品碳含量的负担。（10）罚则。进口商未经许可进口上述产品的，或在申报中提交虚假陈述和证据材料的，或未在期限内购买缴纳，或未足额缴纳进口许可的，查实后将可能被处以罚金。

碳关税的理念也正在扩散。在欧盟推进立法的同时，其他发达经济体也纷纷表示考虑碳关税的政策。就贸易而言，在未来三年欧盟碳关税直接影响5大类产品的对欧出口。随着过渡期的结束，可能更多的产品会面临碳关税的影响。对于其他经济体的碳关税政策，在未来可能也将成为影响国际贸易发展的因素。由于碳关税的存在，还可能干扰全球产业布局，使得原本在发展中国家布局的碳排放较多的产业丧失经济上的竞争性。

（三）劳工标准等贸易议题

2021年以来，美西方炒作涉疆相关的劳工标准议题，对新疆番茄、棉花、光伏多晶硅料及其下游产品相关产品实施禁令，在进口美国时实施海关扣押令等措施。2021年12月23日，美国所谓“维吾尔强迫劳动预防法案”签署成法。[①] 该法案要求所谓“强迫劳动执法工作组”制定一系列与所谓“强迫劳动”相关的实体清单，这些清单上的企业将自动成为美国海关和边境保护局（CBP）的执法重点。有别于传统的“两反一保”贸易救济措施，美国对所谓“强迫劳动”产品的立法和执法，预计对很多产品的产业链造成直接冲击，而美国又与其他贸易伙伴或盟友协调政策，或者在双边诸边协定中规定执行或遵守其对“强迫劳动”的政策要求，意图在全球范围或是主要国家市场实现其政策目标。

五、结语和展望

全球疫情起伏反复，经济复苏分化加剧，大宗商品价格上涨、能源紧缺、运

① 《外交部发言人就美方签署所谓“维吾尔强迫劳动预防法案”发表谈话》，载外交部网站，http://new.fmprc.gov.cn/fyrbt_673021/202112/t20211224_10475186.shtml，访问时间：2022年1月17日。

力紧张及发达经济体政策调整外溢等风险交织叠加。美欧等加快出台制造业回迁计划，加速产业链供应链本土布局，跨国公司调整产业链供应链，全球双链面临新一轮重构，区域化、近岸化、本土化、短链化趋势凸显。[①] 国际贸易发展面临的不确定、不稳定、不均衡因素增多。

同时也要看到，一是我国经济韧性强，长期向好的基本面没有改变，贸易进出口稳步发展。二是高水平开放支撑外贸发展。2021 年是中国加入世界贸易组织 20 周年，中国切实履行加入世贸组织承诺。打造开放层次更高、营商环境更优的开放新高地，对标国际高标准经贸规则。三是外贸发展新动能强化外贸韧性和活力，促进外贸新业态新模式健康持续创新发展，助力产业链供应链畅通运转，服务构建新发展格局。

在国际经贸规则和国际贸易争议解决领域，在新的一年里，重点和热点领域和问题仍然集中于新的国际经贸格局下国际贸易规则的走向和发展。

第一，多边贸易体制的改革和发展是重要议题。在后疫情时代，多边贸易体制的改革和国际贸易规则的发展，对于经济复苏愈加重要。但是在世贸组织改革方面，主要成员间仍然没有取得进展，尤其是美国对于改革上诉机构还没有提出明确的方案。在规则谈判方面，诸边协定和区域性贸易协定已经率先突围，但整体性的贸易规则设定仍然困难重重。

第二，国际贸易争议解决负重前行。世贸组织争端解决机构仍在正常运转，但是上诉机制已经停滞两年多了，已有十余起上诉案件等待处理。欧盟和中国等成员发起设立的 MPIA，虽然能部分替代上诉职能，但是全面恢复世贸组织的争端解决职能仍有困难。2022 年的亮点可能来自 RCEP 的争议解决规定，RCEP 成员国之间在协定项下的贸易投资纠纷在协定项下解决。

第三，各国国内贸易规则的新趋势。美国和欧盟试图在传统贸易法律和规则中接入所谓公平市场和公平竞争的议题。欧盟在其贸易救济规则中启动了重大扭曲的概念，还试图在贸易规则中解决国有企业、国家补贴和产能过剩等一系列问题。美国则通过发动贸易战，以及动用 301 条款、232 条款等搁置已久的贸易工具，试图解决贸易不平衡、产能不匹配和改变国际产业链等问题。这些议题往往不属于传统贸易规则的初始设定和立法范畴，与已有规则的兼容性也会引发更多的贸易争议。

---

① 《中国对外贸易形势报告（2021 年秋季）》，载商务部网站，http://zhs.mofcom.gov.cn/article/cbw/202111/20211103221875.shtml，访问时间：2022 年 1 月 19 日。

第四，贸易规则中的新议题。未来碳问题可能是影响国际和国内货物和服务贸易难以回避的问题。除了在碳中和碳达峰等方面的影响，碳关税则逐渐为人所知，有可能发展成制约国际贸易发展和国际投资分布的重要因素。劳工标准问题也不容忽视，在美国、欧盟推动的区域贸易规则中劳工标准问题几乎成了标配；由劳工标准和劳动因素引发的贸易争端，也将是未来几年重要经济体之间贸易争端的关键议题之一。

第五，合规风险的凸显。随着国家安全、出口管制议题在贸易规则范围的应用，企业在进行国际贸易业务中的合规风险显著增加，合规要求也日益提高。因为不同司法领域不同贸易合规要求引起的贸易纠纷，一方面可能推高现有的贸易成本，另一方面亦可能成为影响贸易利益的隐藏因素。

中国金融争议解决年度观察（2022）

吕　琦　宋少源[①]

一、概述

2021年，中国金融业加强服务实体经济，深化金融供给侧结构性改革，清理资本无序扩张，化解重大金融风险，坚守不发生系统性金融风险底线，确保了“稳字当头、稳中求进”。国家金融政策的实施与2021年金融争议解决产生了密切联系。

（一）2021年金融争议新动向

1.整治资本无序扩张引发的金融风险与争议

一是房地产行业因流动性危机导致海内外债券、金融贷款和私募基金大规模违约，供应商、投资人、购房人之间的法律争议相伴而来。二是整治互联网平台经济引发的纠纷，滴滴公司美国上市叫停引发集团诉讼风险，蚂蚁集团上市中止可能催生投资人诉讼索赔。[②]三是“双减”政策引发教培行业地震，教培行业一律不得上市融资，严禁资本运作，市值缩水7000亿，[③]创业者投资人争议将接踵而至。

---

① 吕琦，简法（海南）法律服务公司首席顾问。宋少源，简法（海南）法律服务公司特邀法律顾问。

② 参见新浪网，http://k.sina.com.cn/article_1445876417_562e52c101900x18y.html，访问时间：2022年2月10日。

③ 《“双减”落地资本退场　教培行业出路何在》，载快资讯，https://www.360kuai.com/pc/947aa7df8b61ffdc5?cota=3&kuai_so=1&tj_url=so_vip&sign=360_57c3bbd1&refer_scene=so_1，访问时间：2022年3月5日。

四是金融领域反垄断、反不正当竞争案[①]和“反无牌经营”的行政处罚可能为相关民商事争议提供诉讼或仲裁依据。

2. 金融机构不良资产处置推高了金融业主诉案件量

一是在监管部门狠抓不良资产指标真实性的形势下，银行过去的假转让真腾挪、违规重组手段失效，主诉清收的重要性凸显。二是表外不良资产在资管新规过渡期结束后难以展期或回表，需要诉讼或仲裁方式清理。三是信用卡和其他零售小额转向诉讼保全资产令小额诉讼案件激增。立案难，特别是在线上贷款由多地互联网法院专属管辖后，成为一大难题，金融机构千方百计寻求多元化、批量化解决途径。

3. 多元化市场主体退出制度需求倒逼破产治理体系化

“大、小、专”不同市场主体退出需求，呼唤破产制度持续推进体系性变革：一是上市公司等大型企业破产数量增加，[②]破产领域，就关联企业实质合并重整、金融债委会、预重整、破产期间试运营等重大问题开展深入探索，最高人民法院发布指导案例163—165号，对相关问题处理予以指引；二是包商银行破产之后，另有三家银行被接管，高风险金融机构危机处置规则开始系统研究；三是深圳、浙江、江苏、山东等多地试水个人破产机制，深圳发布全国首例个人破产重整案，[③]对诚实而不幸的债务人的保护形成示范，仅2021年深圳市即有800余人申请破产。

（二）2021年金融争议裁判处理的新变化

1. 与监管形成合力开展一体化金融治理

在涉众性强的证券领域和准证券性的资管领域表现最为明显，惠及面大且深刻：一是在打击证券违法中，与证监部门联动，判处了五洋债券、康美药业等有重大影响的个案，通过债券纠纷、证券虚假陈述两项司法解释，既强调警示作用，也“压实看门人责任”，大力推动健康资本市场构建，近年来，华泽钴镍、中安

---

① 百信银行反垄断被罚案中，中信银行和百度设立“百信银行”，构成未依法申报违法实施的经营者集中，被行政处罚。

② 2021年度共有33家，2020年有17家，2019年有14家，参见新浪网，https://finance.sina.com.cn/roll/2022-01-17/doc-ikyamrmz5704992.shtml?cref=cj，访问时间：2022年1月21日。

③ 深圳市中级人民法院（2021）粤03破申217号（个6）民事裁定书。

科[①]、大智慧[②]、金亚科技[③]、昆明机床[④]等公司虚假陈述案中，对相关责任人及中介机构判处重责，对证券违法行为形成极大震慑作用。该类案件，也逐步影响到银行等金融机构。2021 年 3 月 18 日，北京金融法院成立当日，因大连机床 5 亿超短融违约，兴业银行等被诉证券虚假陈述。[⑤]二是在资管领域，贯彻落实中央反刚兑、强消保、重实质的精神，最高人民法院不断推出典型案例，指导资产管理的产品营销、产品定性和增信效力等疑难法律问题处理，辅之以类案检索同案同判规范，促进统一法律适用。北京市仲裁委 / 北京国际仲裁中心发布了《私募基金纠纷案件裁判指引（2021 版）》，对私募基金全周期常见问题进行专业指引，有助于稳定裁判预期。

2. 展现了法治化处理金融争议的专业能力进步

对金融业重大疑难问题的争议处理，不是简单政策性处理，而是基于对金融政策目标的深刻理解，采用与监管路径差异化的司法治理路径推进金融治理，表现在：一是刚兑治理路径上，确认监管和司法总体目标一致性的同时，不轻易地以违反公序良俗为由认定刚兑无效，而是区分不同类型刚兑的成因，提出从信义义务违反视角治理。二是穿透审判规则上，更为尊重真实商业逻辑后的全面法律关系。最高人民法院提审[⑥]和公报发布[⑦]的案例，当事人名义上法律行为被否定后，除了认定了实质借款关系，还一并考量了实质担保关系。三是金融投资人保护中，对金融机构适当性义务的创新阐释[⑧]、营业信托纠纷中对普通投资人和职业投资人的区分[⑨]，展现了对金融政策保护目标的精准认知。四是在金融抵押权行使期间等

① 参见新浪网，https://finance.sina.com.cn/roll/2021-05-29/doc-ikmyaawc8133253.shtml，访问时间：2022 年 1 月 20 日。

② 参见新浪网，https://finance.sina.com.cn/stock/relnews/cn/2020-04-01/doc-iimxxsth3021439.shtml，访问时间：2022 年 1 月 20 日。

③ 参见新浪网，https://finance.sina.cn/2019-10-09/detail-iicezzrr0969271.d.html，访问时间：2022 年 1 月 20 日。

④ 参见搜狐网，https://www.sohu.com/a/429271362_120840463，访问时间：2022 年 1 月 20 日。

⑤《北京金融法院"1 号案"召开庭前会议：大连机床 5 亿超短融违约，兴业银行等被诉证券虚假陈述》，载新浪网，https://finance.sina.com.cn/tech/2021-04-16/doc-ikmxzfmk7251427.shtml，访问时间：2022 年 2 月 15 日。

⑥ 最高人民法院（2020）最高法民申 7050 号民事裁定书。

⑦ 最高人民法院 2021 年第 9 期公报案例。

⑧ 北京市第一中级人民法院（2020）京 01 民终 8093 号民事判决书。

⑨ 北京市金融法院（2021）京 74 民终字第 430 号民事判决书。

对金融债权影响大的问题，出现了逻辑严密、法理坚实的优秀判决，[①]最高人民法院以百篇优秀裁判文书的形式推广，并在其他案件得到引用[②]，显现了高层级高质量裁判的社会影响力和引导价值。

3. 金融消保争议处置成效初步体现

2020年在争议解决上开展的保护金融消费努力持续而有力。一是随着示范诉讼和代表人诉讼机制落地实施，证券领域单独立案、单独审判的需求下降，2021年证券虚假陈述类案件减少。[③]投资者受到司法保障提高，诉讼的经济与时间成本下降。二是《最高人民法院关于审理银行卡民事纠纷案件若干问题的规定》施行，金融争议量中占比最高的银行卡纠纷终于导向清晰的统一裁判规则，司法解释要求银行承担较重举证责任，利好消费者。结合最高法院的指导案例，[④]第三人欺诈、盗刷所致经济损失，最终由银行承担责任的可能性大为提高。三是《防范和处置非法集资条例》实施后，以伪财富管理、虚假私募等形式出现的各类非法集资，发挥地方金融监管力量，确定先刑后民和损失自担原则，处置该类群体性案件的路径更为清晰。四是金融消保强势保护理念之下，现实中也出现“职业维权人”，制造多起争议，浪费司法等各类纠纷处置资源。[⑤]

4. 从严审查金融机构不当行为缓解融资难融资贵

对利用民营企业融资弱势地位的不公平契约，最高人民法院在指导意见和具体裁判中表达了明确否定与矫正态度：一是明确金融机构通过格式条款隐藏真实利息水平的，不能据以收取利息，[⑥]多收的利息还要退回。[⑦]二是对银行机构的不

① 最高人民法院（2020）最高法民再110号民事判决书。

② 福州中级人民法院（2021）闽01民终9686号民事判决书。

③ 2022年1月20日，通过中国裁判文书网，以“证券虚假陈述”为关键字检索，显示2019年相关案件32062件，2020年37909件，2021年26449件。

④ 上海市第一中级人民法院（2017）沪01民终9300号民事判决书，徐欣诉招商银行股份有限公司上海延西支行银行卡纠纷案，最高人民法院第169号指导案例。

⑤ 维科数据库显示，职业维权人贾某，2021年发起诉讼93起，其中因银行、银保监相关行为发起的诉讼即达48起。职业维权人杨某，2021年发起诉讼44起，其中因银行、银保监相关行为发起的诉讼即达9起。

⑥ 上海市金融法院2021年5月31日公布的2020年度上海法院金融商事审判十大案例二：贷款机构未披露实际利率不得据此收取利息——田某、周某诉甲信托公司金融借款纠纷案。

⑦ 广东省高级人民法院发布第二批8起贯彻实施民法典典型案例之四：周某玲与某贷款公司小额借款合同纠纷案——审查否定网贷格式条款效力。

合理收费、不合理收息行为，予以打击。[①] 三是对金融机构违反普惠小微贷款支持政策提出的借款提前到期、单方解除合同等诉讼主张予以驳回。[②] 四是新冠肺炎疫情后，各地法院较为一致地拒绝认定新冠肺炎疫情为不可抗力，但仍有大量判决支持银行展期，反对因新冠肺炎疫情而提前收贷。

5. 丰富保护金融债权手段打击逃废债

主要是在执行领域强化保护金融机构合法权益。一是对拒不执行法院判决、虚假诉讼的违法行为引入刑事手段实施打击。除发布专门司法解释外，各级法院还总结发布典型案例指导法院和当事人识别该类违法犯罪，指导金融机构应用新型法治工具保护金融债权。二是执行财产放宽了变卖和自主处置政策，有利于金融债权保护效率。尤其是对股权、股票和不动产等未必能通过网络拍卖体现公允价值的执行财产，提供多种处置方式的政策空间。三是精细区分失信惩戒与限制消费措施的适用条件，精准持续打击老赖的同时，保护中小微企业等市场主体。

（三）2021 年金融争议解决方式的新发展

1. 金融裁判专业力量不断加强

2021 年新设北京金融法院，截至目前全国有两家金融法院和 18 家金融法庭。北仲、贸仲、上仲、深仲等大型仲裁机构中，有 20% 以上的仲裁员可进行金融专业审判。证监会和司法部发布《关于依法开展证券期货行业仲裁试点的意见》，提出在北京、上海、深圳三地的仲裁机构内部试点组建证券期货仲裁院（中心），适用专门的仲裁规则，专门处理资本市场产生的证券期货纠纷，由资本市场监管机构及自律组织提供专业支持。上海金融法院的《上海金融法院涉外涉港澳台金融案件审判指南》，涉及独立保函外币准据法、金融衍生品交易等一系列涉外金融审判前沿问题。

2. 金融争议多元化解决机制取得成效

最高人民法院倡导对金融借款合同、信用卡、融资租赁、保险、委托理财等金融领域纠纷的矛盾纠纷源头化解。继 2020 年 12 月 15 日，全国首个金融案件多元解纷一体化平台上线后，最高法与证监会建立“总对总”在线诉调对接机制。银行业保险业纠纷在线诉调系统上线“一站式”国际商事纠纷多元化解决平台在国际商事法庭网站上线启动试运行，各地法院纷纷建立一站式纠纷调解中心。全

---

① 《最高人民法院公报》2021 年第 9 期（总第 299 期）公报案例：中国华融资产管理股份有限公司、上海农村商业银行股份有限公司宝山支行与上海智富茂城置业有限公司等金融借款合同纠纷案，法院对银行要求收取的 4000 余万元费用未予支持。最高人民法院（2021）最高法民终字第 691 号民事判决书，法院对银团贷款收取的 1500 余万元牵头费、代理费、参加费等未予支持。

② 参见腾讯网，https://new.qq.com/rain/a/20220121A06COR00，访问时间：2022 年 8 月 21 日。

国各省、市（区）银行业协会设立或联合设立不同运行模式的金融争议调解中心达26家。监管、主管部门主导的金融调解成效显著。人民银行下辖的调解中心以及证券行业相关调解中心，在2021年均有受理数量多、金融业务广、调成率高等特点，在化解金融消费者争议中发挥了重要作用。①

二、影响性法律法规或其他规范性文件

（一）金融机构个人客户信息保护法律

金融业务涉及大量金融数据、客户信息数据，是重要的信息数据处理主体。本年度颁布的《数据安全法》《个人信息保护法》《征信业务管理办法》等与金融治理密切相关，有可能成为金融争议的新增长点。

《数据安全保护法》《个人信息保护法》对金融机构提出数据信息分类管理，完善内部治理架构，制定全流程保护制度，开展风险评估报告、信息数据跨境履行特别程序等要求，未能达到该等法定要求可能成为日后争议令金融机构承担法律责任的不利证据。《个人信息保护法》坚持以“知情同意”原则为基础的对个人敏感信息的严格处理规则，金融个人信息保护现状与法定要求之间存在不小差距。由于金融处理规则的模式化，该问题涉及客户广，调整难度大，金融被诉案件已见端倪。②《征信业务管理办法》则要求金融机构与持牌征信机构合作获得征信服务，而实践中个人征信持牌机构的供给有限性和金融零售业务扩展要求之间产生冲突，也会形成金融争议的新来源。

（二）《民法典》下担保登记相关法律规范

为落实《民法典》强化登记公示的精神，营造透明化、市场化、法治化的营

① 2021年，上海市金融消费纠纷调解中心累计调解5516件，成功3537件，均同比增长近一半。调解案件涉及金融机构约80家，涵盖银行、保险、期货等多种类型金融机构，案件金额超过8.7亿元。参见《创新多元解纷工作模式上海金融消费纠纷调解中心去年完成调解案件数量同比超六成》，载新浪网，http://k.sina.com.cn/article_1737737970_6793c6f2020019vpk.html，访问时间：2022年2月11日。

天津市金融消费纠纷调解中心累计受理案件2019件，同比增长1255%；受案总金额10.3亿元，同比增长6430%；完成调解777件，同比增长1217%；调解成功率90.7%。参见《天津市金融消费纠纷调解中心2021年案件受理量突破2000件》，载天津市金融消费纠纷调解中心网站，http://www.tjfdrc.com/a/xingyedongtai/344.html，访问时间：2022年2月11日。

② 杭州互联网法院（2021）浙0192民初字2929号民事判决书。

商环境，国务院颁布规范性文件，自然资源部、公安部及人行等颁布部门规章，统一动产和权利担保登记、完善不动产及车辆登记，不断完善了民法典落地实施的配套机制。

第一，在不动产方面，《自然资源部关于做好不动产抵押权登记工作的通知》于2021年4月6日颁布实施。可以明确登记抵押担保范围，明确带押财产转让如何登记、明确“最高债权额”内涵。第二，在一般动产方面，《动产和权利担保统一登记办法》2021年12月29日发布，再次扩展登记范围，该办法将存款单、仓单、提单等动产品种，以及融资租赁、保理、所有权保留等非典型担保权利品种纳入统一登记公示之列。第三，在特殊动产方面，《机动车登记规定》2021年12月17日修订，有关机动车担保，一是明确在机动车抵押登记期间，申请因质量问题更换整车变更登记、机动车迁出迁入、共同所有人变更或者补领、换领机动车登记证书的，应当由机动车所有人和抵押权人共同申请，有效填补了制度漏洞。二是明确了机动车质押可以在车管所办理质押备案，有效填补了制度空白。但无号牌机动车担保、机动车货押等，能否在中登网登记，没有准确意见。

（三）金融债权保护相关法律法规

逃废债、执行难一直是金融债权保护中的难点痛点。2021年，整治虚假诉讼、推动股权股票重大财产执行的司法政策，利好金融债权保护。

1. 虚假诉讼领域

一是《最高人民法院、最高人民检察院、公安部、司法部关于进一步加强虚假诉讼犯罪惩治工作的意见》，意见于2021年3月10日实施，细致列举了虚假诉讼犯罪行为的表现形式、易发民事案件类型、重大可疑行为等，并为案件的移送查处、责任追究等做了详细规定。二是《最高人民法院关于深入开展虚假诉讼整治工作的意见》，意见于2021年11月10日实施，进一步细化了虚假诉讼的形式、表现特征、重点领域，规范了各环节防范措施和整治手段。各级法院还多次发布虚假诉讼典型案例，对金融机构打击以虚假诉讼逃废债有现实指导性。

2. 股票、股权执行领域

近年来银行股权股票类担保物貌似流动性强，实则受重重规制，处置变现难问题突出。以下规则化解了部分问题，增强了权益类担保品变现可能。

（1）《最高人民法院关于人民法院强制执行股权若干问题的规定》。该意见于2021年12月20日发布，一是明确了股权冻结的规则；二是规定了解决股权评估难的应对措施；三是规定了防范股权价值被恶意贬损的应对措施；四是明确了交付股权类案件执行的相关规则，[①] 对解决金融债权保护环节股权冻结规则不明确、评估难、反规避执行等有重要意义。

（2）《关于进一步规范人民法院冻结上市公司质押股票工作的意见》。该意见2021年7月1日实施，确定了法院冻结质押股票时冻结数量规则，厘清了多笔质押时的冻结规则，确定质权人有权要求法院通过证券交易所集中竞价、大宗交易方式实现质权。[②] 对股票质权执行的超额冻结和难以变价等问题做出平衡不同债权人利益的规定。

三、典型案例

【案例1】无真实买卖关系的保兑仓交易构成借款，差额退款约定构成保证

【基本案情】

A公司与B公司签订《煤炭买卖合同》，约定A公司向B公司供应煤炭。同日A公司、B公司、C银行签订《三方协议》，约定B从C融资支付货款。同时约定，B向C提供保证金，C出具提货通知，A根据提货通知为B办理发货。B未能偿付融资款时A公司承担差额退款责任，并约定A退款不以C先向B索偿为条件。实际执行时，A、B之间没有真实的贸易关系，B从C融资回流到B。最终B有人民币2亿余元本息未能偿还，C诉至法院，要求B还款，A承担差额退款义务。

【争议焦点】

《三方协议》是否通谋虚伪，其所隐藏的法律关系是否为借贷+保证。

【裁判观点】

保兑仓交易以买卖双方有真实买卖关系为前提，但A、B之间并不存在真实的货物买卖交易，因此并不存在真实有效的保兑仓交易法律关系。保税仓交易无效，被隐藏的借款合同是当事人的真实意思表示，若不存在其他无效情形，应当

---

① 《最高人民法院举行全国法院执行领域突出问题集中整治建章立制成果新闻发布会》，载中国法院网，https://www.chinacourt.org/article/detail/2021/12/id/6445669.shtml，访问时间：2022年1月25日。

② 《四单位相关部门负责人就〈最高人民法院　最高人民检察院　公安部　中国证券监督管理委员会关于进一步规范人民法院冻结上市公司质押股票工作的意见〉答记者问》，载中国证券监督管理委员会网站，http://www.csrc.gov.cn/csrc/c100028/cf1b143c33aac4bee87c0f8c80d1a835d/content.shtml，访问时间：2022年1月25日。

有效。差额退款中，A 应将 B 未还差额部分退还 C 银行，实质是 A 公司向 C 银行承担保证责任。关于保证的性质，各方约定 C 向 A 索偿前不必先向 B 索偿，应为连带保证。各方在三方协议中承诺“签署和履行本协议已获得其最高权力机构的有效批准和充分授权”，A 关于其法定代表人无权签订具有担保性质的合同的理由不能成立。A 的保证有效。①

【纠纷观察】

本案落地了保兑仓交易中的通谋虚伪认定。《全国法院民商事审判工作会议纪要》（以下简称《九民会议纪要》）对保兑仓交易的模式进行了界定，并对虚假保兑仓交易的处理规则定下了基调。银行本系向买方提供融资购买卖方货物，卖方差额退款。但各方名义上签订保兑仓合同，但买卖双方没有真实的发货、提货，银行资金最终回流买方。与借贷关系吻合。当事人之间名义上的保兑仓交易是虚假行为，真实法律关系是隐藏的“买方”借贷关系与“卖方”保证关系。

本案对担保决议较为宽松。按照民法典及相关司法解释规定，公司对外保证须有内部决议，否则保证合同不发生效力。虚假保兑仓中，双方并未签订保证合同，卖方不会提供内部决策。本案中以卖方承诺签订合同已经过授权，没有对银行苛以审查要求，值得关注。无独有偶，“某银行与某置业公司、王某某、孟某某借款合同纠纷”中，② 法院认为特定情形下，不必苛求银行确保保证人已经担保内部决议审查。本案是最高人民法院公报案例，对于统一穿透式审判的其他涉借贷、担保类案件有指导意义。③

【案例 2】“单一资金通道型信托贷款”应认定为委托贷款

【基本案情】

A 公司与 B 信托公司签订《信托合同》，以 4.4 亿元资金设立单一资金信托，约定 B 按照 A 指令，以 B 名义，向 C 公司发放信托贷款，利率 10%，信托贷款由 D、

---

① 最高人民法院（2019）最高法民终 870 号，最高人民法院 2021 年第 8 期公报案例。

② 山东高院 2021 年 10 大商事案例之八：案例八商品房买卖中推定担保意思表示真实的标准——某银行与某置业公司、王某某、孟某某借款合同纠纷案。参见腾讯网，https://new.qq.com/omn/20220120/20220120A02MMY00.html，《山东省高院 2021 年商事审判十大典型案例》，访问时间：2022 年 2 月 11 日。

③ 辽宁省高级人民法院（2019）辽民终 1450 号民事判决书，本案在《九民会议纪要》发布后作出，判决否定了虚假保兑仓中卖方责任，认为必须有真实买卖关系且卖方收到票据，卖方才承担担保责任。

E、F 提供连带责任保证担保，A 承诺已自行对借款人和保证人进行了尽职调查，知悉借款人和保证人及本信托存在的一切风险并自愿承担一切法律后果。信托到期后，C 未还款，B 将《信托贷款合同》及担保权利原状分配给 A，A 遂起诉 C 还款，D、E、F 承担连带责任。法院查明，A 设立信托资金非自有资金，C 对此明知。

【争议焦点】

单一资金信托是不是民间借贷。

【裁判观点】

A 指定借款人，并将信托贷款中应当由信托机构负责并承担的对借款人、保证人的尽职调查、贷款资金监管以及贷款风险承担等责任，承诺自担。B 并不承担《信托合同》项下信托财产的管理运用职责。案涉《信托合同》并不是《信托法》意义上的信托形式。A、B 与 C 通过签订《信托合同》和《信托贷款合同》，在三方之间建立的委托贷款合同关系，实质是民间借贷。案涉《信托合同》和《信托贷款合同》的效力、利息、违约金等权利义务均应受有关民间借贷的法律、法规和司法解释的规制。由于委托资金为转贷资金，按民间借贷规则，该借贷合同无效，相关担保随之无效。①

【纠纷观察】

信托贷款依信托法调整，委托贷款依贷款通则调整。信托贷款中，由信托公司为受益人的利益，自行确定用资人、履行相关背景调查及相关管理义务。委托贷款中，出资人、金融机构、用资人之间按有关委托贷款的要求签订委贷协议，金融机构承担贷后管理等事务性工作。本案贷前贷后的义务全部由委托人承担，是以信托贷款之名行委托贷款之实，应定性为委托贷款，裁判法院认为，委托贷款为民间借贷。

《最高人民法院关于审理民间借贷案件适用法律若干问题的规定》禁止使用借贷资金转贷，本案中，当事人之间之所以采取该形式，目的在于利用设立信托的形式，意图规避民间借贷规则限制与利益上限，有用合法形式掩盖非法目的之嫌。该情节进一步促使法院否定了本案信托贷款法律关系。

本案反映了司法对去通道的态度，从严审查受托人被动管理的通道性业务，对信托同类存量业务后续的交易及相关纠纷的处理，有重要参考意义。

---

① 北京市高级人民法院（2020）京民终 36 号民事判决书。

【案例3】不动产售后回租设立融资租赁，未变更登记的，应认定为借贷

【基本案情】

A融资租赁公司与B宾馆签订《回租租赁合同》《回租买卖合同》，约定B以租回使用为目的，作价人民币3.5亿元向A出售宾馆，同时对租金、费率及租赁物回购价款作了约定。同日，B与A签订《抵押合同》，将宾馆抵押给B并办理了抵押登记。后B未按约支付“租金”，A融资租赁公司提起诉讼。

【争议焦点】

融资租赁公司未取得租赁物，是否成立融资租赁法律关系。

【裁判观点】

融资租赁合同属于以融物的方式实现融资，集融资与融物双重属性。租赁物的所有权未从出卖人处转移至出租人则无法实现真正的融物，亦无法对租赁债权进行担保。案涉租赁物购买价仅为人民币3.5亿元，明显低于其实际价值人民币6亿元，双方并非以合理对价进行交易，真实的买卖交易不存在。该类融资租赁合同仅有资金流转没有融物属性，名为融资租赁实为借贷。[①]

【纠纷观察】

《民法典》第735条规定：“融资租赁合同是出租人根据承租人对出卖人、租赁物的选择，向出卖人购买租赁物，提供给承租人使用，承租人支付租金的合同。”。《最高人民法院关于审理融资租赁合同纠纷案件适用法律问题的解释》第1条规定：“人民法院应当根据民法典第七百三十五条的规定，结合标的物的性质、价值、租金的构成以及当事人的合同权利和义务，对是否构成融资租赁法律关系作出认定。对名为融资租赁合同，但实际不构成融资租赁法律关系的，人民法院应按照其实际构成的法律关系处理。”

本案中，当事人名义上签订融资租赁合同，但不动产并未过户登记，只办理了抵押登记，并不符合售后回租式融资租赁的构成要件。另外，交易价格与不动产的实际价格相差巨大，异于正常交易，更符合借贷及担保关系的特征，应当按照实际构成的借贷担保关系处理各方纠纷。

不动产融资租赁中，因为房产过户涉及高额税费，交易主体经常签订融资租赁合同，但是不办理过户登记。同时，为了防止原产权人转让房产，当事人会对标的房产办理抵押登记。同类操作模式，在汽车金融租赁里比较常见，汽车融资

---

① 最高人民法院（2021）最高法民终1154号民事判决书。

租赁中，融资租赁公司以占有改定方式获得汽车所有权，同时将汽车办理抵押，防止原车主转移车辆。该模式在动产融资中，获得了裁判机关认可。[①] 但在不动产交易中，是否办理过户登记，是判断融资租赁关系成立与否的关键因素。不动产融资租赁中，不办理过户登记，融资租赁关系很难获得认可。

【案例 4】原油掉期交易中违约事件及违约责任应依约适用国际惯例予以认定

【基本案情】

A 银行与 B 公司签订 ISDA2002 主协议及其附件（以下简称 ISDA 主协议），后双方又签订《布伦特原油－买入绩效互换》及对应的《交易确认书》，随后双方完成了 4 期布伦特原油互换交易。协议签订前及交易过程中，A 银行曾多次向 B 银行提示风险。后 B 出具《终止函》表示终止交易不再承担后续损失。随后 A 向 B 发出《提前终止通知》。A 向 5 家市场交易商就系争交易提前终止所需的平仓成本发送询价后，向 B 发出《提前终止金额计算报告》，要求 B 公司支付提前终止款项及利息。B 未予履行，A 银行提起诉讼。

【争议焦点】

终止净额结算违约责任是应适用 ISDA 主协议还是合同法？

【裁判观点】

掉期交易中，交易双方对具体违约责任触发交易提前终止的合约安排，实质上属于继续性合同的约定解除。ISDA 主协议作为国际惯例和国内行业规则，在衍生品交易实践中被广泛采用并为交易参与方所熟知。因此，若交易协议中实际采用了 ISDA 主协议的相关规定，则应当认为交易各参与方对协议中所列违约责任的承担具有一定的预期。在 B 公司要求提前终止交易后，为确定合同约定的提前终止款项金额，A 银行向行业内数家第三方机构咨询了有关替代交易的报价，并结合其他市场信息计算出了提前终止款项金额，该询价方法具有合理性。[②]

【纠纷观察】

《民法典》第 585 条第 1 款规定："当事人可以约定一方违约时应当根据违约

---

① 吉林省长春市中级人民法院（2021）吉 01 民终 4038 号民事判决书；广东省深圳市罗湖区人民法院（2021）粤 0303 民初 26152 号民事判决书；山东省济宁市兖州区人民法院（2021）鲁 0812 民初 3493 号民事判决书。

② 上海金融法院（2020）沪 74 民终 533 号终审判决书，本案例系上海金融法院涉外、涉港澳台金融争议典型案例。

情况向对方支付一定数额的违约金，也可以约定因违约产生的损失赔偿额的计算方法。”据此，法律允许当事人之间就违约责任的确定提前约定计算方法。

ISDA 通用文本中，明确约定一方发生相关违约事件时对违约责任的计算方法，符合我国法律规定。A 银行、B 公司采用通用文本，即应适用该条款确定的违约责任计算方法。出于充分遵循金融衍生品交易的国际惯例及金融衍生品交易的自身特性考虑，该案件没有要求守约方对其损失进行举证，直接依约定条款计算违约责任承担额。

国际掉期与衍生工具协会（ISDA）推出的 ISDA 主协议及其相关附件被视为国际衍生品交易的通用文本，其所确立的单一协议制度、履约保障制度、净额结算制度等相关规则作为国际惯例，在维护国际金融衍生品市场稳定运行方面发挥了重要作用。尊重当事人选定的国际惯例，有助于促进我国金融衍生品交易发展，促进我国金融业对外开放。

【案例 5】理财产品中差额补足函性质的认定

【基本案情】

A 公司、B 公司等共同发起设立基金，A 公司认缴优先级有限合伙份额 28 亿元，B 公司认缴劣后级 6000 万元。B 公司向 C 银行出具《差额补足函》，载有“C 银行通过 A 公司设立的专项资产管理计划认购基金；……我司同意在基金成立 36 个月之内，由 D 公司以目标价格，受让基金持有的 E 公司 100% 股权。若最终该等股权转让价格少于目标价格，我司将对目标价格与股权实际转让价格之间的差额无条件承担全额补足义务。届时，资管计划终止日，如果 E 公司股权没有完全处置，我司同意承担全额差额补足义务”。后基金无法顺利退出，C 银行遂诉请 B 公司履行差额补足义务。①

【争议焦点】

差额补足函是否构成保证。

【裁判观点】

《差额补足函》中并无明确的连带责任保证担保表意，《差额补足函》的权利主体是 C 银行，回购安排中，G 公司是债权人，D 公司是回购债务人，C 银行并非《回购协议》项下的债权人。B 公司《差额补足函》中承诺的差额补足义务与 D 公司在回购安排中承诺的回购债务并不具有同一性。《差额补足函》不是保证担保，构

① 上海市高级人民法院（2020）沪民终 567 号民事判决书，本案为 2021 年全国法院十大商事案例。

成独立合同。

【纠纷观察】

资管业务中差额补足函性质是近年来金融争议的热点与难点。

本案从两点区分了保证与独立合同：一是债权人与差额补足函的权利人是否统一。保证担保要求两个权利人为同一人，否则不能认定为保证。二是主债务与担保债务是否统一。保证担保中主从债务应当统一，本案底层债务是回购受让股权（40多亿元），而差补义务则为部分支付回购差价（31亿元），责任范围与性质不同不能认定为保证。

资管业务中差额补足函如认定为保证将面临保证人内部决议考验和担保从属性、保证形式、保证期间制约；如果认定为独立合同，则按照各方约定处理，后者对权利人更有利。本案精细化地提出了保证与独立合同的区分标准，对同类案件指导性强。

【案例6】金融机构适当性销售义务只适用于高风险产品或服务

【基本案情】

A多次购买某保本基金，基金风险定级为R4。后A在个人网银系统中进行个人风险评估，结果为A3，只适合购买R3（含等级）以下产品。A认为基金未达到预期收益率，要求B银行承担违约责任。

【案件焦点】

涉案产品是否为高风险产品，如果不是高风险金融产品，销售机构是否有适当性义务。

【裁判观点】

适当性义务属法定义务。金融机构在缔约阶段违反适当性要求，使得金融消费者基于对专业金融机构的信赖而购买不适当的产品造成损失时，金融机构等卖方机构明显违反了诚实信用的要求，理应承担赔偿责任，但该责任的基础是缔约过失责任。

适当性义务的履行，一般认为只应适用于高风险等级的金融产品和金融服务。但何谓高风险，面对普通金融消费者的消费需求时，不宜以金融学概念界定，一般应将除存款之外的具有本金损失可能性的金融产品和服务界定为高风险产品。至于B银行将基金界定为R4等级，有银行自身考量，但判断是否为高风险时，不应仅从其分类界定中判断，而应从该产品本身的风险类型中衡量。

A所买基金虽不属于高风险产品，但从金融消费者保护的角度考量，对银行课以其一定的义务符合规范精神。A 自己评测为 A3，属于平衡型投资类型，可以承担中等风险类型的投资，而 A2、A1 等低等级用户更适合投资保本型或以保本为主的产品。在本案产品为保本型基金时，可以很明显得出结论，即 B 银行将适当的产品销售给了适当的消费者。[①]

【案件观察】

本案入选最高人民法院发布第四届“百篇优秀裁判文书”。本案涉及《九民会议纪要》对高风险金融产品适当性义务的界定问题，本案在银行一审败诉的情况下，通过精准地解析适当性义务的适用对象，改判银行无责，对银行的金融产品销售体系建设有很强的指导意义。本案法官清晰、准确地界定了以下几个问题：

1.《九民会议纪要》规定的适当性义务仅适用于高风险金融产品，而不是所有金融产品。适当性的目的是保护交易双方信息对称。

2. 判断是否高风险金融产品，是依据普通金融消费者的标准，即是否有本金损失的风险。银行内部的分级，不是唯一产品等级的考虑因素。在确定产品是保本型，且客户确实也获益的情况下，不因银行自身分类而影响购买的适销性。

3. 非高风险产品，虽不属于《九民会议纪要》调整的适销性的范围，但按金融消费者保护的角度，也应课以一定的义务。本案中 B 银行已对 A 实施了一定的评估，并有风险提示和阅读基金合同，也履行了适当性义务。

4. 违反适当性义务的法律后果是承担缔约过失责任，而不是侵权责任。由此可知，即便违反适销义务其责任的范围也不是客户的预期履行利益，而是信赖利益。

四、热点问题观察

（一）证券投资者保护创新机制供应与体统性协调

为落实党中央“加大对违法行为处罚力度”“提升违法违规成本”精神，近年证券纠纷解决机制不断创新，逐步丰富制度供应，但整体有机协调有待加强。

1. 三项中国特色证券纠纷代表诉讼机制。（1）普通代表人诉讼制度。普通代表人诉讼是当事人一方在起诉时人数确定的代表人诉讼和以“明示加入”为特征的起诉时人数尚未确定的代表人诉讼。2021 年“五洋债券”案件，开首例人数不确定的普通代表人诉讼案先河。（2）特别代表诉讼。特别代表人诉讼以“明示退出，

① 北京市第一中级人民法院（2020）京（01）民终 8093 号民事判决书。

默示加入”为核心，仅投资者保护机构依法享有代表权。2021 年，康美特别代表人诉讼，是我国首单证券纠纷特别代表人诉讼，5 万余名投资人通过本案获得生效判决。（3）示范判决机制。示范判决机制是选取代表性案件作为示范案件先行“精细化”审理，其他平行案件中止审理。示范判决生效后，被示范判决确认的共通事实，平行案件无须另行举证，共通法律适用标准，平行案件可以直接适用，从而引导平行案件和解或者简化审理。方正科技虚假陈述案是全国首例示范判决，示范判决作出后平行案件绝大多数调撤结案。

2. 各个制度的短板。（1）普通代表人诉讼，一是单独立案，中小投资者各自为战，成本负担重，付出与收益不成比例；二是案多人少，司法机关负担重；三是案件复杂且标的不大，投资人律师难获高额回报且有涉足群体性风险的执业风险。（2）特别代表人诉讼，由于代表人的唯一性，原告资源有限，只有少数典型案件能启动特别代表诉讼，无法提供普适性和常态性的司法救济，其功能发挥以震慑为主。（3）示范案件平行案件当事人保护不足。示范案件选定后和示范判决生效前，具有共通事实但因客观原因未及立案的投资者缺乏权利登记渠道；此外，只有示范判决的当事人有权提起上诉，平行案件当事人不享有上诉权，诉讼效率和平行案件当事人保护之间存在矛盾。

3. 增进相关机制体系性协调。笔者认为上述制度创新长短互现，应厘清各自定位，明确适用边界、协调相互关系，构建优势互补的系统性证券群体性纠纷解决机制。（1）进一步完善示范判决机制。在请求权登记、示范案件原告确定、平行案件原告诉权保障、既判力扩张、嵌入和解程序等方面完善规则，适时提高示范判决机制的法律位阶。（2）特别代表人诉讼制度专注解决社会关注度高、示范意义强的典型个案件，充分发挥投服中心的专业能力和公益属性；在当事人能够推选出代表人的情况下，优先适用普通代表人诉讼，将示范判决机制专注解决绝大多数的一般普通案件，作为高效经济、常态化的维权手段，为投资者提供稳定诉讼预期。

（二）资管领域的争议裁判统一规则正在形成

2021 年度资管领域经过较为充分的研讨，对其法律认识的深度与精细度都大为增加。中国法学会审判理论研究会金融审判理论专业委员会 2021 年度几乎所有论文都聚焦于证券与资管两大领域。最高人民法院典型案例涉及私募退出问题，北京仲裁委员会/北京国际仲裁中心、中国国际贸易仲裁委员会均制定了私募基金相关裁判指引，北京金融法院组织私募审判实务研讨，上海金融法院以类案为基础形成契约型私募基金案件的专项研究成果。[①]综合理性的个案审判实务和争议解决机构对资管业务的系统性梳理，如下热点环节金融业与争议处置部门均有较多共识：

1. 基金合同的法律性质

除有保底刚兑条款和管理人不履行管理责任的情况存有争议外，基金合同法律关系为信托关系是较为一致的看法。对附带刚兑承诺基金业务，有观点认为根据具体情况，存在明股实债、名为合伙实为借贷的可能。

2. 管理人义务以信义义务为核心

比较一致的观点是追究管理人违约责任时，以信义义务的履行为衡量标准，分为忠实义务与勤勉义务。对基金财产未保证独立性，发生关联交易、基金管理人员转任投资标的高管等现象、资金池交易往往用忠实义务解决；对违反信息披露义务、越权投资、未能清算义务用勤勉义务解决。[②]

3. 第三方增信文件性质的认定

对增信文件的讨论主要集中在两个方面，一是是否构成刚兑，从而增信无效；二是是否构成保证，从而要考查公司内部决议确定有效性。目前较为一致的共识是，如果增信文件由资产管理人出具给投资人，可能触及违法刚兑，进而被认定为无效。[③]退出阶段管理人做的回购安排，不构成刚兑。[④]第三人做出的增信也不构成刚兑。[⑤]目前实践对于什么增信构成保证情形尚未完全形成共识，但对不构成保证，有一些有影响力的案件。如相关案例认为主债务人与增信文件的权利人不统一，增信债务与主债务不一致的不构成保证。

4. 对资管产品适当性义务

一是应当区分产品是不是高风险产品进行判断，不是高风险产品的，降低资管产品销售机构适销义务要求。二是区分购买对象，如果是企业投资人、专业投资人，应当区别于普通投资人，金融机构的适当性义务应当区别对待。相关判例将企业投资人的不审慎行为认定为自甘风险。[⑥]

---

① 上海金融法院综合审判一庭课题组：《涉契约型私募基金案件法律适用疑难问题研究——以115篇类案数据分析报告为基础》，载《上海法学研究》集刊2021年第8卷。

② 朱华芳等：《管理人违反义务的赔偿责任》，载微信公众号“天同诉讼圈”，2021年2月8日。

③ 河北省高级人民法院（2021）冀民终397号判决书。

④ 上海金融法院（2021）沪74民终545号民事判决书。

⑤ 最高人民法院（2021）最高法民申2922号和（2020）最高法民终1294号民事判决书。

⑥ 北京市高级人民法院（2020）京民终114号民事判决书。

5. 资管退出问题

不以未清算为唯一理由驳回投资人诉讼请求。如果清算长期停滞且清算所需时间无法预计的，可推定投资本息全部亏损；管理人承担损失后，代位取得清算财产分配权。①

6. 托管人责任

托管人没有专门的托管部和充足人员可以作为未履行勤勉义务的证据。基金募集不足额，② 基金未备案托管人仍划付，③ 托管人应承担违约责任。但托管人的监管义务，特别是托管人对管理人异常是否存在监督责任，仍存在较大争议。

（三）统一动产登记制度下的制度漏洞可能产生金融商业模式型纠纷

《民法典》、《最高人民法院关于适用〈中华人民共和国民法典〉有关担保制度的解释》和《动产和权利担保统一登记办法》，构成了目前货押领域的基本法律架构。这一创举解决了动产融资领域不少痼疾，提高了融资担保效率。但随着实务发展，制度本身的不完善问题可能限制金融机构商业模式设计的根本因素，产生标准产品下的普遍风险，限制供应链金融的发展步伐。

1. 善意取得未纳入动产统一担保制度考虑，严重影响交易安全

动产货押是否存在善意取得，担保善意取得有何要件，缺乏明确规范。貌似《民法典》第 331 条善意取得的规定也应适用于动产担保物权。但从体系看，有些制度是不保护权利外观信赖的，这突出表现在对动产占有权利外观保护的统一性上。

第一，《最高人民法院关于适用〈中华人民共和国民法典〉有关担保制度的解释》第 59 条出现了对动产担保善意取得的背离。该司法解释第 59 条第 2 款规定当仓单及其对所对应的动产分别担保时，按先后顺序确定优先权顺位。第 3 款进一步规定，一物出具多份仓单，分别担保也按时间先后顺序确定优先权顺位。由于仓单与其所对应的货物在指向标的上的同一性在做数次占有型担保时不可能同时构成有权处分，第 2、3 款的规定意味着一物多次担保都是可以共存的。从基础法理看，这违反一个动产不同担保品种的公示原理，一个担保物有质有抵时，的确可以都是有权处分而共存的；一物多质（如第 3 款所规定），则必然不可能都是有权处分。顺位保护前提是全部处分都是有权处分，而善意取得制度适用的前提

① 上海金融法院（2021）沪 74 民终 1743 号民事判决书。

② 广东深圳中院（2018）粤 03 民终 16127 号民事判决书。

③ 北京二中院（2019）京 02 民终 8082 号民事判决书。

是无权处分，只是为了保护交易安全而仅优先保护最后一笔交易。从法律后果看，占有型担保的一物多押中，善意担保权人基于交易对手的占有动产状态而期望得到清净的完整的权利，但按第 59 条规定却是最后一个受偿。善意相对人在第 59 条规定下和善意取得制度下所处法律地位有天壤之别，不能不明确说明两种制度适用的关系。

第二，占有改定能否发生善意取得问题。学界认为占有改定的公示效力差，不能发生善意取得。这一问题似是而非，不够精确，最能反映问题实质的是一笔交易存在两次占有改定的情形。如 a 从 b 手中买货，基于 b 的占有而发生买卖，但实际 b 是因占有改定而占有另一买受人 c 的货，但 a、b 的买卖履行中 a 也没有要求现实交付，而是由 b 占有改定。如果 a、b 的买卖现实交付了，毫无疑问应该保护 a。但如果是案中所提，c 和 a 都是拟制交付，应该保护谁？实务中有不同声音，一是最高人民法院在相关释法著作中提及。[①] 二是实务案例，不少案例中，都论及占有改定可以构成善意取得。[②] 笔者认为保护 a 更合理，因为法律上都一样，而 a 比 c 运气好，他后面没有再发生买卖来挑战其权利。现实的商业模式中，如果认定融资租赁的售后回租是一种合法业务模式的话，以机械设备为标的物的售后回租就是一种基于占有改定式买卖而设立的非典型担保。如果不保护以占有改定方式交付的买卖，那么一旦出现了租用人两次办理售后回租或无权处分，就存在需要明确法律效果的问题。

2. 机动车的登记仍没有统一

一是车辆因有无号码而跨网登记。实务中有无号码车辆在不同机构登记本身就严重影响担保权人的安全。车辆从出售到使用必然从无号牌走向有号牌，而物权的追及力要跨越阶段。实操中的查询不统一必定带来交易不安全。

二是无号牌车的担保登记问题。由于交管部门目前仅对有号牌的车实施登记，而在 4s 店的车均为无号牌车，实践中将其作为一般动产，作浮动抵押时在人行中登网登记。但按《国务院关于实施动产和权利担保统一登记的决定》，机动车不在统一登记之列，不论其是有号牌还是无号牌。也就是说，机动车的登记（无论有无号牌）均没有授权给中登网实施，那么中登网登记了是否产生担保物权效力不确定。

① 最高人民法院民法典贯彻实施工作领导小组主编：《中华人民共和国民法典物权编理解与适用（上）》，人民法院出版社 2020 年版，第 155 页。

② 重庆市第五中级人民法院（2021）渝 05 民终 1707 号民事判决书，浙江省高院（2019）浙民终 1567 号民事判决书，苏州中院（2017）苏 05 民终 6055 号民事判决书等。

三是有号牌车的融资租赁等非典型担保登记。按新的机动车登记办法，交管部门的登记系统只有抵押登记和质押备案两个品种，没有融资租赁登记。而融资租赁在本质上具有担保功能的非典型担保，并不是抵押。此时，汽车融资租赁公司的登记在何处办理能产生担保物权的效力没有解决。

3. 担保物权中货押与资金押的分离

当担保物因为交易而转变为应收账款，再由应收账款转变为账户内资金时担保物权并没有自动的追及效力。我国现有担保物权的追及效力仅体现在原物，和物灭失后的保险金、赔偿金上，不体现在其交换价值上。由此，给担保权人的困扰是，需要将货物、货物的出售账款以及货物回款的账户资金分别设定货物担保、应收账款担保和保证金担保。又或者说，担保权人如果要控制住担保权益，并同时保障担保人的正常商业经营，需要同时设定三个担保关系并完成其公示和管控要件。

4. 中登网查询机制的局限性

一是中登网只有两个查询路径，即登记号和债务人名称。动产抵押是跟着物走的，在链条式赊销下可能有多个债务人设定的担保，不同债权人享有抵押权，但每个阶段的债权人只和当前的债务人打交道，不一定能获得全面的各个前手债务人的名称，也就不能查清所有抵押权。事实上，不动产抵押登记的查询中也存在相同问题。

二是超级优先权可以交付后十日内延迟登记。而在融资付款的情况下，往往就是要付款之后才会交货，也就是此时的融资银行无法判断自己放款之后会不会出现在先的超级优先权。

五、总结与展望

2021 年是我国《民法典》实施的第一年，是整治金融乱象取得成效的一年，是顺利实现“稳定当头”守住不出系统性金融风险底线的一年。为完成这一任务，金融争议解决，既要坚守法制实施民法典新规则，还要平稳有序处理主动去除历史沉疴下金融重疾导致的法律争议，公平处置经济发展困难引发的融资目标难以实现的各类纠纷。金融争议解决在 2021 年承担了巨大压力，通过持续的改革创新，有力度、有深度、有效率处理金融争议，对阶段性完成当前金融乃至经济的历史任务做出了重要贡献。展望 2022 年，未来金融争议及其解决有如下几点值得关注：

金融法治建设方面，《公司法》《破产法》修订步伐加快；《商业银行法》《银行业监督管理法》《中国人民银行法》《保险法》《反洗钱法》等金融特别法也在加紧修订，正在努力将过去几年强监管的建章立制成果上升为国家法律。数字人民币试点范围进一步扩大，相关机制将进一步完善。

金融争议方面，证券领域，注册制全面实施伴生的上市公司泥沙俱下，打击证券违法行为势头不减，司法机关执法机关的处置经验日渐丰富，证券类纠纷在未来几年将占有非常显眼的地位。银行领域，去不良资产政策导向和金融报表真实下的双重压力下，交易型不良资产转让、争议解决型清收、金融破产重整清算仍将成为银行主诉案件的主力市场，对高层级不良资产处置制度供给呼声强烈。保险业中整治的“代理退保”乱象可能从金融消保投诉向金融争议迁移。随着第三支柱养老保险，养老理财型产品的金融争议也应成为值得关注的问题。信托业随着向家族信托业务的转移，与财富传承密切相关的信托财产独立性争议也将增多。

金融争议解决方面，正在起草的新金融审判工作会议纪要正在起草，将为金融裁判充实新的规范。落实中央经济工作会议精神，在完善控风险法治的同时，促发展的保障金融安全与创新的法治举措更值得期待。《仲裁法》修改进程正在加快，对中国金融纠纷多元化解决机制的进一步完善、对仲裁的大力发展，对金融纠纷的解决会产生极大的促进作用。

中国知识产权争议解决年度观察（2022）

谢冠斌　李凤凤　邵渝棋[①]

一、概述

2021 年，虽然经济发展仍然承受着新冠肺炎疫情的巨大影响，但中国在知识产权领域的发展依旧成效显著。具体而言，主要体现在从单纯追求知识产权发展的数量指标向注重知识产权发展的质量效率转变，相关知识产权领域的立法更加注重解决深层次的复杂问题，各地对知识产权多元化争议解决方式的探索也更加积极，等等。

（一）知识产权指标量质齐升，公共服务力度有所加强

根据国家知识产权局局长申长雨在 2022 年全国知识产权局局长会议上的工作报告，2021 年我国授权发明专利 69.6 万件，实用新型 312.0 万件，外观设计 78.6 万件，较 2020 年同比增长分别达 31.3%、31.3%、7.4%。商标方面，2021 年我国核准注册商标 773.9 万件，较 2020 年同比增长 34.3%。新认定地理标志保护产品 99 个，相比于 2020 年增长超 10 倍；新核准注册地理标志证明商标、集体商标 477 件。集成电路布图设计方面，2021 年我国集成电路布图设计登记 1.3 万件，同比增长 10.9%。[②] 可见，在过去的一年中，我国知识产权授权数量呈全面上升趋势，

---

① 谢冠斌，北京市立方律师事务所高级合伙人；李凤凤，北京市立方律师事务所合伙人；邵渝棋，北京市立方律师事务所律师。本所律师助理卢名扬、宋晓月、张畅然、郭寿其承担了本报告的部分基础性工作，在此一并致谢。

② 《国家知识产权局局长申长雨在 2022 年全国知识产权局局长会议上的工作报告（摘编）》，载国家知识产权局网站，http://www.cnipa.gov.cn/art/2022/1/7/art_312_172663.html，访问时间：2022 年 1 月 25 日。

自主创新能力提升显著。

就发展质量层面而言，截至2021年底，我国国内每万人口高价值发明专利拥有量达到7.5件，较上年提高了1.2件；我国国内（不含港澳台）战略性新兴产业有效发明专利79.2万件，较“十三五”期末增加了11.4万件；我国国内（不含港澳台）维持年限超过10年的有效发明专利达到32.3万件，同比增长27.7%，较“十三五”期末提高了0.6个百分点；在海外有同族专利权的有效发明专利为8.3万件，同比增长21.8%。[①] 从实践情况来看，2020年专利密集型产业增加值达到12.13万亿元，同比增长5.8%，占GDP比重达到11.97%，较上年提高0.35个百分点；专利商标质押融资额达3098亿元，同比增长42%；前11个月知识产权使用费进出口额超过3200亿元，其中出口额增幅达29.3%。[②] 可以看出，我国知识产权质量大幅提高，全年发展量质齐升。

2021年，我国知识产权公共服务力度也明显加强。按照党中央、国务院关于“放管服”改革工作的决策部署，国家知识产权局于2021年印发了进一步深化知识产权领域“放管服”改革的意见，提出了6方面16项改革举措，推动各项工作取得积极进展。[③] 目前，高价值发明专利审查周期压减至13.3个月，发明专利平均审查周期压减至18.5个月，商标注册平均审查周期稳定在4个月。其中，高价值发明专利和商标注册审查周期提前完成国务院提出的五年改革目标任务。[④] 此外，知识产权申请流程、知识产权公共服务机构、知识产权基础设施建设、数据资源开放共享等方面的发展也均取得有效提升，总体反映出我国知识产权保护及发展力度的进一步加强。

---

① 《国务院新闻办公室2021年知识产权相关工作统计数据发布会》，载国务院新闻办公室网站，http://www.scio.gov.cn/xwfbh/xwbfbh/wqfbh/47673/47698/wz47700/Document/1718783/1718783.html，访问时间：2022年1月25日。

② 《国家知识产权局局长申长雨在2022年全国知识产权局局长会议上的工作报告（摘编）》，载国家知识产权局网站，http://www.cnipa.gov.cn/art/2022/1/7/art_312_172663.html，访问时间：2022年1月25日。

③ 《国务院新闻办公室2021年知识产权相关工作统计数据发布会》，载国务院新闻办公室网站，http://www.scio.gov.cn/xwfbh/xwbfbh/wqfbh/47673/47698/wz47700/Document/1718783/1718783.html，访问时间：2022年1月25日。

④ 《国家知识产权局局长申长雨在2022年全国知识产权局局长会议上的工作报告（摘编）》，载国家知识产权局网站，http://www.cnipa.gov.cn/art/2022/1/7/art_312_172663.html，访问时间：2022年1月25日。

（二）知识产权法律修正案施行，新规及试点方案出台回应综合性保护需求

对于知识产权领域的单行法律，2021 年可谓是修法的“大年”。一方面，《中华人民共和国民法典》（以下简称《民法典》）和多部知识产权单行法的修正案正式施行，开始为实践提供有效指引。首先，2021 年 1 月 1 日，《民法典》正式施行，从法典层面为知识产权保护奠定了基础。随后，《中华人民共和国刑法修正案（十一）》（以下简称《刑法修正案（十一）》）自 2021 年 3 月 1 日起正式施行，为知识产权提供了严格的刑事保护依据。2021 年 6 月 1 日，新修正的《中华人民共和国专利法》[以下简称《专利法》（2020 年）] 及《中华人民共和国著作权法》[以下简称《著作权法》（2020 年）] 也正式施行，从单行法层面进一步加强了对知识产权的保护。

另外，为进一步针对性地解决实践中法律适用的具体问题，各类司法解释、部门规章也相继出台。最高人民法院相继发布《关于审理侵害知识产权民事案件适用惩罚性赔偿的解释》《关于审理申请注册的药品相关的专利权纠纷民事案件适用法律若干问题的规定》等司法解释，为相关法律的适用提供更细致的实践指引。

同时，国家知识产权局等部门也相继发布《重大专利侵权纠纷行政裁决办法》《药品专利纠纷早期解决机制实施办法（试行）》等部门规章，回应药品专利保护等实务需求，也为我国知识产权行政保护提供了具体指引。

值得一提的是，2021 年 2 月，最高人民检察院下发试点方案，决定在北京、上海等 8 个省市检察机关开展为期一年的知识产权检察职能集中统一行使试点工作。[①] 这一方案的发布及施行无疑将有利于提升我国知识产权检察保护的专业化水平，从而进一步完善知识产权的综合性保护体系。

（三）各方共同推动健全多元化争议解决机制，仲裁调解等方式进一步发展

整体而言，在过去的一年中，知识产权争议解决仍呈现出以诉讼为主，调解、仲裁、和解为辅的多元化趋势。2021 年 1 月 1 日至 12 月 31 日，中国裁判文书网

---

① 《最高检成立知识产权检察办公室试点成熟后逐步推进》，载最高人民检察院网站，https://www.spp.gov.cn/spp/c107228chdfgmcggeqcnpgbs/202102/t20210208_508890.shtml，访问时间：2022 年 3 月 10 日。

可见已裁判的“知识产权与竞争纠纷”案由下共有案件 204106 件，其中，案件审理量排名前五的省份分别为广东省 42921 件、北京市 28038 件、上海市 20172 件、重庆市 14962 件、山东省 12628 件。同时，在 204106 件诉讼案件中，以判决方式结案的为 57972 件，以调解方式结案的为 9407 件，出具裁定书的为 127970 件（其中包含大量因和解撤诉的情况）。① 从司法规划来看，最高人民法院在 2021 年 4 月印发的《人民法院知识产权司法保护规划（2021—2025 年）》中再次强调，在深化知识产权审判领域改革创新的同时，优化知识产权保护工作机制，其中包括健全多元化纠纷解决机制，加强与知识产权行政职能部门、仲裁机构、行业协会、调解组织等协调配合，因地制宜创新知识产权解纷方式等。②

多元化解决机制实践方面，在《关于强化知识产权保护的意见》《知识产权强国建设纲要（2021—2035 年）》《关于进一步加强海外知识产权纠纷应对机制建设的指导意见》等文件的指导下，各地结合自身情况，积极贯彻落实发展多元化争议解决机制。例如，北京市于 2021 年 12 月 23 日揭牌成立北京市知识产权纠纷调解中心及第 16 家行业性、专业性知识产权纠纷人民调解委员会等，均是对相关政策的实际落实。

特别值得一提的是，仲裁方面，2021 年我国知识产权仲裁机制仍展现出蓬勃的发展态势。以北京仲裁委员会 / 北京国际仲裁中心为例，2021 年，其共受理涉及知识产权合同纠纷共 502 件，占全部受理案件数量的 6.49%，争议金额高达 18 余亿元。③ 中国国际经济贸易仲裁委员会受理知识产权纠纷 23 件。④ 同时，全国范围内，专业化知识产权仲裁机构数量进一步增加。4 月 20 日，中国（深圳）知识产权仲裁中心正式揭牌，旨在于高科技企业和科研机构最为密集、知识产权服

---

① 参见中国裁判文书网，https://wenshu.court.gov.cn/website/wenshu/181217BMTKHNT2W0/index.html?pageId=e45adaa2d4815aac41723ebbdc666b48&s8=03，访问时间：2022 年 1 月 25 日。

② 《关于印发〈人民法院知识产权司法保护规划（2021—2025 年）〉的通知（附全文）》，载最高人民法院网站，https://ipc.court.gov.cn/zh-cn/news/view-1205.html，访问时间：2022 年 3 月 10 日。

③ 《2021 年度工作报告 | 北京仲裁委员会 / 北京国际仲裁中心》，载北京仲裁委员会 / 北京国际仲裁中心网站，https://www.bjac.org.cn/news/view?id=4105，访问时间：2022 年 1 月 28 日。

④ 《贸仲委 2021 年工作报告（图文版）》，载中国国际经济贸易仲裁委员会网站，www.cietac.org/index.php?m=Article&a=show&id=18218，访问时间：2022 年 1 月 28 日。

务需求最为旺盛的核心区域打造知识产权保护的中国高地。[①] 多地仲裁委员会，如唐山仲裁委员会、阳泉仲裁委员会等也纷纷建立知识产权仲裁中心，大力发展知识产权仲裁解决机制。

综上，过去的一年中，在新冠肺炎疫情形势缓和之际，我国知识产权领域发展迅猛，在知识产权授权、公共服务、立法修订等方面均取得了显著成果。同时，在不断强化的发展多元化争议解决方式的政策导向下，我国整体及各地的知识产权多元化争议解决机制，尤其是仲裁解决机制，都体现出积极发展之势，各方面显著提升。

二、知识产权法律法规的修订或出台

（一）专利法

2020年，《专利法》完成第四次修正。修正后的《专利法》（2020年）自2021年6月1日起施行。本次修正的内容主要体现在四个方面：第一，增加了故意侵权的惩罚性赔偿规定，大幅提高了法定赔偿上限，加大了损害赔偿力度。第二，增加举证责任转移、证据妨碍等规定，完善了证据规则。第三，完善职务发明相关规定，新增专利开放许可制度，促进了专利的实施和运用。第四，加强对药品专利的保护，延长外观设计专利保护期限，完善了专利授权制度。

最高人民法院于2021年7月4日发布《关于审理申请注册的药品相关的专利权纠纷民事案件适用法律若干问题的规定》，细化了《专利法》（2020年）新增的药品专利相关保护制度，对管辖法院、行政与司法程序衔接、抗辩事由、行为保全等方面做出具体规定，为及时审理药品专利案件提供了明确指引，推动药品专利保护制度落地见效。同期，国家药品监督管理局、国家知识产权局共同发布《药品专利纠纷早期解决机制实施办法（试行）》，国家知识产权局发布《药品专利纠纷早期解决机制行政裁决办法》，这两个办法、上述司法解释与《专利法》（2020年）相关规定共同构建起我国药品专利保护、链接制度的基本框架。

此外，2021年5月26日，国家知识产权局发布《重大专利侵权纠纷行政裁决办法》，自2021年6月1日起施行。该办法对《专利法》（2020年）第70条第

① 《中国（深圳）知识产权仲裁中心举行揭牌仪式现场发布知识产权转化运用“12条”》，载深圳新闻网，http://www.sznews.com/news/content/mb/2021-04/20/content_24146743.htm，访问时间：2022年1月27日。

1 款规定的在全国有重大影响的专利侵权纠纷的行政裁决程序作出具体规定。为积极回应经济科技快速发展对审查规则的诉求，提高专利审查质量和审查效率，国家知识产权局于 2020 年 12 月 11 日发布关于修改《专利审查指南》的公告，新指南已于 2021 年 1 月 15 日实施。

（二）商标法

《商标法》于 2019 年完成第四次修正。过去的一年中，商标法领域的立法变化主要体现在部门规章的出台。国家知识产权局相继于 2021 年 11 月 16 日发布《商标审查审理指南》，于 2021 年 12 月 13 日发布《商标一般违法判断标准》，上述规定均于 2022 年 1 月 1 日起施行。《商标审查审理指南》对商标申请的形式审查和实质审查标准作了细化规定，规范了审查审理程序，保障了商标审查审理各环节法律适用统一和标准执行一致。《商标一般违法判断标准》为违反商标管理秩序的行为提供了统一的判断标准，为商标执法业务提供了具体的指引，也为市场主体明晰了规范使用商标的准则。

（三）著作权法

2020 年，《著作权法》完成第四次修正。修正后的《著作权法》（2020 年）自 2021 年 6 月 1 日起施行。本次修正主要在以下三方面值得重点关注：第一，增加并调整了作品定义，修改了作品类型，丰富了权利内容。《著作权法》（2020 年）将"电影作品和以类似摄制电影的方法创作的作品"修改为"视听作品"，由作品类型法定修改为作品类型开放，扩大了广播权的控制范围。第二，吸纳《著作权法实施条例》关于合作作品权利行使的规定，明确了合作作品的权利行使，明晰了视听作品的权利归属。第三，增加惩罚性赔偿制度，大幅提高法定赔偿上限至 500 万元，加大对侵权行为的打击力度。

（四）知识产权相关规范性文件

《刑法修正案（十一）》于 2020 年通过，自 2021 年 3 月 1 日起施行。此次修正案对涉知识产权类犯罪方面做出了较大的调整，也与相关的知识产权民事法律更为协调，体现出加大打击犯罪力度，加强知识产权保护的立法精神。

在植物新品种方面，2021 年 12 月 24 日，第十三届全国人民代表大会常务委员会第三十二次会议《关于修改〈中华人民共和国种子法〉的决定》（以下简称《种子法》修正案），自 2022 年 3 月 1 日起施行。《种子法》修改的宗旨在于规范品种选育、种子生产经营和管理行为，加强种业科学技术研究，鼓励育种创新，保护植物新品种。其中《种子法》修正案规定的民事损害赔偿责任与其他知识产权单行法的法定赔偿上限、惩罚性赔偿倍数实现了统一。2021 年 7 月 5 日，最高人民法院还发布了《关于审理侵害植物新品种权纠纷案件具体应用法律问题的若干规定（二）》，该规定扩展了品种权的保护范围，提升了司法保护力度，还规定了举证妨碍规则，降低了维权难度，规范了鉴定程序，同时相关规定也体现了鼓励育种创新，稳定市场交易秩序的精神。

值得一提的是，2021 年 3 月 2 日，最高人民法院发布《关于审理侵害知识产权民事案件适用惩罚性赔偿的解释》。该解释共 7 个条文、对惩罚性赔偿的适用范围、请求内容和时间、故意和情节严重的认定、计算基数和倍数的确定等作出了具体规定。在加强知识产权保护的政策背景下，惩罚性赔偿的呼声日高。2021 年 1 月 1 日起施行的《民法典》写入了适用惩罚性赔偿制度，2019 年修正的《反不正当竞争法》,2020 年修正的《专利法》《著作权法》都明确增加了惩罚性赔偿制度。因此，在知识产权各单行法都明确规定了惩罚性赔偿的前提下，上述司法解释的出台，厘清了各单行法对惩罚性赔偿“故意”和“恶意”不同表述的关系，明晰了情节严重的认定标准以及赔偿基数的计算，为各级法院的案件审理提供了具体的适用依据。

三、典型案例

【案例 1】最高人民法院提出“三步法”确定技术许可合同系虚假通谋

江苏中关村科技产业园控股集团有限公司诉斯太尔动力（江苏）投资有限公司、斯太尔动力（常州）发动机有限公司技术许可使用合同纠纷案[①]

【基本案情】

2015 年 9 月 25 日，江苏省溧阳市出具有关政策，规定对于符合该市产业发展的制造业项目，按照设备投资额的一定比例给予奖励。2016 年 1 月 19 日，德奥通用航空股份有限公司与中关村产业园签订投资协议，亦明确了与溧阳市奖励内容基本一致的“政策支持”和“设备及研发投入奖励”等条款。2015 年下半年，

---

① 一审：江苏省高级人民法院（2018）苏民初 12 号民事判决书；二审：最高人民法院（2021）最高法知民终 809 号民事判决书。

为促进区域招商引资，中关村产业园财政与资产管理局出具《关于与斯太尔洽谈招商引资情况说明》，载明斯太尔股份有限公司（以下简称斯太尔股份公司）计划于2017年底先在中关村产业园投资新能源汽车电机国产化项目，总投资额约8亿元，产后年销售额达57亿元，根据当时溧阳市的相关招商政策初步测算，斯太尔股份公司投资的项目可以获得综合奖励约2亿元。

2016年12月6日，江苏中关村科技产业园控股集团有限公司（以下简称中关村公司）与斯太尔动力（江苏）投资有限公司（以下简称斯太尔江苏公司）签订技术许可协议，约定斯太尔江苏公司将其商业秘密和核心技术应用于生产协议所涉柴油发动机，并将该商业秘密和核心技术授权给中关村公司，中关村公司有权在全球范围内、可转授地、不可撤销地独家使用该协议所涉柴油发动机全部商业机密与核心技术，中关村公司作为被许可方，向斯太尔江苏公司支付许可使用费2亿元。中关村公司支付2亿元许可使用费后，斯太尔江苏公司向中关村公司交付《技术许可协议三款非道路柴油发动机EM12，M14UI及M16UI》交付物清单所载发动机、图纸等有关物品。2017年3月29日，斯太尔股份公司向中关村公司出具《关于专项技术回购方案的汇报》，2017年10月31日，斯太尔股份公司向中关村公司分别开具1.5亿元及5000万元转账支票，后因证监会对涉案技术许可协议的真实性开展调查，导致中关村公司无法收回涉案2亿元款项。据此，中关村公司主张斯太尔股份公司系为提前获得江苏省溧阳市当地政府2亿元投资奖励，让其子公司斯太尔江苏公司与其签订涉案技术许可协议，中关村公司以技术许可方式先支付2亿元，以提振斯太尔股份公司的业绩，斯太尔股份公司承诺通过技术回购方式返还2亿元，故涉案技术协议不是双方真实意思表示，遂向法院起诉请求斯太尔江苏公司返还技术许可使用费2亿元。

一审法院认定涉案技术许可协议系以虚假意思表示签订，应予无效，判决斯太尔江苏公司向中关村公司返还技术许可使用费2亿元，中关村公司向斯太尔江苏公司返还斯太尔江苏公司《技术许可协议三款非道路柴油发动机EM12，M14UI及M16UI》交付物清单所载物品。双方均不服一审判决，向最高人民法院提起上诉，最高人民法院二审审理后，判决驳回上诉，维持原判。

【争议焦点】

涉案技术许可协议是否存在虚假意思表示（即通谋虚伪）？

【裁判观点】

一审法院经审理后认定，涉案技术许可协议系当事人为先行兑现2亿元投资奖励资金而签订。且中关村公司缺乏签订涉案技术许可协议的内在需求，协议内容过于简单，协议约定的履行明显不符合技术合同的特点，均体现出涉案技术许可合同约定的内容和履行情况有违常理。在案证据也显示，斯太尔江苏公司使用涉案技术许可费需要向中关村公司提交书面申请，证明其对涉案2亿元技术许可使用费并无支配权。据此认定涉案技术许可协议是以虚假意思表示实施的民事法律行为，应予无效。

最高人民法院二审认为，对于双方当事人签订特定类型合同是否存在虚假意思表示，一般可以按照以下“三步法”进行具体认定：第一步，可以根据主给付义务的真实情况进行判定。如果双方当事人之间的主给付义务实际上根本不具备特定类型合同项下主给付义务的基本特征，则可以初步认定双方签订合同时存在虚假意思表示。第二步，在此情况下，可以根据双方当事人订立合同前后的情况（特别是双方缔约背景）和履约行为等相关事实，进一步认定双方订立合同所隐藏的真实意图。第三步，综合全案案情，如果上述两个方面的认定可以相互吻合并能够排除合理怀疑，即可最终认定双方当事人以虚假的意思表示订立合同。

首先，斯太尔江苏公司对涉案2亿元技术许可使用费并无支配权，且协议中技术许可与回购事项的约定并不相符，结合涉案技术许可协议的签订背景以及协议签订后的会议记录等有关履行内容来看，各方并无将涉案技术实施效果与资金监管相关联的安排，证明双方签订涉案技术许可协议具有隐藏的真实意图；其次，中关村公司一直未实际使用技术，斯太尔江苏公司最终也不能获得任何技术许可使用费，证明涉案技术许可协议签订另有其他真实意图；最后，根据双方当事人订立合同前后的情况和履约行为等相关事实对双方订立合同所隐藏的真实意图的认定，可以相互吻合，并能够排除合理怀疑。可以认定该双方当事人以虚假的意思表示订立合同，双方所隐藏的拟获得政府投资奖励的真实意图并不构成另一种隐藏的民事法律行为，因此本案既不存在以隐藏的民事法律行为认定行为效力的问题，也不存在中关村公司所在地政府向被告子公司兑现投资奖励的事实基础。故涉案技术许可合同构成以虚假意思表示实施的民事法律行为，应予以无效。斯太尔江苏公司应当返还中关村公司支付的2亿元技术许可使用费。

【纠纷观察】

该案中，中关村公司主张其与斯太尔江苏公司签订的涉案技术许可协议系第三人斯太尔股份公司为了提前获取当地政府2亿元投资奖励而签订，双方并无技术许可的真实意思表示。最高人民法院据此对于判定是否属于“虚假通谋”合同提出了“三步法”：即根据主给付义务的真实情况，当事人订立合同前后的情况（特别是双方缔约背景）和履约行为等相关事实以及前两种情形是否能够排除合理怀疑进行等三步进行判定。体现出合同意思表示真实原则对于合同效力具有决定性的影响。

本案系《民法总则》（现《民法典》保持了一致的表述）规定“虚假通谋”规则以来，最高人民法院首次在技术许可合同纠纷案中就该规则进行详细的论述，并提出了具体的裁判指导思路，该案对于签订特定类型合同是否存在虚假意思表示的认定具有典型的指导意义。

【案例2】首例认定杂技构成作品应受著作权法保护案

中国杂技团有限公司与吴桥县桑园镇张某杂技团等侵害著作权纠纷案[①]

【基本案情】

杂技作品《俏花旦——集体空竹》于2004年创作完成（编导何晓彬、张瑞静，作曲杜鸣，服装宋立），该作品著作权人为中国杂技团有限公司（以下简称中国杂技团）。此后在2004年最初版本的基础上形成了《俏花旦——集体空竹》法国版等多个版本，并进行了相应的著作权登记。

中国杂技团在“腾讯视频”网站上发现，2017年许昌县广播电视台举办并播出的春节联欢晚会《万里灯火幸福年》中由吴桥县桑园镇张某杂技团（以下简称张某杂技团）表演的节目《俏花旦》，其表演使用的音乐、服装、动作组合、表演形式等与其享有著作权的杂技节目《俏花旦——集体空竹》高度相似，该联欢晚会视频发布者为加“V”认证微信公众号“映像许昌”。据此，中国杂技团提起诉讼，主张张某杂技团侵犯其著作权中的表演权、署名权、修改权、保护作品完整权、获得报酬权；建安区电视台的前身许昌县广播电视台侵犯其权利作品著作权中的信息网络传播权、放映权和广播权；指控腾讯公司涉案行为侵犯其信息网络传播权，请求判令三被告停止侵权、消除影响并赔偿经济损失及其他合理支出。

一审法院经审理认定，张某杂技团的涉案行为侵犯了中国杂技团杂技节目《俏花旦——集体空竹》的表演权、获得报酬权，但未侵犯署名权、修改权、保护作品完整权。许昌市建安区广播电视台涉案行为未尽到著作权合理注意义务，侵犯了中国杂技团对《俏花旦——集体空竹》作品享有的广播权和信息网络传播权。

---

① 一审：北京市西城区人民法院（2017）京0102民初14340号民事判决书；二审：北京知识产权法院（2019）京73民终2823号民事判决书。

二审法院审理后，驳回上诉，维持一审判决。

【争议焦点】

1. 杂技节目《俏花旦——集体空竹》是否属于《著作权法》上的杂技作品？

2. 两杂技作品是否构成实质性相似？

3. 三被告行为是否侵犯了中国杂技团对《俏花旦——集体空竹》的著作权？

【裁判观点】

一审法院认为，杂技节目中单一机械动作的杂技技巧或者传统的杂技表演桥段，均不能构成杂技作品，只有具备一定艺术表现力的独创性杂技形体动作和技巧才有可能属于《著作权法》保护范围。本案中，《俏花旦——集体空竹》杂技作品主要表达内容为“集体抖空竹”，但其中穿插、融合的戏曲动作、舞蹈动作，已经与“抖空竹”技能动作密不可分，形成一个艺术表达整体，故构成“著作权法”意义上的作品，有别于“抖空竹”民间技艺，应当受到我国《著作权法》的保护。通过将原告作品录像与案涉演出影像进行对比，两个杂技节目的动作设计、音乐及相关的演出服装等均有大量相似表达。法院据此认定，张某杂技团的表演行为、建安区电视台播出涉案节目的行为侵犯了原告对其杂技作品的著作权。腾讯公司作为网络服务提供者，由于中国杂技团起诉前未向腾讯公司通知删除涉案视频，且涉案视频已被上传者删除，故认为腾讯公司并不承担相应侵权责任。

二审法院认为，“动作的编排设计”是杂技作品独创性的主要因素。涉案杂技节目《俏花旦——集体空竹》的形体动作编排设计体现了创作者的个性化选择，属于具备独创性的表达，构成《著作权法》规定的杂技作品，应当受到我国《著作权法》保护。两节目中的动作编排设计内容构成实质性相似，且相关动作属于原告作品《俏花旦——集体空竹》独创性表达的部分。综上，二审驳回上诉，维持一审判决。

【纠纷观察】

本案作为首例杂技作品著作权纠纷案，法院的认定具有指导意义。法院对杂技作品的性质及其独创性元素进行了详细分析，将杂技作品中所含的公共领域技术动作、舞蹈元素、美术元素等分别进行讨论和分析，最终认定“动作的编排设计”是杂技作品独创性的主要因素，只有具备艺术性，达到一定的独创性高度的动作编排才可以构成杂技作品。同时明确认定音乐、服装、道具、舞台装潢等不属于杂技作品著作权保护范畴。认定杂技节目的性质是否构成《著作权法》意义上的作品，需通过解构元素组成部分，提取其中具有独创性的表达部分。

在杂技作品的侵权认定中，并非只有对原作不经裁剪的原样照搬方构成抄袭，如未经许可表演的内容与权利作品的部分相对完整的独创性表达构成实质性相似，同时，被诉侵权人存在接触权利作品的可能且排除其系独立创作后，同样可以认定侵权成立。2020年《著作权法》完成第三次修正后，关于《著作权法》规定的作品类型，由此前的作品类型法定修改为作品类型开放，未来或将有更多的新型创作成果，在寻求知识产权保护时，通过法院审理被认定构成《著作权法》意义上的作品，从而获得《著作权法》的保护。

【案例3】开源协议具有"高传染性"，衍生作品亦需全部开源

某罗盒网络科技有限公司与某玩友网络科技有限公司等侵害计算机软件著作权纠纷①

【基本案情】

某罗盒网络科技有限公司（以下简称罗盒公司）于2017年取得"罗盒（VirtualApp）插件化框架虚拟引擎系统V1.0"（以下简称VirtualApp或涉案软件）的计算机软件著作权登记证书。罗盒公司发现某玩友网络科技有限公司（以下简称玩友公司）开发的"微信视频美颜版"等多款软件（以下简称被诉侵权软件）中的代码与涉案软件构成实质相似，被诉侵权软件可通过多个互联网平台获得下载、安装和运营服务，且未经罗盒公司商业授权。冠准航公司、奥斯坦公司、祥运公司分别通过微信和支付宝向被诉侵权软件的用户收取会员费，获得巨额利益。罗盒公司诉诸法院，主张上述各公司的涉案行为构成共同侵权，应当承担连带责任。玩友公司辩称VirtualApp项目为适用GNU宽松型通用公共授权许可协议第三版（以下简称GPL V3协议）的开源项目。项目人aslody仅为该开源项目的著作权人之一，其单方未经合作作品权利人协商一致将著作权转让给罗盒公司的行为无效，故罗盒公司并非涉案计算机软件的著作权人。且玩友公司依据GPL V3协议，已合法取得VirtualXposed源代码的复制权、修改权和发行权（包括信息网络传播权），不存在任何侵权情形。冠准航公司、奥斯坦公司、祥运公司则辩称与玩友公司为合作关系，其仅提供款项代收接入服务，合作之初已尽到著作权形式审查义务，故非共同侵权人。

法院经过审理认为，被告玩友公司涉案行为构成对罗盒公司涉案软件"VirtualApp"V1.0的发行权、信息网络传播权的侵犯。最终判决玩友公司立即停

① 一审：广州知识产权法院（2019）粤73知民初207号。

止侵权，赔偿原告经济损失及其他合理开支共计50万元。

【争议焦点】

1. 罗盒公司是否为著作权人，有权提起本案诉讼?

2. 被诉侵权行为是否侵害罗盒公司的软件复制权、发行权和信息网络传播权?

3. 若侵权成立，玩友公司、冠准航公司、奥斯坦公司、祥运公司应如何承担民事责任?

【裁判观点】

法院经审理认为，罗盒公司是GitHub官网上VirtualApp开源软件的著作权人，为该软件绝大部分代码量的项目管理者，有权单独提起本案诉讼。

对于案涉的开源协议，法院认为GPL V3协议作为严格开源授权许可协议的典型代表，只要在一个软件中使用了GPL许可协议的开源软件，修改后的源代码或者衍生代码软件也必须采用GPL许可协议发布。结合美国、德国等域外经验司法实践经验，在本案中，法院认定GPL V3协议具有合同性质，是授权方和用户订立的格式化著作权协议，属于我国《民法典》合同编调整的范围，且是双方之间意思表示真实的有效协议。法院也基于该协议对本案进行相关认定。

罗盒公司主张权利的涉案软件版本为适用GPL V3协议的开源软件。基于GPL V3协议，罗盒公司无权在适用GPL V3协议的涉案VirtualApp项目中添加商业使用限制保留条款。因此，玩友公司无须遵循该限制保留条款。用户可以自由使用源代码，也包括商业性使用，但是，并非免费使用源代码，也就是说，提供软件拷贝并不收费，但是软件开发者可以对于其所提供的软件技术服务进行收费。因此，玩友公司收取被诉侵权软件的会员费并不违反GPL V3协议的规定。

根据GPL V3协议，任何使用该开源代码的程序在再发布时，必须将其源代码以相同的许可协议公开，也就是说，用户不可以将一个GPL软件加以修改后，将修改的部分变成闭源软件。因此，虽然玩友公司依据GPL V3协议授权可以获取软件源代码进行修改、再发布，但其必须保证其他用户可以获取到修改后的源代码，这也是GPL V3协议保持开源“传染性”的核心要求。玩友公司至少应当公开被诉侵权软件中使用了涉案软件沙盒分身功能部分的源代码。因此，玩友公司未向用户提供被诉侵权软件源代码下载违反GPL V3协议的规定。违反开源许可协议构成违约和侵权的竞合，罗盒公司择一主张侵权。法院认定玩友公司将侵权软件上传到华为应用市场、应用宝等平台供用户在其选定的时间和地点下载，侵害罗盒公司涉案软件的信息网络传播权。

此外，鉴于准航公司、奥斯坦公司、祥运公司已尽到初步审查义务，仅凭代收会员充值款项的事实尚不足以认定该三公司与玩友公司构成共同侵权。

【纠纷观察】

本案为中国法院审理开源软件法律纠纷案件中里程碑式的案例，法院在判决书中介绍了开源许可的类别及若干特征，明确了开源许可的内涵，并详细分析了开源许可协议的性质、开源软件的著作权归属问题、“传染性”问题以及法律救济问题，澄清了开源许可“不需付费”等认识误区。值得注意的是，本案中，法院明确认可了在中国法下开源许可协议的合同属性及其合法性，承认了 GPL V3 协议的“高传染性”，即承认在 GPL V3 协议下开源程序的衍生作品或修改作品也需要遵循 GPL 许可协议开放其源代码，被告应该公开被诉侵权软件的全部源代码。

开源软件生态的重要特点之一就是通过在开源社区中公开源代码并附加适用的开源许可协议，确保其他开发者可以获取、修改和增补代码，不断完善有关开源项目，从而弥补了传统私有软件的公司化和封闭性的缺陷。随着开源代码在软件开发中越来越多被使用，以及我国产业开源生态的逐步建立，开源软件相关法律纠纷也会越来越多，此案中对开源协议的相关认定具有重要的参考意义。

【案例 4】侵害技术秘密情节严重，最高人民法院判赔 1.59 亿元

嘉兴市中华化工有限责任公司、上海欣晨新技术有限公司诉王龙集团有限公司、宁波王龙科技股份有限公司等侵害技术秘密纠纷案[①]

【基本案情】

原告嘉兴市中华化工有限责任公司（以下简称嘉兴中华公司）是全球最大的香兰素制造商，在本案侵权行为发生前，占据全球香兰素市场约 60% 的份额。自 2002 年 11 月 22 日至 2008 年 7 月 26 日，嘉兴中华公司与原告上海欣晨新技术有限公司（以下简称上海欣晨公司）开展技术合作，共同研发了涉案香兰素技术（以下简称涉案技术秘密）。二原告主张的涉案技术秘密包括 6 个秘密点，秘密载体为涉及 58 个非标设备的设备图 287 张、工艺管道及仪表流程图 25 张，且二原告均对涉案技术秘密采取了保密措施。二原告的相关香兰素生产技术和工艺曾荣获中国轻工业联合会科学技术进步一等奖等奖项。

王某军为王龙集团有限公司（以下简称王龙集团公司）监事，王某军与王龙

---

① 一审：浙江省高级人民法院（2018）浙民初 25 号；二审：最高人民法院（2020）最高法知民终 1667 号（最高人民法院知识产权法庭 2020 年 10 件技术类知识产权典型案例、人民法院报编辑部评选出的 2021 年度人民法院十大案件）。

集团公司出资设立宁波王龙科技股份有限公司（以下简称王龙科技公司），王龙科技公司出资设立喜孚狮王龙香料（宁波）有限公司（以下简称喜孚狮王龙公司）。傅某根自 1991 年进入嘉兴中华公司工作，2008 年起担任香兰素车间副主任，主要负责香兰素生产设备维修维护工作。2010 开始，傅某根与另外两名案外人冯某某、费某某和王龙集团公司、王某军签订开展香兰素技术合作，傅某根将香兰素生产设备图 200 张、工艺管道及仪表流程图 14 张、主要设备清单等技术资料通过冯某某转交给王某军。2010 年 5 月，傅某根从嘉兴中华公司离职，与冯某某、费某某进入王龙科技公司香兰素车间工作。喜孚狮王龙公司自成立时起持续使用王龙科技公司作为股权出资的香兰素生产设备生产香兰素。

嘉兴中华公司和上海欣晨公司认为，傅某根利用职务便利，与王龙集团公司、王龙科技公司、喜孚狮王龙公司、王某军共同实施了获取、披露、使用、允许他人使用其涉案技术秘密的行为，遂以五被告侵害商业秘密为由诉至法院，请求判令五被告停止侵害商业秘密、赔偿经济损失及合理开支等。一审法院诉中裁定王龙科技公司、喜孚狮王龙公司停止使用涉案技术秘密生产香兰素。

一审法院审理认定：五被告侵害了涉案技术秘密，构成不正当竞争，侵权使用的涉案技术秘密包括 17 个设备的设计图和 5 张工艺流程图；王某军的行为并未明显超出其法定代表人职务行为的范畴，嘉兴中华公司与上海欣晨公司关于王某军构成共同侵权并应承担侵权责任的主张依据不足。据此适用法定赔偿，判决王龙集团公司、王龙科技公司、傅某根连带赔偿嘉兴中华公司、上海欣晨公司经济损失 300 万元、合理维权费用 50 万元；喜孚狮王龙公司对其中 7% 即 24.5 万元承担连带赔偿责任。

一审判决后，双方均提起上诉。最高人民法院二审认定五被告全部使用了涉案 185 个设备设计图和 15 张工艺流程图，侵犯涉案商业秘密成立；改判王龙集团公司、王龙科技公司、傅某根、王某军连带赔偿嘉兴中华公司、上海欣晨公司经济损失及合理维权费用共计 159321671.20 元，喜孚狮王龙公司对其中 7% 即 11152516.98 元承担连带赔偿责任。

【争议焦点】

1. 五被告是否侵犯涉案商业秘密？

2. 如侵权成立，如何计算本案的损害赔偿数额？

【裁判观点】

最高人民法院二审认为，傅某根长期在嘉兴中华公司工作，能够接触涉案技术秘密。其与王龙集团公司签订技术合作协议，承诺提供香兰素新工艺技术及图纸，并将涉案技术秘密经由冯某某转交给王某军，辞职后进入王龙科技公司工作，全面使用了涉案技术秘密。王龙集团公司、王龙科技公司与嘉兴中华公司具有直接竞争关系，应当知悉傅某根对嘉兴中华公司的技术秘密不享有合法权利，依然通过签订技术转让协议、支付酬劳的方式直接获取涉案技术秘密，并将涉案技术秘密披露给喜孚狮王龙公司并允许其使用涉案技术秘密，其行为均构成不正当竞争。王某军作为王龙科技公司的法定代表人，其实施的侵权行为既体现了王龙科技公司的意志，也体现了王某军的个人意志，可以认定王某军个人亦实施了侵权行为，依法应当承担责任。作为关联公司，喜孚狮王龙公司应当知悉涉案技术秘密系王龙科技公司通过不正当手段获取，但仍继续使用涉案技术秘密，故其亦构成侵害涉案技术秘密。因此，五被告均实际实施了侵害涉案技术秘密的行为，依法应当承担相应责任。二审法院经比对，认定王龙集团公司等全部实际使用了从嘉兴中华公司处非法获取的涉案技术秘密，即 185 张设备图和 15 张工艺流程图。

关于本案的赔偿数额，二审法院综合考虑王龙集团公司等被诉侵权人非法获取涉案技术秘密的手段恶劣；获取及使用的涉案技术秘密数量较多；被诉侵权人具有持续侵害涉案技术秘密的恶意；涉案技术秘密商业价值较高；喜孚狮王龙公司、王龙科技公司均系实际上以侵权为业的公司；被诉侵权人以较低价格争抢嘉兴中华公司的客户与市场，对香兰素全球市场均形成严重冲击；被诉侵权人拒绝提交侵权产品销售数额，存在举证妨碍、不诚信诉讼等情节；被诉侵权人还拒不执行一审法院做出的停止侵权的保全裁定等因素，认定王龙集团公司等被诉侵权人具有严重的侵权恶意。为严厉惩处恶意侵害技术秘密的行为，充分保护技术秘密权利人的合法利益，决定以嘉兴中华公司香兰素产品 2011—2017 年期间的销售利润率来计算本案损害赔偿数额。即以 2011—2017 年期间王龙集团公司、王龙科技公司及喜孚狮王龙公司生产和销售的香兰素产量乘以嘉兴中华公司香兰素产品的销售价格及销售利润率计算赔偿数额，得出被诉侵权人因侵害涉案技术秘密获得的销售利润为 155829455.20 元，加上权利人的维权合理支出 3492216 元，确定本案损害赔偿总额为 159321671.20 元。

【纠纷观察】

本案是一起复杂的侵犯技术秘密纠纷案。最高人民法院基于香兰素工艺的特点，依法认定权利人主张的涉案技术信息符合技术秘密的要件，构成商业秘密。并通过比对双方使用的技术信息，综合考虑其他情形，认定被诉侵权人全部使用了其获取的涉案技术秘密，体现出技术秘密案件具备较强的专业性。关于损害赔偿额的计算，权利人向法院提供了三种赔偿数额的计算方式：一是被诉侵权人的营业利润；二是被诉侵权人的销售利润；三是价格侵蚀导致的损害数额。二审法院认为前两种计算方式比较合理，第三种价格侵蚀的计算方式中相关数据和计算方法的准确性受制于多种因素，因此仅能作为参考，最终法院考虑侵权恶意，适用第二种销售利润的方式计算损害赔偿数额。最高人民法院的二审判决也体现了精细化裁判的精神，对复杂的技术类案件损害赔偿数额的计算具有典型的指导意义。

本案中，五被诉侵权人的行为属于恶意侵犯商业秘密，最终受到了严重的法律制裁，须承担1.59多亿元的侵权损害赔偿责任。同时，最高人民法院在二审判决中还说明，本案被诉侵权行为已涉嫌侵犯商业秘密犯罪，将依法将相关线索移送公安机关处理。本案充分彰显了最高人民法院严厉惩处恶意侵害技术秘密行为，充分保护技术秘密权利人合法利益的决心。本案对从事技术研发和产品生产的企业应有一定的警示作用，企业应当聚焦于提高自主研发能力，提升核心竞争力，而非通过违法手段获取他人的技术成果，一旦被认定构成侵权，将面临法律的制裁，还会导致企业丧失信誉，最终被淘汰于市场之外。同时，作为商业秘密权利人，需建立较为完备的商业秘密管理体系，采取行之有效的保密等管理措施，这样既有利于降低泄密的风险，也可以在发生泄密事件时追溯源头，积极维护企业合法权益。

【案例5】刑事罚金的执行不能作为减免惩罚性赔偿的理由

阿尔塞拉公司诉柯派公司侵害商标权纠纷案①

【基本案情】

阿尔塞拉公司是美国的一家医疗美容产品的生产制造公司，产品包括超声治疗仪，即“超声刀”，其是“ULTHERA”注册商标的注册人，该商标核定使用商品为第10类。

2016年起，柯派公司在未获得授权的情况下，在“超声刀”产品上使用“ulthera”商标，并在全国进行销售。2016年9月，广州市工商管理局因假冒注册商标对柯派公司处以相应行政处罚。2017年8月8日，阿尔塞拉公司和柯派公司达成和解，并签署了和解协议，但和解协议签订后，柯派公司并没有停止侵权行为。2017年11月，因销售假冒注册商标产品，经过公安机关侦查，柯派公司相关人员被抓获，2019年9月，法院作出判决，柯派公司相关人员均构成假冒注册

① 一审：广州市白云区人民法院（2019）粤0111民初23340号；二审：广州知识产权法院（2020）粤73民终2442号。

商标犯罪。该案中被告提起上诉，二审驳回起诉，维持原判。

阿尔塞拉公司认为柯派公司侵犯其注册商标专用权，起诉请求判令柯派公司赔偿经济损失及其他合理支出 100 万元。

一审法院认定，柯派公司侵犯了阿尔塞拉公司的注册商标专用权，判决柯派公司赔偿经济损失及合理费用 12 万元。阿尔塞拉公司提起上诉，二审法院经过审理后认为应当加大惩罚力度，最终判决撤销一审判决，改判柯派公司赔偿经济损失及合理费用 100 万元。

【争议焦点】

一审法院确定的侵权损害赔偿数额是否适当？

【裁判观点】

一审法院经过审理，酌情确定赔偿额 12 万元。二审法院经过审理，认可阿尔塞拉公司的计算公式，即侵权获利 = 产品销售量 × 侵权产品单位利润。而根据刑事判决，可以确定侵权产品销售数量达 2175 台，单位利润为 300 元至 400 元，据此估算侵权获利在 652500 元至 870000 元之间。虽然柯派公司主要责任人已经执行刑事罚金，但不能作为本案减免惩罚性赔偿的抗辩理由，而且，柯派公司主观恶意明显，侵权情节严重，因此确定两倍惩罚性赔偿。综上，撤销了一审判决，改判赔偿额为 100 万元。

【纠纷观察】

在确定惩罚性赔偿数额时，同一侵权行为已经被处以行政处罚或刑事罚金且已经执行完毕的，并不能够作为减免惩罚性赔偿的理由，只能够作为确定惩罚性赔偿倍数的考虑因素。

本案中柯派公司主观恶意明显，侵权情节严重，二审法院根据其侵权情况，详细分析了惩罚性赔偿的要件，采用合理的计算方式，依照案件事实情况将一审判赔额进行大幅提高，体现了法院对于知识产权侵权行为严厉打击的态度，也体现了人民法院依法保护知识产权的力度和决心。

【案例 6】通过手机应用 App 唤醒进行流量劫持构成不正当竞争

淘宝（中国）软件有限公司、浙江淘宝网络有限公司诉北京易车信息科技有限公司不正当竞争案[①]

---

① 一审：杭州铁路运输法院（2019）浙 8601 民初 1565 号；二审：浙江省杭州市中级人民法院（2020）浙 01 民终 8743 号（杭州互联网法院 2020 年度知识产权司法保护十大案例）。

【基本案情】

淘宝（中国）软件有限公司、浙江淘宝网络有限公司（以下统称为淘宝公司）是淘宝网和“淘宝”App（IOS 系统）的经营者，淘宝网是世界范围内的大型电子商务平台，凝聚着庞大的用户群体，具有较高的知名度。北京易车信息科技有限公司（以下简称易车公司）是“易车”App（IOS 系统）的运营者和网络服务提供者，“易车”App 是提供专业新闻、热点视频、销量排行、车型口碑、买车等服务的综合汽车服务平台。易车公司在其运营的“易车”App 的“URLScheme”规则中输入协议名称“taobao”，使得 IOS 系统将用户对于淘宝 App 的目标请求跳转到了“易车”App。在用户下载安装“易车”App 后，使用支付宝、钉钉、UC 浏览器、Safari 浏览器等应用访问手机淘宝时，则会弹出打开“易车”的提示框，点击“打开”后跳转至“易车”App。淘宝公司认为该行为构成不正当竞争，遂诉至法院，请求易车公司停止侵权、赔礼道歉、赔偿经济损失及合理维权费用共计 100 万元。易车公司辩称：“易车”App 中的 URLScheme 协议名称相同系技术故障或技术漏洞，“易车”App 软件的开发、升级、维护均由易车广告公司操作，易车公司作为使用人不应对该技术缺陷负责，其发现代码故障后已及时采取适当措施，履行了应尽的注意义务。并且，“易车”App 与“淘宝”App 的产品定位和用户群体具有明显差异，不具有替代关系。

一审法院审理认定易车公司构成不正当竞争，判决易车公司停止实施不正当竞争行为，赔礼道歉，赔偿原告经济损失及合理费用共计 50 万元。二审法院审理后，维持一审判决。

【争议焦点】

被诉行为是否构成不正当竞争？

【裁判观点】

一审法院认为，原被告二者在服务形式、服务内容、用户群体等方面存在一定的重合，可以认为具有竞争关系。从技术手段角度分析，易车公司通过自定义唤醒协议的技术手段，强制进行应用间跳转，无正当理由使用户转至与其需求完全不同的页面，属于未经其他经营者同意，在其合法提供的网络产品或服务中，采用技术手段强制进行目标跳转的行为，妨碍、破坏了淘宝公司合法提供的淘宝网络产品的正常运行；从行为正当性方面分析，被告的跳转冲突现象未尊重用户知情权，从而使软件权利人丧失了相应的交易机会，且易造成部分用户对应用软件服务来源的混淆，并且，易车公司在经营活动中未对他人使用在先并具有较高知名度的通用协议名称予以避让，其行为不具备正当性。从损害后果来看，易车公司的行为妨碍用户流量进入“淘宝”App，导致淘宝公司交易机会流失，为易车公司创造了更多商业机会，扰乱了正常公平的市场竞争秩序，破坏了互联网经营者间的良性竞争关系。从侵权主体方面分析，易车公司所称的技术漏洞问题不能当然作为侵权抗辩的理由，其作为“易车”App 的经营者应当对“易车”App 中具有的功能负责，其作为不正当竞争行为的实施者，理应承担侵权责任。因此，其行为构成《反不正当竞争法》第 12 条第 2 款第 1 项规定的不正当竞争行为，应当依法承担责任。

二审法院认为，互联网竞争具有鲜明的跨界竞争和流量竞争的特性，因此认定不正当竞争行为并不局限于经营者之间存在直接的竞争关系或处于同一行业，而应聚焦于“竞争性利益”的保护。双方在移动互联网环境下，网络服务商均通过不同方式吸引用户、争夺流量，故二者仍存在着对于用户群体及交易机会的争夺，构成竞争关系。

易车公司在应当对他人使用在先并具有广泛知名度的通用协议名称予以避让以免混淆或误导，并且应当知道存在技术漏洞的情况下，仍使用具有公知性的协议名称，采用技术手段通过影响用户选择的方式强制进行目标跳转，劫持淘宝公司的流量引入其自身，谋取不当商业机会和竞争优势，该行为有违诚信原则，也有损市场竞争秩序和消费者利益，应受到《反不正当竞争法》的规制。

【纠纷观察】

本案属于近年来典型的应用唤醒不正当竞争案件，该行为落入《反不正当竞争法》第 12 条第 2 款第 1 项规制的范围之中。其不但损害其他经营者对其用户流量享有的合法利益，不当增加自身交易机会，破坏正常的市场竞争秩序，亦违背用户对其交易行为的知情权和自主选择权。对于这类行为，应综合考虑技术手段本身的情况，结合行为的正当性、行为人的主观状态以及损害后果等因素进行综合判断。两审法院在本案中均着重论述了不同行业的网络服务经营者之间虽不存在直接的竞争关系，但二者之间具有网络流量争夺的“竞争性利益”，所以具有竞争关系；此外，应用跳转行为也需考虑对消费者知情权与选择权的影响，体现出当前互联网不正当竞争案件中，法院逐步加大了对消费者利益的考量。

在用户流量已经成为互联网经营者之间极为重要的争夺对象的情况下，本案提示互联网经营者，用户流量的争夺须通过公平合理的手段进行，并必须遵循公认的商业道德，只有优质的商品和服务才能凝聚起自身的用户基础。同时，互联网应用开发者在开发具体功能时，需要将用户的选择权与知情权纳入重要考量，以在一定程度上降低侵权风险。

四、热点问题观察

（一）积极参与标准必要专利纠纷解决的全球治理体系探索

标准必要专利纠纷既是近年来全球知识产权领域的热点问题，也是困扰诸多标准必要专利权人和实施者的重大难题。如何处理此类纠纷，各国的司法实践也呈现出不同的观点、理论，司法裁判规则也极不统一。许多国家近年来从专利法、合同法、竞争法、诉讼法等不同角度，对如何妥善解决 SEP 争议进行了各种有益的探索。比如，对标准必要专利禁令发放的合理限制、FRAND 费率案件的受理和裁判以及禁诉令与反禁诉令等。其中，一个重要的争议是：当标准必要专利权人和实施人通过谈判无法达成标准必要专利许可协议而引发纠纷时，标准必要专利权人和实施人是否可以通过请求法院裁决标准必要专利许可费率的方式来解决双方之间的纠纷？如果法院有管辖权，由于标准必要专利权人通常是外国公司可能在国内没有住所地，涉及域外管辖问题，以及标准必要专利许可很多情况下是专利权人所有标准必要专利全球范围内的许可，可能会导致在全球范围内存在很多平行诉讼，因此，标准必要专利纠纷存在国际司法管辖权的冲突以及国际司法礼让等诸多问题。

中国作为相关产业的主要市场之一，一直是标准必要专利诉讼的高发地，中国法院在审理标准专利案件中也在发挥越来越积极的作用，做了很多创新的、有益的尝试，为解决标准必要专利争议这一世界难题做出了自己的贡献。近几年，我国法院作出多个标准必要专利纠纷禁诉令以及管辖权裁决，比如最高人民法院的首例禁诉令裁定以及关于全球许可费率管辖的裁定，深圳中院的管辖裁定和禁诉令裁定，武汉中院的禁诉令裁定，等等，都有效解决了权利人和实施人之间久拖不决的纠纷，秉承着法律谦抑与谨慎的态度深入参与国际知识产权争端的协调与解决。

2020 年 9 月，武汉市中级人民法院针对小米集团与美国专利巨头交互数字公司的标准必要专利纠纷发出全球首个跨国禁诉令，要求交互数字立即撤回或中止在印度针对小米申请的专利许可费裁决及禁令，且不能在全球任何法院针对小米申请专利许可费率裁决及禁令。如违反裁定，每日罚款人民币 100 万元。我国法院以往颁发的禁诉令都是禁止当事人在特定国家的法院采取救济措施，而该案中武汉中院颁发的是首个全球禁诉令，是我国法院在面临国外法院司法管辖权的扩张以应对国际平行诉讼而进行的突破性探索。

2021年8月19日，最高人民法院在（2020）最高法知民辖终517号民事裁定中，就上诉人夏普株式会社、赛恩倍吉日本株式会社（以下简称夏普）与被上诉人OPPO广东移动通信有限公司、OPPO广东移动通信有限公司深圳分公司（以下简称OPPO）标准必要专利许可纠纷管辖权异议案，作出驳回上诉、维持原审裁定的终审裁决。该案中，最高人民法院进一步明确了标准必要专利许可纠纷的案件性质，认为其“可视为一种相对更具有合同性质的特殊类型纠纷”，延续了使用最密切联系原则来确定中国法院是否存在管辖连接点，认为在被告系外国企业且在中国境内没有住所和代表机构的情况下，中国是否存在适当联系的判断标准，可以考虑专利权授予地、专利实施地、专利许可合同签订地或专利许可磋商地、专利许可合同履行地、可供扣押或可供执行财产所在地等是否在中国领域内。并且，最高人民法院认可当事人达成的管辖合意或意思自治赋予一国法院审理标准必要专利全球许可费诉讼的管辖权，如果是在双方未作出共同选择的情况下，应以双方具有达成全球许可的意愿为前提，并且法院应遵循更密切联系原则进行管辖权的裁判。该案是中国最高司法机关首次明确对标准必要专利全球许可费案件的管辖规则，是我国法院积极参与全球知识产权治理体系具有里程碑意义的一次探索。

从华为诉IDC、华为诉三星、中兴诉康文森到小米诉IDG、OPPO诉夏普、三星诉爱立信、OPPO诉诺基亚等案件，中国法院正在通过禁诉令、反禁诉令、管辖权裁决等方式更加深入地参与国际知识产权争端的协调与解决。但是，标准必要专利纠纷无论是在学术界还是实务界仍存在很多具有争议性的问题，比如FRAND声明的法律属性、英美法院“长臂管辖”等问题。并且，我国对于标准必要专利纠纷的制度保障仍不健全，我国科技企业在“走出去”的过程中经常面临国外专利权人试图通过国外法院先占管辖权或者颁发禁令的方式排除我国法院的管辖等困境。我国法院在维护本国标准必要专利纠纷案件公平正义、保护我国司法管辖权不被侵犯、尊重国际礼让原则的基础上参与标准必要专利纠纷全球治理体系，但这条道路仍任重而道远，需要在实践中不断探索前进。

（二）药品专利保护相关问题

药品作为关乎一国国计民生的特殊商品，因其高额的市场回报成为知识产权规制、纠纷多发的重点领域。2021年以来，无论是理论界还是实务界围绕药品专利掀起多轮热议。

立法领域动作频频，2020年《专利法》第四次修正时，在第42条第3款、第

76条规定了药品专利期限补偿、药品专利纠纷处理等制度，2021年，国家知识产权局相继发布了《专利法实施细则修改建议（征求意见稿）》《专利审查指南修改草案（征求意见稿）》《药品专利纠纷早期解决机制行政裁决办法》，国家药品监督管理局和国知局联合发布《药品专利纠纷早期解决机制实施办法（试行）》，最高人民法院发布《关于审理申请注册的药品相关的专利权纠纷民事案件适用法律若干问题的规定》，对药品专利链接制度做出进一步细化，不难看出，知识产权局将成为药品专利维权极其重要的主战场。

司法领域，首例"药品专利链接"诉讼案件被受理。案件原告中外制药株式会社发现被告温州海鹤药业有限公司向国家药监部门申请了名称为"艾地骨化醇软胶囊"的仿制药上市许可申请。中国上市药品专利信息登记平台公示信息显示被告就该仿制药已作4.2类声明。故原告提起药品专利链接诉讼，请求法院确认被告申请注册的仿制药落入原告享有的发明专利的专利权保护范围。北京知识产权法院审查认为原告的起诉符合药品专利链接诉讼起诉条件要求，依法予以登记立案。

学术领域，现有学术热点已从药品专利链接、药品专利期限补偿制度的可行性转变为相关制度的落地及完善分析。关于药品专利期限补偿制度，该制度系为解决药物产品因研发周期长、上市审批流程多所导致的药品专利实际有效保护期短的问题。在当前实践中，期限补偿制度中的"新药"如何判定尚不明确。有观点建议明确将"新药相关专利"的"新药"界定为含有新的活性成分，即包括单一元素或与另一活性元素结合为存在形式的活性成分的任何盐或酯。[①]相反观点则认为，对于全新药物活性成分和已知活性成分的新适应症、新酯或新盐给予同样强度的药品专利期限补偿，会导致对于开发周期相对较短的、非基础发明予以专利期限补偿的高强度保护，可能造成限制公众正常的研发和仿制，妨碍药品可及性。[②]关于药品市场独占期，有观点认为，我国已发布的《药品专利纠纷早期解决机制实施办法（试行）》中规定了首个获批上市的仿制药厂才能享有市场独占期，应对"首位"扩大解释，让符合条件的仿制药厂都能够共享专属期，以此达到促

---

① 叶文庆：《我国药品专利期限补偿制度及其评析》，载《知识产权》2021年第6期，第31页。

② 袁志明、唐伟杰、罗菊华：《关于我国药品专利权期限补偿制度的思考和建议》，载微信公众号"知识产权家"，2022年1月7日。

进竞争的目的。[①]

（三）短视频侵权的治理与知识产权保护

4G 通信技术的普及带给移动互联网用户的不仅是高速网络体验，更革命性地催生了短视频网络互动模式。短视频凭借其短小、内容丰富、制作门槛低、传播性强等特点，一跃成为目前网络用户最主要的互动方式之一。围绕着短视频的发展，针对短视频的著作权争论也进一步延伸。

参考 2020 年北京知识产权法院通报涉短视频著作权案件审理情况，侵犯著作权的典型短视频类型主要有：将他人制作的短视频发布到网络上进行传播；利用他人作品通过表演等方式制作短视频；利用他人制作完成的视频或作品进行重新组合，制作短视频发布到网络上进行传播等三类。[②] 由此可见，短视频相关的著作权纠纷主要围绕“二次创作短视频”为核心开展。针对短视频的著作权争论已由短视频的可版权性转变为二次创作短视频的合理使用及侵权认定等问题。

关于二次创作短视频的独创性认定问题。我国司法实践及学术研究对二次创作短视频的独创性认定态度基本统一，即认为视频时间长短并非判定独创性的决定性因素，还需结合特定短视频的是否在编排、选择及呈现上体现独特价值等情况进行综合判断。

关于二次创作短视频的合理使用问题。如何判断二次创作短视频是否对原作品构成合理使用成为当前讨论的热点问题之一。以二次创作短视频制作形式为标准，可将其分为切片型、混剪型、表演型、解说型等类型，其中解说型等极少数类型因具有“点评、介绍”等特征，在一定情况下可能适用《著作权法》第 24 条第 1 款第 2 项关于“适当引用”的相关规定，构成合理使用。需要强调的是，此处的“适当”并非对引用比例、数量的强调，而意在规制使用意图，是否构成“转换性使用”才是“适当”规制的要点。[③] 而混剪型、表演型等一般情况不具有“介绍、说明”目的，难以归为现行《著作权法》下的特定类型，不能直接以合理使

---

① Alyssa L Brown. Modest Proposals for A Complex Problem: Patent Misuse and Incremental Change to The Hatch-Waxman ACT as Solutions to The Problem of Re-Verse Payment Settlement, University of Baltimore Law Review, Vol.3, 2012, p.583-613.

② 《北京知识产权法院通报涉短视频著作权案件审理情况》，载北京法院网，https://bjgy.chinacourt.gov.cn/article/detail/2020/08/id/5419208.shtml，访问时间：2021 年 1 月 11 日。

③ 陈绍玲：《短视频版权纠纷解决的制度困境及突破》，载《知识产权》2021 年第 9 期，第 20 页。

用规则为抗辩理由。[①] 为解决这一困境，学术研究领域提倡在司法实践中参考适用国际成熟法律实践“四要素检验法”等方法，对是否构成合理使用进行判断，扩张解释构成合理使用的“特殊情形”。我国司法实践也为解决此类问题进行探索，如在北京市朝阳区人民法院审理的一起案件中，法院认为，合理使用制度作为对著作权专有权利的限制，其立法本意在于平衡保护著作权人合法权益与鼓励、促进作品的创作和传播的关系。但由于互联网新兴技术的发展，法律规定的有限几种情形无法完全解决现实需求。因此，在遵循法律规定的合理使用要件的基础上，适用合理使用制度衡量某一行为是否属于合理使用，是合乎《著作权法》立法原意与合理使用制度设计初衷的。因此，使用他人已经发表的作品，未影响该作品的正常使用，也未不合理损害著作权人合法权益，这种使用可以构成合理使用。[②]

关于短视频平台责任问题。我国现有实践中，主要通过适用“避风港原则”确定短视频平台是否具有主观过错，从而判断其是否构成侵权。有学者观点认为，“避风港原则”已难适应我国二次创作短视频高速发展的现状，在实践中应根据视频侵权识别的难易性，有区别地适用“避风港原则”或“红旗原则”。对于一些显而易见的、短视频平台明知或应知的侵权，应适用“红旗原则”。[③]

需要注意的是，2021 年 12 月 15 日，中国网络视听节目服务协会发布了《网络短视频内容审核标准细则》（2021），其中第 93 条明确短视频不得未经授权自行剪切、改编电影、电视剧、网络影视剧等各类视听节目及片段。该条款实际上明确禁止了基于视听节目的“二次创作”，但在实操层面如何落实，尚待观察。

（四）个人信息与数据保护

过去的一年对于我国个人信息与数据保护体系的构建无疑是至关重要的一年。随着《民法典》《个人信息保护法》《数据安全法》以及多部相关规定的生效或发布，数据保护，特别是个人信息保护，逐渐受到越来越多的关注。

在相关法律出台之前，实践中对于数据的保护方式不尽统一。从知识产权角度来说，在数据本身符合《著作权法》的标准，或对于数据的汇编具有一定独创性时，可尝试利用《著作权法》相关规定对其进行保护。对于此种保护路径，部

---

① 朱双庆、张艺：《论二次创作短视频引发的权利冲突与救济》，载《重庆邮电大学学报》（社会科学版）2021 年第 2 期，第 40 页。

② 一审：北京市朝阳区人民法院（2017）京 0105 民初 10028 号。

③ 朱双庆、张艺：《论二次创作短视频引发的权利冲突与救济》，载《重庆邮电大学学报》（社会科学版）2021 年第 33 期，第 41 页。

分观点认为，由于现实中的大部分数据信息往往达不到《著作权法》所要求的独创性的条件，因此采用该种方式对数据进行保护具有较大的局限性。[①] 而个人信息作为数据中客观性较强的一种，采用该种路径进行保护的可行性相对更低。

从反不正当竞争角度来说，在实践中存在以竞争关系为前提，结合诚实信用原则与互联网商业道德，并结合市场主体间的协议判断是否构成不正当竞争行为，从而利用《反不正当竞争法》一般条款对包括个人信息在内的数据加以保护等思路。[②] 例如，在酷米客 App 诉车来了 App 数据抓取一案 [③] 中，法院就以被告非法占用他人无形财产权益，破坏他人市场竞争优势，并为自己谋取竞争优势，违反了诚实信用原则，扰乱了竞争秩序等为由，判定被告构成不正当竞争。《反不正当竞争法司法解释（征求意见稿）》中也新增了对数据使用行为的界定规则，待其正式发布后将为数据信息的反不正当竞争法保护提供明晰的依据。但也有观点认为，数据信息不属于法定的权利客体，对其应不予保护，应当防止自行创设权利，否则将会不适当地扩大不正当竞争的范围。[④] 并且，对个人信息主体而言，由于涉及单个主体的信息量较少，其往往无法通过不正当竞争路径维护自身权益。

除上述路径外，理论中还存在采用合同法规制、侵权法规制等方式对相关数据进行保护的观点。[⑤] 而事实上，由于在相关法律制定之时，个人信息及数据保护问题尚非亟待解决的重点问题，因此其中的相关规定无法完全与该类型问题进行适配，所提供的保护也缺乏针对性。

而《民法典》则立足于时代背景，从法典层面奠定了数据保护中较为重要与敏感的板块，即个人信息保护的法律基础。此后于 2021 年 11 月 1 日起施行的《个人信息保护法》更是对个人信息的保护问题进行了全面且具体的规制，不仅对个人信息及个人信息处理作出明确定义，还对个人信息处理、跨境传输等的具体规则进行了明确，为相关主体的行为提供了全面指引。此外，还明确规定处理个人信息造成损害的，个人信息处理者有过错的应承担损害赔偿等侵权责任。该法正

---

① 芮文彪、李国泉、杨馥宇：《数据信息的知识产权保护模式探析》，载《电子知识产权》2015 年 4 月刊，第 96 页。

② 刘继峰、曾晓梅：《论用户数据的竞争法保护路径》，载《价格理论与实践》2018 年第 3 期，第 27 页。

③ 广东省深圳市中级人民法院（2017）粤 03 民初 822 号。

④ 芮文彪、李国泉、杨馥宇：《数据信息的知识产权保护模式探析》，载《电子知识产权》2015 年 4 月刊，第 97 页。

⑤ 宁立志、傅显扬：《论数据的法律规制模式选择》，载《知识产权》2019 年第 12 期，第 27—29 页。

式施行后，相关行政机关也逐渐加大了针对个人信息保护的执法力度。相应地，最高人民法院于2020年12月29日印发《关于修改〈民事案件案由规定〉的决定》，将第二级案由“一、人格权纠纷”项下的原第三级案由“隐私权纠纷”变更为“隐私权、个人信息保护纠纷”，据此，“个人信息保护纠纷”已正式成为民事案由之一。

可见，在数据保护方面，虽然对于普通数据的保护尚无完整的法律体系，但在实践的需求下，数据中的个人信息部分的保护体系已相对比较完善。可以预见，《个人信息保护法》生效后，依据该法寻求民事救济的案件类型将逐渐涌现。这也提示了业务涉及数据抓取特别是收集个人信息的主体，此后在关注不正当竞争等风险的同时，还需格外重视潜在的侵害个人信息权益的风险。

五、总结与展望

过去的一年中，肆虐全球的新冠肺炎疫情形势稍有缓和，我国知识产权领域发展迅猛，成果丰硕。2020年知识产权修法“大年”之后，2021年相关法律的修正案开始正式施行。知识产权争议解决实务领域出现了很多值得关注的典型案件，同样学术界的研究也呈百花齐放、百家争鸣之势。“理论永远是灰色的，而实践之树常青。”在这个科技日新月异、文化繁荣、市场活跃的新时代，我们有充足的信心可以期待，未来中国知识产权保护的环境将持续优化，为各类创新者和市场主体提供更加全面的支持和保障。

中国影视娱乐行业争议解决年度观察（2022）

田集耕　徐智省　张剑豪[①]

一、概述

（一）2021 年度影视娱乐行业发展概况

2021 年，随着我国新冠肺炎疫情防控取得巨大进展，中国电影产业迎来了快速复苏的发展时期。据国家电影局 2022 年 1 月份发布的数据显示，2021 年全国电影总票房达 472.58 亿元，是 2020 年的 2.3 倍。其中国产票房为 399.27 亿元，占总票房的 84.49%，全年中国电影总票房和银幕总数继续保持全球第一。

更加难能可贵的是，这一年票房排名前十中，国产电影就占据了 8 席。时逢中国共产党百年华诞，主旋律题材成为这一年的重头戏，比如电影《长津湖》票房高达 57.7 亿元，超过《战狼 2》，登顶中国电影市场的票房总冠军。此外，《觉醒年代》《山海情》《功勋》等一大批主旋律题材的电视剧，不仅获奖无数，更在群众之中引起热烈反响，激发了爱国热忱。主旋律影视剧之外，《你好，李焕英》《乔家的儿女》等佳作频频涌现。这都预示着在好莱坞电影逐渐落入窠臼、后继乏力的窗口期，国产影视剧通过踏踏实实讲好故事，点燃观众集体情、保持内容多元化、提高制作质量，逐步在全球竞争中占据了更为稳固的优势地位。

但是，2021 年影视娱乐行业也引发出许多新的社会问题。

影视剧市场垄断现象越发显著，据测算，今年票房排名前三的电影，占据全年总票房的 1/3，这些大制作电影的档期也纷纷扎堆在重要节假日，院线配合垄断排片。而中小影视公司、中小院线由于业务模式较为单一、资金实力弱等原因，

---

① 田集耕，北京威诺律师事务所高级顾问。徐智省，北京威诺律师事务所合伙人。张剑豪，北京威诺律师事务所合伙人。

抵御风险能力往往较差，疫情期间暂停拍摄、延期开机、停业的现象成为行业常态，许多公司出现资金缺口，履行合同付款义务出现困难，由此产生的纠纷也有不断上升的趋势。

在“艺人”方面，2021年频频上演“塌房”事件，比如2021年年初，某女性演员就被爆料代孕弃养孩子且偷漏税，引发舆论哗然，上海税务局最终对她作出了巨额处罚。2021年8月，某男性艺人被举报多次诱骗年轻女性发生性行为，最终因涉嫌强奸罪被北京朝阳检方批准逮捕。2021年12月，某知名女性电商主播通过隐匿个人收入、虚构业务等违法行为偷逃税被曝光，引发了电商主播行业的震荡。这些事件，再次刷新了公众的三观认知，严重冲击了社会底线。这些失德违法明星们背后往往隐藏着“饭圈”的助力与纵容。许多饭圈粉丝互撕谩骂、拉踩引战、造谣攻击甚至网络暴力，误导未成年人价值观，也严重污染了文娱行业的健康生态。

受到疫情影响，2021年在线直播业务发展迅速，涌入直播行业的从业者和直播观看人数大幅增加，网络主播尤其是演艺类主播侵权问题依然严重，比如直播翻唱音乐侵权，虽然直播平台基于权利人的不懈维权情况开始主动采买部分音乐作品版权供网络主播表演使用，但是所采买的数量明显不足，以及采买的主播翻唱使用量大的音乐作品数量不足，未扭转主播翻唱侵权的基本态势；主播的从业人数众多，直播平台之间相互竞争激烈以及主播与直播平台粘性较弱的情况下，网络主播“跳槽”现象频繁，直播平台与网络主播往往产生合同纠纷。网络直播消费具有即时性、便捷性，一些未成年人在网络游戏及主播上的巨额消费、打赏屡见不鲜，影响了未成年人的健康成长，也破坏了社会风气。随着短视频平台如“抖音”“快手”成为互联网新巨头并且行业地位逐渐巩固，短视频制作逐渐专业化，出现专门的网络红人孵化MCN公司，MCN公司签约具有潜力的网络红人开通短视频账号进行包装、策划，该短视频账号具备较大的商务广告投放价值，该网络红人也获得较大的演艺收入价值，但是出于收益分配、职业定位等原因，网络红人与MCN公司之间往往产生纠纷，首先就是该短视频账号的运营权归属问题，实践中各地法院判决账号运营权归网络红人或归MCN公司的情况均有案例支持。

不少线下演出活动因疫情影响存在不同程度的延期、取消的情况，演出主办方、艺人方、场地方、宣传推广方、票务代理方之间产生纠纷，总体而言，此类线下观众聚集类演出行业相关方均存在不同程度的损失。艺人演艺活动受到很大限制，演艺收入大幅减少，经纪公司需要向艺人支付高额签约保底金的情况下，经纪公司提出要求延长经纪期限以期降低损失，否则减少或停发保底，艺人也考虑疫情的不确定性，一般情况下愿意与经纪公司协商适当延长一定经纪期限，此类纠纷一般可以通过双方的协商解决，但是也有艺人不同意延长经纪期限，对于经纪合同的保底亦要求足额发放，双方据此产生纠纷，后续很可能产生诉讼或仲裁。

据北京仲裁委员会/北京国际仲裁中心（以下简称北仲）初步统计，2021年，北仲共处理了影视娱乐领域纠纷案件209件，总标的额24.17亿元，案件平均标的额为1156万元，其中单个案件最大标的额为4.1亿元。

（二）2021年度影视娱乐行业及争议的新特点

1. IP衍生、制作、内容转授权成为文娱行业内容变现新渠道

2021年9月，上海迪士尼推出的IP形象“玲娜贝儿”爆红出圈，北京环球度假区的“威震天”也因为与游客的有趣互动火爆全网，又拉动了园区的消费热潮，IP运营以及衍生品周边已经成为这些知名文娱公司的主要收入来源。华纳兄弟公司就推出了电影《黑客帝国4》NFT头像盲盒，获利500万美元。

虽然国内的文娱行业内公司有碍于缺乏持久的头部IP，难以效仿迪士尼、环球、华纳等公司，但是一直在积极思考、探索着如何突破天花板，增加除传统的广告、会员、票房收益、投资收益以外的变现新渠道。通过挖掘丰富的文化资源形成原创内容的IP，结合科技、运营手段，盲盒、手办、数字藏品、剧本杀以及汉服等IP衍生品市场已有雏形，这些衍生品满足了年轻人的情感需求，拉近了与用户的距离，又反向加强了IP与受众的情感连接。

直播平台、文学平台、视频平台、音乐平台等传统的内容传输平台基于行业沉淀，挖掘、整合平台资源开始自制内容，并且给予较大流量支持，探索新的营收增长点，以及作为平台不断创新商业模式，对所采购的内容除满足自身平台用户需要，也开始通过技术手段向第三方平台进行内容分发获得收益。2021年9月，腾讯音乐娱乐集团推出的正版直播音乐服务系统“音速达引擎”正式上线，该系统上线实际就是音乐平台向直播平台进行内容分发的一种典型方式。

伴随着这个新特点，对于IP衍生品的版权保护也日益重要，但是现有法律并未细化明确IP衍生品的各项权利，这就给盗版商留下许多钻法律漏洞的机会，造成了维权困难。“立法未动、市场先行”，目前在影视综漫的版权采买的系列合同中，已经将IP衍生品划分出来进行单独授权，一般包括产品授权（即IP衍生品设计、生产、宣传、销售等活动的授权），以及空间授权（即将授权的IP衍生品融入空间场景，形成IP衍生品为主题的展示与互动，吸引用户，实现空间的增值）。

2. 影视娱乐行业的数字化转型

随着人工智能、5G、大数据、VR/AR、区块链等技术的进步，以及疫情导致户外娱乐受到极大制约，影视娱乐行业越来越多的公司在巩固传统内容优势的同时，渐渐从单一的“内容”向“内容 + 科技”的方向积极转型。在内容形式创新的同时，也在进行数字化转型，将新技术运用到内容制作领域，比如：虚拟拍摄技术大大缩减了影视剧的拍摄成本、制作成本；全息投影技术使得文旅演艺活动中观众能够产生身临其境的互动体验。

借助于流量与技术优势，一些平台进行全产业链数字化布局，以腾讯公司为例，在移动阅读领域，旗下有阅文；在影视领域，旗下有腾讯视频、猫眼；在音乐领域，旗下有 QQ 音乐、全民 K 歌；在社交领域，旗下有微信、QQ；在游戏和直播领域，旗下有腾讯游戏、虎牙直播；等等。

但是，在平台进行数字化布局、扩张的过程中，也产生了诸多合规问题，比如侵犯数据安全、个人信息泄露、平台垄断等问题。为了规制数字化转型的野蛮生长，2021 年《数据安全法》和《个人信息保护法》两部专门法相继出台，用于规范数据处理以及个人信息处理，维护数据安全以及个人信息保护。此外，工信部和网信办也多次发起专项整治行动，数据显示，2021 年全年，工信部开展 APP 专项整治行动超 19 次，对 4000 多款 APP 发出整改通知，公开通报 1000 多款整改不到位的 APP，下架 300 多款仍存在问题的 APP。其中，专项整改范围覆盖隐私政策、APP 超范围 / 高频次索取权限、非服务场景所必需收集用户个人信息、欺骗误导用户下载、人脸识别应用规范等重大合规问题，豆瓣、唱吧等知名 APP 被下架处理，腾讯新闻、QQ 音乐、小红书等被通报整改。

3. 长视频与短视频之争

抖音、快手、B 站等短视频平台在疫情期间发展迅猛，时长短、噱头足、内容密集，容易吸引眼球；而许多影视剧却存在质量粗糙、内容注水等问题。一增一减，用户的时间和流量就大部分转移到了短视频平台。如自 2015 年至 2020 年，爱奇艺作为国内最大的长视频平台之一，就一直处于亏损之中，2021 年 12 月，爱奇艺又被曝出进行大规模裁员。

值得注意的是，短视频在法律上很容易触及“版权”问题。短视频平台上的内容基本上是网络用户上传的，而网络用户上传的许多短视频存在抄袭、复制、恶意剪辑等侵权行为。2021 年 4 月，50 余家影视公司，以及五大长视频平台和影视协会发布联合声明，呼吁短视频平台和创作者尊重原创、保护版权，未经授权不得对相关影视作品实施剪辑、切条、搬运、传播等侵权行为。2021 年 12 月 15 日，中国网络视听节目服务协会发布了《网络短视频内容审核标准细则》（2021 修订），明确要求：短视频节目中未经授权不得自行剪切、改编电影、电视剧、网络影视剧等各类视听节目及片段。

短视频平台为网络用户提供网络空间服务，允许网络用户上传内容，时间碎片化的当下，观看短视频成为大众最主要的娱乐休闲方式之一。影视剧作为最重要的优质短视频资源来源之一，网络用户往往将影视剧剪辑后配文配图解读后通过短视频平台传播。对网络用户上传的影视剧片段，短视频平台通常以无法对网络用户上传的海量内容进行逐一审查为由，往往要求网络用户适用著作权中的“避风港原则”来免除其法律责任，或以主张“算法”“推流”的理由称其属于技术中立，因而不构成侵权。

长视频与短视频之争，本质上是流量之争、时间之争。胜负的核心还是在于原创的质量，只有做好内容，好好回馈用户，才能获取忠实的用户，立于不败之地。

4. 强监管成为文娱行业常态

2021 年，从年初至年末，诸多明星艺人接连暴雷，“饭圈”乱象频发，乱象催生了政府的强监管，为了肃清行业弊病、规范健康发展，监管部门频频通过出台规定、专项整治行动、多部门联合调查等措施重拳出击，这一年也被称为文娱行业“合规元年”。

针对艺人违法失德问题，2021 年 11 月 23 日，中国演出行业协会发布了《关于公布第九批警示名单的公告》，决定将 88 名违法违规主播及违法失德艺人列入警示名单，警示期限为长期。公告要求警示期内，各网络音视频平台及经济机构会员企业，不得为其提供各类网络直播服务。

针对“饭圈”乱象，国家互联网信息办公室在 2021 年 6 月开展了“清朗”系列专项行动；针对偷逃税行为，主管机关发文要求加强文娱领域从业人员税收管理，多地税务局接连发出通告，督促艺人、网络主播等群体对自身税务问题进行自查、整改。由此可见，在“扎实推进共同富裕”的时代背景下，坚决打击偷漏税行为已经成为新常态。

针对未成年人沉迷网络游戏问题，2021 年 10 月，教育部、中宣部、中央网信办等联合多个部门部署各地做好预防中小学生沉迷网络游戏管理工作，对于网络游戏企业进行了更为严格的监管要求。

为了满足新经济形势下的监管需要，以及更好地开展反垄断执法工作，2021 年 11 月成立的国家反垄断局进一步加强了对平台经济的监管和执法力度，涉及互联网影视娱乐诸多领域，对资本的无序扩张、排除限制竞争的行为进行了严肃的查处，净化了公平公正合理有序的市场竞争环境。

其实，强监管不必然导致行业寒冬，强监管意味着合规，要求文娱行业肃清乱象，实现由乱而治，长效发展；强监管的目的是要求文娱行业主动求变，加强法治意识，在后疫情时代，实现创新突破，进行规范化管理以获取更大的竞争优势。

二、新出台或实施的法律法规或其他规范性文件

（一）《中华人民共和国著作权法》（2020 年修正）

2021 年 6 月 1 日，新修改的《著作权法》正式实施。自 2010 年开始着手修改，到 2020 年修改通过，可谓是十年磨一剑，著作权法的实施和不断适时修改对整个文化娱乐行业都具有重要意义。

《著作权法》是一部鼓励、保护作品创作和传播的法律。新《著作权法》大幅度提升了法定赔偿金额的上限，由原来的 50 万元提升到 500 万元，以及新《著作权法》增加了恶意侵权的 1—5 倍的惩罚性赔偿规定，随着网络游戏画面、体育赛事画面、直播画面等视听内容的出现，此次新《著作权法》的修正也有了适用范围的调整，即将原来的电影、电视剧、综艺节目等与前述视频内容统一规定为“视听作品”，将其作品的法律地位予以强化、全面保护。同时，扩充了原来“广播权”的内涵和外延，将网络在线直播、网络直播转播使用作品的行为明确纳入广播权范畴，将进一步强化保护作品著作权。新《著作权法》新增录音制品广播或公播的获酬权，该项权利对唱片行业是极大的利好，将进一步鼓励、推动唱片行业的繁荣发展。

（二）《中华人民共和国广播电视法（征求意见稿）》

2021 年 3 月 16 日，国家广播电视总局公布了《中华人民共和国广播电视法（征求意见稿）》（以下简称《广播电视法》），这是我国首次对广播电视活动计划出台的专门法。《广播电视法》在《广播电视管理条例》等行政法规、规章的基础上制定并进一步细化。明确与广播电视有关的知识产权依法受到保护；明确了业务准入制度；规定了广播电视节目负面清单；旨在落实网上网下实施一个标准、一体管理，统一了电视剧片的备案审查程序；强化从业人员的管理，明确从业人员的执业资质，劣迹人员节目受限、限薪。

《广播电视法》的即将出台，有利于推动实现广播电视领域加强党的领导和全

面依法治国融为一体；为广播电视更好地满足人民群众精神文化需求提供制度保障；为构建全媒体传播体系提供法治支撑；提升广播电视领域依法行政能力。

（三）《关于加强网络直播规范管理工作的指导意见》

2021 年 2 月 9 日，国家互联网信息办公室、全国“扫黄打非”工作小组办公室、工业和信息化部、公安部、文化和旅游部、国家市场监督管理总局以及国家广播电视总局等七部门联合发布了《关于加强网络直播规范管理工作的指导意见》（以下简称《意见》）。

《意见》落实了平台、主播以及用户三方的责任，强调压实平台的主体责任，明确主播的法律责任，强化用户的行为规范。《意见》的出台，旨在提升主流价值引领，切实维护网民权益，加强对未成年人的保护，筑牢信息安全屏障，严惩违法、违规行为。

（四）《关于开展文娱领域综合治理工作的通知》

2021 年 9 月 2 日，针对流量至上、“饭圈”乱象、违法失德等文娱领域出现的问题，中央宣传部近日印发《关于开展文娱领域综合治理工作的通知》。

该通知要求抵制天价片酬、严厉查处偷逃税行为，打击流量至上，严禁选用未成年人参加选秀类节目，推进游戏防沉迷系统的接入，加大对失德艺人的惩处。该通知指出要强化“饭圈”集资乱象、不良网贷等负面案例的警示教育作用。该通知的出台将扭转流量至上、拜金主义等畸形价值观，探索构建“饭圈”管理长效机制，引导青少年健康成长。

（五）《关于进一步严格管理切实防止未成年人沉迷网络游戏的通知》

2021 年 8 月 30 日，国家新闻出版署下发了《关于进一步严格管理切实防止未成年人沉迷网络游戏的通知》，针对未成年人过度使用甚至沉迷网络游戏问题，进一步严格管理措施。

该通知要求，自本通知施行之日起，所有网络游戏企业仅可在周五、周六、周日和法定节假日每日 20 时至 21 时向未成年人提供 1 小时网络游戏服务，其他时间均不得以任何形式向未成年人提供网络游戏服务。该通知明确了严格落实网络游戏用户账号实名注册和登录要求。该通知出台有利于切实保护未成年人身心健康，促进游戏行业健康发展。

（六）国家税务总局办公厅发布通知加强文娱领域从业人员税收管理

为贯彻落实中央宣传部《关于开展文娱领域综合治理工作的通知》的有关要

求，2021年9月18日，国家税务总局办公厅发布通知加强文娱领域从业人员税收管理。该《通知》提出，进一步加强文娱领域从业人员日常税收管理，对明星艺人、网络主播成立的个人工作室和企业，要辅导其依法依规建账建制，并采用查账征收的方式申报纳税。该通知要求，要着力加强明星艺人、网络主播经纪公司和经纪人及相关制作方的税收管理，督促其依法履行个人所得税代扣代缴义务。

该通知进一步表明，在“共同富裕”的价值导向下，国家对文娱行业超高收入的从业人员加强税收监管是不可逆的大趋势。

（七）《演出行业演艺人员从业自律管理办法（试行）》

2021年2月5日，中国演出行业协会发布了《演出行业演艺人员从业自律管理办法（试行）》（以下简称《办法》），演艺人员基本上涵盖影视娱乐行业全部的从业人员，《办法》首次明确了演艺人员应当遵守的十项从业规范以及十五项禁止性条款，在《办法》中，中国演出行业协会设立了道德建设委员会，承担演艺人员道德建设和从业自律等相关工作。对于违反行业规范的演艺人员，由中国演出行业协会根据道德建设委员会评议结果，对违规艺人处以抵制、惩戒等措施。

虽然《办法》属于自律性行业规定，没有法律强制效力，但在实践中，行业协会的“封杀”会对违规艺人带来非常强的惩戒影响与震慑作用，有利于规范管理艺人队伍。

三、典型案例

（一）新冠肺炎疫情是否构成不可抗力，是否可以免责的案例分析

【案例1】娄某社与乐道公司、香奈公司电视剧剧本创作服务纠纷案[1]

【基本案情】

2017年10月11日，乐道公司作为甲方与乙方冰河公司、丙方娄某社、丁方香奈公司签订《框架协议》，约定共同开发、拍摄电视剧《使徒1》，同日，娄某社作为甲方与乙方香奈公司签订《授权许可合同》，约定：甲方是小说《使徒》的作者，授权乙方从事《使徒1》相关电视剧和网剧项目的开发、拍摄、制作以及

① 北京市朝阳区人民法院（2020）京0105民初57237号。

商务发行事宜。2020 年 3 月 10 日，香奈公司向娄某社发送《解除合同通知书》，载明：鉴于 2019 年底至今我国发生新冠肺炎疫情及全球疫情暴发，故而要求解除《授权许可合同》，并退还保证金 1000 万元。各方沟通解决未果，娄某社遂向北京市朝阳区人民法院起诉，请求判令香奈公司继续履行与娄某社签订的《授权许可合同》，并且请求判令香奈公司支付违约金 200 万元等。

【争议焦点】

1. 香奈公司及乐道公司能否有权以不可抗力为由解除与娄某社之间的合同；
2. 香奈公司是否存在违约行为；
3. 涉案合同是否能够继续履行。

【裁判观点】

对于争议焦点 1，法院认为，根据《中华人民共和国民法典》（以下简称《民法典》）之规定，因不可抗力致使不能实现合同目的，当事人可以解除合同。2019 年底，新冠肺炎疫情暴发，并在全球范围内迅速蔓延，严重影响了人们的工作和生活，诸多行业因此遭受了不同程度的打击。考虑到影视行业可能造成人员聚集的行业特殊性，出于对人民负责的考虑和防止疫情扩散的迫切要求，相关国家机关及行业协会陆续出台了多份文件，暂停影视剧的拍摄工作，影视行业在此期间受到了重大影响。然而，本案中，虽然各方之间的合同履行也一定程度上受到了新冠肺炎疫情的影响，但在剧本的创作过程中，相关工作可以通过居家办公和远程线上方式进行，因疫情防控所采取的相关措施和手段亦不能阻碍或减缓剧本创作进度。故该剧至今尚未完成改编剧本工作，进而致使无法开机拍摄，并非因新冠肺炎疫情所致。香奈公司、乐道公司主张因疫情不可抗力原因解除合同缺乏事实和法律依据，本院不予采信。

对于争议焦点 2，法院认为，根据《授权许可合同》约定，香奈公司应在开机摄制的一个月之前向甲方提供电视剧或网络剧开机摄制必要的立项批文或审批文件，完整的改编剧本。但截至目前，香奈公司尚未完成改编剧本。香奈公司称其曾就娄某社担任编剧一事与娄某社达成一致意见，但在娄某社予以否认的情况下，香奈公司所提交证据亦不足以认定未完成改编剧本的原因与娄某社存在直接关联。故本案认定香奈公司存在违约行为，并对娄某社提出的违约金主张予以支持。

对于争议焦点 3，法院认为，本案中，改编剧本至今未完成创作，已经远超过各方约定的时间，且香奈公司、乐道公司已就案涉合同分别将娄某社诉至本院，各方之间已经丧失信赖基础，如果强制继续履行，不仅可能使各方之间矛盾加剧，造成更大的经济损失，也可能会影响作品完成的质量和效果。有鉴于此，法院对娄某社请求判令香奈公司、乐道公司继续履行合同义务的诉讼请求不予支持。

【案例2】制片厂、新影动漫公司与北京银行金融借款合同纠纷案[①]

【基本案情】

2018年5月8日，新影动漫公司（受信人）与北京银行（授信人）签订《综合授信合同》，约定最高授信额度为4亿元。同日，北京银行（债权人）与制片厂（保证人）又签订了《最高额保证合同》，约定制片厂对《综合授信合同》以及该授信合同项下订立的全部具体业务承担连带责任保证担保。随后新影动漫公司多次与北京银行签订《借款合同》。但北京银行认为新影动漫公司未能按计划还款，已构成《综合授信合同》及《借款合同》项下违约事件，遂向北京市第四中级人民法院起诉要求新影动漫公司还本付息，并要求制片厂承担连带保证责任。北京市第四中级人民法院最终支持了北京银行的诉请。

新影动漫公司与制片厂对一审判决不服，上诉至北京市高级人民法院，理由是新影动漫公司违约事项发生在新冠肺炎疫情发生之后，根据国家相关政策及司法判例已经明确本次新冠肺炎疫情属于不可抗力，应根据实际情况对违约责任予以减免。本次新冠肺炎疫情对各行各业均产生了巨大影响，新影动漫公司从事的文化产业受冲击巨大，无论是项目正常开展，还是融资计划的实施均受到极大的打击，整个社会对文化产业的投资意愿也降至冰点。因受新冠肺炎疫情影响，2020年2—3月整体工作都处于停滞状态，导致新影动漫公司利息无法按时缴纳，从而导致进入不断违约的恶性循环状态。

【争议焦点】

新影动漫公司是否构成不可抗力被动违约，是否可以免除部分违约责任。

【裁判观点】

法院认为，新影动漫公司虽然主张其受新冠肺炎疫情影响导致被动违约，但其未能举证证明未履行还款义务与新冠肺炎疫情存在直接因果关系。同时，新冠肺炎疫情自2020年5月起就趋于平稳，如果系受疫情影响，新影动漫公司应有充足的时间解决或部分解决资金困难的问题，履行《借款合同》项下的义务，但新影动漫公司至今未再向北京银行偿还任何款项，故新影动漫公司的该项上诉主张，本院不予采信。最终，北京市高级人民法院驳回了新影动漫公司与制片厂的上诉，维持原判。

---

① 北京市高级人民法院（2021）京民终583号。

【纠纷观察】

新冠肺炎疫情导致的行业内企业资金链断裂，严重影响到了影视剧拍摄、上映的进度，也因此导致企业违约事件频发。疫情是否构成不可抗力，是否可以减免责任，也成为普遍关注的焦点。

2020 年 4 月，最高人民法院出台《关于依法妥善审理涉新冠肺炎疫情民事案件若干问题的指导意见（一）》明确规定："人民法院审理涉疫情民事案件，要准确适用不可抗力的具体规定，严格把握适用条件。对于受疫情或者疫情防控措施直接影响而产生的民事纠纷，符合不可抗力法定要件的，适用《中华人民共和国民法总则》第一百八十条、《中华人民共和国合同法》第一百一十七条和第一百一十八条等规定妥善处理；其他法律、行政法规另有规定的，依照其规定。当事人主张适用不可抗力部分或者全部免责的，应当就不可抗力直接导致民事义务部分或者全部不能履行的事实承担举证责任。"

结合上述两个案例，可以看出，新冠肺炎疫情暴发以及所采取的防控措施，虽然属于不能预见、不能避免并不能克服，但是具体合同关系中是否构成不可抗力，需根据双方合同目的、合同履行情况、合同履行期限、合同履行内容、疫情影响程度及因果关系等严格确定。疫情影响并不必然导致合同义务免除或合同免责解除。一方主张适用不可抗力并请求部分或者全部免责的，应当就此承担举证责任。

【实操建议】

当出现不可抗力事件的情况时，建议采取一切必要措施，避免或者减少不可抗力对合同的影响，及时将不可抗力的事实通知合同相对方，以便让相对方有时间采取措施尽量避免损失，并且及时向相对方提供不可抗力事件发生的证明，与相对方积极协商处理，而不应该消极不作为，盲目套用不可抗力的免责事由，任由事态扩大化、严重化，否则有可能导致己方承担相应责任。

（二）影视作品抄袭纠纷

【案例 3】中影华腾公司与北京彩条屋科技公司等侵害作品改编权纠纷案[①]

【基本案情】

中影华腾公司是戏剧作品《五维记忆》的著作权人。《五维记忆》创作完成时

① 北京知识产权法院（2019）京 73 民初 1722 号。

间为 2017 年 6 月 8 日，登记日期为 2017 年 12 月 20 日。《哪吒之魔童降世》（以下简称《哪吒》）电影于 2019 年 7 月 26 日在院线首映，杨某是《哪吒》电影的编剧和导演，光线公司、可可豆公司、彩条屋影业公司、十月文化公司、北京彩条屋科技公司为《哪吒》电影的出品方。

中影华腾公司认为，《哪吒》电影在人物设定（包括人物形象、人物性格、人物关系）、故事情节以及其他要素表达方面与《五维记忆》构成实质性相似，六被告在创作该电影的过程中亦具有实际接触《五维记忆》的可能性，因此，六被告的行为侵犯了中影华腾公司的改编权。遂向北京知识产权法院起诉要求六被告停止侵权、刊登道歉声明、赔偿经济损失 5000 万元等。

【争议焦点】

1. 整台《五维记忆》舞台剧是否属于《著作权法》第 3 条第 3 项规定的戏剧作品；整台《五维记忆》舞台剧中“供舞台演出的作品”部分的表达内容及其法律性质认定；

2.《哪吒》电影是否侵犯了《五维记忆》舞台剧中“供舞台演出的作品”部分的改编权。

【裁判观点】

对于争议焦点 1，法院认为，整台《五维记忆》舞台剧是借助多种手段，并结合多种艺术形式，通过演员的表演将一个故事呈现给观众的“一整台戏”。“一整台戏”包括两部分内容：一是“供舞台演出的作品”部分，其中包含了文字作品、美术作品、音乐作品、舞蹈作品等；二是呈现作品的舞台表演部分。概言之，“一整台戏”杂糅了多种作品形式，在《著作权法》上需要区分不同性质的劳动来决定哪些成果归入哪一类型作品加以保护，而不能作为一个整体构成戏剧作品或其他作品而受到保护。

因此，中影华腾公司主张整台《五维记忆》舞台剧构成戏剧作品的主张，缺乏法律依据；而单独拆分开的“供舞台演出的作品”部分，则符合戏剧作品的定义，受《著作权法》的保护。

对于争议焦点 2，法院认为，本案中，《哪吒》电影与《五维记忆》舞台剧中“供舞台演出的作品”部分属于不同形式的作品，对二者进行著作权层面的相似性比对时，应当以外观主义为原则，以广大受众的一般感受为基础，而不能受创作者对于其作品的个性化理解的限制。

法院通过对人物设定（包括人物形象、人物性格及人物关系）、故事情节、纱幕结界等关键要素的比对之后，认定《五维记忆》与《哪吒》电影的相关内容未构成实质性相似，最终法院驳回了原告中影华腾公司的全部诉讼请求。

【纠纷观察】

本案属于舞台剧与电影这一不同形式的作品之间的改编权纠纷，一经曝光就引起了社会的广泛关注。本案判决作出之后，将会对不同形式的作品之间著作权侵权纠纷的审理具有非常重要的指导意义。

本案中，法院对于“戏剧作品”“一整台戏”的含义做了非常详细的阐明。探讨了“一整台戏”的《著作权法》保护，对于杂糅了多种作品形式的整体的表演，需要进行抽离、区分哪些是受《著作权法》保护的作品，哪些是不受《著作权法》保护的用于辅助表演的手段（常见的比如：声、光、电等多种高科技手段）。

本案对于“侵犯改编权行为”的认定，做出了明确的判断方法——一般遵循“接触 + 实质性相似 – 其他来源”，即需要满足以下几个要件：（1）被诉侵权人有接触到权利作品的可能性；（2）被诉侵权内容与权利作品在表达方面相同或实质性相似；（3）被诉侵权人不具有其他来源有效抗辩理由。

【实操建议】

参考本案的裁判规则，律师在后续案件代理过程中，不应再执着于“寻章摘句”地找寻相似的“创意构思”，而是应该着力证明存在“接触可能性”以及“实质相似性”，在进行实质性相似比对时，应当以外观主义为原则，以广大受众的一般感受为基础，而不能受创作者对于其作品的个性化理解的限制。

（三）电视剧合作创作合同纠纷

【案例4】小玩家公司与文轩博文合伙企业等知识产权与竞争纠纷案①

【基本案情】

2016年6月6日，小玩家公司（甲方）与博啦啦公司（乙方1）、文轩博文合伙企业（乙方2）签订了《五十集电视连续剧〈三个女人一台戏〉合作协议书》（以下简称“涉案合同”）。约定由甲方负责电视剧的全部制作，乙方提供资金支持。涉案合同第1.4条“合作原则”约定：“甲、乙双方一致同意由甲方全权代表乙方负责本剧的剧本创作、人员配置、拍摄、制作、宣传、发行等工作。”

随后由于电视剧拍摄过程中的诸多问题，导致剧组停机，没有完成拍摄工作。

---

① 北京知识产权法院（2020）京73民终548号。

博啦啦公司、文轩博文合伙企业遂向法院起诉，请求解除与小玩家公司的涉案合同，并返还全部投资款及利息损失。

【争议焦点】

1. 涉案合同性质的认定；

2. 违约行为及违约责任的认定。

【裁判观点】

对于争议焦点 1，二审法院北京知识产权法院分析认为，小玩家公司之所以主张涉案合同确立了隐名委托代理关系和共担风险的合作创作关系，是因为其认为在委托代理范围内博啦啦公司、文轩博文合伙企业应当自行承担涉案电视剧未拍摄完成的后果。也就是说，如果涉案合同为委托合同，小玩家公司作为受托方只要没有过错即可免责。但是，通览涉案合同全篇（重点针对涉案电视剧的筹备安排、拍摄制作、发行收益、权利划分等条款进行分析），法院认为三方并没有成立委托代理关系的意思表示。

小玩家公司仅凭涉案合同中提到“全权代表”等字样，即主张涉案合同具有委托合同的属性，并以自己没有过错为由认为博啦啦公司、文轩博文合伙企业应当自行承担代理行为的后果。这一上诉主张不能成立，北京知识产权法院不予支持。

对于争议焦点 2，法院查明，小玩家公司存在诸多违约行为，导致博啦啦公司、文轩博文合伙企业合同目的无法实现，博啦啦公司、文轩博文合伙企业据此享有法定解除权，法院判决确认涉案合同解除。

针对博啦啦公司、文轩博文合伙企业投入到剧组的巨额资金，经法院调查，已经在电视剧的拍摄过程中花费，故涉案合同已经履行的部分在客观上无法恢复原状或采取其他补救措施。但是，我国立法采取了认可当事人的合同解除权与损害赔偿请求权并存的立法模式。这就意味着，合同解除后，当事人因合同解除而受到损失的，有权要求赔偿损失。因此，小玩家公司返还博啦啦公司、文轩博文合伙企业已支付合同款项部分的性质为损失赔偿。损失赔偿的额度参考适用《民法典》“合伙”部分“共担风险、共同受益”的原则进行分配。

【纠纷观察】

实践中，许多影视剧合作协议往往揉杂进多种法律关系，属于无名合同，但是不同的性质引起的法律后果往往天差地别。同时，影视剧投资拍摄具有资金规模大、涉及环节多等特点，这就导致每个环节都有可能出现不确定性与风险性。

本案法院从合同实质内容分析得出了合同性质，对于合同解除之后，因客观原因导致投资款无法返还的法律后果做了阐明。根据《民法典》第566条第1款规定："合同解除后，尚未履行的，终止履行；已经履行的，根据履行情况和合同性质，当事人可以请求恢复原状或者采取其他补救措施，并有权请求赔偿损失。"因此，我国立法采取了认可当事人的合同解除权与损害赔偿请求权并存的立法模式。

对于赔偿的额度与范围，鉴于涉案合同属于无名合同，法院创造性地参照合伙"共担风险、共同受益"的原则进行确定，本案判决作出之后，将会对后续影视剧合作投资纠纷的审理具有非常重要的指导意义。

【实操建议】

建议投资人、制片人等合同主体之间，在合同起草时应当首先明确合同的性质，并在合同标题、内容中予以展现。此外，合同主体还应当事前做好对影视剧项目的尽职调查工作；在合同起草、谈判环节，在合同中约定清楚核心条款（包括但不限于：项目融资、先期筹备、拍摄、制作、宣发、分账等环节的权利义务、风险分配、资金监管、违约责任等事项）；在合同履行环节，也应当及时跟踪，要求合同义务方定期信息披露。

（四）未成年艺人经纪合同效力纠纷

【案例5】深圳市某音乐文化有限公司与歌手陈某某艺人经纪合同纠纷案[①]

【基本案情】

"00后"音乐人陈某某15岁时开始音乐创作，2019年3月29日，某音乐公司作为甲方，陈某某作为乙方，共同签订《音乐人经纪合同》，签约时，陈某某已满17岁零7个月。主要约定：由甲方为乙方提供音乐制作、演艺经纪等服务。乙方签字盖章处有陈某某的签字，乙方的法定监护人签字处为空白。

但是，双方签约7天之后，陈某某方就发来了通知函，单方宣布合约无效，双方商议无果，陈某某及其母亲向深圳市南山区人民法院提起诉讼，以未成年人属于限制民事行为能力人，其签字行为属于无效民事行为，且未经过法定代理人追认为由，要求确认《音乐人经纪合同》无效，深圳市南山区人民法院一审支持了陈某某，但是深圳市中级人民法院二审最终撤销了一审判决，驳回了陈某某的

---

① 深圳市中级人民法院（2019）粤03民终31630、30797号，（2021）粤03民终14972、14973号。

诉讼请求。

随后，陈某某方改变了诉讼策略，以重大误解、显失公平，及双方失去信任基础丧失了合作基础为由，起诉要求撤销双方签署的《词曲代理合同》。虽然得到了深圳市南山区人民法院一审的支持，但同样二审最终败诉。

【争议焦点】

1.“请求确认合同无效纠纷案”争议焦点概括为：本案合同是否无效？

2.“请求撤销合同纠纷案”争议焦点概括为：本案合同是否应该被撤销？

【裁判观点】

在“请求确认合同无效纠纷案”中，二审法院认为，陈某某在与某音乐公司签约时从事音乐行业已有两年，其对音乐行业已有基本的认知。即使陈某某与某音乐公司签订的《音乐人经纪合同》中约定的多项权利和义务专业性强，陈某某并未举证表明其系受到误导而签订了与其年龄不相适应的合同。相反，某音乐公司的举证能够说明陈某某已满十六岁，且以自己的收入为主要生活来源，可视其为完全民事行为能力人。

陈某某在签订该合同时已具备完全民事行为能力，合同约定的生效要件中的“各方”应理解为某音乐公司和陈某某，法定监护人是否签字并不影响该合同的效力。

在“请求撤销合同纠纷案”中，二审法院对“重大误解、显失公平”的定义做了详细阐述，法院合理分配了举证责任，如果一方起诉要求确认合同无效或者撤销合同，那么需要承担证明合同无效、可撤销等法定情形的举证责任。在陈某某未能举证表明其系受到误导而签订了与其年龄不相适应的合同的情况下，不能认定构成重大误解或显失公平。最后，陈某某以双方因失去信任基础而丧失了合作基础为由要求撤销合同，没有法律依据。

【纠纷观察】

本案具有较强的典型意义，文娱行业由于其特殊的职业特性和高额的收入水平，有较多未成年民事主体参与其中，经常涉及未成年人民事行为能力认定的问题，本案对同类法律纠纷具有一定的参考和示范意义，对于音乐产业的健康发展有积极的推动作用。

现实中，许多16周岁以上未成年艺人往往对行业有基本的认知，也早早通过自己的专业能力获取了收入来源，综合考虑上述因素，法院往往会认定未成年艺人具有足够的辨识能力与独立的意思表示能力，因此，其作出的承诺、签署的合同就是生效的法律行为，应当根据诚实信用原则去履行。

【实操建议】

为了防止出现类似的纠纷，针对经纪公司的建议如下：

（1）如果基于商业考虑，与未成年艺人签署合同时，需要明确合同的期限、类型，并尽量要求艺人的法定代理人签字确认。

（2）演艺经纪合同具有极强的人身属性，同时由于期限较长（国内一般为3—10年）非常需要依赖双方的信任关系履行，因此，经纪公司也应当注意在合同中设置针对未成年艺人的教育、身心健康、人身安全保护等特殊性条款，保障未成年艺人的顺利成长，保障双方的合作能够长久、稳固。

针对未成年艺人及其法定代理人的建议如下：

（1）签约时要谨慎，注意理解合同条款并识别其中的风险，尤其注意合同的期限、类型、承担的义务、违约责任（确认是否存在巨额违约金）等。

（2）如果与经纪公司发生纠纷，可以适当从合同履行方面寻找经纪公司的漏洞与违约，需慎用重大误解、显失公平来撤销合同。司法实践中，法院对于合同撤销、无效的认定往往非常慎重，如果以重大误解、显失公平为由，则需要承担较高的举证责任。

（3）慎重使用任意撤销权，近几年的司法实践，逐渐达成了一项共识：演艺经纪合同并非单纯的委托合同，而是兼具委托、行纪、居间、劳动、著作权等法律关系的混合合同，因此，如果艺人单方行使任意撤销权，反而容易产生违约风险。

四、热点问题观察

（一）学术热点：短视频二次创作是否构成对影视原作品侵权以及短视频平台的责任

1. 关于短视频二次创作的认定

（1）短视频二次创作的定义

短视频二次创作，是指短视频的制作者未经权利人尤其是影视剧权利人许可，采取剪辑、切条、搬运等手段，截取他人影视作品中的画面或伴音片段，混搭或配文配图编辑后形成自己的作品并在相关的平台上传播的行为。

短视频最大的特征并不体现在“短”，时至今日，并没有法律、法规明确短视频的时长，大多数短视频创作者默认的时长一般控制在5分钟内。其实，不论时间长短，只要短视频表达了作者的思想感情，并且能够满足独创性要求，就属于

《著作权法》受保护的作品，北京互联网法院成立后审理的第一案“抖音”诉“伙拍”短视频侵权案，法院经审理认为涉案13秒的短视频《5.12我想对你说》具有独创性，构成类电影作品。

（2）短视频二次创作的合理使用

短视频二次创作行为是否构成侵权是学术界争议较大的问题。根据《著作权法》第24条第1款第1、2项规定：“在下列情况下使用作品，可以不经著作权人许可，不向其支付报酬，但应当指明作者姓名或者名称、作品名称，并且不得影响该作品的正常使用，也不得不合理地损害著作权人的合法权益：（一）为个人学习、研究或者欣赏，使用他人已经发表的作品；（二）为介绍、评论某一作品或者说明某一问题，在作品中适当引用他人已经发表的作品。”在上述情形下，法律赋予了短视频创作者合理使用他人已经发表的作品的权利，但是是否能构成合理使用呢？一般情况下，合理使用的判断标准可参考《伯尔尼公约》、TRIPs协议与《世界知识产权组织版权条约》采取“三步检验法”，即：第一，原作品的合理使用只能是在某些特殊情况下使用；第二，短视频二次创作行为是否影响原作品的正常使用；第三，短视频二次创作行为是否不合理地损害著作权人的合法权益。

使用已有影视剧片段进行二次创作需要有创作者创作出新的独立于原影视剧的内容，否则就是对原有影视剧内容的直接使用。但是囿于短视频的时长有限，短视频的创作者个人发挥的空间比较小，如在播放该影视剧片段过程中进行文字解说、配图等，这种情况下二次创作的难度很大，即便产生出了新的内容，对于二次创作的短视频的使用仍然摆脱不了侵权的可能性，属于《著作权法》上的“演绎作品”。根据《著作权法》的相关规定，使用演绎作品需要征得原作品即原影视剧权利人的同意并支付报酬。

判断是否属于合理使用，内容的使用场景很重要，如果某个影视剧二次创作短视频偶尔通过集合了大量工作、生活状态的个人微信朋友圈或博客、微博等发布，此种情况下一般可以认为构成合理使用。但是如果将前述影视剧二次创作短视频通过个人短视频账号发布或者经常性制作类似影视剧二次创作短视频进行发布，尤其在聚集了众多“粉丝”关注或有一定商业植入的情况下，前述二次创作很可能会被认定为侵权。

另外，短视频创作者不标记原作者的名称，大段抄袭原作品，扭曲、诋毁原作品和原作者的思想表达，并将之用于商业行为，显而易见不属于合理使用，而是侵权。总而言之，使用影视剧进行二次创作后传播构成合理使用的空间很小，所以要非常慎重小心以避免侵权。

2. 关于短视频平台的侵权行为的认定

（1）短视频平台的适用原则

短视频平台长期沿用“避风港原则”，即凡是网络服务提供者行为符合法定免责条件的，网络服务提供者不承担侵权赔偿责任。追究网络服务提供者的侵权赔偿责任应当以首先适用“通知与移除”规则为前提。

但是，随着2021年以来短视频侵权行为的增多，以及短视频平台滥用“避风港原则”规避自身责任，国家版权局等相关部门多次开展短视频版权专项整治行动，将多家短视频平台列为行动重点监管对象，着力强化对短视频平台企业的版权监管。越来越多的权利人也呼吁优先适用“红旗原则”，即当短视频平台上的侵权行为众多，就像红旗一样迎风招展时，平台可以轻易做到识别，但如果依然默许侵权存在并依然提供服务，那么此时就不应该再适用“避风港原则”，否则会任由权利人的合法权益受到侵害，长此以往不利于内容创作，不利于行业良性发展。

（2）短视频平台的责任分析

2021年8月，“腾讯”向北京知识产权法院起诉“抖音”传播《扫黑风暴》影视剧内容构成侵权，索赔1亿元。[①] 该案中，“腾讯”提出“禁令”申请，审理过程中，“抖音”主动向北京知识产权法院提交承诺函，采取包括关键词识别等技术进行上传前的主动事前筛查、上传后的主动事后筛查，对于侵权链接及时删除、对侵权严重的用户进行封号的行为。

另外，对于网络平台经常主张的“算法”等技术中立抗辩理由，有不少司法裁判者认为“算法”虽然是技术，但是其有鲜明的追求市场利益目的性，基于“算法”催生大规模的侵权内容的推送的情况出现时，平台应当采取有效措施加以制止和预防，否则可能构成侵权。

因此，随着识别、预防侵权技术手段的提升，短视频的注意义务也逐步提升，继续坚持因早年互联网技术不发达，侵权识别能力较低的背景下出台的“避风港原则”已不符合当下的实际情况，也不利于整个文娱行业的公平有序健康发展。

（二）实务热点：国际视角——主旋律题材表现亮眼，传播中国文化、讲好中国故事

好莱坞电影尤其是“超英电影”2021年在国内遇冷“扑街”，年度票房排名

① 参见中国知识产权资讯网，http://www.iprchn.com/cipnews/news_content.aspx?newsId=131824。

前 30 内，只有 6 部好莱坞电影上榜。众多观众纷纷表示，好莱坞大厂逐渐吃老本、炒冷饭、模式化，千篇一律的套路让人感到审美疲劳。大导演马丁·斯科塞斯就曾批判："漫威电影不能称之为电影，更像是主题公园的产品。"

越来越多的从业者逐渐意识到，酷炫的特效、铺天盖地的宣传并不能完全创造良好的票房与口碑。相反，影视剧应该是演员努力去传达情感和心灵感受的作品，情感力量是影视剧的独特魅力。国产主旋律题材在 2021 年之所以能够逆势而上，获取票房、口碑双丰收，重要原因就在于：通过高超的电影工业、扎实的演技，真切展现、还原了一个又一个功勋们，为国家、为人民不懈奋斗、赓续红色血脉，传承优良作风的故事，使得观众们的爱国热情与电影同频共振，比好莱坞电影的内核更丰富，更符合且满足中国观众现如今的精神追求和文化信仰。

这也提振了受疫情影响颇为严重的影视行业从业者的信心，更为从业者廓清了明朗的方向。中华五千年文明史，尤其是自近现代中国共产党登上历史舞台以来，涌现出无数个真实的、感人的事迹，这是影视剧行业剧本创作的丰富宝库，也是中国影视剧行业在国际市场屹立不倒、把中国电影输向全世界的重要源泉。

2021 年 3 月召开的十三届全国人大四次会议批准了《中华人民共和国国民经济和社会发展第十四个五年规划和 2035 年远景目标纲要》，明确提出 2035 年的愿景目标："要建成文化强国，国家文化软实力显著增强，鼓励优秀传统文化产品和影视剧、游戏等数字文化产品走出去。"2021 年 12 月召开中国文学艺术界联合会第十一次全国代表大会、中国作家协会第十次全国代表大会，习近平总书记强调："希望广大文艺工作者用情用力讲好中国故事。"

主旋律题材的影视剧受到市场认可，契合了习近平总书记的讲话精神，中国影视行业的新篇章，或许就在这里正式开启。

（三）实务热点：无过错的利益受损方视角——劣迹艺人被"封杀"导致无过错合作方产生损失的责任探讨

好的影视剧作品，剧本是基础，演员是核心。但是在 2021 年，却不断爆出劣迹艺人恶性事件，挑战道德底线、法律红线。艺人失德、违法犯罪行为亟待整顿，社会舆论多次呼吁对劣迹艺人进行"封杀"。艺人被"封杀"属于典型的"牵一发而动全身"事件，有的投资方因为艺人被"封杀"导致影视剧无法正常上映，产生了巨大的损失，转而起诉艺人要求承担违约责任，赔偿损失。比如在北京市第一中级人民法院（2019）京01民初7号案件[①]中，艺人高某某因为海外不良事件曝光，导致电视剧无法正常上映，浙江唐德影视股份有限公司遂起诉高某某及其关联方，要求解除电视剧的演员聘用合同，并赔偿巨额损失。北京市第一中级人民法院判决支持了唐德影视的诉请。即便是高某某被海外法院最终判处无罪，但是依然不妨碍其承担民事违约责任。

劣迹艺人给各方造成的损失是环环相扣的，有的合作方之间，往往也会因为艺人被“封杀”，而被“传染”危机，产生违约责任。比如在北京市第三中级人民法院（2019）京03民终16477号案件中，广告植入公司因为主演蒋某某的违法劣迹行为导致电视剧不能播出，故而起诉电视制片公司退还广告费并赔偿损失。电视制片公司辩称蒋某某事件属于不可抗力，且完成了片中植入内容，认为不应当因此承担退款责任，广告植入公司应当承担相应的商业风险。最终，法院认定电视制片公司提供的证据无法证明蒋某某事件直接导致电视剧无法播出，而且蒋某某事件既不是法律规定的不可抗力，也不属于合同约定的不可抗力事件，北京市第三中级人民法院最终判决支持了广告植入公司的诉请。

对于违法失德艺人来说，被“封杀”其实仅仅是承担责任的开始，后续还会面临向经纪公司、影视公司、广告公司、投资公司等利益受损方高额赔偿的问题。需要注意的是，司法实践中，利益受损方索赔的请求权基础主要是“合同之债”而非“侵权之债”，即根据“合同相对性原则”利益受损方只能向合同相对方索赔，如果劣迹艺人并非合同主体，那么就难以主张赔偿。

艺人在影视剧的产业链条中担任非常重要的角色，涉及多方的利益关系，也包含着多方巨大的投入与辛苦付出，影视剧是集体劳动的工业产品。因此，“封杀”违法失德艺人的边界也应当明确，对于是否下架艺人参与的文艺作品，应当尽可能做到客观审慎，做到处罚法定，避免出现“一刀切”的现象。

从另一个角度来看，“封杀”违法失德艺人引发的高昂损失，也倒逼合作方审慎选择素质不过硬的艺人，转而追求与德艺双馨的艺人合作，在与艺人合作洽谈时，也会更加重视由专业律师或者法务对艺人进行背景调查、完善协议条款、加强事中和事后监管。从长远来看，有利于肃清行业乱象，促进高质量作品的产出。

---

① 《浙江唐德影视股份有限公司关于累计诉讼、仲裁情况的进展公告》（公告编号：2022-005）。

（四）实务热点：数字文娱视角——元宇宙相关问题的合规性探讨

2021 年元宇宙概念火爆全网，成为包括文娱行业在内的新宠儿与新方向，元宇宙意在改变人们与时空互动的方式，增加沉浸化、实时化与多元化，在游戏、社交、娱乐、消费等多种文娱领域有着非常广泛的应用场景。根据彭博行业研究报告预计，元宇宙将在 2024 年达到 8000 亿美元的市场规模。

除了前文提到的数据安全以及个人信息保护问题之外，元宇宙还主要涉及虚拟资产的法律定性、游戏防沉迷等合规问题。

在元宇宙中，以数字化形式表现的虚拟事物越来越多，购买、使用的用户群体也越来越广泛，相应地，这些虚拟事物的价值也越来越大，如果不赋予它们虚拟财产的法律属性，不进行保护，那么势必会严重影响数字化转型进程。

我国《民法典》第 127 条明确规定："法律对数据、网络虚拟财产的保护有规定的，依照其规定。"这一条款为虚拟财产的保护提供了民事基本法的依据，但是，目前从法律客体角度而言，对于虚拟财产是物权所有权还是知识产权，或者新型财产权利，目前学界并没有形成通说；从法律主体角度而言，这些虚拟财产究竟是属于用户，还是平台抑或第三方，也是实践中有较大争议的地方。

此外，现阶段元宇宙中的虚拟财产交易主要采取 NFT 作为载体，但是，根据 2021 年出台的《关于防范虚拟货币交易炒作风险的联合公告》《关于进一步防范和处置虚拟货币交易炒作风险的通知》以及最高人民法院 2022 年修正的《关于审理非法集资刑事案件具体应用法律若干问题的解释》等规定，明确了虚拟货币不具有与法定货币等同的法律地位，明确了以虚拟货币非法吸收资金的行为构成非法吸收公众存款罪。因此，元宇宙的行业公司应当领会监管红线，搭建合规体系，避免相应的法律风险。

元宇宙的沉浸式体验，也会引发游戏防沉迷问题，在元宇宙游戏代表的电影作品《头号玩家》中，著名导演斯皮尔伯格就侧面提到了因为大量用户沉迷于元宇宙游戏，导致现实世界问题丛生、脱实向虚的现象，在电影最后，导演借演员之口给出的解决方案是呼吁人民回归现实生活，每周选择 2 天时间关闭游戏服务。

元宇宙存在的问题绝不只是上述提到的几个问题，元宇宙作为极其复杂的生态系统，承载着人们对于未来美好世界的向往与追求，因此更需要进行合规监管、妥善应对。

（五）实务热点：监管视角——反垄断扩展至整个文娱行业

如果说2020年是对于互联网平台“反垄断强监管时代的开启”，那么2021年就是“反垄断的大年”，反垄断执法扩展至整个文娱行业。2021年11月18日，“国家反垄断局”正式挂牌成立，扩充了人员编制，大幅提升了反垄断执法机构的地位，体现了国家对于反垄断的高度重视与坚定决心。

针对音乐领域，2021年7月24日，国家市场监督管理总局作出行政处罚决定，责令腾讯解除网络音乐独家版权。本案为我国音乐反垄断“第一案”，也是《中华人民共和国反垄断法》实施以来对违法实施经营者集中采取必要措施恢复市场竞争状态的第一起案件。

针对游戏直播领域，2021年7月10日，国家市场监督管理总局对腾讯控股有限公司申报的虎牙公司与斗鱼国际控股有限公司合并案，依法进行经营者集中反垄断审查，并发布公告。公告显示，如果虎牙和斗鱼合并，那么腾讯在游戏直播行业市场份额将合计超过70%，进一步强化腾讯的市场支配地位，不利于市场公平竞争，可能减损消费者利益。因此，市场监管总局决定依法禁止此项经营者集中。

针对电影领域，早在2020年春节档，电影《囧妈》上线字节跳动免费播放，引起了众多电影院线公司的联名抵制，这种联名抵制行为被指责涉嫌构成横向垄断协议。针对院线排片问题，也不断涌起反垄断监管的呼吁，由于在票房分账环节，院线享有极高的收益分成比例，有的电影在院线上映时，往往由发行方与院线达成保底结算票价条款，限制、排除其他电影的竞争，涉嫌构成纵向价格垄断协议。

为了防范发行方与院线对电影全产业链的垂直垄断，美国早在1948年就出台了“派拉蒙法案”，确立将电影制作、发行市场与放映独立拆分的理念。值得注意的是，在2020年8月7日，美国法院正式批准终止“派拉蒙法案”，理由是随着互联网电影流媒体（比如Netflix、Amazon）服务的激增，电影发行商已不再依赖院线发行。法案的废止，反而意在保护美国的传统影视行业。

纵观“派拉蒙法案”出台到终止的全过程，我们也应当出台、优化适合我国电影行业现状并顺应时代发展的法律、法规，既能够做到鼓励电影公司做强做精，参与国际竞争，又能够防范垄断给消费者带来的损害和对行业的负面影响。

五、总结与展望

后疫情时代，得益于中国疫情防控的坚强有力，中国影视文娱产业得到了强劲复苏，在稳定又坚实的宏观大环境下，中国影视文娱产业依然具有巨大的增量市场，影视文娱产业已经成为国民经济的重要支柱产业。但是，疫情深刻塑造了人们的生活习惯，加之5G、大数据、云计算、人工智能、VR、智能制造等技术的创新应用，使得2021年又出现了新格局、新业态：线上流媒体、短视频平台、直播带货平台以及网络游戏得到快速发展，头部效应凸显，催生了一批互联网平台巨头，反垄断监管也随之而来。

国内市场竞争激烈，出现了一些影视剧投资纠纷、剧本委托创作纠纷、艺人经纪合同纠纷以及其他侵权纠纷。这就要求影视行业以审慎、诚实信用的态度处理纠纷，不断总结经验教训，提升自身合规建设。艺人作为影视文娱产业的重要主体，亦是历来的舆论热点、焦点。2021年不断爆雷的劣迹艺人事件，应当成为整个行业的警示牌，艺人应当重视自身道德修养，做到德艺俱佳，营造风清气正、健康向上的行业氛围。

中国影视文娱产业抓住了海外疫情持续蔓延、经济低迷的窗口期，不断有优秀的影视作品、游戏、网络文学作品出海，据《中国游戏产业报告》最新统计，2021年中国自主研发的游戏在海外市场表现优异，营销收入180.13亿美元。比如中国游戏《原神》就添加了传统戏曲元素，得到了全球玩家的赞誉。

中国文化具有丰富的底蕴，中国影视文娱市场经过多年培育，也逐步成熟、包容、广阔。未来中国影视文娱产业要立足新发展阶段，贯彻新发展理念，构建新发展格局，找准自身定位、抓住机遇、不断夯实基础、提高作品质量，这样才能乘势而上，在风云变幻的国内、国际舞台上赢得主动。

中国民用航空争议解决年度观察（2022）

高 峰 金 喆 李志宏[1]

一、概述

2021 年世界经济活动呈现初步复苏态势，但由于新冠肺炎疫情多点散发、国际旅行限制等，使航空客运量仍然保持低位。国际航空运输协会发布的报告显示，2021 年度全球客运总量为 23 亿人次，较疫情前的 2019 年减少 22 亿人次。[2]

我国民航业整体稳中求进，2021 年完成运输总周转量 857 亿吨公里、旅客运输量 4.4 亿人次、货邮运输量 732 万吨，分别同比增长 7.3%、5.5% 和 8.2%，恢复至 2019 年同期的 66.3%、66.8%、97.2%。[3] 新建迁建运输机场 9 个，年末全国颁证运输机场达 248 个。[4]

航空制造业取得长足进步。截至 2021 年 8 月 30 日，中国商用飞机有限责任公司向客户交付的 ARJ21 飞机机队航线飞行时间累计超过 10 万小时。[5] 国产民机

---

① 高峰，独立仲裁员。金喆，国浩律师（北京）事务所合伙人。李志宏，北京仁人德赛（上海）律师事务所合伙人。

② 《国际航协：2020 年—2022 年全球航空业累计亏损 2010 亿美元　亏损收窄但挑战继续》，https://www.iata.org/contentassets/b47faf786e4a4fb58c040dc6f6fbff9b/2021-10-04-01-cn.pdf，访问时间：2022 年 1 月 11 日。

③ 《2022 年全国民航工作会议》，载中国民航局网站，http://www.caac.gov.cn/XWZX/MHYW/202201/t202201 10_210827.html，访问时间：2022 年 1 月 11 日。

④ 《全国颁证运输机场达 248 个》，载中国民航网，http://www.caacnews.com.cn/1/1/202201/t20220110_ 1337623.html，访问时间：2022 年 1 月 27 日。

⑤ 《ARJ21 飞机航线运营超 10 万飞行小时》，载中国商飞网，http://www.comac.cc/xwzx/gsxw/202108/31/t20210831_7326655.shtml，访问时间：2022 年 1 月 27 日。

维修基地在成都正式投入运营，后续将为国产民机客户提供更高品质的航空维修服务。①33 家通航制造企业取得国内的生产许可（PC）。②

通航产业保持稳健发展。2021 年通航企业逐渐恢复正常运行，通用航空飞行达 118.2 万小时，同比增长 20.1%，③通航机场达 377 个，同比增长 11.2%；传统通用航空企业达到 595 家，年增长 13.8%；无人机经营企业达到 1.27 万家，年增长 14.4%。④

无人机产业全面快速增长。截至 2021 年底，无人机实名登记系统注册无人机数量共计 83.02 万架，较上一年增加 30.66 万架。全国共有无人驾驶航空企业 12663 家，中国民用航空局（以下简称民航局）共颁发无人机驾驶员执照超过 11.9 万本。⑤

航空争议解决更加多元化。越来越多的国内仲裁机构开始重视并且审理航空争议案件。我国首个法院系统的"航空争议调解中心"在 2021 年开始办理案件，全年共接收法院立案阶段转送的航空类争议 12 件，成功结案 3 件，为航空争议多元化解决积累了宝贵经验。

公开渠道查询数据显示，2021 年我国境内发生公共航空运输企业相关一审民事纠纷案件 597 件、通用航空相关一审民事纠纷案件 384 件、无人机相关一审民事纠纷案件 367 件。具体统计数据详见下表：

	合同、准合同纠纷	侵权责任纠纷	知识产权与竞争纠纷	其他纠纷（劳动争议、物权、保险、票据、人格权等）	合计
公共运输航空公司相关案件（件）	474	21	7	95	597
通用航空相关案件（件）	227	8	4	145	384
无人机相关案件（件）	185	20	21	141	367

① 《降成本、提效益，国产民机维修基地》，载中国商飞网，http://www.comac.cc/xwzx/gsxw/202111/25/t20211125_7332583.shtml，访问时间：2022 年 1 月 27 日。

② 《亚翔航空：中国通航报告 2021》，https://globalsky.media/market_intelligence/china-ga-report-2021/#，访问时间：2022 年 1 月 27 日。

③ 《2022 年全国民航工作会议》，载中国民用航空局网站，http://www.caac.gov.cn/XWZX/MHYW/202201/t20220110_210827.html，访问时间：2022 年 1 月 11 日。

④ 《"十四五"开局行稳致远》，载《中国民航报》2022 年 1 月 28 日。

⑤ 《新业态 无人机行业飞速发展》，载中国民航网，http://www.caacnews.com.cn/1/6/202201/t20220106_1337505.html，访问时间：2022 年 1 月 27 日。

二、新出台的法律法规和规范性文件

（一）一般性民航规定

1.《民用航空法》修订

2021年4月，全国人民代表大会常务委员会公布了关于修改《中华人民共和国道路交通安全法》等八部法律的决定，对《中华人民共和国民用航空法》（以下简称《民用航空法》）作出修改，将设立国际机场的申请报批部门由国务院民用航空主管部门修改为机场所在地省级人民政府。将从事非经营性通用航空需向国务院民用航空主管部门办理登记改为备案，并相应增加了未按照规定办理备案的罚则。

2.《公共航空运输旅客服务管理规定》正式出台

2021年3月，《公共航空运输旅客服务管理规定》（以下简称《新客规》）正式出台，对1996年和1997年颁布的《中国民用航空旅客、行李国内运输规则》和《中国民用航空旅客、行李国际运输规则》进行统筹修订。本次修订扩大了适用范围，增加了机场管理机构、航空销售网络平台经营者、航空信息企业等与旅客服务有关的市场主体，明确了其义务和责任。《新客规》还将外国航空承运人、港澳台地区航空承运人在我国境内的经营行为也纳入规制范畴，填补了立法上的空白。

在具体内容上，《新客规》删除了关于行李尺寸、重量、免费行李额、逾重行李费等的统一规定，航空承运人可根据企业经营特点自行制定相关标准并对外公布。同时，《新客规》重点关注客票销售、客票变更和退票、超售等关键环节，提出了承运人及航空销售代理人在旅客订票时的信息告知要求，明确了各情形下客票退改签原则和退款期限，对超售的处置原则进行了规范。

《新客规》将规范重点从管理航空运输流程转向消费者权益保护，对客票销售、退改、行李运输、超售等易于产生纠纷的关键环节提出了明确要求，更好地保护旅客的知情权、选择权和索赔权。

3. 多项民航规章修订

2021年3月，《交通运输部关于修改〈大型飞机公共航空运输承运人运行合格审定规则〉的决定》发布，增加了“疲劳风险管理系统”的定义。该修改符合国际民航组织对疲劳管理的倡导和要求，有利于我国航空公司提高运行效率和安全水平。

2021年9月，《交通运输部关于修改〈民用航空行政处罚实施办法〉的决定》发布，对民航行政机关实施的行政处罚种类予以调整，规范民航行政机关委托实施行政处罚的形式及受托组织的条件要求。

（二）通用航空领域相关规定

2021年3月，民航局发布《通用航空空管运行规定》，并修订《通用机场空管运行管理办法》，进一步规范通用航空空管运行准则，提升运行安全水平和空域使用率。

2021年4月，民航局发布《直升机航空医疗救护服务指南》和《固定翼飞机医疗救护服务规范》，以提高公共卫生服务能力，助力建构功能完善的通用航空体系。

为贯彻非经营性通用航空由登记核准许可改为备案管理的法律要求，民航局于2021年11月发布《非经营性通用航空备案管理办法（征求意见稿）》，[①] 拟通过明确备案条件和监督检查工作事项，做好政策衔接与落实，进一步优化通用航空的营商环境，激发市场活力。

（三）无人机管理规定

2021年3月，民航局印发《民用无人驾驶航空试验基地（试验区）管理办法》，进一步明确了民航局、民航地区管理局以及试验区申报、建设主体的职责，提出了对试验区建设及运行进行监督指导、综合评估、交流推广的要求，以及明确试验区设立、暂停与退出机制，持续支持和指导试验区的建设和运行。

2021年12月，民航局就《民用无人驾驶航空器操控员管理规定》公开征求意见，这是对原管理规定进行的第三次修订，主要内容包括修改“驾驶员”为“操控员”，设置执照种类以取代原分类等级，调整了大型无人机操控员执照训练和考试要求等。

回顾过去一年，民航各领域法规体系建设稳步推进，行业运行规范不断完善，政务服务效率逐步提高，有力保障和推动了我国快速增长的民航发展需求。

---

① 《非经营性通用航空备案管理办法》于2022年7月13日发布。

三、典型案例

【案例 1】通航飞机买卖合同纠纷[①]

【基本案情】

2015 年 11 月 2 日，申请人 A 航空技术有限公司与被申请人一 B 航空技术公司签订《飞机销售合同》（以下简称合同），约定申请人向被申请人一购买 1 架某型号飞机，总价款为人民币 14120000 元，合同还约定了付款方式、质量保证、验收程序及交付、双方的逾期违约责任、所有权和风险等事项。被申请人二 C 通用航空有限公司与申请人签订《连带责任担保协议书》，就被申请人一的履约行为提供不可撤销的连带责任保证担保。

合同生效后，申请人于 2015 年 12 月付清全部购机款项。申请人认为被申请人一未按照合同约定交付该架飞机和变更所有权登记，反而于 2017 年 11 月 8 日将该飞机的中国国籍登记注销，违反了合同约定，严重侵害了其合法权益，给其造成了重大损失，遂向北京仲裁委员会提起仲裁，请求解除案涉合同、二被申请人连带退还飞机总价款并承担违约金和利息。被申请人一则主张其已将案涉飞机交付了申请人，申请人购买案涉飞机用于赴境外作业的合同目的已经实现，飞机“三证”（国籍登记证、单机适航证、无线电注册登记证）未办理到申请人名下的原因是其不具备通用航空经营许可资质，因此飞机交由案外第三人托管，以该第三人的名义办妥了“三证”，后来“三证”注销对申请人没有造成损失。

【争议焦点】

案涉飞机是否交付给申请人。

【裁判观点】

根据合同约定，案涉飞机交付的完成，需要经过以下流程：（1）申请人按照《飞机地面检查清单》记录的事项对飞机进行地面检查并进行试飞，在验收合格后签署《客户验收清单》；（2）中国民航适航部门检查人员对飞机进行飞机适航检查，填写《民用航空器适航性评审和检查记录单（标准适航证）》并签字；（3）申请人签署《客户验收清单》并支付全部购机款项后，被申请人一向申请人提供《财产转移证明》。被申请人只提交了《客户验收清单》的复印件，未能提供适航监察员签署的《民用航空器适航性评审和检查记录单（标准适航证）》，也未提交其已向

① 北京仲裁委员会 / 北京国际仲裁中心 2021 年度仲裁案例。

申请人提供了《财产转移证明》的证据，因此，被申请人的交付不符合本案合同关于飞机交付的约定。仲裁庭同时认为：不能以申请人支付了全部合同价款来反推被申请人一交付了飞机，也不能以案涉飞机被用于赴境外作业来证明申请人占有、使用飞机，进而证明被申请人一已交付飞机，因该境外作业是基于申请人与案外第三人的其他合同关系。

鉴于被申请人作为卖方一直未能按合同约定交付飞机和相关文件资料，且已没有交付的可能，申请人作为买方取得法律意义上飞机所有权的合同目的不能实现，裁决案涉合同解除，二被申请人连带退还飞机总价款并承担违约金和利息。

【纠纷观察】

民用航空器作为高价值动产，其交易过程中的权利转移和确认是当事人非常关注的。《民法典》第 224 条规定："动产物权的设立和转让，自交付时发生效力，但是法律另有规定的除外。"《民用航空法》第 11 条虽然规定民用航空器的所有权、占有权、抵押权应当办理权利登记，但结合第 14 条规定，该登记仅具有对抗第三人的效力，并非交易双方之间权利确认的依据，因此，民用航空器在交易双方之间的所有权转移，仍以交付为标志。

民用航空器属于移动设备，尤其对于使用过的航空器，其交付并不一定通过转移实际占有的方式确认，而是通过签署特定文件予以确认。运输类航空器的交易中采用"卖据（Bill of Sale）"作为交付凭证，而本案交易标的物是通航飞机，合同第 23 条"所有权和风险"约定："该架飞机的交付应依法律、法规及双方约定进行，买方签署《客户验收清单》并支付全部购机款项后，卖方向买方提供《财产转移证明》，飞机完整的所有权在该架飞机交付完成且卖方向买方提供《财产转移证明》后由卖方转移至买方，同时，该架飞机毁损、灭失的风险随所有权一并转移给买方。"因此，本案中被申请人一出具的《财产转移证明》是交付凭证。

被申请人一未提供已出具《财产转移证明》的证据，仲裁庭根据《民用航空器国籍登记条例》第 7 条的规定，认定该文件是申请人办理航空器国籍登记的必备交接文书，结合合同附件约定的详细交付流程，认定被申请人一并未完成法律意义上的完整交付，而被申请人一意图通过申请人支付了全部合同价款、申请人使用案涉飞机赴境外作业反推已"交付"飞机的理由过于牵强，未被仲裁庭采纳。

本案反映出通航飞机交易过程中对于交付环节的忽视，虽然合同中有明确的所有权和风险转移约定，附件中也有详细的交付流程约定，但实践中并未严格履行，造成飞机的物理实际交付状态、权利实际转移状态与当事人的认知相互脱节，存在一定的法律风险。因此通用航空领域当事人之间的交易风险管理，要借鉴运输类航空器交易经验，切实履行交付环节的各项内容，完善相应的文件签署和档案保存，并在航空器的全生命周期中保持连贯，全面、客观反映航空器的实物交付和权利转移。

【案例 2】国际物流运输合同纠纷①

【基本案情】

案外人 C 公司与被申请人 B 现代物流有限公司（以下简称被申请人）于 2018 年 1 月 1 日签订《物流服务协议》，约定 C 公司委托被申请人办理相关产品的海陆空江运进出物流及报关业务。

2018 年 4 月 13 日，被申请人承运 C 公司韩国启运的一票感光板 1 件 89 公斤。该货物搭乘 CK258 航班于 4 月 13 日到达上海浦东机场，4 月 17 日办理清关手续后于 4 月 18 日上午陆路运至合肥新桥机场监管仓库，初步检测外观无损坏后办理入库，当日下午送货到厂，在仓库搬入时发现货物发生弯曲变形，后经 C 公司技术上机检测后判定该货物已折损，不具备使用功能。

案涉货物由仲裁申请人 A 财产保险股份有限公司北京分公司（以下简称申请人）向 C 公司承保货物运输险。发生事故后，被保险人 C 公司立即向申请人报案，申请人经现场查勘，认为本次事故属于保单的保险责任范围，且构成推定全损，定损金额 49200 美元，理算金额 48900 美元。2019 年 2 月 13 日申请人向 C 公司支付保险赔款 48900 美元。

申请人取得保险代位求偿权以后，于 2020 年 7 月 21 日附呈相关索赔文件，向被申请人提出保险代位求偿请求，被申请人拒赔。2021 年 6 月 9 日，申请人依据《物流服务协议》的约定向北京仲裁委员会提起仲裁，被申请人答辩认为“本案为航空运输合同纠纷，应当适用 1999 年《统一国际航空运输某些规则的公约》（以下简称《蒙特利尔公约》）”、“申请人索赔已逾时效，无权索赔”、“即便被申请人有责任，也应当享受《蒙特利尔公约》规定的责任限制”。

【争议焦点】

本案是否适用《蒙特利尔公约》。

【裁判观点】

案涉货损并非发生在《蒙特利尔公约》规定的航空运输期间，《蒙特利尔公约》不适用于本案。依照所适用的国内法律，被申请人应向申请人全额赔偿货物损失

① 北京仲裁委员会 / 北京国际仲裁中心 2021 年度仲裁案例。

人民币 330930.75 元及其利息。

首先，没有证据表明 C 公司和被申请人订立过航空运输合同。仅有部分运输方式或其中一段运输区段为航空运输方式，并不能或并不足以将本案合同项下全部运输方式或全程运输均认定为航空运输的性质。

其次，在案证据表明本案航空运输期间发生于仁川至浦东区段。案涉空运单系韩国某运输公司签发，实际承运人为国内某货运航空公司，出发港为仁川，目的港为浦东。而空运单显示的收货人地址，并不表明是空运单承运的区段，没有任何理由认为空运单的实际承运人或签发人必须将货物运至收货人地址，才算履行了空运单所表明的航空运输合同项下的义务。因此，在案证据表明本案的航空运输期间并不包括浦东至合肥的区段。

最后，没有证据表明被申请人是《蒙特利尔公约》项下的航空运输承运人。被申请人未签发过空运单或类似货运凭证。

【纠纷观察】

《蒙特利尔公约》是目前国际范围内调整航空运输承运人责任的主要规则。由于其设定了有利于航空公司的责任条件和责任限额，因此本案的被申请人主张适用该公约，申请人则反对。如构成公约规定的承运人责任，根据第 22 条第 3 款的规定，被申请人的责任以每公斤 22 特别提款权（根据 2019 年第三次复审后调整的限额）为限，本案货物重量为 89 公斤，责任限额为 1958 特别提款权，折合人民币不足 2 万元。因此，是否适用《蒙特利尔公约》，对于案件结果影响巨大。

《蒙特利尔公约》第 18 条是关于货物运输承运人责任条件的规定，具体包括：（1）发生“事件”（区别于旅客运输中的“事故”）；（2）该事件发生在“航空运输期间”；（3）该事件导致货物毁灭、遗失或者损坏；（4）产生了实际损失。本案的争议在于第 2 项条件是否具备。公约该条第 3 款进一步明确航空运输期间“系指货物处于承运人掌管之下的期间”，第 4 款原则上规定“航空运输期间”不包括机场外履行的任何陆路、海上或者内水运输过程，同时规定，“但是，此种运输是在履行航空运输合同时为了装载、交付或者转运而办理的，在没有相反证明的情况下，所发生的任何损失推定为在航空运输期间发生的事件造成的损失”。因此，对于本案损失发生于陆运阶段的情况，是否属于航空运输期间，还要看陆路运输是否构成履行航空运输合同的一部分；如果是为了履行航空运输合同的装载、交付或者转运而办理的陆路运输，公约推定仍属于航空运输期间。

仲裁庭裁决注意到了航空运输合同的约定。根据《蒙特利尔公约》第 11 条第 1 款，航空货运单或者货物收据是订立合同、接受货物和所列运输条件的初步证据。

所谓初步证据，就是除非被其他相反证据所推翻，其应具有当然的证明力。需要注意的是，相较于《华沙公约》的规定，《蒙特利尔公约》并不要求承运人一定要出具正式的航空货运单，根据第4条，也可以出具“任何保存将要履行的运输的记录的其他方法”，并“应托运人的要求，向托运人出具货物收据，以便识别货物并能获得此种其他方法所保存记录中的内容”。案涉空运单并不影响被申请人与C公司之间存在足以识别货物并保存航空运输记录的其他方法，如被申请人举证的报关单、采购订单、商业发票以及直接为C公司开具的“航空运输提单”，可以作为被申请人与C公司之间存在运输合同的证明，并据此判断是否属于航空运输期间。

本案裁决涉及《蒙特利尔公约》货物运输责任中“航空运输期间”的认定，仲裁庭关注了航空运输合同及其初步证据，也关注到了第18条第4款的定义澄清，当然何为“为了装载、交付或者转运而办理的”，需要进一步通过立法或司法解释予以明确。

【案例3】机场航站楼广告资源经营合同纠纷[①]

【基本案情】

2017年5月，申请人A广告公司与被申请人B机场公司签订了《经营合同》，约定A广告公司取得机场航站楼的广告资源使用权，使用期限自2018年2月1日起至2023年1月31日止，A广告公司向被申请人支付广告资源使用费，总额为20多亿元，按季度付款。新冠肺炎疫情发生后，申请人多次向被申请人发函，表示其业务因疫情对机场客流产生的直接冲击而受到影响，希望协商调整广告资源使用费至合理水平，申请免除2020年上半年度两个月的广告资源使用费6000余万元。

【争议焦点】

因疫情导致航站楼客流量下降，A广告公司能否主张减免广告资源使用费。

【裁判观点】

新冠肺炎疫情作为突发性的公共卫生事件，属于不能预见、不能避免并不能克服的不可抗力事件，符合《经营合同》不可抗力条款的约定。尽管国内新冠肺炎疫情控制较好，但仍有局部偶发案例，国外很多国家疫情仍在蔓延，民航局也对国际航班采取了一系列控制措施，因此疫情对机场起降航班数量和乘机旅客的影响，特别是对国际航班数量和国际旅客人流量的影响仍然持续至今。由于机场客流量降低，申请人经营的广告受众明显减少，导致广告效果显著降低，对下游

① 广州仲裁委员会2021年度仲裁案例。

广告用户的广告投放意愿产生影响，从而导致申请人的广告经营业务的经营收入降低。根据被申请人对申请人进行的审计结果显示，申请人2020年1月至8月的主营业务收入较2019年同比下降7000余万元，在此情况下，如双方继续按照原合同的标准履行义务对于申请人明显不公。尽管媒体资源使用费并不等同于国有资产类经营用房租金，但本案涉及的媒体资源主要是被申请人拥有的航站楼空间内设置的广告位，是被申请人国有经营用房空间资源的延伸，可参照适用该省政府关于国有资产类经营用房租金减免的政策。根据公平原则及风险共担原则，参照该省政府关于印发应对新冠肺炎疫情支持企业复工复产若干政策措施的通知，裁决由被申请人减免申请人两个月的广告资源使用费。

【纠纷观察】

航空运输业受疫情及疫情防控措施影响较为直接，民航企业诸多类型合同也面临一定的履行风险，例如机场与驻机场经营的广告、餐饮、零售等经营商之间的经营合同。

本案申请人依据《经营合同》使用机场航站楼内的广告媒体资源，但疫情期间航站楼客流量显著下降导致广告公司所投放的广告效果受损。在未发生疫情时，机场航站楼客流量实则并非调整合同费用的因素，某仲裁机构的仲裁裁决认为航站楼涉案店铺区域的客流量情形属于合同当事人在签约时应自行考虑及承担的商业风险，当事人不能以客流量未达预期要求核减合同费用。而在司法实践中，某法院判决认可新冠肺炎疫情对于航站楼广告位确有一定影响，对疫情期间广告公司两个月的租金予以酌情减免①；也有法院认为疫情期间企业有序复工复产，机场公司没有停止运营，广告合同目的并非完全不能实现，广告公司应承担违约责任，仅免除逾期利息的支付义务②；在机场与其他经营商合同纠纷中，法院考虑到机场作为重要航空港，受到疫情影响更为严重，为合理保护合同双方利益，对被告解约赔偿款作减半处理。③

笔者认为，虽然疫情并未直接导致本案申请人行使经营许可权受到阻碍，但航站楼内的广告位不同于商场、户外道路或居民楼内广告牌，机场航站楼客流量受各国航空业疫情防控政策的制约与调控，客流量下降与广告效果受损的影响已超出双方当事人签订合同时所能预见的程度。结合本案实际情况来看，仲裁庭的

---

① （2021）苏04民终1482号。

② （2021）鲁0214民初3968号。

③ （2021）桂0312民初6396号。

裁决符合公平原则及风险共担原则。但是，在面对疫情影响需要适用公平原则时，仍应遵循侧重于保护守约方的原则，不宜简单地豁免债务人的义务而使债权人承受大部分甚至全部不利后果，并且需要综合考虑疫情对合同履行的时间、方式、程度等的影响。

【案例4】货物包机运输合同纠纷案①

【基本案情】

大韩航空签发了一份托运人为 Expeditors（China）Co.，Ltd 的航空主运单，出票承运人代理机构处载明为康捷空公司（国际货运代理人）。康捷空公司向托运人三星通信公司签发了航空分运单，航空分运单的签发人为康捷空公司，同时载明了收货人，起运地为中国天津滨海机场，途经韩国仁川机场，目的地为美国迈阿密机场，两段航程的航空承运人均为大韩航空。涉案货物抵达美国迈阿密机场后丢失，本案原告三星财险公司向托运人承担进出口货物运输保险责任后，以丢失货物的商业发票价格向康捷空公司索赔。康捷空公司辩称其为大韩航空公司的销售代理，其签发航空分运单系履行与大韩航空之间《货运销售代理协议》项下的义务，康捷空公司作为大韩航空公司在装货港的代理，不应承担承运人的责任。康捷空公司将大韩航空申请为第三人参加诉讼程序。在二审中，上诉人康捷空公司请求由大韩航空作为实际承运人承担连带责任或直接承担赔偿责任。

【争议焦点】

本案的争议焦点为康捷空公司应否对三星财险公司的损失承担赔偿责任，以及大韩航空是否应对康捷空公司的赔偿责任承担连带责任。

【裁判观点】

货运代理企业是货主的代理人，或是航空运输公司的代理人，还是缔约承运人，应当依据货运代理企业以谁人名义出具何种单证以及权利义务和责任等多种因素综合进行考量。首先，从涉案航空分运单记载的内容来看，康捷空公司以自己的名义向托运人签发航空分运单，因此康捷空公司与托运人之间构成国际航空运输合同关系。其次，航空分运单是以康捷空公司自己的名义发出的，在没有相反的证据时，该航空分运单可以作为运输凭证。再次，康捷空公司在整个涉案货物的运输过程中既没有以航空公司名义与托运人订立合同，也没有以托运人名义与航空公司订立合同，航空主运单和分运单应属于两个合同关系。故康捷空公司

---

① （2021）津03民终1419号。

符合《蒙特利尔公约》第39条的缔约承运人的范畴，应对涉案货物丢失在公约规定的赔偿责任限额内向三星财险公司承担赔偿责任。

公约赋予了托运人在追究实际承运人所承运的航段责任时，可以在实际承运人（大韩航空）和缔约承运人（康捷空公司）之间选择起诉对象的权利，但是，康捷空公司无权要求大韩航空向三星财险公司承担赔偿责任，康捷空公司作为缔约承运人可在承担赔偿责任后，可以依据连带责任关系另行向实际承运人主张。

【纠纷观察】

本案具有借鉴意义的是法院在涉及《蒙特利尔公约》所规定的国际航空运输案件中对如何定义缔约承运人给出了清晰的论证，即以其自己的名义向托运人或托运人的代理人签发航空运单，该等运单应符合航空货运单的一般特征，须详细载明运单号、关联的主运单号、航班号、起飞机场、目的地机场、托运人、收货人、承运人等，如果不存在其他能够足以推翻形成运输法律关系的相反证据，则可以以上述运单确定缔约承运人的身份。

从适用国内《民用航空法》的角度看，尽管有学者认为只有符合《民用航空法》第93条规定的"公共航空运输企业"才有资格成为缔约承运人[①]。但笔者更倾向于上述理解并不是《民用航空法》的本意，《民用航空法》设置缔约承运人规则时应是考虑到货运代理企业组织运输业务是现代航空货物运输业较为普遍的做法，而一般情况下货运代理企业不具备拥有民用航空器、航空人员等条件，不可能成为上述法律规定的"公共航空运输企业"。对此，在司法实践中，不仅有货运代理人或航空公司主张国内货运代理人为缔约承运人身份的案例，[②]也有法院认可不具备大型公共航空运输承运人资质的货运中心为缔约承运人的案例。[③]

本案对缔约承运人的论证引发我们对航空货运市场中包机业务模式的思考，包机人是否存在被认定为缔约承运人的可能？上海市浦东新区人民法院作出的2010浦民二（商）初字第1787号货运代理合同纠纷案认为，"订舱是货运代理人向航空公司或航空公司的代理人预定特定舱位为托运人或其代理人安排运输，而包机行为则是货运代理人预定整架飞机为托运人或托运人的代理人安排运输，原告行为的性质并不因订舱由特定舱位变为整架飞机而改变，其所从事的仍是货运代理行为"。在实践中，货运代理人的义务通常有订舱、制单、打板、报关、垫付

① 沈志韬：《论国际航空货运代理人法律地位》，载《北京航空航天大学学报（社会科学版）》2011年第2期第24卷，第30—34页。

② （2014）沪一中民四（商）终字第1210号。

③ （2010）新孟民初字第853号。

运费等，而包机人在向托运人提供舱位时通常会同时提供制单、装板、仓储等环节的服务。如包机人以其自身的名义向托运人签发航空运单，在航空运单所记载内容与格式符合一般航空运单的特征时，包机人将被视为缔约承运人，双方建立了运输合同关系，其为托运人提供的上述制单、装板、仓储等服务不影响其缔约承运人的身份认定。在此情况下，如包机人与托运人之间出现货物损失纠纷，包机人可以主张其身份为缔约承运人，在约定的运输范围内享有中国《民用航空法》和国际公约规定的赔偿责任限额保护。此外，包机人承担缔约承运人的责任后亦可以主张由实际承运人对其实际从事的运输范围内的损失承担赔偿责任。

【案例 5】飞机及其部件留置权纠纷案①

【基本案情】

2014 年 1 月 1 日，汉莎技术公司与友和道通公司签订一份《飞行部件技术服务协议》，约定由汉莎技术公司为友和道通公司提供对飞机及其部件进行检测、修理、更换、改装等在内的技术服务。其中，第 8.2 条约定：如友和道通公司未能履行付款义务，汉莎技术公司对于其占有友和道通公司的物品享有留置的权利。

2017 年 8 月至 2018 年 12 月，友和道通公司拖欠汉莎技术公司送修合同项下维修费用 1187755.92 元，连同其他送修合同、交换合同、航材销售合同下的欠款共计 1372095.05 元。诉讼过程中，汉莎技术公司提交了（2020）深先证字第 46900 号《公证书》，显示送修合同项下的送修部件“A300 发动机反推”仍存放于其厂区 B 座修理车间的情况，诉讼请求之一为确认汉莎技术公司就全部债权对该送修部件享有留置权。

【审理焦点】

汉莎技术公司对于提供技术服务中形成的债权，是否对飞机部件享有留置权。

【裁判观点】

友和道通公司未到庭应诉，亦未提交书面答辩意见，法院依据汉莎技术公司提交的证据认定案件事实，根据《中华人民共和国担保法》第 82 条、第 84 条第 1 款之规定，因加工承揽合同等发生的债权，债务人不履行债务的，债权人有留置权，即留置按照合同约定占有的债务人的动产，以该财产折价或者以拍卖、变卖该财产的价款优先受偿。本案中，友和道通公司将送修合同项下部件“A300 发动机反推”放至汉莎技术公司处进行修理，汉莎技术公司是承揽人，现其修理完

① （2020）粤 0306 民初 41525 号。

毕后，友和道通公司没有支付相关维修费用，且该部件“A300发动机反推”一直留置于汉莎技术公司处，故其有权就其维修的部件“A300发动机反推”享有留置权，该项诉讼请求有事实和法律依据，法院予以支持。判决确认原告深圳汉莎技术公司对送修合同项下的部件“A300发动机反推”享有留置权。

【纠纷观察】

物上留置权是我国法律规定的债的担保方式之一，留置权人依法享有对相应留置物的物权，原《中华人民共和国民法通则》、《中华人民共和国担保法》、《中华人民共和国合同法》（以下简称《合同法》）、《物权法》均有相关的一般性规定。《中华人民共和国民法典》（以下简称《民法典》）坚持了《物权法》所确立的取消留置权所对应的基础合同类型限制，第448条明确企业之间的商事留置不要求留置的动产与债权属于同一法律关系。本案虽然只针对飞机的部件，但由于在飞机交易中部件是飞机的一部分（无论是否拆离飞机），因此本案仍属于航空领域留置权的典型案例。判决适用《民法典》施行之前的法律，但并未引用民航领域的特别法律。

《民用航空法》是我国调整民用航空活动的基本法律，专设第三章“民用航空器权利”，对民用航空器的所有权、占有权、抵押权、优先权进行了专门规定，明确了权利登记对抗效力，但对于民用航空器的留置权则未作规定。事实上在20世纪90年代《民用航空法》制订过程中，草案曾规定了航空器留置权，但考虑到强调留置权会严重影响航空器的使用效益，妨碍民航发展，因此在最后报审稿时将这一规定删去[①]。这说明立法机关对于民用航空器上设立留置权持审慎态度。

在《民用航空法》没有规定的情况下，是否可以适用一般法律的规定承认民用航空器上的留置权，甚至可以存在商事留置权？这个问题从东星航空破产引发的“广州白云国际机场股份有限公司诉通用电气商业航空服务有限公司（GECAS）”案[②]开始，理论界和实务界就存在不同观点，反对者的主要理由包括：（1）物权法定原则以及《民用航空法》作为特别法的有意搁置；（2）《物权法》和《民法典》均规定“船舶、航空器和机动车等物权的设立、变更、转让和消灭，未经登记，不得对抗善意第三人”，实务中并没有针对民用航空器留置权的登记；（3）每架航空器的交易结构都有其特点，存在“名义所有权人”“受益所有权人”“抵押权人”等不同的权利人，模糊的留置权会极大影响这些权利人的法定权益；（4）国际社

① 郝秀辉：《航空器权利研究》，载《中国民航学院学报》2005年第1期，第54—60页。

② （2009）穗中法民四初字第27号。

会于 2001 年制定了《移动设备国际利益公约》(以下简称《开普敦公约》) 及其《航空器议定书》，创设了一种新的权利——“国际利益”，公约要求各缔约国国内法可以优先于“国际利益”的航空器上权利必须是“明确规定”的；(5) 随着我国航空租赁业和航空制造业的发展，国内租赁公司和制造商企业每年从事大量的民用航空器出租、出售业务，其在航空器上的权利也应得到平等保护。

最高人民法院在“广州飞机维修工程有限公司诉泰国东方航空有限公司”航空器留置权纠纷一案[①]中，并未采纳原告提出的“留置权系法定权利而非合同约定权利，由此引发的争议属于物权争议而非合同争议，不应适用维修合同的仲裁条款”，未直接确认原告对被告送修的四架飞机享有留置权。基于民用航空器留置权的现实意义，建议从源头上通过修改《民用航空法》予以明确，并借鉴《中华人民共和国海事诉讼特别程序法》的规定，完善实现留置权的程序性内容，如通过法院行使留置权、明确申请扣押民用航空器的请求范围、扣押的执行、扣押的期间、拍卖申请的审查、拍卖前的公告、拍卖的特别通知、拍卖的实施、债权登记、优先权催告等，平等保护航空器上已有权利人的合法权益。

四、热点问题观察

（一）民用航空法律及国际公约的排他性适用

《民用航空法》作为我国调整民用航空活动的基本法律，在第九章“公共航空运输”的第三节“承运人的责任”下，有一个非常特殊的条款，即第 131 条，规定了《民用航空法》在有关航空运输诉讼中的排他性适用。在司法实践中，很多当事人未关注该条，即使有的案件中承运人一方就此提出法律适用问题，法院也仅理解为“优先适用”，但其实该条是《民用航空法》的特别规定，是立法过程中对相关国际公约的有意参考[②]。

《华沙公约》第 24 条规定：“（1）如果遇到第 18（行李、货物运输责任）、19（航空运输延误）两条所规定的情况，不论其根据如何，一切有关责任的诉讼只能按照本公约所列条件和限额提出。（2）如果遇到第 17 条（旅客人身伤亡）所规定的情况，也适用上项规定，但不妨碍确定谁有权提出诉讼以及他们各自的权利。”这被认为是《华沙公约》创设的排他性适用规定，排除了依据其他国际法或国内法

① （2020）最高法商初 4 号。

② 曹三明等主编：《民用航空法释义》，辽宁教育出版社 1996 年版，第 305 页。

追究航空运输承运人的责任。我国分别于 1958 年、1978 年批准《华沙公约》及其《海牙议定书》。

对《华沙公约》第 24 条的适用，比较有代表性的是美国最高法院最终裁决的“滕森诉以色列航空公司案”[①]。八位大法官的多数派裁决意见认为：本案涉及的是《华沙公约》的“排他性（exclusivity）”问题，即当《华沙公约》不能提供救济时，是否相应地排除了旅客依据其他法律，例如本案中的纽约州法律，来获得损害赔偿？结论是：根据第 24 条，如果国际航空运输中的人身损害依据《华沙公约》不能获得赔偿，那么就不存在任何救济（if not allowed under the Convention, is not available at all）。分析意见中还提到英国法院在 Sidhu 案中遇到和本案相同的问题，其判决也认为《华沙公约》：“是为了确保在涉及承运人责任的所有问题上，公约的条款应该得到适用，而旅客不能在提起诉讼的特定国家寻求其他的救济，无论基于普通法还是其他法律。”分析意见还认为已批准公约的其他国家法院也认可其排他性适用的效力。

1999 年《蒙特利尔公约》第 29 条延续了《华沙公约》确立的排他性适用规则。因此，诞生于国际公约并有着广泛国际司法实践支撑的航空承运人责任排他性适用规则，为航空运输纠纷创设了新的“诉因”，当事人和法院无须纠结是合同之诉抑或侵权之诉，抑或新型的“网络服务合同纠纷”，只要涉及旅客、行李或货物航空运输的承运人损害赔偿，就应该适用《民用航空法》（国内运输）或者公约（国际运输）。在《民用航空法》已施行二十五年、《蒙特利尔公约》对我国生效已十六年的当下，强调这一点仍有现实意义。我们以“航空运输”为关键词从裁判文书网收集了 2021 年作出的 9 份航空运输案件裁判文书，其法律适用情况如下：

1. 应适用《民用航空法》或公约而未适用的 5 件，包括：

（1）国内旅客运输，旅客在机上就餐时发现异物，向承运人和食品生产企业进行侵权索赔，法院依据《食品安全法》判决承运人承担惩罚性赔偿责任。[②]

（2）国际货物运输，因海关查验发生延误，当事人签署的《协议声明书》载有“协议赔偿：如果有出现丢件、扣关，按《华沙公约》执行”。法院认为，“案涉货物运输的目的地为西班牙，本案具有涉外因素”，根据《中华人民共和国涉外民事关系法律适用法》第 41 条，“双方当事人对案涉合同适用的法律未进行约定，但双方当事人均为我国法人，案涉货物的起运地在我国，故本院根据最密切联系

---

① EL AL ISRAEL AIRLINES，LTD. v. TSUI YUAN TSENG，122 F. 3d 99.

② （2021）川 7101 民初 19 号。

原则，以我国法律作为本案的准据法”，遂依据《合同法》进行审理。[①]

（3）国际旅客运输，因疫情防控政策的客座率限制，旅客在出发前被告知无法乘坐，法院依据《合同法》进行审理。[②]

（4）国际货物运输，部分货物在运输期间遗失，在判断当事人之间是货物运输合同关系还是货运代理合同关系时，法院认为原告主张构成货物运输合同关系“却不能提供一份运输合同或对方签发的承运人提单予以证明”；“涉案货物的承运人提单系由某货航签发，两被告均不拥有航空器”、“原告付款及委托报关前已明知或应当明知承运人是某航 / 某货航”；“被告接收货物的行为并不导致其取得承运人地位”，遂依据《合同法》进行审理。[③]

（5）国际货物运输，因承运人将货物错运至非目的地，法院认为不属于“运输期间”，不适用《蒙特利尔公约》，适用《合同法》进行审理。[④]

2. 经过其他国内法律的过渡，“优先”而非“排他性”适用《蒙特利尔公约》的 2 件，分别为：

（1）国际旅客运输，旅客为中国公民，涉案承运人及其代理人、互联网销售平台均为中国企业，法院根据《中华人民共和国民法通则》第 142 条第 2 款规定，判断适用国际条约，再认为“因中国系 1999 年《统一国际航空运输某些规则的公约》（即《蒙特利尔公约》）缔约国，马某所乘航班为国际航班，属该公约之适用范围，故本案应优先适用公约的规定”。[⑤]

（2）国际货物运输，货物在交付之前部分丢失，法院认为涉案航空公司“为外国法人，因涉案货物由中国天津起运，在美国迈阿密机场中转时丢失，引起民事关系的法律事实发生在中华人民共和国领域外”，“本案应属涉外商事案件，应适用涉外审判程序进行审理”，根据《中华人民共和国涉外民事关系法律适用法》第 41 条，“依照最密切联系原则，应适用中华人民共和国的法律作为解决本案实体争议的准据法”，“另外，由于案涉货物系使用航空器进行的国际运输，出发地为中国天津，发生货物丢失的中转地位于美国迈阿密，中国与美国均为《蒙特利尔公约》的成员国，案涉货物运输协议中亦未明确排除该公约的适用”，根据《中华人民共和国民法通则》第 142 条以及《中华人民共和国民用航空法》第 184 条，

---

① （2020）粤 0391 民初 7741 号。

② （2020）沪 0105 民初 22882 号。

③ （2020）沪 0115 民初 62136 号。

④ （2019）粤 03 民终 23038 号。

⑤ （2020）京 0105 民初 2513 号。

"故本案涉及航空运输部分的法律适用应当优先适用《蒙特利尔公约》的规定，《蒙特利尔公约》没有规定的，则适用中华人民共和国法律"。[①]

3. 根据运输始发地和目的地准确识别"国际运输"，直接适用《蒙特利尔公约》的 2 件。[②]

上述超过一半的案件出现法律适用偏差，并未依据《民用航空法》或公约设定的条件判定承运人责任，包括责任构成基础、责任期间、免责情形、索赔时限、缔约承运人与实际承运人责任、诉讼管辖地等一系列制度安排，也无法体现特别法中对承运人的赔偿责任限额保护。其他的案件虽然适用了《蒙特利尔公约》，但对于公约具体条款的适用，也未遵守《维也纳条约法公约》第三节确立的解释规则，导致个案中对于涉案航空承运人责任的判定均有值得商榷之处。可见，民用航空法律及国际公约的排他性适用，在司法实践中仍存在较大的提升空间。

（二）航空器保险纠纷中的行业特点问题

近年来，随着国内通航的发展，通航事故也时有发生，与之相关的保险索赔纠纷也逐渐增多，其中较常见的一类纠纷是双方对保险合同中个别先决条件的理解。在航空器的保险合同中，保险人一般均会对被保险人遵守民航相关规章提出要求。例如国际航空保险通行的 AVN1C 保单[③]中就有遵守航空安全运营法规的先决条件。在发生保险事故后，保险人以被保险人未遵守航空器运行安全的相关规章为由拒绝赔偿的情况时有发生。例如，在某仲裁机构受理的申请人某通航公司与被申请人某保险公司之间的仲裁案件中，仲裁庭认为，飞行员在事前培训不足对机型不熟悉，对警告信息不了解，事发时漠视风险警告，违反了保险合同下应履行的合同义务，从而支持了保险人拒赔的抗辩。但笔者认为，仲裁庭将飞行员违反航空相关规定视为被保险人违反相关规定的观点并未充分考虑民航的行业特点，值得商榷。

民航业属于高风险、高技术的行业，一旦发生事故，就可能会造成生命、财产的巨大损失。因此，无论是对航空器本身，还是航空器经营人、航空人员，行业主管部门均颁布了具体的规章对相关标准和要求做出了严格的规定。被保险人及航空专业人员遵守航空器运行安全相关的规章和法令是保障航空运行安全的重

---

① （2021）津 03 民终 1419 号。

② （2021）沪 0115 民初 2249 号、（2020）粤 0391 民初 854 号。

③ AVN1C LONDON AIRCRAFT INSURANCE POLICY（Hull，Third Party and Passenger Liability），https://www.iua.co.uk/IUA_Member/Clauses/eLibrary/Clauses_Search.aspx?CAT=Aviation，访问时间：2022 年 1 月 19 日。

要前提条件。但是，对于保单中要求被保险人遵守民航规章的先决条件而言，笔者认为此处的“被保险人”不宜扩大解释为包括被保险人的普通雇员。

首先，从保险保障的角度来看，航空保险是航空器经营人乃至整个行业发展的重要保护屏障，如果航空保险对于赔偿条件设置过于苛刻，将失去保险保驾护航的作用。众所周知，随着航空业制造水平的不断提高，完全由于客观原因导致的航空安全事故越来越少，人为因素已经占据航空事故的80%。[①] 其中绝大多数人为因素均或多或少存在普通雇员（例如飞行员、维修人员）违反民航规章的情形。如果保险人全部以“违反航空器运行相关规章和法令”为由拒绝赔偿，将导致航空保险的目的落空。

其次，保单设置严格的先决条件的目的之一是防范被保险人的道德风险。但航空领域的道德风险较低，一方面是因为飞行员等人员自己也在航空器上，一旦发生事故，其自身也面临严重的人身伤害风险；另一方面，对于即使不在航空器上的地面员工而言，发生人为责任事故后将面临监管部门的严厉处罚，甚至吊销其工作必需的资质许可证。因此，民航一般员工故意违反民航规章的情形较少，几乎不存在保险公司所担心的道德风险。

再次，民用航空是一个高度监管的行业，在国内其涉及的法律法规约40个，部门规章约130个，规范性文件及标准规范上千个，[②] 其中大部分都是与运行安全相关的规定。如果普通雇员违反这些规定，哪怕只是因疏忽大意而违反了一项很小的规定，就会构成违反保单的先决条件从而无法获得保险赔偿，对被保险人而言无疑是十分不公平的。

最后，在司法实践中，亦有法官支持“被保险人及代表根据保险理论及实践，均指一个单位或公司的法人代表、董事长、副董事长、董事、经理、副经理、总会计师、总工程师或上级单位派驻该公司或单位的代表，不包括一般雇员”[③]。

综上，笔者认为由于航空业的发展极大依赖航空保险，因此，航空保险应以赔偿为常态，不赔为例外，在解释保单中限制保险人赔偿责任的先决条件、除外责任等条款时，应将“被保险人”仅解释为其组织机构或有权代表组织机构的管理层的行为，而不包括普通员工的行为，从而更合理地在保险人和被保险人之间分配风险。

① 周锡良：《加强人为因素研究，提高安全管理水平》，载《中国民航学院学报》2002年第B07期，第52—54页。

② 民航局官网，www.caac.gov.cn，访问时间：2022年1月27日。

③ （2018）苏0509民初10410号。

五、总结与展望

民航是我国国际化、市场化、专业化、法治化程度最高的行业之一，根据中央全面依法治国战略和加强涉外法治工作要求，近年来，民航业针对疫情期间国际客运航班管控、提高我国国际航空货运能力、支持自贸区/自贸港实现更高水平的对外开放等方面，进行了大量卓有成效的探索。2021 年 7 月 6 日，民航局召开的民航法治建设领导小组第三次会议提出，要继续“立足当前、着眼长远、统筹国际，聚焦重点问题，加强制度设计，抓好涉外法治”。要统筹航空领域的立法，保持国内法律与我国已经加入和批准的国际条约之间的协调，考虑航空产业链全球市场布局、国际分工合作的特点，强化对国际规则的研究和适用；及时总结行业监管的成功经验，向国际民航界输出航空安全管理、适航审定、消费者权益保护等方面的标准和建议措施；加强航空领域的涉外司法，不断提高专业化程度，服务于我国战略产业发展，服务于国际航运中心建设；加强民航涉外法律人才的培养，在部分高校提高航空法律在高等教育阶段的课程比重，发挥高校、企业、协会、专业机构等方面的积极性，贯通学术研究与实践。

2018 年民航局《关于促进航空物流业发展的指导意见》提出大力推进多式联运，形成高效、协同的多式联运物流体系。疫情期间，航空货运与其他运输方式有效协同，确保了我国物流供应链的稳定。2021 年发布的《“十四五”民用航空发展规划》进一步提出打造高效的航空物流网，探索建立多式联运物流网络，推动不同运输方式之间标准对接，并在航空运输便捷方面推出“航空物流强链工程”，健全多式联运体系，推动航空物流与产业链供应链协同。2021 年底，国务院办公厅专题发布《推进多式联运发展优化调整运输结构工作方案（2021—2025 年）》，明确要推动加快建立与多式联运相适应的法律法规体系，进一步明确各方法律关系。随着货物甚至旅客、行李多式联运的蓬勃发展，现有的部门法各自规定“网状责任制”已不能适应实践的需要，需要参考《联合国国际多式联运公约》的立法模式，探索国内立法统一多式联运的责任条件和责任限额。

近年来，我国的无人机行业发展迅速，在个人消费、农林植保、地理测绘、环境监测、电力巡线、影视航拍等领域运用广泛。为推动无人机的健康发展，民航局等部门以及各省市政府已经出台多项政策法规，切实规范无人机个人使用与商业应用，保障航空安全与公共安全。随着无人机商用的加速，无人机落地的深化，可以预见传统的航空法律体系将面临严峻挑战，一个新型法律关系和体系将孕育而生，从而构建更为完善的无人机运营、监管的规则体系，助力民用无人机产业的持续有序发展。

图书在版编目(CIP)数据

中国商事争议解决年度观察. 2022 / 北京仲裁委员会（北京国际仲裁中心）编. — 北京 : 中国法制出版社, 2022.10

ISBN 978-7-5216-2913-2

Ⅰ. ①中…　Ⅱ. ①北…　Ⅲ. ①商事仲裁-研究-中国-2022　Ⅳ. ①D925.704

中国版本图书馆CIP数据核字（2022）第175703号

责任编辑：侯鹏　　封面设计：李　宁

中国商事争议解决年度观察. 2022

ZHONGGUO SHANGSHI ZHENGYI JIEJUE NIANDU GUANCHA. 2022

编者 / 北京仲裁委员会（北京国际仲裁中心）

经销 / 新华书店

印刷 / 三河市紫恒印装有限公司

开本 / 787毫米 × 1092毫米　16开　　印张 / 19.75　字数 / 353千

版次 / 2022年10月第1版　　2022年10月第1次印刷

中国法制出版社出版

书号ISBN 978-7-5216-2913-2　　定价：86.00元

北京市西城区西便门西里甲16号西便门办公区

邮政编码：100053　　传真：010-63141600

网址：http://www.zgfzs.com　　**编辑部电话：010-63141826**

市场营销部电话：010-63141612　　**印务部电话：010-63141606**

（如有印装质量问题，请与本社印务部联系。）